圭嘎拉高海拔特长隧道
施工通风技术研究

王帅帅　郭春　田治　白永厚　谌桂舟 ◎ 著

西南交通大学出版社
·成都·

图书在版编目（CIP）数据

圭嘎拉高海拔特长隧道施工通风技术研究 / 王帅帅等著. —成都：西南交通大学出版社，2021.7
ISBN 978-7-5643-8118-9

Ⅰ.①圭… Ⅱ.①王… Ⅲ.①青藏高原－铁路隧道－隧道施工－施工技术－研究 Ⅳ.①U455

中国版本图书馆 CIP 数据核字（2021）第 138499 号

Guigala Gaohaiba Techang Suidao Shigong Tongfeng Jishu Yanjiu
圭嘎拉高海拔特长隧道施工通风技术研究

王帅帅　郭春　田治　白永厚　湛桂舟　著

责 任 编 辑	姜锡伟
封 面 设 计	何东琳设计工作室
出 版 发 行	西南交通大学出版社
	（四川省成都市金牛区二环路北一段 111 号
	西南交通大学创新大厦 21 楼）
发行部电话	028-87600564　028-87600533
邮 政 编 码	610031
网　　　址	http://www.xnjdcbs.com
印　　　刷	成都蜀通印务有限责任公司
成 品 尺 寸	170 mm × 230 mm
印　　　张	19.75
字　　　数	313 千
版　　　次	2021 年 7 月第 1 版
印　　　次	2021 年 7 月第 1 次
书　　　号	ISBN 978-7-5643-8118-9
定　　　价	120.00 元

图书如有印装质量问题　本社负责退换
版权所有　盗版必究　举报电话：028-87600562

前言

随着我国经济、基础建设的高速发展，高海拔隧道建设项目越来越多。与平原地区相比，高海拔隧道施工时将面临大气压力低、高原缺氧、低温时间长等问题，平原地区的常规隧道施工通风技术已不能完全适用于高海拔隧道。

本书主要内容包含高海拔隧道施工通风效率、通风网络技术、地源热泵辅助通风技术、自然风利用、供氧技术五个方面。全书依托圭嘎拉高海拔特长隧道（长 12.7 km，洞口海拔 4 248 m），以文献调研、理论分析、现场测试、数值模拟等研究手段，在综合前期研究成果的基础上，进行深入拓展研究与实践，将部分研究结果运用于圭嘎拉隧道的建设施工过程中，取得了良好的效果。

将研究过程及结果整理编辑成书，希望为以后的高海拔隧道建设项目提供一定的借鉴与经验。

本项研究主要参与单位包括中交第二公路工程局有限公司、西南交通大学、中交二公局第四工程有限公司、成都西南交通大学设计研究院有限公司、四川势通土木工程有限公司，主要研究人员有孙向东、吴江、郭亚斌、张玉烽、张勇、朱力、秦金德、许前顺、徐建峰、陈政、董晨、张振华、陈小峰、郑鑫、廖继轩、宋骏修、王欣、程江浩、赵威、许昱旻、张佳鹏、张科、龙开天、郭亚林、王义翔、高宾、王宇航、陈光、杨丹诚、钟祥林等，特此表示感谢。

著 者

2021 年 5 月

目录 CONTENTS

1 绪 论

1.1 圭嘎拉隧道工程概况 …………………………………001
1.2 高海拔特长隧道建设现状 ……………………………004
1.3 高海拔特长隧道施工通风效率 ………………………006
1.4 隧道施工通风网络技术研究现状 ……………………009
1.5 高海拔特长隧道防冻技术研究现状 …………………011
1.6 隧道自然风有效利用技术研究现状 …………………015
1.7 高海拔隧道施工供氧技术研究现状 …………………017

2 圭嘎拉隧道施工通风方案研究

2.1 隧道施工通风方式 ……………………………………021
2.2 施工通风设计基本原则 ………………………………047
2.3 隧道施工通风参数计算 ………………………………051
2.4 圭嘎拉隧道施工通风方案 ……………………………058

3 高海拔特长隧道施工通风效率研究

3.1 施工通风轴流风机运行工作原理分析 ………………074
3.2 施工通风风机效率计算方法研究 ……………………077
3.3 高海拔隧道施工通风风机效率研究 …………………084

4 高海拔特长隧道施工通风风管漏风率研究

- 4.1 风管漏风率计算原理 ···································· 096
- 4.2 高海拔地区风管漏风率修正 ····························· 101
- 4.3 圭嘎拉隧道施工风管漏风率实测与分析 ················· 102

5 高海拔气象条件影响下的隧道节能施工通风技术研究

- 5.1 圭嘎拉隧道气象站建立 ································· 109
- 5.2 圭嘎拉隧道气象数据统计与分析 ······················· 121
- 5.3 气象条件对施工通风的影响研究 ······················· 135
- 5.4 圭嘎拉隧道施工通风节能研究 ·························· 150

6 高海拔特长隧道施工通风网络技术

- 6.1 隧道施工安全卫生标准 ································· 154
- 6.2 通风方案的选择 ··· 159
- 6.3 风量需求对通风方式的影响 ····························· 174
- 6.4 隧道施工通风排烟 ······································· 175

7 高海拔特长隧道施工通风网络计算

- 7.1 三维数值模拟计算 ······································· 180
- 7.2 隧道通风系统信息界定 ·································· 188
- 7.3 高海拔特长隧道施工通风信息的分类 ··················· 189
- 7.4 网络通风基本理论 ······································· 193
- 7.5 网络通风仿真计算 ······································· 199
- 7.6 风网的数学解法 ··· 206

8 高海拔特长隧道施工通风热泵利用模式

- 8.1 地源热泵概念、应用情况 ········· 216
- 8.2 高海拔特长隧道施工通风热泵循环参数研究 ········· 223
- 8.3 高海拔特长隧道热泵式施工通风辅助系统方案研究 ······ 231

9 高海拔特长隧道施工供氧技术

- 9.1 高海拔条件对施工人员的影响研究 ········· 237
- 9.2 高海拔地区施工人员供氧量标准研究 ········· 244
- 9.3 高海拔隧道施工人员供氧量设计方法 ········· 254
- 9.4 高海拔隧道施工供氧方案研究 ········· 267
- 9.5 圭嘎拉隧道施工供氧系统设置及优化 ········· 291

参考文献 ········· 305

1 绪 论

随着我国西部大开发战略的进一步推进，在高海拔地区建设的隧道越来越多，而高海拔地区相较于平原，空气密度、气压及温度等自然条件都发生了变化。显然，高海拔地区的隧道施工通风情况与平原有着极大的不同。目前，国内外对于高海拔特长公路隧道施工通风技术的研究还较为不足。在以钻爆法配合无轨运输为主的隧道施工方式大背景下，对于高海拔特长隧道施工通风的研究显得很有必要。

本书以西藏S5拉萨至泽当快速公路圭嘎拉特长高海拔隧道为依托工程，针对高海拔特长隧道施工通风方案、通风效率、节能通风技术、网络通风技术等问题进行研究，得到的研究成果可为类似工程提供借鉴，对更好地针对高海拔隧道自身不同情况，合理设计通风方案、提高通风效率、实现节能通风具有实际意义。

1.1 圭嘎拉隧道工程概况

西藏S5拉萨至泽当快速公路位于西藏自治区拉萨市和山南市，东为林芝市、南为山南市、西为日喀则市、北为拉萨市，项目行政隶属于拉萨市和山南市境内。本项目起于达孜区德庆镇，设达孜枢纽互通与林拉高速公路相接，利用拉萨至山南市的古道为走廊带，沿多雄朗沟经念喀村、新仓村、仲莎村，过差脆村后设隧道穿越圭嘎拉山，出隧道后沿莫朗沟南行，经加木雄、乃果村、前达村，于桑耶镇北侧设桑耶服务区兼互通，项目终点设桑耶枢纽互通与在建贡嘎机场至泽当专用公路相接。起讫桩号K0+000～K50+169.14（其中K38+290.986=K41+000），路线全线长47.460 km。本项目作为西藏自治区"十三五"时期（2016—2020年）国民经济和社会发展规划纲要中的交通重点项目，承担着强化自治区路网支撑，进一步完善"一圈两翼"区域综合交通运输网络，提升交通运输效率的重要作用。其建成通车将使拉萨至泽当的运营里程大大缩短，完善区域交通运输网布局，推动自治区新型综合交通网络体系建设，有力地壮大拉萨—泽当城镇圈，巩固拉萨—山南经济一体化的指导方针，有序推动自治区的地改市工作，进一步优化城镇化格局，为区域资源开发提供了一条更加便捷、更加通畅的公路通道，对促进自治区经济社会发展、全面建成小康社会、提升沿线土地利用价值具有重要的意义，对城市空间布局产生了深远的影响。圭嘎拉隧道地理位置如图 1-1 所示。

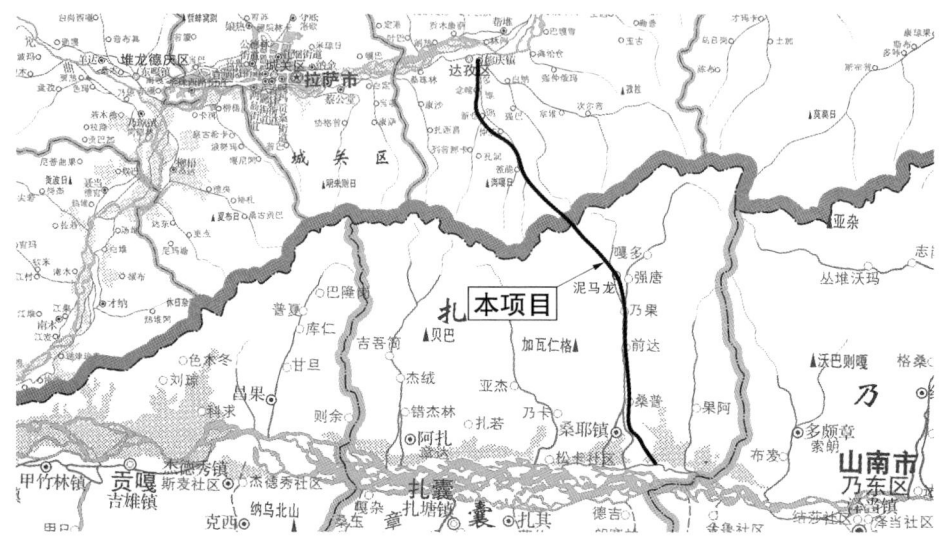

图 1-1 圭嘎拉隧道地理位置

圭嘎拉隧道设置为左、右分离式。设计长度为：左洞全长 12 798 m、右洞全长 12 790 m。隧道进洞口设计高程 4 248 m，出洞口设计高程 4 108 m，最大埋深约 1 100 m。隧道设计速度 80 km/h，洞内路面设计荷载采用公路—Ⅰ级。隧道设置通风斜井两座：1 号斜井长 2 300 m 左右，井口海拔 4 500 m 以上；2 号斜井长 1 700 m 左右，井口海拔 4 100 m 以上。隧道平均海拔达到 4 200 m，双洞折合平均长度 12.794 km，斜井建设平均总长度 4.1 km。

勘察区内气候以干燥、缺氧、温差大、日照充足为特征，属高原温带半干旱气候区，干湿季分明，高原气候特征明显。达孜气象站（5 年观测）：月极端最高气温为 29.5 ℃，月极端最低气温为-17 ℃（2012 年 1 月），最冷月平均气温为-9.2 ℃；月最高气压为 1 000 hPa，月最低气压为 650 hPa；月极大风速为 21 m/s，月最大风速为 21 m/s（极大风速的风向为东南风）；

月最大降雨量为 260 mm，月最大日降雨量为 44 mm。扎囊气象站（5 年观测）：月极端最高气温为 30 ℃（7 月份），月极端最低气温为-17 ℃（2012 年 1 月），最冷月平均气温为-9.6 ℃；月最高气压为 1 200 hPa，月最低气压为 656 hPa；月最大风速 30 m/s（极大风速的风向为西南风）；月最大降雨量 180 mm，月最大日降雨量 43 mm。

隧址区分布有林布宗组（J_3-K_1l）含煤二层（K_1、K_2），故区内煤层及煤系地层的生烃能力较强，瓦斯生成量较大。测试结果表明两煤层均位于瓦斯风化带中。两煤层可燃气体（CH_4+CO）含量为 0，无空气基煤层瓦斯组分中氮气占绝大部分，均大于 90%，可燃气体（CH_4+CO）含量为 0。SZK3 号钻孔 K_1 煤层底板标高为 4 517.40 m，隧道洞身段见煤点路面标高为 4 262.76 m，两者相差 254.64 m；SZK3 号钻孔测得 K_1 煤层瓦斯气体压力为 0.07 MPa，以瓦斯压力梯度为 0.005 MPa/m（经验数据）推断隧道路面 K_1 煤层瓦斯压力值为 1.343 MPa。根据瓦斯煤样测试成果和推断的瓦斯压力，采用 Langmuir 公式间接计算隧道洞身段 SZK4 孔 K_2 煤层瓦斯含量为 0.004 659 m^3/t。

隧址区以郭喀拉日居山脊线为地表分水岭，北侧为拉萨河水系，南侧为雅鲁藏布江水系。隧址区北侧发育有多雄朗沟，主要接受大气降水及山涧溪沟地表水补给，其水位、流量、流速受季节影响较大，雨季水位暴涨，枯水季节流量较小。其流经差脆村、仲莎村、新仓村，最终汇入拉萨河。拉萨河发源于念青唐古拉山，流域面积 $3.25×10^4$ km^2，是雅鲁藏布江的一级支流，由东向西在曲水汇入雅鲁藏布江。据拉萨水文队水文资料：拉萨河最大流量 2 830 m^3/s，最小流量 20 m^3/s，多年平均流量为 303 m^3/s，年径流量 $9.382×10^9$ m^3，径流模数 11.271 m^3/（s·km）；多年平均水位高出河床 2.58 m，最高 6.07 m，最低 2.37 m，最大变幅 3.52 m；含沙量 0.125 kg/m^3，年输沙量 $1.221×10^6$ t，输沙率 38.7 kg/s。

隧址区南侧发育有莫朗沟，主要接受大气降水及山涧溪沟地表水补给，其水位、流量、流速受季节影响较大，雨季水位暴涨，枯水季节流量较小。其流经加木雄、乃果村，最终汇入雅鲁藏布江。

雅鲁藏布江发源并流经西藏高原，是世界上海拔最高的大河，平均海拔在 4 000 m 以上，源于西藏西南部喜马拉雅山北麓杰玛央宗冰川，由西向东流，横贯西藏南部，经派镇折向北东，围绕南迦巴瓦峰形成马蹄形拐弯而后向南流，流入印度后，称布拉马普特拉河。雅鲁藏布江全长 2 229 km，中国境内流域面积 239 228 km²、长 2 057 km。支流众多，其中流域面积大于 10 000 km² 的有 5 条，自上而下依次为多雄藏布、年楚河、拉萨河、尼洋曲和迫隆藏布，以拉萨河流域面积最大。

雅鲁藏布江流域径流补给源于大气降水，降水量地区分布悬殊，年际变化小而年内分配极不均匀。水气主要来自印度洋孟加拉湾暖湿气流，是我国降水量最多的地区之一。年降雨量墨脱 2 660 mm，波密 810 mm，拉萨 440 mm，拉孜 310 mm。由于隧址区具有高寒的气候特征，现代冰川发育，成为河流重要补给水源。不少河源区被大面积冰川沉积物和风化物覆盖，地表草甸厚、渗透作用较强，雨水和冰雪融水多渗透地下，与地表冰雪融水一样成为河流的补给水源。在河流干流上游及中游上段，以地下水补给为主；中游下段至下游上段，补给形式转为以雨水、融水混合补给型；进入大峡谷以下暴雨区，河流以雨水补给为主。

项目区内河流雨季受降雨补给，枯水季节受地下水及冰雪融水补给。雨季河水暴涨暴落，6—9 月为丰水期；5 月、10—11 月为平水期；1—4 月、12 月为枯水期。

1.2 高海拔特长隧道建设现状

笔者对地理区位于我国青藏高原及边缘地区的已建及在建典型高海拔隧道开展了调查，其调查统计如表 1-1 所示。按照隧道长度划分：铁路全长 3 000～10 000 m（含 10 000 m）的隧道为长隧道，铁路全长 10 000 m 以上的隧道为特长隧道；公路全长 1 000～3 000 m（含 3 000 m）的隧道为长隧道，公路全长 3 000 m 以上的隧道为特长隧道。

表 1-1 我国已建及在建部分典型高海拔特长隧道

序号	隧道名称	长度/m	海拔/m	位置	建设工期	隧道类型
1	风火山隧道	1 388	4 905	青藏铁路	2001-10—2002-10	铁路隧道
2	米拉山隧道	5 727	4 889	国道 318 线	2015-4—2019-4	公路隧道

续表

序号	隧道名称	长度/m	海拔/m	位置	建设工期	隧道类型
3	雪山一号隧道	4 532	4 800	花久高速	2013-7—2017-10	公路隧道
4	色季拉山隧道	38 310	4 728	拉林铁路	2020-11	铁路隧道
5	昆仑山隧道	1 686	4 648	青藏铁路	2001-9—2002-9	铁路隧道
6	圭嘎拉隧道	12 798	4 500	拉泽快速路	2017-8	公路隧道
7	雀儿山隧道	7 079	4 380	国道317线	2012-7—2016-11	公路隧道
8	矮拉山隧道	4 800	3 970	国道317线	2015-3—2018-10	公路隧道
9	高尔寺隧道	5 592	3 906	国道318线	2011-5—2015-7	公路隧道
10	大坂山隧道	1 530	3 900	国道227线宁张公路	1995-8—1998-11	公路隧道
11	欧帕拉隧道	3 527	3 863	巴白路	2013-6—2016-8	公路隧道
12	巴朗山隧道	7 940	3 850	S303汶川映秀—耿达	2010-12—2015-11	公路隧道
13	折多山隧道	11 006	3 800	国道318线	2018-3	公路隧道
14	祁连山隧道	9 490	3 790	兰新铁路	2010-4—2014-5	铁路隧道
15	嘎隆拉特长隧道	3 350	3 770	西藏墨脱公路	2008-9—2010-12	公路隧道
16	关角隧道	4 010	3 692	青藏铁路	1958—1990	铁路隧道
17	乌鞘岭隧道	20 050	3 650	兰新铁路	2003-3—2006-3	铁路隧道
18	桑珠岭隧道	16 449	3 572	拉林铁路	2014-12—2018-1	铁路隧道
19	巴玉隧道	13 073	3 500	拉林铁路	2014-12—2019-11	铁路隧道
20	达嘎拉隧道	17 300	3 400	拉林铁路	2015-6	铁路隧道
21	新关角隧道	326 400	3 380	西格铁路二线	2007-11—2014-4	铁路隧道

续表

序号	隧道名称	长度/m	海拔/m	位置	建设工期	隧道类型
22	鹧鸪山隧道	4 423	3 320	国道 317 线	2000—2006	公路隧道
23	新鹧鸪山隧道	8 790	3 230	汶马高速	2013-3—2017-11	公路隧道
24	拉纳山隧道	3 451	3 049	国道 318 线	2004-3—2007-1	公路隧道
25	互助北山隧道	11 170	3 045	G341 胶南至海晏公路	2019-12	公路隧道
26	青沙山隧道	3 340	3 005	平阿高速公路	2002-12—2004-8	公路隧道

1.3 高海拔特长隧道施工通风效率

西南交通大学针对高海拔隧道通风问题进行了系列研究：其中郭春等人在 2013 年以巴朗山隧道为依托，对高海拔单洞双向交通隧道的风机效率进行了研究，根据现场实测及数值模拟，对风机效率计算公式作了理论推导，运用海拔高度系数，现场实测各海拔高度气象参数作为数值计算的初始条件，分别建模计算了 12 组不同海拔的风机效率，建立了高海拔隧道风机选型原则，依据选型原则研究得到了高海拔隧道风机选型的改进措施及方法；针对公路隧道通风设计环节，需风量计算是整个设计的基本依据，而计算中 CO 及烟雾基准排放量折减率的取值对远期需风量影响很大这一特点，列举分析了机动车排放污染物组成、欧盟汽车排放标准限制值以及 PIARC（世界道路协会）对机动车的排放规定，得出我国汽车排放标准沿袭欧盟法规的进度和实施现行排放标准的 4 个阶段时间划分；通过对 CO、烟雾年折减系数取值以及 CO、烟雾基准排放量折减的分析，结合国内严格的排放限制，无论从国内外环保要求，还是汽车工业技术的发展进步以及法律法规的规定看，同期我国《公路隧道通风照明设计规范》（JTJ 026.1—1999）所规定的 1%～2%年折减率均是偏于保守的，在实际隧道通风设计中应综合分析，因"隧"制宜，在保证施工运营安全的情况下将需风量控制在合理的范围内[1-4]。

孙继东等在2008年指出，目前国内外在海拔2 400 m以上无海拔修正系数的实测值。于是他们以高海拔特长公路隧道鹧鸪山隧道为依托，于2003—2005年对海拔400~4 000 m处烟雾海拔系数进行了现场测试，研究在营运隧道通风设计中烟雾海拔高度系数的合理取值，为鹧鸪山隧道及类似高海拔地区公路隧道营运通风设计提供依据和参考[5]。

李永林等指出通风机的性能受诸多因素的影响，风流密度是一重要影响参数。他们在鹧鸪山通风基础参数调查的基础上，根据相似比定律，研究了高海拔地区风流密度对通风机工作性能的影响。研究表明，在高海拔地区，风机的实际工作风压和风机的电机功率随风流密度的降低而降低。在高海拔条件下进行风机的选型时，应根据相似比定律对计算风压和功率进行修正。建议风机安装后对风机性能进行现场测试，拟合风机的工作性能曲线，为运营机电控制提供依据[6]。

郑金龙等以国道317线的雀儿山隧道为依托，对海拔400~5 000 m处考虑烟雾的海拔高度系数进行了现场测试，根据取得的实测数据，探索出海拔高度大于2 400 m的海拔高度系数的合理取值，从而提出雀儿山隧道海拔高度系数的建议取值，为隧道通风方案设计提供了参考依据，同时也是对现有公路隧道通风规范的补充与验证[7]。

涂耘认为稀释烟雾的需风量对长大公路隧道需风量的确定常起控制作用，并且不同的烟雾年折减系数对远期需风量影响很大，因此有必要对烟雾年折减系数做一定的考虑，从而得出可靠、经济的烟雾年折减系数。该文从汽车排放烟雾组成、PIARC的q_{vi}推荐值的变化、我国柴油汽车PM排放量限值的变化和科技进步等方面进行了分析研究，得出无论是从国内、国外的环保要求，还是从柴油机本身的性能提高以及汽车工业的发展、技术的进步方面看，都将使柴油车的烟雾排放量大幅降低，公路隧道q_{vi}的年折减系数按1%~2%递减是适合的[8]。

陈建勋等建立了公路特长隧道平导送风型半横向式通风计算模式，运用能量守恒定理和动量定理推导了送风机风压的理论计算公式，并结合某公路隧道的实际情况进行了计算分析，以供类似工程设计参考。实际计算海拔2 100 m隧道需风量时，均按照《公路隧道通风照明设计规范》考虑CO和烟雾海拔高度值进行取值[9]。

庞小冲等认为隧道需风量是制订通风方案的基础和依据，其不仅直接关系到通风工程的投资规模,还关系到隧道后期运营的安全和舒适。他们通过对永古高速公路隧道需风量相关的基准排放量、海拔高度系数、控制工况等参数的分析和研究,确定了针对高海拔大纵坡特长公路隧道的合理需风量,为合理通风方案的制订奠定了基础[10]。

刘祥等依托雀儿山隧道通过对人体 CO 中毒机理的分析,基于 CFK 方程(计量-反应方程)理论模型,通过 MATLAB 软件对 CO 控制标准进行分析计算研究,最终得到高海拔地区 CO 的控制标准;以规范为依据,通过调研得到的汽油车和柴油车尾气排放测试数据,并对不同海拔的烟雾、CO 浓度修正值进行研究分析,最终对目前规范进行修正。根据风机相似性理论,运用理论推导的方法对高海拔地区风机风量、风压、效率进行修正,并使用 Fluent 软件进行风机建模,通过改变风机结构以及工作环境来对比分析平原与高海拔地区风机的性能差异,并进行风机结构优化。对于风管漏风理论的分析研究,他们通过理论推导方法对高海拔地区风管漏风率进行计算分析,并通过 Fluent 软件建模模拟分析,对高海拔风管漏风率进行高海拔修正研究。他们通过对施工通风设计中各个参数的研究及修正,为雀儿山隧道施工通风提供了技术保障,确保了高海拔隧道施工人员的人身安全,为实现雀儿山隧道高效、快速以及安全的施工提供了技术支持,且为其他类似高海拔隧道施工通风设计提供了有价值的参考[11,12]。

戴国平等指出风机在公路及铁路隧道的机械通风中占有非常重要的地位,风机的功率计算及选取都会对隧道的机械通风产生重要的影响,特别是当隧道处在海拔较高的地方时,由于空气密度的变化,将影响风机的功率及风机的选型。正确的风机功率选取及风机叶片角度设定不仅能使风机充分发挥功能,而且可以节省电能及设备费用。对于海拔高度较高的公路、铁路隧道使用射流与轴流风机进行通风时,应该考虑由于空气密度变化给风机带来的影响,对所用的射流风机与轴流风机进行相应的调整,使所用的风机充分发挥其性能,并节省通风设备的投资。所需注意的是,为适应高海拔隧道工作进行调整的风机,仅能在所调整的海拔高度工作。如果将此风机用在海平面时,电机将会发生超负载工作,因此应避免。如果由于种种原因该风机需要在海平面工作(如进行测试),则应将风机调回到原状态[13]。

1.4 隧道施工通风网络技术研究现状

特长隧道中各洞室纵横交错，布置密集，施工环节相互协调，相互影响。从单洞室角度看，由于围岩条件和施工条件不同，各单项洞室施工是由钻孔、爆破、通风散烟、安全检查、出渣等多种作业组成的不同施工工艺流程的反复循环过程。对高海拔特长隧道来说，施工通风技术直接影响隧道施工的进度及人员安全和机械效率，特别是在机械化施工水平高度发展的今天，隧道施工通风的水平和发展不仅对隧道建设期，而且对线路勘测、选线、工程设计、施工分段及方案的确定、施工机械设备的选择以及工程进度、工程投资等都有重要影响。施工中，往往由于通风设计不当，给施工增加了不必要的投入，降低了施工效率，影响了施工进度，并造成通风效果差、施工空气环境恶劣的后果，严重危害施工人员的健康[14,15]。

目前，研究隧道施工通风问题大多局限于通风时间的经验确定、通风机的选择、施工中新材料和新工艺的使用，很少从施工通风的力学特性和动态性方面来对通风方案的合理性进行计算模拟和分析；而且，目前的通风数值模拟大都着重于工程建成后某个单方面的通风分析，而不够重视对工程在施工过程中的通风问题分析，不能反映工程施工期通风中多种因素相互影响的综合效果，缺乏从整体考虑的通风方案优化和合理性分析评价，从而使得理论与实际的施工通风情况差别较大，严重影响了施工方案的实施与工程的整体施工进度。因此，为了创造良好的作业环境，保障施工人员的健康与安全，维持机械设备的正常运行，保证工程的进度，需要采用科学的理论方法和先进的技术手段对隧道施工通风问题进行分析研究，从而选择更加合理的施工通风方案。

高海拔特长隧道施工通风的最大困难，体现在各个通风时期之间的动态变化。研究各个时期之间施工通风的动态性，能够使通风更好地为工程施工服务，能够更好地将人、财、物与工程进度结合起来综合考虑，能够以最优的投资，获得更好的通风效果和节电效果。

目前，对于隧道网络通风技术的研究主要集中在矿井及大型水电站地下厂房，水电站通风空调系统的研究主要集中在洞室热湿环境、高大厂房气流组织和自然通风等问题上。

洞室内热环境是由外界气象条件、洞室内各种热源的发热状况以及建筑的环境控制系统运行状况决定的。对于热湿环境的研究主要集中在尽量利用水电站的天然冷源、使用一（二）次回风、分层空调和置换通风等节能措施上面。云南漫湾、陕西安康、福建水口等水电站利用拦河大坝内纵横交错的坝体廊道的温降效应获得了很低的空气温度[16]；四川映秀湾水电站利用无压尾水洞的大体积空间，用低温尾水对进入厂房的洞外新风进行热、湿交换，特别是在夏季尾水洞水温低于厂外空气露点温度时，去湿效果非常明显[17]；湖北丹江口水电站利用水库深层低温水对新风进行喷淋处理，获得了良好的进风参数[18]；四川二滩、云南盐水沟等水电站利用较长的进厂交通洞岩壁对新风进行降温去湿[19]。

重庆彭水水电站将母线洞的进风与主厂房分开，主厂房大量利用一次回风，通风量与空调规模都大幅度减少。采用此方式的难度在于影响水工布置，而且挖回风道可能会危及厂房的支承，所以实际操作起来有一定难度[19]。湖北三峡、葛洲坝水电站采用了仅对水电站主厂房（发电机层）工作区布置空调，借助喷口双侧对送并配合底部门洞回风与顶部机械排风的分层空调技术。与全室性空调相比，这种方式夏季可节约冷量30%左右，因而节省了初投资和运行能耗[20]。

对于高大厂房气流组织的研究常采用基于相似理论的模型实验和计算流体力学 CFD（Computational Fluid Dynamic）数值模拟的方法进行[21]。模型模拟实验已被水电暖通空调设计者列为检验、审核暖通空调设计，推荐、采用新型气流组织的一种手段和工具。国内先后进行了 20 余个电站的厂房模型模拟试实验，形式有冷态、热态、横向、纵向、端送、侧送、顶送、分层、多层和扇形等。

随着计算机的大容量化和高速化以及计算流体力学的发展，利用数学物理模型进行预测成为了可能。该方法利用紊流模型双方程模型和差分法进行三维紊流数值解析，对复杂大空间的气流分布可获得其压力分布和速度矢量分布；通过对室内空气和热流动的综合解析，还可以对大空间内的温度场进行数值模拟。国内相继有大朝山、小湾、龙滩等水电站进行了主厂房 CFD 数值模拟。

模型实验是至今仍应用较多的方法，它费时多，投资高，有时存在较大的困难，国外有学者认为模型实验仍应是研究气流的主要手段，但却认为缩小比例的实验会带来不符原型的可能。应尽量进行 1∶1 的模型实验，这正是难题所在。CFD 数值模拟，关键问题是数学模型的建立和边界条件的确定以及计算机容量的许可条件。对于几何形状简单和规整的流场空间，边界条件不太复杂的情况，解二维气流问题卓有成效。但也有相当多的流场结构的数学模型还不成功，或边界条件复杂，致使分析解与数值解析均难奏效。国内越来越多地采用以上两种方法的结合来预测水电站厂房内的气流流动。

1.5 高海拔特长隧道防冻技术研究现状

目前，在建的位于寒区的川藏铁路特长隧道就有 9 座，有施工条件艰难、工期长、温度低等特点，长度在 25 080（海子山隧道）~ 42 510 m（易贡隧道），工期达到了 64 ~ 98 个月。为合理进行施工组织、防止低温环境对围岩-结构安全造成的不利影响，对动辄 5 ~ 8 年超长工期中的寒区特长隧道施工通风方式、温度场影响、防冻技术等方面进行研究已迫在眉睫[22]。

在隧道建设中，温度过低对机械设备存在较大的不利影响，包括：蓄电设备容易冻坏，使得其负荷过高，甚至无法正常使用；发动机发生冻裂，无法正常工作；设备的润滑油性能也会因温度过低变差。除此之外，温度过低也会对设备的启动造成不利影响，客观上降低了使用率和施工效率；初期支护及二衬混凝土浇筑保养难度、成本增大；隧道洞内出现正负温交替变化现象，最终使隧道围岩和结构反复经历冻融冻胀产生冻害；在隧道施工过程中，施工工序及环境等问题使得洞口路面结冰的现象尤为严重，易造成交通事故[23]。

针对高寒地区，如何在低温条件下保证隧道施工进度及质量的研究，如何更有效、更迅速、更节约地解决高寒地区隧道施工的问题显得尤为必要。

寒区隧道冻害问题关键词 SCI 检索结果统计如图 1-2 所示。

防冻设计一直是寒区隧道备受关注的焦点之一，围绕寒区隧道冻害产生的温度条件、通风条件、水文条件、地质围岩条件采取的主动和被动防冻技术方案、防冻设计和施工等方面的研究成果丰富。

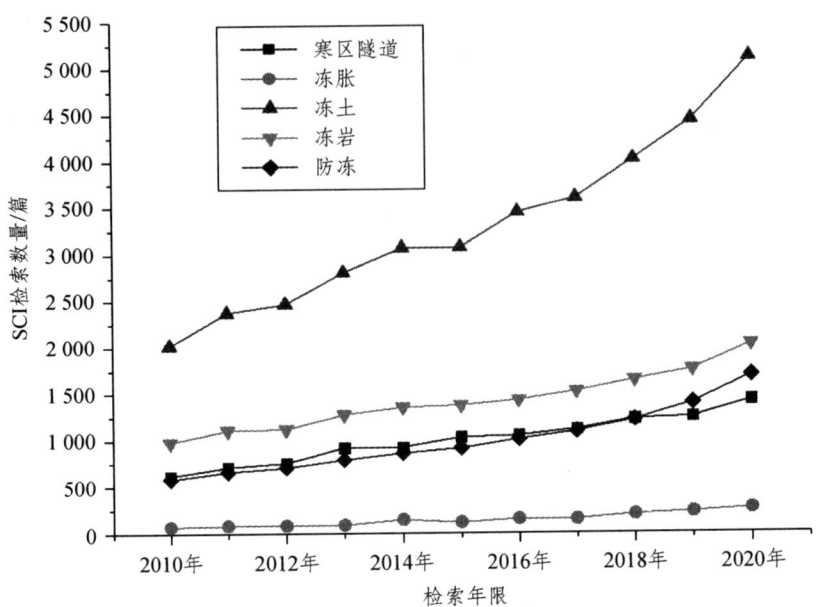

图 1-2　寒区隧道冻害问题关键词 SCI 检索结果统计

张德华、王梦恕等人依托风火山隧道，分析寒区隧道支护结构的力学性能，得到了不同围岩完整度情况下，冻融圈厚度、衬砌刚度、厚度对冻胀力的分布规律的影响，从而得到高海拔寒区隧道围岩冻胀力对支护结构体系的影响，同时给出了减弱围岩冻胀力对支护结构体系影响的有效措施[24]。

孙文昊以鹧鸪山隧道工程为背景，对寒区隧道的冻害机理进行研究。通过监测鹧鸪山隧道内气温、二衬表面温度、二衬背后一定深度的围岩体温度，经分析得出隧道内不同区域温度的变化规律；同时考虑隔热层与洞内空气温度之间的相互影响，得到隔热层对设防长度的影响修正系数[25]。

李忠以欢喜岭隧道环向裂缝病害为背景，分析了寒区公路隧道二次衬砌裂缝的影响因素，并得到了裂缝性质与机理。再借助理论分析和有限元模拟手段，得到以下结论：衬砌设计模段太长不能满足二衬混凝土在温度作用下伸缩变形要求；素混凝土抗拉强度太低，不能满足寒区隧道衬砌抗拉性能要求[26]。

邹一川等结合位于内蒙古自治区绥满国道主干线的高寒地区隧道博牙高速林场隧道施工，通过在不同位置设置温度监测点进行了长达 1 年的监测，对隧道洞内气温及不同深度、不同部位的围岩温度的监测数据进行了分析[27]。

郝飞等人对依托某市西山隧道工程，并结合东北高寒地区冻土的热力特性，采用Ansys对隧道的温度分布进行数值模拟计算，并比较了实际测定值与模拟计算值的差异，分析了隧道开挖后围岩温度场的分布规律、初期支护与二次衬砌的温度变化过程。研究结果表明在二次衬砌外侧设置保温层能够较好地提高保温作用，在高寒地区应加大保温层的厚度[28]。

严健等人以川藏公路北线雀儿山隧道为工程依托，设计施工期洞口段通风升温系统，并利用流固传热理论对升温需风量及通风加热模块的升温系数进行计算，通过现场测试分析通风加热效果，提出洞口段施工通风升温时的临时辅助保温措施。研究结果表明：为实现对洞口段300 m低温围岩从$-6\ ℃$升高到$5\ ℃$的升温效果，要求加热模块的升温系数k达到5.5，理论计算所得的通风需风量为96.31 m³/s，需要在洞内布置2条风道；现场测试表明加热模块对掌子面附近的洞壁温度影响显著，掌子面岩面温度约在$6\ ℃$[29,30]。

主动保温是采用人工方法经常地、适量地向隧道围岩供给补充热量，消除或减缓围岩内新的冻结圈形成的趋势。在工程实际应用中，主动保温主要有三种措施：一是对围岩、水沟、风流进行加热，二是在洞口段安装阳光棚进而避开冷风同时通过阳光照射提高洞口段洞内温度，三是应用地源热泵等新型能源结构抽取地热能对围岩-结构进行加热。围岩加温和风流加热，即直接给隧道围岩和进入隧道的风流加温。供热法起源于国外，苏联使用电力、地热水或蒸汽对水沟进行加温进而对寒区隧道进行供暖；挪威在隧道内的排水系统中设置了加热电缆并采用了管式电力加热器。1985年我国在南疆铁路线全长6 154.16 m的奎先隧道防寒水沟里加装8组共24个功率为5 kW的电热器，现场实施效果较好。因隧道本身属于半开放、半封闭空间，隧道与外界的热量交换时时存在，因此传统电加热等热源成本高、能耗高、热效低。现在，利用诸如地热能、太阳能等可持续清洁能源作为热源已成为采用主动保温方式预防隧道冻害防治研究的新方向。张国柱等将地源热泵供热系统应用于内蒙古博牙高速林场隧道中，并计算分析了隧道全寿命周期30年的隔热层厚度和供热负荷[31,32]；LIU J.X.研究团队提出利用地热能源进行隧道隔热和防冻优化设计方法，着重介绍了隧道中地源热泵（GSHP）系统的未来应用和挑战[33]。

被动保温主要是被动施加防寒门、保温隔热层等隔断热交换，防护结构受冻。对于容易受到隧道热融影响的多年或永久冻土区，主要是采取防止热源入侵的措施。该措施已在青藏铁路的路基防冻措施中通过在路基中埋设引流管道得到应用，其作用是引入冷空气，使路基始终处于0 °C以下，进而避免冻融循环，效果良好；但因隧道本身属于半封闭空间，难以引入足量的冷空气达到温度平衡，同时随着车辆尾气排放等因素影响，隧道温升现象明显，故该方法在隧道工程中应用较少。因此，防止冷源入侵是针对季节性冻土区隧道抗防冻设计中较为普遍的方法。在隧道进出口安装单层或多层防寒门，在隧道闲置期间使用防寒门关闭隧道洞口，以此来隔断隧道外冷空气与隧道内热空气的交换，具有一次性投入、成本低、美观等优点。一方面，马忠英等用现场实测的方法，研究了青海大坂山隧道在有无保温门和防雪棚时隧道内气温的变化规律[34]；另一方面，这种方法只在铁路隧道中应用较多，公路隧道运营中因为车流的离散及不可确定性使用较少。敷设保温隔热材料作为被动保温的主要措施，通过在隧道洞口衬砌上敷设导热系数较低的一层材料，从而增大结构热阻，以此来阻隔空气-衬砌-围岩的热量传递从而保证衬砌背后围岩处于0 °C以上。敷设隔热材料的方式有两种：一种是在二次衬砌混凝土表面上直接敷设隔热层；另一种是在衬砌结构与二次衬砌之间敷设隔热材料，该方法也叫双层衬砌隔热处理法。双层衬砌隔热处理法已在新建风火山隧道、昆仑山隧道、梯子岭隧道等的冻害整治中得到有效应用。TANAKA M.等对聚氨酯塑料、三维多分子硅链材料等为主要组成的隧道保温材料配方进行了研究；马忠英等就大坂山隧道的保温层设置提出了隧道保温层对冻害的防治作用[34]；马建新以国道317线鹞鸪山隧道的抗防冻设计问题为背景，用数值模拟方法得到了二次衬砌表面保温隔热层的设防厚度，确定了在鹞鸪山隧道二次衬砌表面铺设保温隔热层的抗防冻方案[35]；陈建勋等结合大坂山隧道防冻隔温层的设计，对不同保温材料的性能进行了测试，并通过现场对比实验，确定了最佳的防冻隔温材料组合和施工方法[36]；张学富等在对青藏铁路风火山隧道对流换热和围岩热传导耦合问题三维非线性分析基础上，指出保温材料的规格和不出现季节性冻融的条件[37]；邓刚等在介绍离壁式衬砌结构构造与防冻原理基础上，重点分析其支护特点和传热过程特征，并采用一维传热理论解析研究了保温层厚度、离壁距离、隧道内通风温度等因素对离壁式衬砌结构温度分布的影响[38,39]；郭秀华等提出了玻化微珠保温砂浆中间隔热层结构、玻化微珠保温混凝土衬砌结构、中间隔热层配合保温混凝土衬砌等三种保温结构体系并开展了理论与实验研究[40]。

相对来说，被动保护具有不需要外来热源、使用效果好的优点，但敷设隔热保温层理论和技术要求高，材料的使用寿命也有限且施工及更换的费用高，施工对隧道正常通行干扰较大。

寒区隧道主要防冻措施如图 1-3 所示。

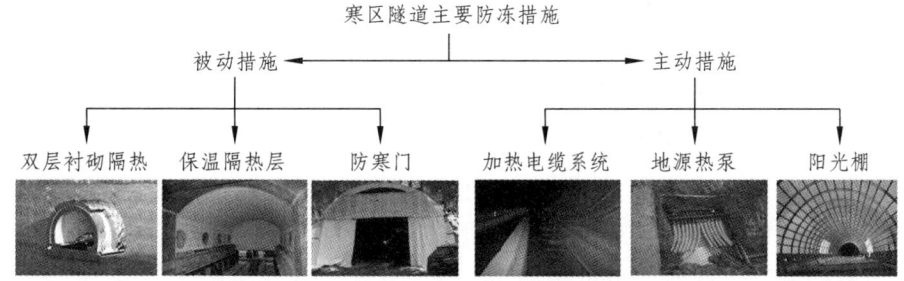

图 1-3　寒区隧道主要防冻措施

1.6　隧道自然风有效利用技术研究现状

西南交通大学王明年、郭春等对隧道自然风有效利用技术进行了大量相关研究工作。首次提出自然风压的影响因素主要由以下三部分构成，即洞外环境因素（隧道洞口间的大气水平压梯度所产生的超静压差）、洞口环境因素（外界自然风吹至洞口时产生的风墙式压差）、洞内环境因素（隧道内外气温差引起的热位差）；首次建立了基于超静压差、风墙式压差和热位差三要素的隧道内自然风计算公式，并分别讨论了有无斜（竖）井自然风的计算方法；通过对特长隧道洞内外各影响因素进行独立分析，得出了各主要影响因素的影响机理，并推导了超静压差及热位差单独作用下洞内自然风量的理论计算公式；在雅西高速泥巴山隧道建立了 4 个周期 1 年（实际检测 485 d）的长期气象条件观测站，测试参数包括风向、风速、大气压力、空气温度、空气湿度，共取得了 93 120 组、465 600 个相关数据，为计算自然风速提供了现场实测资料，并运用 Fluent 流体软件对已通车的泥巴山特长隧道进行建模,计算隧道内自然风速,与现场实测值具有较好的吻合度。当自然风与行车方向相同且自然风速大于设计风速时,利用节能风道进行通风;小于设计风速时,可利用自然风辅助通风。利用该节能模式,泥巴山隧道实时控制时最大可节能 50.5%,按时段控制时可节能 13.28%。他们还运用 Fluent 流体软件对实测的三个典型公路隧道方斗山隧道、铁峰山 2 号隧道、二郎山隧道进行建模,并将实测的外界环境因素经过处理,然后作为边界条件输入,得到隧道内与实测位置相对应点的自然风风速,与实测值进行比较,验证了所建立的自然风计算方法的正确性,验证后的计算方法可以运用到未建隧道自然风利用研究中。他们在四川省阿坝州巴朗山隧道进出口建立了 2 个周期 1 年的长期气象条件观测站,通过数据采集及整理,自动气象观测项目包括气温、降水、气压、地温、湿度、风向、风速、辐射等 8 个气象要素,每天进行 24 h 自动观测。通过建立气象观测站得到气象监测数据并进行了分析评估,为下一步研究自然风有效利用奠定了数据基础,同时,也可为类似工程建立气象观测站提供借鉴[41,42,43]。

周谟仁提出了计算复杂建筑自然风压的"一元流动环路分析法"。该方法是针对研究对象和环境流体,将外部流动和内部流动、流动区和静止区,用封闭环路联系起来,研究沿环路的压强变化,建立环路能量平衡方程,求解环路中的自然风压量[44]。

吕康成等推导了公路隧道的自然风压计算公式并指出隧道自然风阻力应由自然风等效压差确定,在缺少工程实地观测资料的情况下,假定隧道自然风阻力为常量,并在 10~30 Pa 之间取值[45]。

曾艳华等运用回路自然风压理论对有竖井隧道自然风压进行了研究,提出在有竖井隧道中自然风压的大小和方向均会发生变化,并将影响竖井主风机工作,在通风设计及营运通风管理中应给予重视[46]。

于燕玲等对狭长排污隧洞冬季自然通风进行了研究,通过建立有竖井和无竖井隧洞自然风通风的数学模型,利用空气动力学基本原理,分析对比了冬季排污隧洞内空气的流动状况。结果表明:无竖井狭长隧洞内的气流状况受外界风压影响显著;有竖井隧洞内热压作用较风压作用显著,隧洞内具有较好的气流组织[47]。

王光辉等研究了在圆梁山隧道贯通后自然风的规律并加以利用,在平导及正洞内停开了 5 台射流风机,仅仅保留了个别射流风机,用来调节风流方向；110 kW 轴流风机停开，降低了风机的能耗，减少了投入通风工作的人力、物力，节约了大量资金[48,49]。

梁晓春等通过对金岭铁矿召口分矿东矿区自然通风量的测定，计算出了自然风压及风阻值，开展了冬季利用自然通风的实验研究工作；冬季利用自然风压进行通风，不仅保证了井下作业所需风量，而且年节约电费 3.9 万元[50]。

1.7 高海拔隧道施工供氧技术研究现状

据有关资料介绍，2001 年 6 月至 12 月的青藏线建设期间，施工人员发生急性高原反应的就达 36 例之多。其中：发生在海拔 3 000～4 600 m 的有 4 例，占 11.1%；海拔在 4 600～4 800 m 的有 8 例，占 22.2%；海拔在 4 800～5 010 m 的为 24 例，占 66.7%。

同时大气压的高低对人体也有很大的影响，这是因为氧分压随着大气压的降低而降低，但肺泡中的水蒸气压强（47 mmHg*）和 CO_2 压强（40 mmHg）却不随之降低。因此，若在 15 000 m 高空时，大气压为 87 mmHg，刚好与肺泡中水蒸气压强和 CO_2 压强和相等，此时即使供应纯 O_2，也无法进行气体交换。所以，在高原地区，氧分压和大气压的变化是影响人体呼吸及氧传递的重要因素[51]。不同海拔高度下人体缺氧反应见表 1-2 所示。

表 1-2　不同海拔高度下人体缺氧反应

海拔高度/m	0	1 320	2 400～3 510	3 510～6 440	6 440～10 860
氧浓度/%	21	<18	16～14	14～10	10～6
等效气压/kPa	101.325	87.139 5	77.007～67.888	67.888～48.636	<48.636
机体缺氧表现	正常	组织细胞处于缺氧环境，有轻度表现	呼吸加深，脉搏加快，血压升高，机体协调功能变差，睡眠较差	疲劳感，精神不振，注意力下降，头昏脑胀，容易迷失方向	头痛耳鸣，视物不清，恶心呕吐，无法自主动作，无法讲话，很快进入昏迷状态

*编者注：1 mmHg=133.322 4 Pa。

由相关的研究结果表明，人体在海拔 3 500～4 000 m 地区其劳动能力比在平原降低 40%～50%。如此研究成果，对圭嘎拉隧道的施工是否具有一定的指导作用尚需通过现场测试进行验证。

高玉功等人通过对青藏铁路客车人员供氧研究，得到了考虑车内氧气分压的下限值，也就是人体必需的氧分压水平，供氧水平没有必要达到平原标准，加上对氧气使用安全问题的考虑，就可确定车厢内氧分压的上限值[52]。张西洲等人通过对青藏高原官兵在不同氧环境下的工作状态进行了研究，并得出了氧浓度升高对人员生理状态的影响，但是并未详细研究不同劳动强度等级的供氧量[53]。刘应书等人研究了室内富氧可以改善人在高海拔地区的缺氧状况，同时也会带来火灾危险，通过实验研究对高海拔地区的富氧安全问题进行了分析，确定了富氧的安全氧浓度上限[54]，但是对于供氧浓度的下限值却未进行研究。谢文强依托巴朗山高海拔公路隧道的施工，基于海拔高度与人体气道气氧分压关系，提出了高海拔施工起始供氧高度建议值[55,56]。孙志涛以肺泡氧分压为基础，对高海拔隧道施工的缺氧状态评价、氧气浓度控制标准等问题进行了研究[57]。

目前，关于高海拔地区施工供氧的文献报道较少有关于青藏高原铁路建设一线的，从低海拔地区来参加青藏铁路建设的人高原反应达 10 倍，高原病发病率 66%，深受缺氧折磨，严重者甚至不能正常工作，氧气成了建设者们必不可少的后备物资，也是青藏铁路建设的医疗保证。

青藏铁路施工现场安装了价值 70 多万元的制氧贮氧设备（医用变压吸附式制氧机）、高压氧舱和氧吧，氧气站每天可制氧气 5 000 L，氧气供应做到随用随发。自 2002 年氧气站建成以来，已有几十位危重患者得到高压氧舱的救治，上百人进舱作保健治疗，几千人进氧吧吸氧。氧气站为过路人车灌瓶、充氧气袋，还源源不断地向各项目施工队提供瓶装氧气，有力地保证了青藏高原铁路施工的顺利进行。

青藏铁路风火山隧道海拔 5 010 m，空气含氧量仅为内陆平原的 50%，由于严重缺氧，隧道施工进度缓慢。北京科技大学刘应书教授运用高原低气压直接解吸的变压吸附制氧工艺，创造了"隧道掌子面弥散供氧和氧吧车供氧"的新方法，产生的氧气浓度达到 92%以，完全符合医用需氧的标准。施工人员摆脱了氧气钢瓶，工程进度比以前快了 3 倍。

关于供氧方式的确定，通常为个体携氧方式供氧、全富氧供氧以及综

合供氧。这几种供氧方式的特点描述如下:

个体携氧方式供氧:在高海拔地区隧道施工的特殊环境下,采用个体携氧的方式对施工人员进行辅助供氧是一种比较简单、方便的供氧方式。此类供氧方式主要是施工人员携带氧气瓶或者氧气袋,通过呼吸面罩等对自身供氧。该方法的优点是设备简单,且氧气利用率高,通常适用于短时间供氧或紧急情况供氧。针对隧道施工,该方式又存在以下几个明显的缺点:① 携带的供氧设备储氧量有限,需经常更换设备,影响连续施工;② 供氧设备给施工人员带来额外负担,对于某些施工工种,影响其施工作业方便性,严重地降低了工作效率;③ 此方案仅适用于人员临时供氧。

全富氧供氧:针对高原环境以及隧道施工环境特点,结合隧道施工通风特点,对整个隧道内进行供氧。该法可最大限度地减小人员负担,但是氧气利用率极低,且消耗量很大,对于敞开式施工隧道不是特别适用。

综合供氧:采用隧道掌子面弥散供氧和氧吧供氧相结合的综合供氧方式也可以很好地解决高海拔地区隧道施工的缺氧环境。

隧道掌子面弥散供氧是指针对隧道内掌子面这个施工人员较为集中的区域,以弥散的方式对该区域进行供氧,达到提升该区域氧气浓度的目的。通常弥散供氧系统主要由以下几个部分组成:输氧管道、阀门、弥散供氧装置等。其工作原理如图1-4所示。

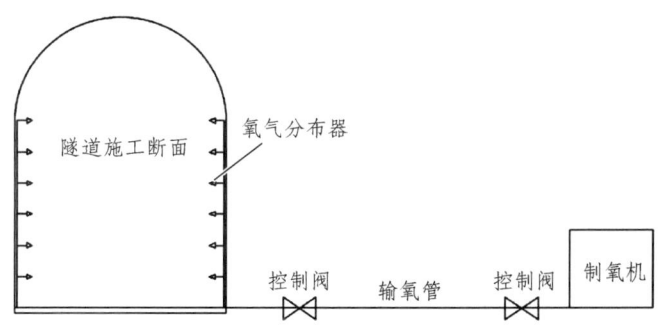

图1-4 隧道掌子面弥散供氧

在隧道施工掌子面采取弥散式的供氧方式,往往比采用个体供氧方式的氧消耗更大,但比全隧道供氧方法的用氧量少得多,并且该供氧方法在不用给施工人员增加额外负担的基础上,使掌子面区域达到了全富氧供氧的效果,从而使劳动者减轻了劳动负担,提高了工作效率。

隧道氧吧供氧通常用于隧道施工工序中施工时间较长的环节。此时，为保证施工人员有充足的体力必须进行人员轮换，想要轮休人员快速高效地恢复体力，必须给轮休人员提供空气质量较好、氧浓度较高的环境。因此该休息区应具备以下三点：① 该休息场所能持续高效地提供清洁的氧气；② 不妨碍隧道施工；③ 具有快速移动的功能。常用氧吧供氧装置如图1-5所示。

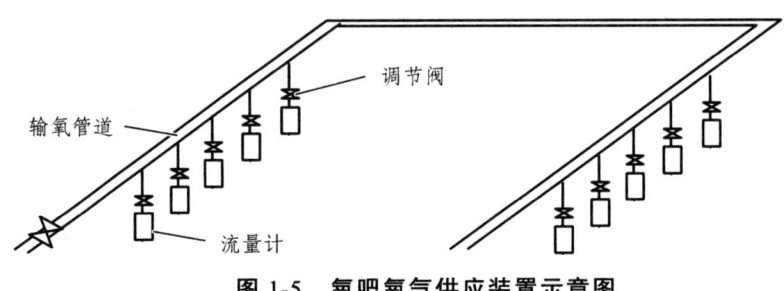

图1-5 氧吧氧气供应装置示意图

2 圭嘎拉隧道施工通风方案研究

2.1 隧道施工通风方式

地下工程施工的通风方式按照动力来源分为自然通风和机械通风。自然通风利用的是自然风压,而机械通风利用的则是通风机产生的风压。

2.1.1 自然通风

隧道自然通风就是不用风机设备,完全依靠自然风的作用,将施工中产生的污染物排出隧道的一种方法。它不需要设备和电力,非常节省能源和运行费用,是一种理想的通风方式。但这种方法并不是可以随意利用的,它受到隧道内外温差、气象条件、辅助坑道设置、坡度等各因素的制约。要利用自然通风就需要了解它的自然规律。

隧道进、出口上下坡施工时,自然通风的形成与洞口的气候条件关系很大。

下坡施工的隧道,如图 2-1 所示。在冬季,一般来说,隧道内温度高于隧道外温度,外面寒冷的空气将沿着隧道下部进入隧道,隧道内含有污染物的暖空气将沿着隧道上部排出洞外,形成自然风;在夏季,隧道内温度低于洞外温度。洞外的热空气堵在隧道洞口,洞内的凉空气停滞在洞内,无法形成自然风流。

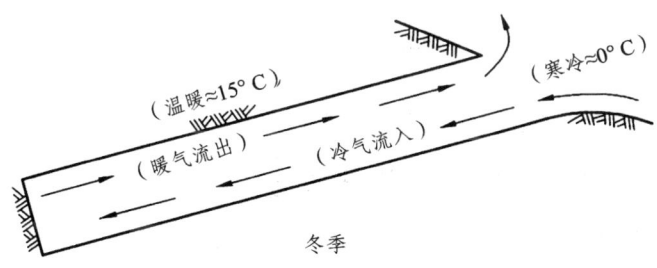

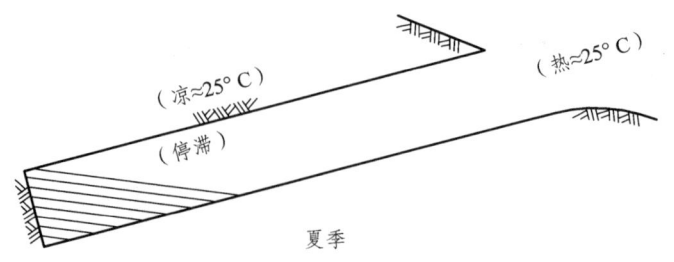

图 2-1　下坡隧道的自然通风示意图

而对于上坡施工的隧道来说，如图 2-2 所示。冬季洞外的冷空气受阻停在洞口段，难以进入工作面，洞内含有污染物的热空气受自然风压的作用，被堵在隧道工作面附近，无法出来，难以形成自然风流；夏季隧道内气温低，隧道内凉空气流向下部，外部热空气则从隧道洞口上部流入，产生自然通风作用。

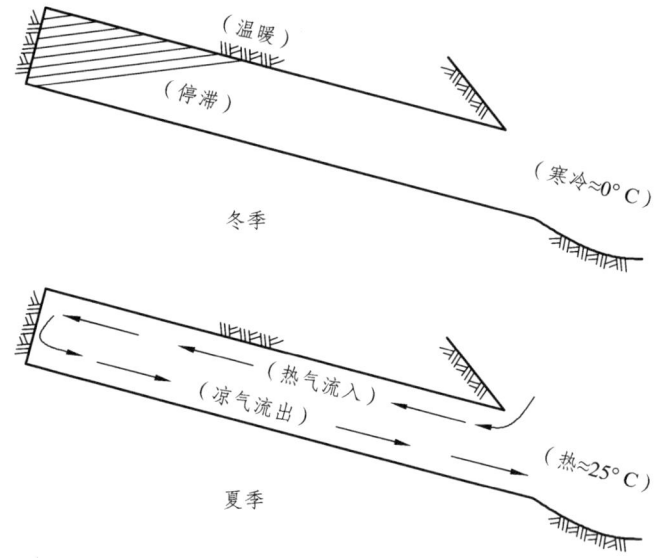

图 2-2　上坡隧道的自然通风示意图

当隧道施工的两个竖（斜）井工区连通后，因两竖（斜）井的位置和深度不同，在两者之间很容易形成自然通风。其自然通风系统如图 2-3 所示，2—3 线为水平隧道，0—4 线为通风系统最高点的水平线。如果把地表大气视为断面无限大、风阻为零的假想风路，则通风系统可视为一个闭合的回路。

如不考虑洞外大气自然风和4、0两点的水平气压差，则自然风压的大小和方向主要受地面空气温度变化的影响。在冬季，地面温度很低，空气柱0—1—2比空气柱4—3重，风流由1号竖井的1流向2，经2号竖井的3、4排至地面；夏季，地面气温高于隧道和竖井内的平均气温，空气柱0—1—2比空气柱4—3轻，使风流由1号竖井排出。而在春秋季节，地面气温与隧道竖井内的平均气温相差不大，自然风压很小，因此，将造成隧道风流的停滞现象。在一些山区，由于地面气温在一昼夜之内也有较大变化，所以自然风压也会随之发生变化。夜晚，1号竖井进风；午间，又变成1号竖井出风。

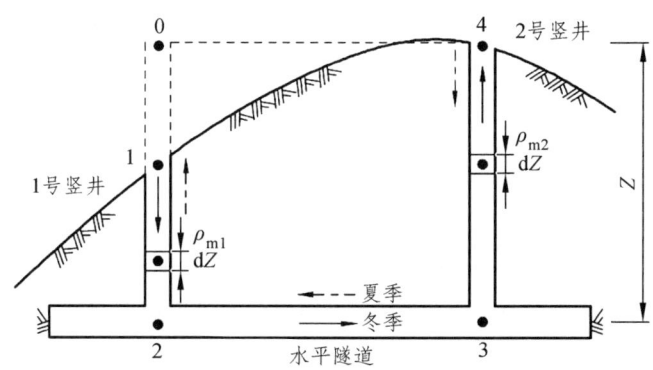

图 2-3 两个竖井工区连通后隧道自然通风示意图

在长独头隧道的施工中，若地形条件具备，通常会设置通风竖井，以减少独头通风长度，降低通风难度，同时在洞内外温差比较大的季节还可充分利用自然风，降低能源的消耗。

图 2-4 是有通风竖井隧道的自然通风示意图。在这种情况下，0点和3点在山坡的同一侧，距离较近，可以不考虑高点水平大气压差和隧道外大气自然风的影响。自然风压的大小主要取决于因洞内外温差而产生的空气柱0—1和2—3的密度差，以及通风竖井的深度，即根据公式（2-1）就可以计算其自然风压。风量的大小则取决于通风路径1—2—3的风阻大小。冬季外界温度比洞内温度低，空气柱0—1比2—3的密度大，隧道自然风流由1点进入，由3点排出；夏季则正好相反。

$$H_N = \Delta P_V + (P_3 - P_0) + (\rho_{m1} - \rho_{m2})g \cdot Z \qquad (2\text{-}1)$$

式中：ρ_{m1}——0—1 点的空气的平均密度（kg/m³）；

ρ_{m2}——2—3 点间空气的平均密度（kg/m³）；

P_3——3 点的大气压（Pa）；

P_0——0 点的大气压（Pa）；

ΔP_V——大气自然风转换动压（Pa）；

g——重力加速度（m/s²）；

Z——竖井高度（m）。

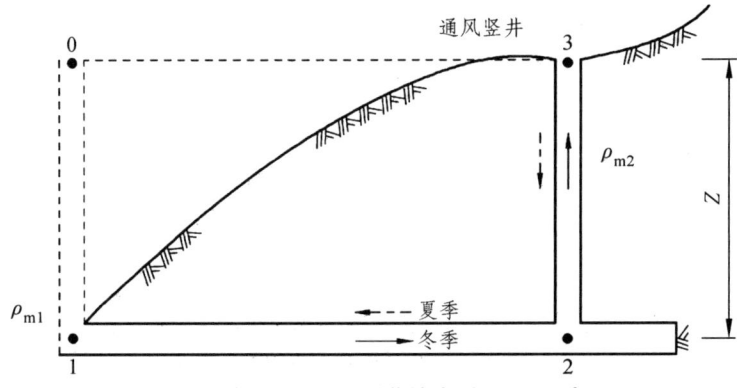

图 2-4　有通风竖井隧道的自然通风示意图

2.1.2　机械通风

1. 送风式

送风式机械通风的管路进风口设在洞外，出风口设在掌子面附近，在风机的作用下，新鲜空气从洞外经管路送到掌子面，稀释污染物，污浊空气则由隧洞内排至洞外。其布置方式如图 2-5 所示。

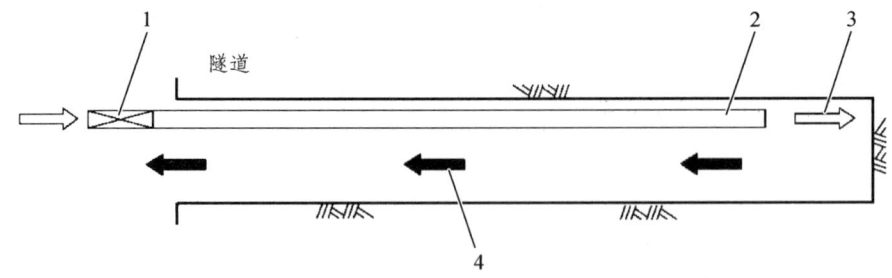

1—风机；2—排风管路；3—新鲜空气；4—污浊空气。

图 2-5　送风式通风示意图

2. 排风式

排风式机械通风分为负压排风式和正压排风式。这种方式管路的进风口设在掌子面附近，出风口设在洞外，在风机的作用下，新鲜空气从洞外经隧道到达掌子面，污浊空气则直接由管路排至洞外。其布置方式如图2-6、图2-7所示。

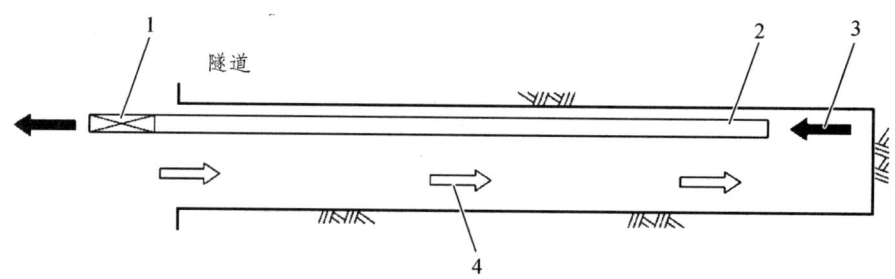

1—风机；2—排风管路；3—污浊空气；4—新鲜空气。

图2-6　负压排风式通风示意图

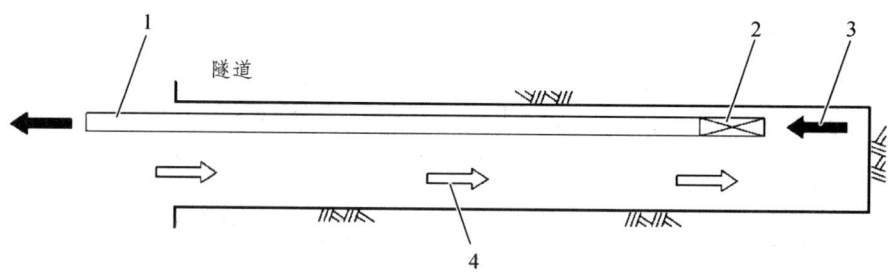

1—排风管路；2—风机；3—污浊空气；4—新鲜空气。

图2-7　正压排风式通风示意图

3. 混合式

混合式机械通风由送风式和排风式变换组合而成。它有两种形式，一种为负压排风混合式，另一种为正压排风混合式，如图2-8和图2-9所示。

在风机的作用下，新鲜空气从洞外进入洞内，流向送风机的入口并进入送风管路，经送风管路送到掌子面；污浊空气从掌子面由隧洞经过排风管路的入口，进入排风管路，经排风管路排至洞外。

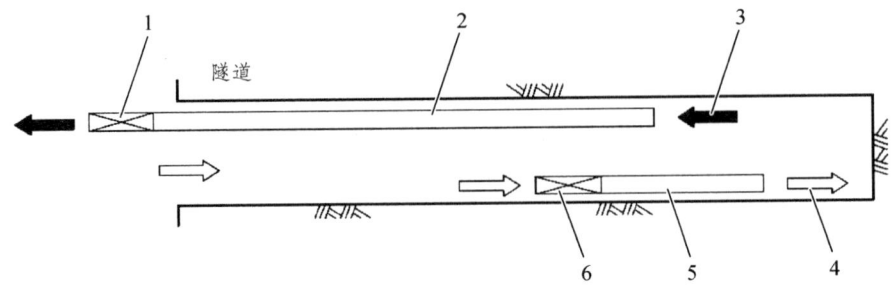

1—风机；2—排风管路；3—污浊空气；4—新鲜空气；5—送风管路；6—送风机。

图 2-8　负压排风混合式通风示意图

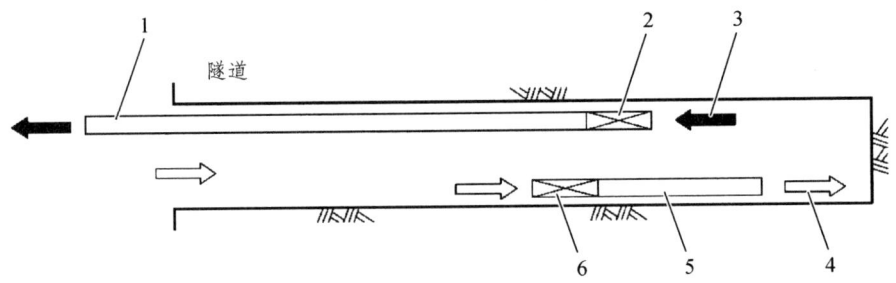

1—排风管路；2—排风机；3—污浊空气；4—新鲜空气；5—送风管路；6—送风机。

图 2-9　正压排风混合式通风示意图

4. 并用式

送风式和排风式同时使用，构成并用式机械通风。同样，并用式也有负压排风并用式和正压排风并用式两种形式。

采用这种通风方式时，一部分新风通过送风管路送到掌子面，一部分新风从洞外经隧洞进入洞内，污浊空气一部分从掌子面流向送风管路的入口，另一部分由隧洞进入的新风沿途稀释污浊物变成污浊空气后流向排风管的入口，两股污浊空气合流进入排风管路，排到洞外。其布置方式分别如图 2-10 和图 2-11 所示。

5. 巷道式

巷道式机械通风分为射流巷道式和主扇巷道式。

射流巷道式是指在射流风机的作用下，新风从一个隧道进入，污浊空气从另一个隧道排出，新风由送风管路送到掌子面。其系统布置如图 2-12 所示。

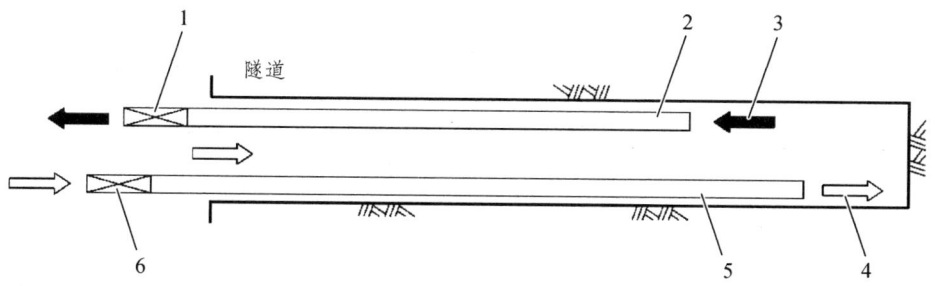

1—排风机；2—排风管路；3—污浊空气；4—新鲜空气；5—送风管路；6—送风机。

图 2-10　负压排风并用式通风示意图

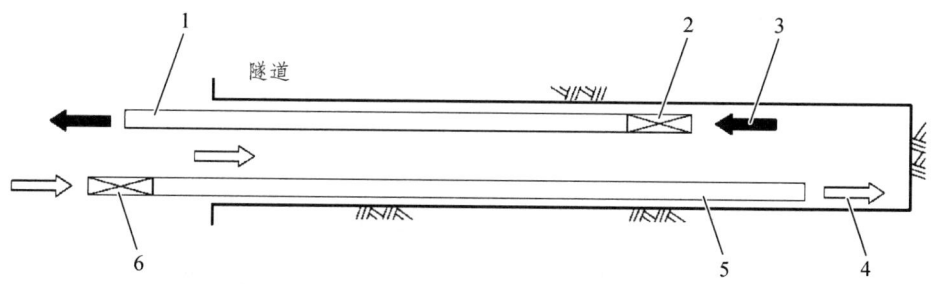

1—排风机；2—排风管路；3—污浊空气；4—新鲜空气；5—送风管路；6—送风机。

图 2-11　正压排风并用式通风示意图

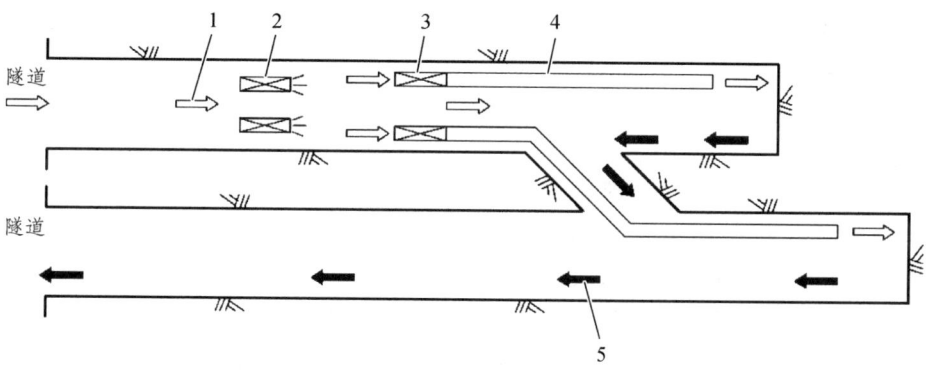

1—新鲜空气；2—射流风机；3—送风机；4—送风管路；5—污浊空气。

图 2-12　射流巷道式通风示意图

主扇巷道式是指在主扇的作用下，新风从一个隧道进入，污浊空气从另一个隧道排出，新风由送风管路送到掌子面。其系统布置如图 2-13 所示。

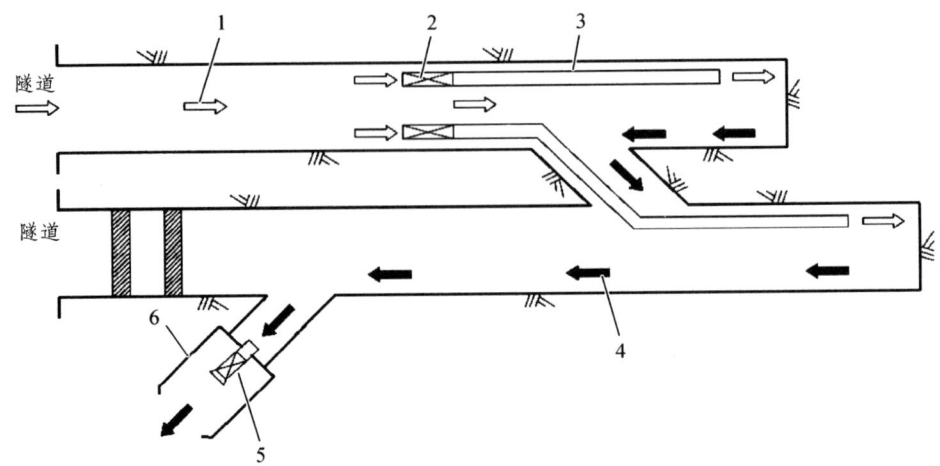

1—新鲜空气；2—送风机；3—送风管路；4—污浊空气；5—主扇；6—风门。

图 2-13　主扇巷道式通风示意图

2.1.3　常见隧道及辅助坑道条件下的通风方式

在没有辅助坑道的情况下，单洞隧道进、出口均采用独头掘进的方式施工，双洞隧道的进、出口则采用平行掘进的方式施工，通风方式相对比较简单。为了增加工作面，缩短工期和改善施工条件，需要增设辅助坑道，常见的辅助坑道有横洞、平导、斜井和竖井。由于设置了辅助坑道，通风方式要做相应的改变。

1. 单洞隧道

1）进口（或出口）独头施工的通风方式

隧道采用钻爆法施工，运输方式为无轨运输或有轨运输。

采用无轨运输施工时，污染源主要有两类：一类是爆破产生的炮烟，喷浆产生的粉尘和内燃、装渣设备的尾气，主要集中在掌子面附近，属于相对固定污染源；另一类是柴油汽车在运输过程中排放的尾气，污染整个隧道，属于运动污染源。

采用有轨运输施工时，其污染源主要是爆破产生的炮烟，集中在掌子面附近，在运输过程中蓄电池车或电力机车不产生污染。

运输方式通常会影响到通风方式的选择。

（1）对于无轨运输施工的隧道。

① 通风方式：通常采用送风式通风，系统布置方式如图 2-7 所示。

② 特点：

·新鲜空气可以一直送到掌子面。

·平衡后，汽车尾气在隧道内浓度分布由里向外，逐渐增大，作业区工作人员处在相对较新鲜的空气中。

·可使用软风管，且管路的延长比较容易。

·整个隧道被污染，后续作业环境相对较差。

·管路漏风对通风有正面作用。

③ 实施要点：

·通风管路的布设要平、直、顺。

·出风口到掌子面的距离小于 5 倍的隧道当量直径。

·风机离开洞口的距离约为 10 倍的隧道当量直径或者与隧道轴成呈直角方向安放在洞口一侧并保持一定的距离。

（2）对于有轨运输施工的隧道。

① 通风方式：

当独头较短时，采用送风式通风，其系统布置和实施要点与无轨运输施工隧道相同，其特点除了无汽车尾气外，其他与无轨运输施工隧道相同。

当独头较长时，可采用负压排风混合式，也可采用正压排风混合式，其布置方式如图 2-10 和图 2-11 所示。

② 特点：

·新鲜空气被传送到掌子面。

·排风管路入风口到隧洞洞口区域均处在新鲜的空气中。

·送风管路可使用软风管，且管路的延长比较容易。

·正压排风管路可使用软风管，但延长不易，必须同时移动排风机；负压排风管路不能使用软风管，成本较高。

·正压排风管路漏风对通风有负面作用，会造成二次污染；负压排风管路漏风则不存在二次污染的问题。

·送风机和正压排风机在隧道内易形成洞内噪声污染。

③ 实施要点：

·把送风机和排风机两都设在衬砌模板附近的隧道洞口侧，随着掌子面的推进，送风管路紧跟掌子面。

- 通风管路的布设要平、直、顺。
- 送风管路出风口到掌子面的距离小于 5 倍的隧道当量直径。
- 排风管路出风口距离洞口约为 10 倍的隧道当量直径或者与隧道轴成呈直角方向向上一定角度。
- 送风管路和排风管路的重叠长度约 50 m。
- 送风机和正压排风机的噪声必须满足标准要求。

2）设通风竖井的进口（或出口）独头施工的通风方式

（1）对于无轨运输施工的隧道。

① 通风方式：

当自然风由隧道口流向通风竖井时，可采用图 2-14 所示的射流巷道式通风。新风由送风管路直接送到掌子面；掌子面污浊空气、沿途污浊空气流向通风竖井，经竖井排出洞外。由洞口流向通风竖井的风量可通过射流风机引射调整；若自然风流足够大，可关掉射流风机。

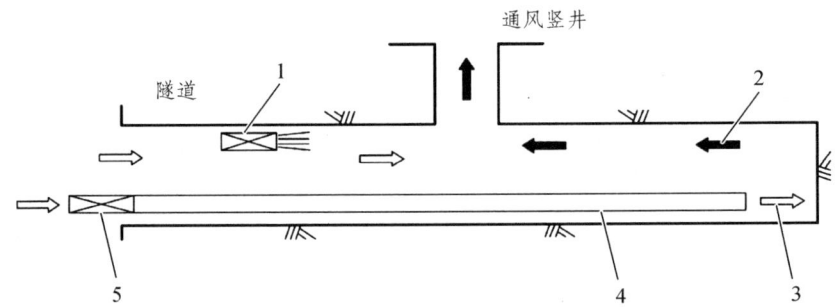

1—射流风机；2—污浊空气；3—新鲜空气；4—送风管路；5—送风机。

图 2-14　单洞隧道独头掘进设通风竖井的射流巷道式通风示意图

当自然风由通风竖井流向隧道口，或者掌子面到通风竖井的距离太长时，可采用图 2-15 所示的送风式通风。新风由通风竖井经送风管路直接送到掌子面，污浊空气从掌子面流向隧洞口，排至洞外。

② 特点：

- 新鲜空气可一直送到掌子面。
- 采用如图 2-14 所示的射流式巷道通风时，平衡后，汽车尾气在隧道内的浓度分布由洞口到竖井和由掌子面到竖井，都是逐渐增大的，竖井处浓度最高。采用如图 2-15 所示的送风式通风时，平衡后，汽车尾气在隧道内的浓度分布是由里向外逐渐增大的，洞口处浓度最高。两种通风方式作业区的工人都处在相对较新鲜的空气中。

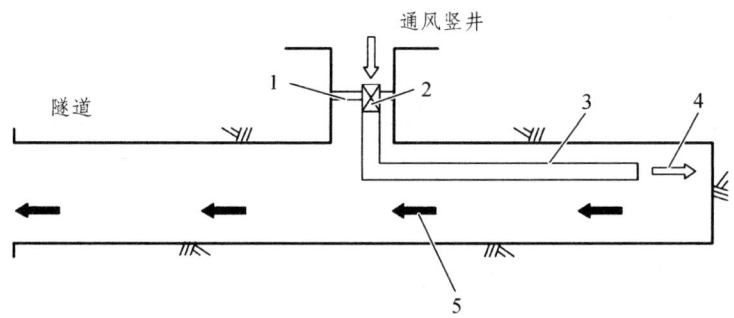

1—隔风板；2—送风机；3—送风管路；4—新鲜空气；5—污浊空气。

图2-15 单洞隧道独头掘进设通风竖井的送风式通风示意图

· 可使用软风管，且送风管路的延长比较容易。
· 整个隧道被污染，后续作业环境相对较差。
· 管路漏风对通风有正面作用。

③ 实施要点：

· 送风管路的布设要平、直、顺。
· 出风口到掌子面的距离小于5倍的隧道当量直径。
· 采用射流巷道式通风时，送风机距离洞口约为10倍的隧道当量直径或者与井轴线呈直角方向向上一定角度。

（2）对于有轨运输施工的隧道。

① 通风方式：

当自然风由隧道口流向通风竖井时，可采用图2-16所示的射流巷道式通风。新风流在射流风机和自然风的作用下至送风机入口，由送风管路送到掌子面；污浊空气从掌子面流向通风竖井，由竖井排出洞外。若自然风流足够大，可关掉射流风机。

当自然风由通风竖井流向隧道口或者由掌子面到通风竖井距离太长时，可采用图2-17所示的正压排风混合式通风。新风由洞外向洞内流动至送风机入口，由送风管路送到掌子面；污浊空气从掌子面流向排风管路风机入口，进入排风管路，经通风竖井排出洞外。

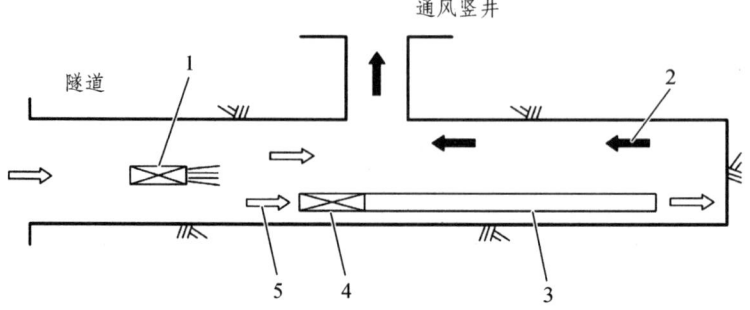

1—射流风机；2—污浊空气；3—送风管路；4—送风机；5—新鲜空气。

图 2-16 设通风竖井的独头施工射流巷道通风示意图

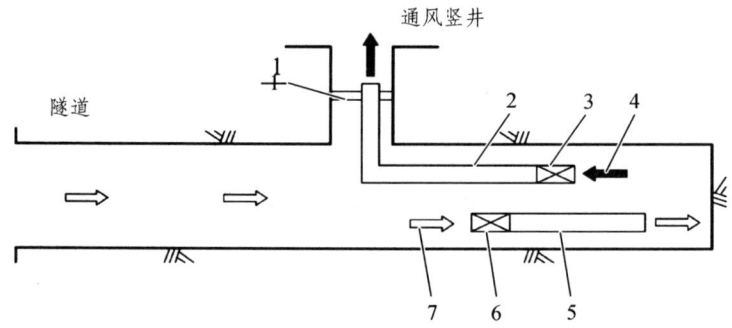

1—隔风板；2—排风管路；3—送风机；4—污浊空气；
5—送风管路；6—送风机；7—新鲜空气。

图 2-17 设通风竖井的独头施工正压排风混合式通风示意图

② 特点：

·新鲜空气被传送到掌子面。

·采用射流巷道式通风时，竖井到隧洞洞口区域均处在新鲜的空气中；采用混合式时，排风机入口到隧洞洞口区域处在新鲜的空气中。

·送风管路可使用软风管，且管路的延长比较容易。

·排风管路可使用软风管，但延长不易，必须同时移动排风机。

·排风管路漏风对通风有负面作用，会造成二次污染。

·通风断面大，耗电量小。

·风管需要量小，费用低。

·风机在隧道内易形成洞内噪声污染。

③ 实施要点：

·采用射流巷道式通风时,送风机应设在通风竖井处的上风侧;采用混合式通风时,把送风机和排风机都设在衬砌模板附近的隧道洞口侧,随着掌子面的推进,送风管路紧跟掌子面。

·通风管路的布设要平、直、顺,特别是排风管路在通风竖井的转弯处要做到通顺,不转死角。

·送风管路出风口到掌子面的距离小于 5 倍的隧道当量直径。

·混合式送、排管路的重叠长度小于 50 m。

·洞内风机必须满足噪声标准要求。

3)由横洞进入隧道的通风方式

(1)通风方式:

当由横洞进入隧道施工并与隧道口贯通时,可采用图 2-18 所示的射流巷道式通风。新风流在射流风机作用下由隧道流向横洞,至送风机入口时,由送风管路送到掌子面;污浊空气从掌子面流向横洞,由横洞排出洞外。

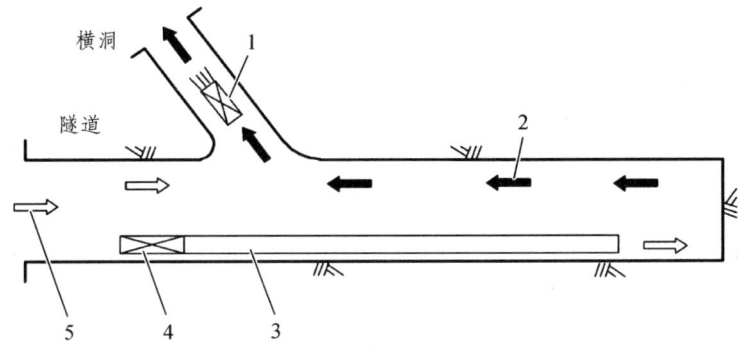

1—新鲜空气;2—送风机;3—送风管路;4—污浊空气;5—射流风机。

图 2-18　横洞进入隧道施工射流巷道通风示意图

(2)特点:

·新鲜空气被传送到掌子面。

·从隧道口到横洞区域为新鲜风流。

·送风管路可使用软风管,且管路的延长比较容易。

·管路送风距离较短,风管需要量较少。

·管路漏风对通风有正面作用。

(3)实施要点:

·射流风机最好安设在横洞内。

- 通风管路的布设要平、直、顺。
- 通风管路出风口到掌子面的距离小于 5 倍的隧道当量直径。
- 送风机的出风口到横洞的距离要大于 50 m。

4）平导与隧道并行的通风方式

平导与隧道工作面向前平行掘进，平导超前并进入隧道增开工作面，两洞之间有横通道连通。

（1）通风方式：

当独头较短时，平导与隧道均采用送风式通风，其系统布设和实施要点与单洞隧道独头掘进施工时的送风式相同。

当独头较长时，采用射流巷道式通风。射流巷道式通风系统布置方式如图 2-19 所示。射流巷道式通风是利用射流风机在平行的平导与隧道中形成风流，使新鲜空气从一个洞进入，并在流进畅通的横通道时，利用 3 个管路将横通道上游的新鲜空气分别送到平导与两个隧道的作业面；污浊空气从掌子面流回到横通道，再从另一个洞排出。

（2）特点：

- 新鲜空气被传送到掌子面。
- 从进风洞口到畅通横通道区域为新鲜风流。
- 送风管路可使用软风管，且管路的延长比较容易。
- 通风断面大，耗电量少。
- 风管需要量小，费用低。

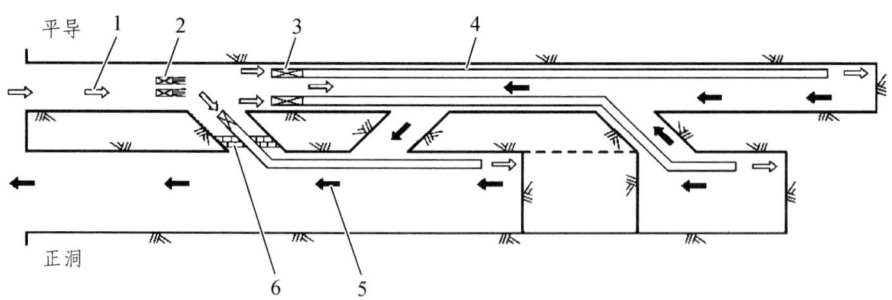

1—新鲜空气；2—射流风机；3—送风机；4—送风管路；
5—污浊空气；6—隔风墙。

图 2-19 平导与隧道并行施工射流巷道式通风示意图

（3）实施要点。

·射流风机最好安设在平导内。

·不用的横通道要及时封闭。因施工需要，不能封闭的要安设风门；不能安设风门的，要用射流风机进行调控。

·通风管路的布设要平、直、顺，特别是由进风洞横通道进入另一洞的通风管路，在横通道转弯处要做到通顺，不转死角。

·送风管路出风口到平导（或隧道）掌子面的距离小于 5 倍的平导（或隧道）当量直径。

·采用无轨运输施工时，车辆必须从排风洞进入。

5）平导贯通隧道多工作面同时施工的通风方式

（1）通风方式：通常采用射流巷道式通风，系统布设方式如图 2-20 所示。

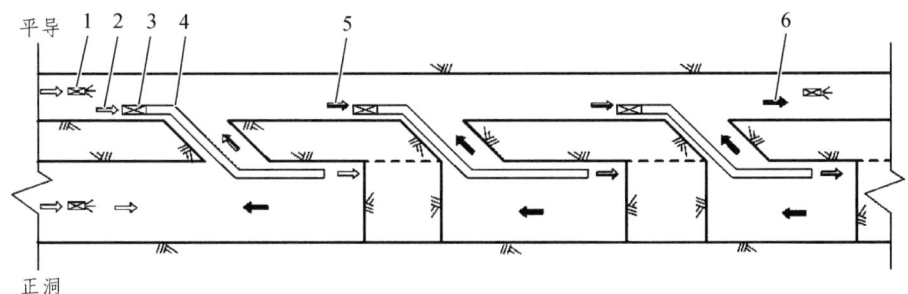

1—射流风机；2—新鲜空气；3—送风机；4—送风管路；
5—轻度污浊空气；6—污浊空气。

图 2-20 利用贯通平导隧道多工作面同时施工射流巷道式通风示意图
（送风机分开放置）

该方式利用自然风和射流风机在贯通的平导内形成足够大的主风流。送风机分开布设在各个横通道的上风侧。送风管路通过各横通道进入不同的作业区，出风口设在掌子面附近。新鲜空气从平导由送风机通过送风管路送到掌子面，稀释污染物；污浊空气则由隧洞进入横通道，然后进入平导主风流中，顺风流排出洞外。

特殊情况下，如采用无轨运输时，可采用送风机集中放置的方式，如图 2-21 所示。

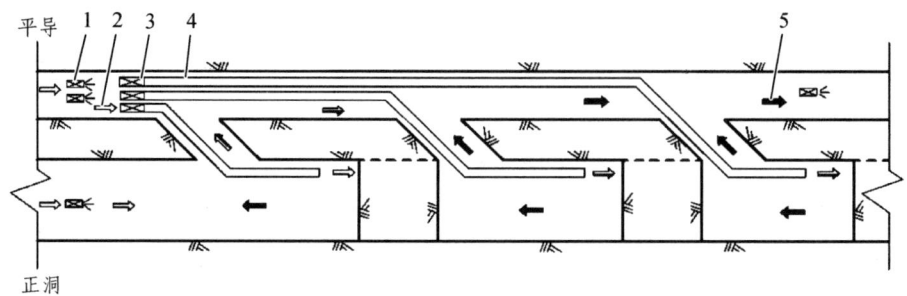

1—射流风机；2—新鲜空气；3—送风机；4—送风管路；5—污浊空气。

**图 2-21　利用贯通平导隧道多工作面同时施工射流巷道式通风示意图
（送风机集中放置）**

（2）特点：
- 新鲜空气被传送到掌子面。
- 送风管路可使用软风管，且管路的延长比较容易。
- 通风断面大，耗电量低。
- 管路漏风对通风有正面作用。
- 送风机分开放置时，设在下风流的送风机送到作业面的并非完全为新鲜空气。

（3）实施要点：
- 送风管路的布设要平、直、顺，特别是转弯处要做到通顺，不转死角。
- 送风管路出风口到掌子面的距离小于 5 倍的隧道当量直径。
- 射流风机的引射方向要与自然风方向一致。
- 主风流要足够大，确保送风机的送风质量。
- 送风机一定要布设在横通道的上风侧。
- 当上游的炮烟经过时，暂时关掉下游的送风机。
- 采用无轨运输时，车辆从出风口进入。

6）由斜井进入隧道双向施工的通风方式

由斜井进入隧道双向施工是指通过斜井进入隧道后向两个方向独头掘进（即为单斜井单正洞模式）。

（1）对于无轨运输施工的隧道。

① 通风方式：两个作业面均采用送风式通风，系统布设方式如图 2-22 所示。

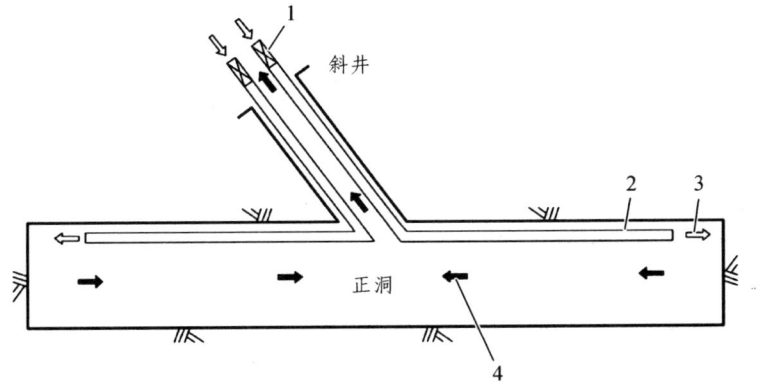

1—风机；2—送风管路；3—新鲜空气；4—污浊空气。

图 2-22　单斜井单洞隧道双向施工送风式通风示意图

两台风机均设在洞外，两条送风管路的出风口分别设在两个掌子面附近。新鲜空气从洞外由送风机通过送风管路送到掌子面；污浊空气则由两个掌子面流向斜井，再通过斜井排出洞外。

② 特点：

· 新鲜空气可一直送到掌子面。

· 平衡后，汽车尾气在隧道内的浓度分布是由里向外，逐渐增大，靠近斜井口浓度最高，作业区工作人员处在相对较新鲜的空气中。

· 可使用软风管，且管路的延长比较容易。

· 整个隧道和斜井均被污染，后续作业环境相对较差。

· 管路漏风对通风有正面作用。

③ 实施要点：

· 通风管路的布设要平、直、顺，特别是管路由斜井转入正洞处，要做到通顺，不能转死角。

· 出风口到掌子面的距离小于 5 倍的隧道当量直径。

· 风机距离洞口约为 10 倍的斜井当量直径或者与井轴线呈直角方向安放于斜井洞口一侧并保持一定的距离。

（2）对于有轨运输施工的隧道。

① 通风方式：

当独头较短时，采用送风式通风，其系统布置和实施要点等同前文所述。

当独头较长时，采用送排混合式通风。其系统布置方式如图 2-23 所示。

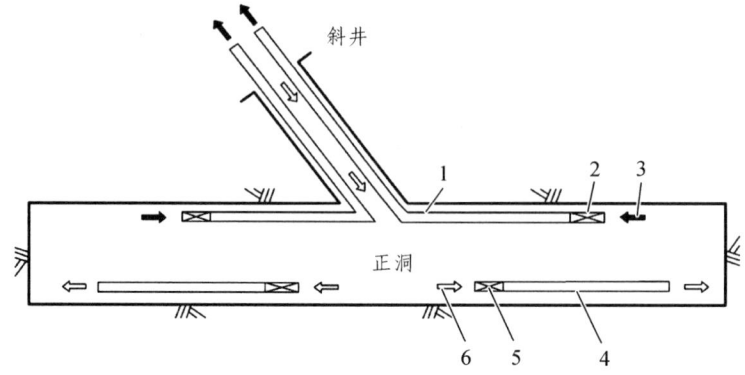

1—排风管路；2—排风机；3—污浊空气；4—送风管路；
5—送风机；6—新鲜空气。

图 2-23　单斜井单洞隧道双向施工送排混合式通风示意图

对于混合式通风，新鲜空气从洞外经斜井进入正洞，然后分别向两个方向流动，至送风机入口，再经送风管路，送到掌子面；污浊空气从掌子面由隧洞流向排风机入口，再经排风管路排出洞外。

② 特点：

·新鲜空气被传送到掌子面。

·从排风管路入口到斜井洞口区域均处在新鲜的空气中。

·送风管路可使用软风管，且管路的延长比较容易。

·排风管路可使用软风管，但延长不易，必须同时移动排风机。

·排风管路漏风对通风有负面作用，会造成二次污染。

·风机在隧道内易形成洞内噪声污染。

③ 实施要点：

·把送风机和排风机都设在衬砌模板后的斜井侧，随着掌子面的推进，送风管路要逐次延伸跟进。

·通风管路的布设要平、直、顺，特别是管路由斜井转入正洞处，要做到通顺，不能转死角。

·送风管路出风口到掌子面的距离小于 5 倍的隧道当量直径。

·排风管路出风口距离洞口约为 10 倍的斜井当量直径，或者与隧道轴成呈直角方向安放在洞口上方。

·送风管路与排风管路的重叠长度不小于 50 m。

- 洞内风机必须满足洞内噪声要求。

7）由竖井进入隧道双向掘进的通风方式

由竖井进入隧道双向掘进是指由竖井进入后向两个方向掘进。通过竖井进入正洞施工，通常采用有轨运输的方式，因此仅考虑有轨运输施工的情况，即单斜井单正洞模式。

（1）通风方式：

当独头较短时，采用压入式通风，其系统布置和实施要点与送风式通风相同。

当独头较长时，采用送排混合式通风。其系统布置方式如图2-24所示。

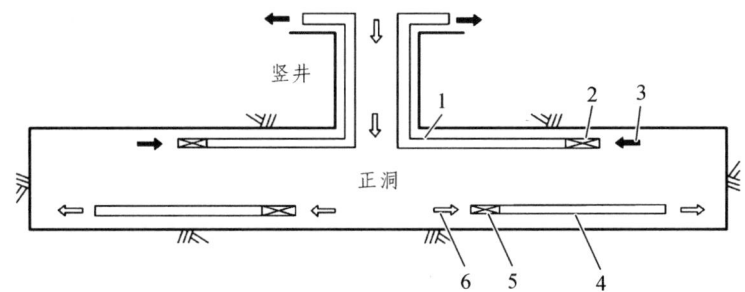

1—排风管路；2—排风机；3—污浊空气；4—送风管路；
5—送风机；6—新鲜空气。

图2-24 单竖井单洞隧道双向施工送排混合式通风示意图

对于送排混合式通风，新鲜空气从洞外经过竖井进入正洞，然后分别向两个方向流动，至送风机入口，再经送风管路送到掌子面；污浊空气从掌子面由隧道流向排风机入口，再经排风管路排出洞外。

（2）特点：

- 新鲜空气被传送到掌子面。
- 从排风管路入口到竖井井底区域和竖井井身均为新鲜风流。
- 送风管路可使用软风管，且管路的延长比较容易。
- 排风管路可使用软风管，但延长不易，必须同时移动排风机。
- 排风管路漏风对通风有负面作用，会造成二次污染。
- 风机在隧道内易形成洞内噪声污染。

（3）实施要点：

- 把送风机和排风机都设在衬砌模板后的竖井侧，随着掌子面的推进，送风管路要逐次跟进。

- 通风管路的布设要平、直、顺,特别是管路由竖井井底转向正洞处,要做到通顺,不转死角。
- 排风管路出风口到掌子面的距离小于5倍的隧道当量直径。
- 排风管路出风口至洞口的水平距离约为10倍的风管直径。
- 送风管路和排风管路的重叠长度不小于50 m。
- 风机必须满足噪声标准要求。

2. 双洞隧道

1) 进口(或出口)并行施工的通风方式

双洞隧道的两个工作面向前平行掘进,两洞之间有横通道连通,即为平行双洞模式。

这种情况下的通风方式、特点和实施要点与平导和隧道并行施工时基本相同,所不同的是一般很少增开作业面。射流巷道式通风系统布置方式如图2-12所示。

2) 由横通道进入隧道并行施工的通风方式

由横通道进入双洞隧道并行施工指通过横通道进入平行双洞后,刚开始向两个方向掘进,四个作业面同时施工,但向洞口方向通常较短,很快会贯通,变成双洞单向平行施工。两洞之间由间隔一定的横通道连通。

其通风方式、特点和实施要点与双洞隧道进出口并行施工的射流巷道式通风大致相同。不同点是:

(1) 在开始阶段的独头送风方式中,通风管路均从横洞进入隧道。

(2) 在射流巷道式通风阶段,若采用的是有轨运输,风机应布置在与横洞直接连接的隧道内,新风流由横洞与横洞相连的隧道进入,污浊空气由另一个隧道排出,如图2-25所示;若采用的是无轨运输,风机应布置在未与横洞相连的隧道内,新风流由该隧道进入,污浊空气由横洞与横洞相连的隧道排出,如图2-26所示。

3) 由斜井进入隧道双向并行的施工方式

由斜井进入双洞隧道并行施工是指通过斜井进入平行双洞后向两个方向掘进,四个作业面同时施工,两洞之间由间隔一定距离的横通道连通,即为单斜井双正洞模式。

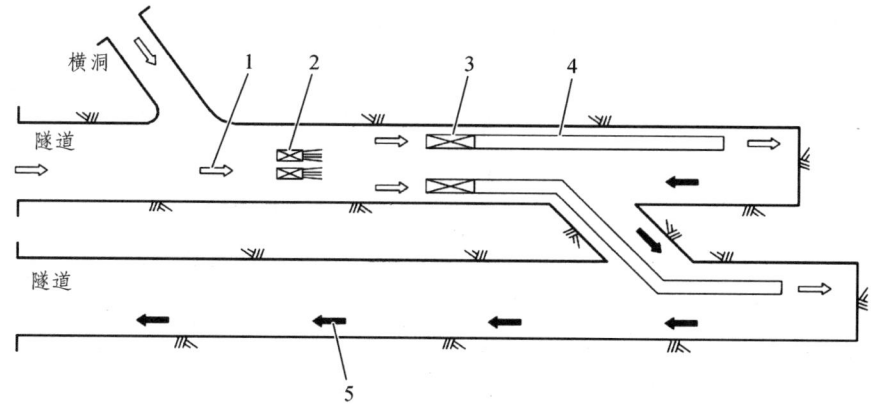

1—新鲜空气；2—射流风机；3—送风机；4—送风管路；5—污浊空气。

图 2-25　由横洞进入双洞隧道并行施工射流巷道式通风示意图（有轨运输）

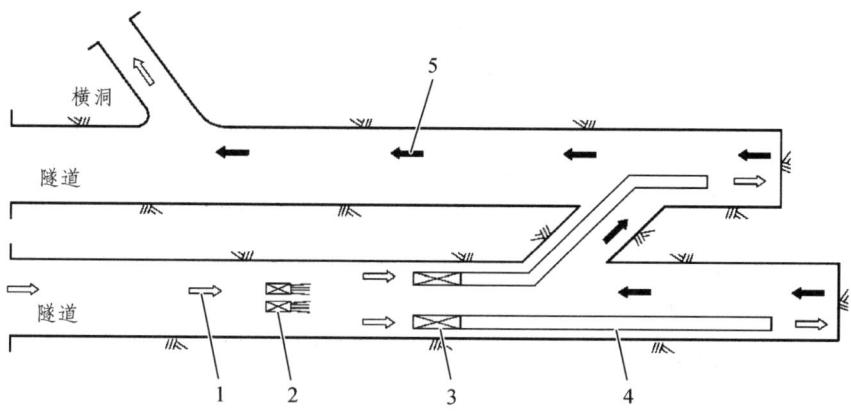

1—新鲜空气；2—射流风机；3—送风机；4—送风管路；5—污浊空气。

图 2-26　由横洞进入双洞隧道并行施工射流巷道式通风示意图（无轨运输）

运输方式通常为有轨运输，因此这里按有轨运输施工考虑。

（1）通风方式：

当独头较短时，采用送风式通风，其系统布置和实施要点与单洞隧道独头掘进施工时的送风式大致相同。

当独头较长时，采用正压排风混合式和射流巷道式相结合的通风方式。其系统布置方式如图 2-27 所示。

首先利用排风机将洞外的新鲜空气通过斜井引入正洞，再利用射流风机对进入正洞的新风按需进行分配，经送风机通过送风管路送到掌子面，污浊空气从各个掌子面经隧道汇流到排风机的入口,再由排风机通过排风管路排到洞外。

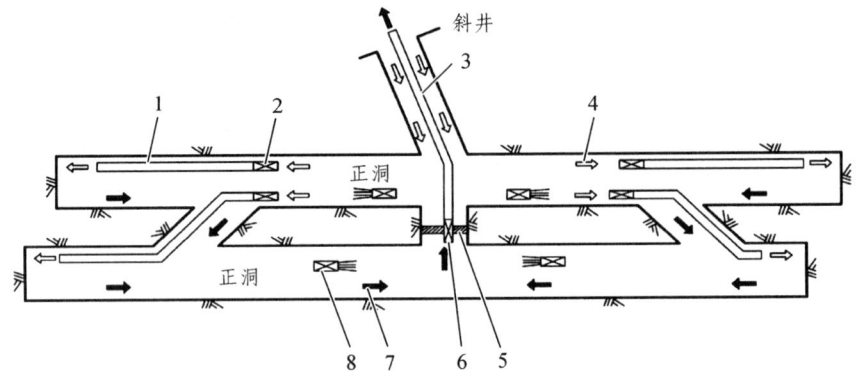

1—送风管路;2—风机;3—排风管;4—新鲜空气;5—隔风门;6—排风机;
7—射流风机;8—污浊空气。

图 2-27　单斜井双洞隧道通风系统示意图

(2)特点:

・新鲜空气被传送到掌子面。

・斜井和一个隧道的大部分区域为新鲜风流。

・送风管路可使用软风管,且管路的延长比较容易。

・排风管路漏风对通风有负面作用,会造成二次污染。

・通风断面大,耗电量小。

・风管需要量小,费用低。

(3)实施要点:

・不用的横通道要及时封闭。因施工需要,不能封闭的要安设风门;不能安设风门的,要用射流风机进行调控。

・通风管路的布设要平、直、顺,特别是转弯处要做到平顺,不转死角。

・送风管路出风口到掌子面的距离小于 5 倍的正洞当量直径。

・放置排风机的横通道设置隔风门,以减少射流风机的使用量,不能设隔风门时,增加射流风机进行调控。

・进入隧道的风量主要取决于排风机的风量,选择的排风机必须能够满足总风量的需求。

・排出管路出风口至洞口的距离约为 10 倍的斜井当量直径或者与井轴

线呈直角方向安放在洞口上方。

·排风管路的直径应尽可能大,这样就可选择风量大、压头底、功率相对较小的排风机。

4)由主副斜井进入隧道方向并行的通风方式

由主副斜井进入双洞隧道双向并行施工是指设置主副两个斜井,进入隧道并行施工,隧道为两个平行双洞,两个方向、4个作业面同时施工,两洞之间由间隔一定距离的横通道连通,即为双斜井双洞隧道模式。

其运输方式通常为有轨运输,因此这里按有轨运输施工考虑。

(1)通风方式:

当独头较短时,采用压入式通风,其系统布置和实施要点与单洞隧道独头掘进施工时的送风式大致相同。

当独头较长时,采用射流式巷道通风。其系统布置方式如图2-28所示。

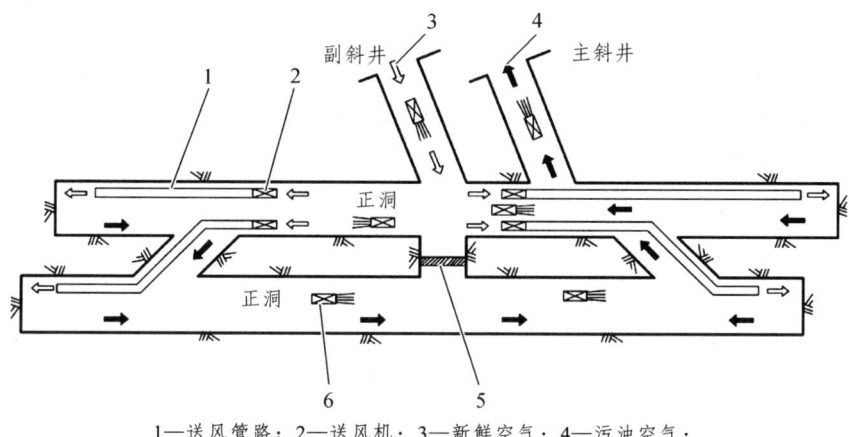

1—送风管路;2—送风机;3—新鲜空气;4—污浊空气;
5—风门;6—射流机。

图2-28 双斜井双洞隧道射流巷道式通风系统示意图

利用射流风机,使新风从一个斜井进入正洞,新鲜空气被4个送风机和4条管路分别送至掌子面;污浊空气从掌子面经隧洞流至主斜井,最后由主斜井排出洞外。

(2)特点:

·新鲜空气被传送至掌子面。

·副斜井和一个正洞的大部分区域为新鲜风流。

·送风管路可使用软风管,且管路的延长比较容易。

·通风断面大,费用低。
·风管需要量小,费用低。
·风机设在洞内易形成噪声污染。
(3)实施要点:
·射流风机最好安设在断面较小的洞内。
·不用的横通道要及时封闭。因施工需要,不能封闭的要安设风门;不能安设风门的,要用射流风机进行调控。
·通风管路的布设要平、直、顺,特别是转弯处要做到平顺,不转死角。
·送风管路出风口到掌子面的距离小于5倍的正洞当量直径。
·风机必须满足噪声标准要求。

5)由竖井进入隧道双向并行施工的通风方式

由竖井进入隧道双向并行施工是指设置一个竖井进入隧道施工,隧道为两个平行双洞,两个方向、4个作业面同时施工,两洞之间由间隔一定的横通道连通。人、料、机均从竖井进出,即为单竖井双洞隧道模式。

其运输方式通常为有轨运输,因此这里按有轨运输施工考虑。

(1)通风方式:

当独头较短时,采用压入式通风,其系统布置和实施要点与单洞隧道独头掘进施工时的送风式大致相同。

当独头较长时,采用正压排风混合式与射流巷道式相结合的通风方式。其系统布置方式如图2-29所示。

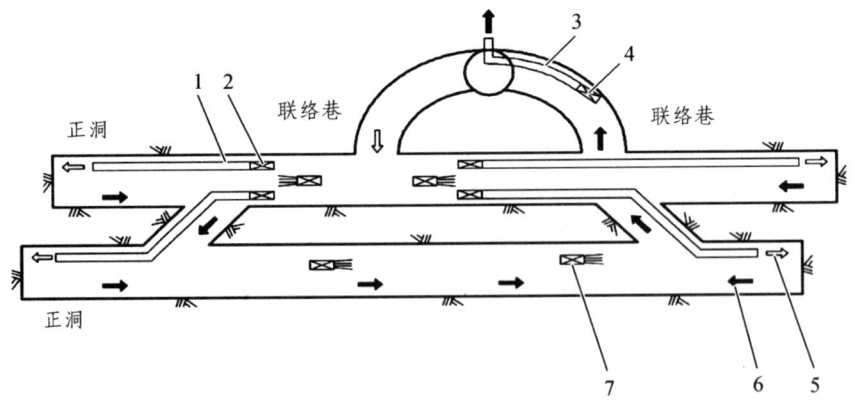

1—送风管路;2—送风机;3—送风管路;4—排风机;5—新鲜空气;6—污浊空气;7—射流风机。

图2-29 单竖井双洞隧道射流巷道式通风系统示意图

首先利用排风机将洞外的新风通过竖井和联络通道引入井底,再利用射流风机使之进入正洞,并让新风根据需要进行分配和流动。新鲜空气从竖井经井底的左联络通道进入正洞,经送风机通过送风管路送到掌子面;污浊空气从掌子面经隧洞汇流到设在井底右联络通道中的排风机入口,再由排风机经过排风管路排到洞外。

（2）特点:
- 新鲜空气被传送到掌子面。
- 竖井为新鲜风流。
- 送风管路可使用软风管,且管路的延长比较容易。
- 通风断面大,耗电量少。
- 风管需要量小,费用低。
- 风机设在洞内易造成噪声污染。

（3）实施要点:
- 射流风机最好安设在断面较小的洞内。
- 不用的横通道要及时封闭。因施工需要,不能封闭的要安设风门;不能安设风门的,要用射流风机进行调控。
- 通风管路的布设要平、直、顺,特别是转弯处要做到通顺,不转死角。
- 送风管路出风口到掌子面的距离小于5倍隧道当量直径。
- 放置排风机的右联络通道设置风门,以减少射流风机的使用量。
- 进入正洞的风量主要取决于排风管的风量,选择的排风机容量必须能够满足总风量的需求。
- 排风管的直径应尽可能大,这样就可选择风量大、压头低、功率相对较小的排风机。
- 风机必须满足噪声标准要求。

6）由主副竖井进入隧道双向并行施工的通风方式

由主副竖井进入双洞隧道并行施工是指设置主副两个竖井进入正洞施工,正洞为两个平行双洞,两个方向、4个作业面同时施工,两洞之间由间隔一定距离的横通道连通。其运输方式通常采用有轨运输,即为双竖井双正洞模式。

其通风方式与双斜井双正洞隧道并行掘进时大致相同。

7）利用贯通斜井隧道多工作面同时施工的通风方式

(1)通风方式:通常采用射流巷道式通风,系统布置方式如图2-30所示。

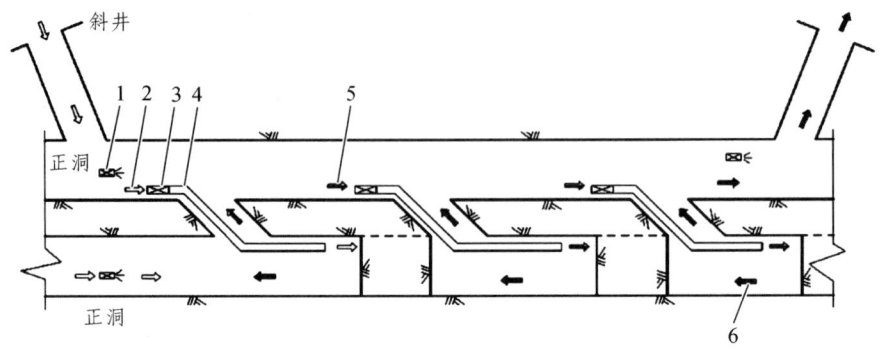

1—射流风机;2—新鲜空气;3—送风机;4—送风管路;
5—轻度污浊空气;6—污浊空气。

图 2-30　利用贯通斜井双洞多工作面施工射流巷道式通风示意图(有轨运输)

该方式利用自然风和射流风机在斜井贯通后的一个隧道内形成足够大的主风流。送风机分别布置在各个横通道的上风侧。送风管路通过各横通道进入不同的作业区,出风口设在掌子面附近。新鲜空气由送风机通过送风管路送到掌子面,稀释污染物;污浊空气则由作业面回流进入横通道,汇入主风流中,顺风流排到洞外。

特殊情况下,如采用无轨运输时,可采用送风机集中放置的方式,如图2-31所示。

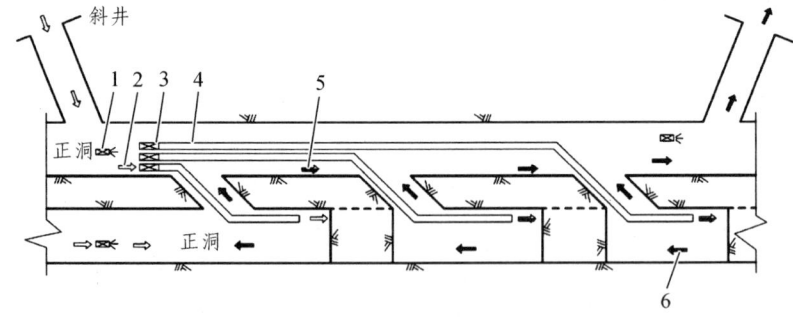

1—射流风机;2—新鲜空气;3—送风机;4—送风管路;5—轻度污浊空气;6—污浊空气。

图 2-31　利用贯通斜井双洞多工作面施工射流巷道式通风示意图(有轨运输)

(2)特点:

·新鲜空气被传送到掌子面。

- 送风管路可使用软风管，且管路的延长比较容易。
- 通风断面大，耗电量少。
- 管路漏风对通风有正面作用。
- 送风机分开放置时，设在下风流的送风机送到作业面的并非完全是新鲜的空气。
- 风机设在洞内易造成噪声污染。

（3）实施要点：
- 送风管路的布设要平、直、顺，特别是转弯处要做到通顺，不转死角。
- 送风管路出风口到掌子面的距离小于5倍的正洞当量直径。
- 射流风机要设置在断面较小的斜井内，且引射方向要与自然风方向一致。
- 主风流要足够大，确保送风机的进风质量。
- 送风机一定要布置在横通道的上风侧。
- 当上游的炮烟经过时，暂时关掉下游的送风机。
- 采用无轨运输时，车辆最好从排风斜井进出。
- 风机必须满足噪声标准要求。

2.2 施工通风设计基本原则

隧道施工通风的目的是供给洞内足够的新鲜空气，并稀释、排除有害气体和降低粉尘浓度，使各作业面达到各项卫生标准的要求，以改善劳动条件，保证洞内工作人员身体健康和施工安全。

长大隧道施工必须采用机械通风，宜采用压入式或混合式通风，并辅以射流风机的通风系统。对于特长隧道应优先考虑混合式通风方法，当主通风系统不能保证隧道施工通风要求时，需要设置局部通风系统。随着隧道掘进长度的延伸，通风设计应分阶段进行，通风量应是动态的。

（1）开挖工作面进风流中：氧气不得少于19.5%（按体积计算）。

（2）洞内每立方米空气中，有害气体含量最大容许值要求见表2-1。按照《公路隧道施工技术规范》JTG F60—2009的相关规定，当施工人员进入开挖面检查时，一氧化碳（CO）容许浓度可为 100 mg/m^3，但必须在 30 min

内降至 30 mg/m³。《铁路工程施工技术手册》隧道篇下册规定：当作业时间在 1 h 以内时，一氧化碳（CO）容许浓度可放宽到 50 mg/m³，0.5 h 以内可达到 100 mg/m³，15~20 min 可达 200 mg/m³。在以上条件下反复作业时，两次作业应间隔 2 h 以上。

表 2-1　空气中有害气体含量最大容许值

有害气体名称		体积浓度		质量浓度
		%	×10⁻⁶	mg/m³
二氧化碳（CO_2）		<0.50	<5 130	<10
一氧化碳（CO）		<0.002 4	<24	<30
氮氧化合物换算成二氧化氮（NO_2）		<0.000 25	<2.5	<5
瓦斯（甲烷 CH_4）	总回风道	<0.75		
	从其他工作面进来的风流	<0.50		
	开挖面装药爆破前应小于 1.0%			
	当开挖面浓度超过 2% 时，人员必须全部撤走			

（3）隧道内风量要求：

① 每人每分钟供应新鲜空气 3 m³，高原计算取 4 m³。

② 洞内使用柴油机械施工时，每 1 kW 每分钟供风量不宜少于 4.5 m³。

（4）洞内风速要求：

全断面（包括斜井）开挖时，最小风速应不小于 0.15 m/s；导坑内最低风速，应不小于 0.25 m/s。隧道内最大风速不得大于 6 m/s。《煤矿安全规程》第一百三十六条规定架线电机车巷道容许最低风速为 1 m/s，采矿工作面、掘进中的煤巷和岩巷为 0.25 m/s。当风速大于 1 m/s 时，不会形成甲烷带。

（5）洞内温度要求：

隧道内温度一般不宜高于 28 ℃。当空气温度和相对湿度一定时，提高风速可以提高散热效果。温度和风速之间的关系见表 2-2。

表 2-2　温度和风速的适宜关系

空气温度/℃	<15	15~20	20~22	22~24	24~28
适宜的风速/（m/s）	<0.5	<1.0	>1.0	>1.5	>2.0

（6）空气中粉尘允许浓度：

① 空气中含游离二氧化硅10%以上粉尘（含石英、石英岩等）的允许浓度为 2 mg/m³。

② 空气中含游离二氧化硅10%以下，不含有毒物质的矿物性和动植物性的粉尘的允许浓度为 10 mg/m³。

③ 空气中含有游离二氧化硅10%以下水泥粉尘的允许浓度为 6 mg/m³。

（7）噪声：

洞内作业点噪声不大于 90 dB。噪声接触时间见表2-3。超过允许噪声值，应采取消音或其他防护措施。

表2-3 接触噪声允许时间

每个工作日接触噪声时间/h	8	4	2	1	最高不得超过
允许噪声/dB	90	93	96	99	115

从瓦斯爆炸三要素可知，瓦斯隧道内瓦斯爆炸的必要条件是：瓦斯浓度处于爆炸范围内（5%~16%），氧气浓度超过失爆氧浓度（12%），引火源温度高于瓦斯引火温度（650~750 ℃）。瓦斯隧道环境中只要同时满足瓦斯浓度和引爆火源两项条件就会发生瓦斯爆炸事故。瓦斯积聚是指隧道内体积大于 0.5 m³ 的空间内积聚瓦斯浓度达到或超过2%的现象，瓦斯积聚是造成瓦斯爆炸的根源。

通风异常和瓦斯异常是造成瓦斯积聚的根本原因。防止瓦斯积聚的措施是避免这些异常发生，或者一旦发生异常采取措施，在造成事故或灾害前，使其恢复正常；如果经过处理不能恢复正常，应将其控制在局部地点使其异常局部化，并在异常区采取措施杜绝一切可能的火源并撤人，确保安全。防止瓦斯积聚和超限的措施有：

（1）加强通风。隧道通风是防止瓦斯积聚的最有效和最基本措施，要按照相关要求建立和完善合理的、最佳的隧道通风系统，加强通风管理，保证隧道内有足够的新鲜空气，把掌子面及其局部积聚的瓦斯冲淡到规范规定的浓度及以下并排出。

（2）加强检查。隧道内瓦斯浓度检查是发现事故隐患的眼睛，也是采取措施防范和处理的依据。准确掌握隧道内瓦斯浓度的变化，是防止瓦斯爆炸的基本手段之一。所以，隧道必须建立瓦斯气体检查制度，应严格按照技术交底规定的次数检查瓦斯，严禁空班漏检。

（3）局部瓦斯积聚的处理。及时处理局部积聚的瓦斯，是预防瓦斯燃烧和爆炸的主要措施之一，也是瓦斯管理工作的重要内容。严格执行相关规定中有关瓦斯浓度的规定和瓦斯超限时必须采取的安全措施，及时处理瓦斯超限和局部瓦斯集聚。

按瓦斯绝对涌出量计算风量时，对于低瓦斯工区，应将洞内各处的瓦斯浓度稀释到 0.5%以下；对于高瓦斯工区和瓦斯突出工区，其长度较大的独头施工的瓦斯隧道，采用压入式通风，整个隧道都是回风流。考虑到电气设备、工作面还有后部工序作业，工作面风流中瓦斯浓度应在 0.5%以下，对于有平行导坑的巷道式通风，回风风流中瓦斯浓度应在 0.75%以下，但开挖工作面仍为独头，故风流中瓦斯浓度应控制在 0.5%以下。

隧道内瓦斯浓度限制及超限处理措施如表 2-4 所示。

表 2-4　隧道内瓦斯浓度限制及超限处理措施

序号	地点	限值	超限处理措施
1	低瓦斯工区任意处	0.5%	超限处 20 m 范围内立即停工，查明原因，加强通风监测
2	局部瓦斯积聚（体积大于 0.5 m³）	2.0%	超限处附近 20 m 停工、断电、撤人，进行处理，加强通风
3	开挖工作面风流中	1.0%	停止电钻钻孔。限限处停工、撤人、切断电源，查明原因，加强通风等
4	回风隧道或工作面回风流中	0.5%	非防爆设备停止工作
5	回风隧道或工作面回风流中	1.0%	停工、撤人、处理
6	放炮地点附近 20 m 风流中	1.0%	严禁装药放炮
7	放炮后工作面风流中	1.0%	继续通风，不得进入
8	局部通风机具及电气开关 10 m 范围内	0.5%	停机、通风、处理
9	电动机及开关附近 20 m 范围内	1.0%	停止运转、撤出人员、切断电源、进行处理
10	竣工后洞内任何处	0.5%	查明渗漏点，进行整治

2.3 隧道施工通风参数计算

圭嘎拉隧道施工通风参数见表2-5。

表 2-5 圭嘎拉隧道施工通风计算基础参数

项目		数量	单位
正洞工作面同时工作最多人数		50	人
一号斜井工作面同时工作最多人数		35	
二号斜井工作面同时工作最多人数		35	
正洞开挖面一次爆破炸药用量		360	kg
斜井开挖面一次爆破炸药用量		280	
正洞隧道开挖面积		100（有仰拱） 90（不含仰拱）	m^2
一号斜井开挖面积		80（有仰拱） 65（不含仰拱）	
二号斜井开挖面积		80（有仰拱） 65（不含仰拱）	
通风换气长度		250	m
风管平均百米漏风率		1.5%	—
风管摩擦阻力系数		0.02	—
机械设备功率	装载机	125	kW
	出渣汽车	200	
	挖掘机	122	
爆破通风时间		15	min
隧道内最低允许风速		0.25	m/s
人员配风标准		4	$m^3/(人 \cdot min)$
内燃机械设备配风标准		4.5	$m^3/(kW \cdot min)$

圭嘎拉隧道施工范围和送风距离如表 2-6、图 2-32 所示。整个隧道施工通风可划分为四个区段。区段一为进口段，要求在独头掘进时距离不小于 3 500 m，进口段按照 3 500 m 取值。区段二为一号斜井段，一号斜井段

施工分为三个阶段：首先开挖斜井，在斜井施工完毕后，设置两个工作面，同时向主洞入口和出口方向掘进；在入口方向掘进到与进口段预定贯通位置 YK17+908 后，保持出口方向工作面继续掘进至 YK20+300。区段三为二号斜井段，二号斜井段施工也分为三个阶段：首先开挖斜井，在斜井施工完毕后，设置两个工作面，同时向主洞入口和出口方向掘进；出口方向开挖至里程 YK23+790 后，保持入口方向持续掘进，直到 YK20+300 里程。区段四为出口段，按照 3 500 m 取值，与二号斜井段 ZK23+660 里程贯通。

表 2-6 圭嘎拉隧道施工范围划分及送风距离统计

序号	区段划分	隧道施工范围/m	
		斜井	正洞
1	进口段		3 500
2	一号斜井段	2 365	492
		2 382	1 900
3	二号斜井段	1 673	2 540
		1 778	820
4	出口段		3 500

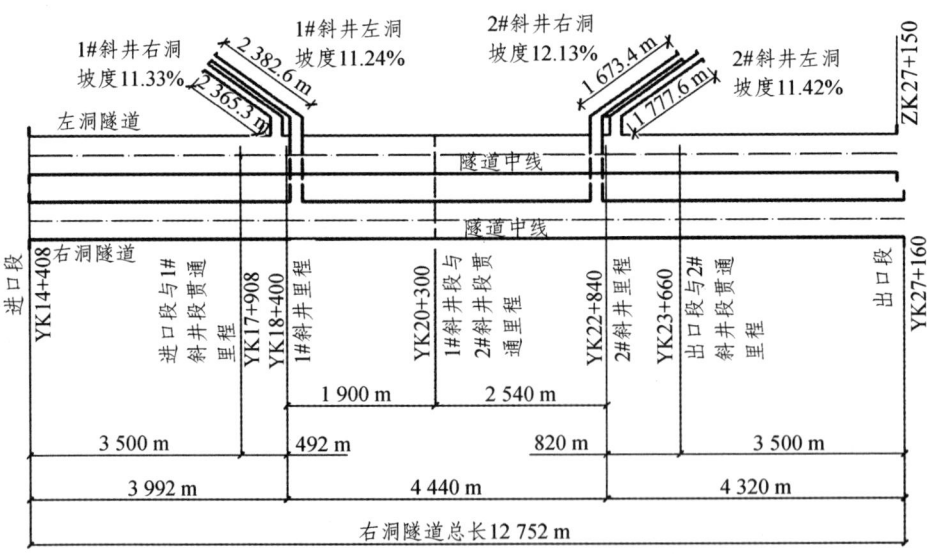

图 2-32 圭嘎拉隧道施工通风示意图

隧道施工过程中所需风量与隧道断面、隧道工作人员数量、施工机械数量以及爆破所用炸药量有关，与通风方式无关，故对于任意形式的通风方式隧道所需风量都是相同的。由于圭嘎拉隧道处于高海拔地区，在本次设计计算中先根据平原隧道施工通风需风量进行设计，之后再对计算结果进行修正得到该海拔高度下隧道施工通风所需设计风量。

施工通风所需风量按洞内同时作业最多人数、洞内允许最小风速、一次性爆破所需要排除的炮烟量、内燃机设备总功率进行计算，取其中最大值作为控制风量。

（1）施工人员所需风量计算公式：

$$Q_人 = q \cdot n$$

式中：q——作业面每一作业人员的通风量，取 4 m³/（人·min）；

n——作业面同时作业的最多人数（按洞内同时作业最多人数计算）（人）。

圭嘎拉隧道施工人员所需风量计算具体见表 2-7。

表 2-7 圭嘎拉隧道施工人员需风量计算结果

序号	区段名称		q/[m³/（人·min）]	n/人	$Q_人 = q \cdot n$/（m³/min）
1	进口段		4	50	200
2	一号斜井段	第一阶段	4	35	140
		第二阶段	4	100	400
		第三阶段	4	50	200
3	二号斜井段	第一阶段	4	35	140
		第二阶段	4	100	400
		第三阶段	4	50	200
4	出口段		4	50	200

（2）隧道施工需风量计算公式：

$$Q_风 = S \cdot v$$

式中：S——隧道最大开挖断面积（m²）；

v——洞内允许最小风速，取 0.25 m/s。

圭嘎拉隧道施工需风量计算具体见表 2-8。

表 2-8 圭嘎拉隧道施工需风量计算结果

序号	名称	S/m^2	$v/$ (m/s)	$Q_风 = S \cdot v /$ (m³/min)
1	正洞（有仰拱）	100	0.25	25
2	正洞（无仰拱）	90	0.25	22.5
3	斜井（有仰拱）	80	0.25	20
4	斜井（无仰拱）	65	0.25	16.25

《煤矿安全规程》第一百三十六条规定架线电机车巷道容许最低风速为 1 m/s，采矿工作面、掘进中的煤巷和岩巷为 0.25 m/s。本隧道施工通风的最小风速按 0.25 m/s 考虑。

（3）排除炮烟所需风量计算公式：

$$Q_0 = \frac{7.8}{t} \sqrt[3]{G \cdot (A \cdot L_0)^2}$$

式中：t——通风时间，取 15 min；

G——同时爆破炸药量（kg）；

L_0——通风换气长度（m），一般把爆破后炮烟的扩散长度乘一个安全系数作为通风长度，且 $L_0 = 1.2 \times \left(15 + \frac{G}{5}\right)$；

A——隧道断面积（m²）。

圭嘎拉隧道排除炮烟所需风量计算具体见表 2-9。

表 2-9 圭嘎拉隧道排除炮烟所需风量计算结果

序号	区段名称		G /kg	t /min	L_0 /m	A /m²	$Q_0 = \frac{7.8}{t} \sqrt[3]{G \cdot (A \cdot L_0)^2}$ / (m³/min)
1	进口段		360	15	104	100	1 762
2	一号斜井段	第一阶段	280	15	85	80	1 621
		第二阶段	720	15	191	100	2 221
		第三阶段	360	15	104	100	1 762
3	二号斜井段	第一阶段	280	15	250	80	1 621
		第二阶段	720	15	250	100	2 221
		第三阶段	360	15	250	100	1 762
4	出口段		360	15	250	100	1 762

（4）按内燃机械设备总功率计算公式：

$$Q_内 = H \cdot q$$

式中：H——内燃机械总功（kW）；

q——内燃机械单位功率供风量，取 4.5 m³/（kW·min）。

圭嘎拉隧道内燃机械设备总功率计算具体见表 2-10。

表 2-10　圭嘎拉隧道内燃机械设备总功率计算结果

部位		机械名称	配置台数	工作台数	机械功率/kW	计算总功率/kW	$Q_内$/（m³/min）
进口段		装载机	1	1	125	847	3 812
		自卸汽车	3	3	600		
		挖掘机	1	1	122		
一号斜井段	第一阶段	装载机	1	1	125	647	2 912
		自卸汽车	2	2	400		
		挖掘机	1	1	122		
	第二阶段	装载机	2	2	250	1 694	7 623
		自卸汽车	6	6	1 200		
		挖掘机	2	2	244		
	第三阶段	装载机	1	1	125	847	3 812
		自卸汽车	3	3	600		
		挖掘机	1	1	122		
二号斜井段	第一阶段	装载机	1	1	125	647	2 912
		自卸汽车	2	2	400		
		挖掘机	1	1	122		
	第二阶段	装载机	2	2	250	1 694	7 623
		自卸汽车	6	6	1 200		
		挖掘机	2	2	244		
	第三阶段	装载机	1	1	125	847	3 812
		自卸汽车	3	3	600		
		挖掘机	1	1	122		

续表

部位	机械名称	配置台数	工作台数	机械功率/kW	计算总功率/kW	$Q_{内}$/(m³/min)
出口段	装载机	1	1	125	847	3 812
	自卸汽车	3	3	600		
	挖掘机	1	1	122		

对于每个区段，以上计算结果取最大值 $Q=\max\{Q_人, Q_内, Q_风, Q_0\}$ 作为控制设计通风量。其具体参数见表2-11。

表2-11 圭嘎拉隧道开挖面需风量计算结果（不考虑海拔修正系数）

开挖面位置		控制风量	风量/(m³/min)
进口段		内燃机作业需风量	3 812
一号斜井段	第一阶段	内燃机作业需风量	2 912
	第二阶段	内燃机作业需风量	7 623
	第三阶段	内燃机作业需风量	3 812
二号斜井段	第一阶段	内燃机作业需风量	2 912
	第二阶段	内燃机作业需风量	7 623
	第三阶段	内燃机作业需风量	3 812
出口段		内燃机作业需风量	3 812

在高原地区，低压、缺氧、寒冷是最重要的气候特点，因空气稀薄导致气压降低，使空气的性质也发生相应的改变。随着海拔高度的增加，大气压力降低，单位体积中的气体分子数减少，空气稀薄，空气重率和密度降低，它们之间有以下关系：

$$\gamma_z = \gamma_0 \left(1 - \frac{z}{44\,300}\right)^{4.256}$$

式中：γ_z——海拔高度为 z 处的空气重率（N/m³）；

γ_0——海拔高度为 0 处的空气重率（N/m³）；

z——海拔高度（m）。

重率高程校正系数 K_r 为海拔高度 z 处的空气重率与海平面处的空气重率之比，即：

$$K_r = \frac{\gamma_z}{\gamma_0} = \left(1 - \frac{z}{44\,300}\right)^{4.256}$$

取圭嘎拉隧道斜井井口和洞口高程的平均值 4 375 m，代入上式算出该海拔与海平面的重率之比为 0.64，即海拔修正系数为 1.54。圭嘎拉隧道修正后的需风量见表 2-12。

表 2-12 圭嘎拉隧道开挖面需风量计算结果（考虑海拔修正系数）

开挖面位置		需风量/（m³/min）
进口段		5 870
一号斜井段	第一阶段	4 484
	第二阶段	11 739
	第三阶段	5 870
二号斜井段	第一阶段	4 484
	第二阶段	11 739
	第三阶段	5 870
出口段		5 870

圭嘎拉隧道内瓦斯压力较大，SZK3 号钻孔测得 K_1 煤层瓦斯气体压力为 0.07 MPa，以瓦斯压力梯度为 0.005 MPa/m（经验数据）推断的隧道路面 K_1 煤层瓦斯压力值为 1.343 MPa。SZK4 号钻孔测得 K_1 煤层瓦斯气体压力为 0.11 MPa，以瓦斯压力梯度为 0.005 MPa/m（经验数据）推断的隧道路面 K_1 煤层瓦斯压力值为 3.134 MPa。根据公式间接计算的隧道洞身段 SZK_4 孔 K_2 煤层瓦斯含量为 0.004 659 m³/t。

根据《铁路瓦斯隧道技术规范》（TB 10012—2007）对瓦斯绝对涌出量计算通风量的要求，对于独头坑道瓦斯涌出量，可按照开挖面爆落煤块瓦斯涌出量、新暴露煤壁瓦斯涌出量和喷射混凝土地段洞壁瓦斯逸出量计算。然而两煤层均位于瓦斯风化带中，可燃气体（甲烷+一氧化碳）的含量为 0，主要成分为二氧化碳和氮气，难以用常规方法预测隧道瓦斯涌出量，因此不能精确获得隧道中稀释瓦斯的通风量。

国外有资料说明风速在 0.3 m/s 时，甲烷会从发生点形成甲烷带；当风速为 0.5 m/s 时，甲烷几乎不会发生反流但会形成甲烷带；当风速大于 1 m/s 时，甲烷散落，则不会形成甲烷带，也不会在上部集聚。我国南昆线家竹箐隧道实测资料显示，洞内防瓦斯集聚风速小于 1 m/s 时，拱顶瓦斯浓度大多大于 2%。在控制隧道内风速时，仍能有效防止瓦斯在隧道内积聚。

洞内防瓦斯积聚对开挖面的需风量进行了计算（正洞开挖面按照 100 m^2、斜井开挖面按照 80 m^2 计算），通过对考虑海拔修正系数的开挖面风速进行计算，验证该需风量下隧道开挖面乃至回风流中风速大于 0.6 m/s，具有防瓦斯回流的效果。需要说明的是，1 m/s 的风速是防治瓦斯局部积聚的风速，而不是整个回风流的风速。局部地点风速采用瓦斯驱散器、气动风机等设备通过局部通风方法实现。

圭嘎拉隧道开挖面各部位风速如表 2-13 所示。

表 2-13 圭嘎拉隧道开挖面各部位风速

开挖面位置		开挖面风速/（m/s）
进口段		0.975
一号斜井段	第一阶段	0.93
	第二阶段	0.975
	第三阶段	0.975
二号斜井段	第一阶段	0.93
	第二阶段	0.975
	第三阶段	0.975
出口段		0.975

2.4 圭嘎拉隧道施工通风方案

圭嘎拉隧道采用钻爆施工方法，结构形式为双洞+斜井，隧道进口段和出口段的断面设计和掘进距离相同，可采用相同的通风设计方案。本章提出的独头压入式通风和巷道式通风方案均适用于隧道进口段与出口段，而设通风竖井的独头压入式通风方案仅用于隧道出口段。现对提出的不同方案进行比选。

2.4.1 独头压入式通风

当主洞隧道分开施工时，可看成单洞隧道进行通风。特别是在采用钻爆法施工且采用无轨运输的山岭隧道中，此时可采用独头压入式通风方式。该通风方式操作简单，送风的管路设在洞门外，出风口设在掌子面附近，在风机的作用下，新鲜空气从洞外经管路送到掌子面稀释污染物，污浊空气则从隧道排至洞外。该送风方式的特点是新鲜空气可一直送到掌子面，且平衡后，机械车辆尾气在隧道内的浓度分布由里及外逐渐增大，作业区工作人员处在相对新鲜的空气中。该方式可以使用软管，且管路的延长较为容易。由于风管较长，采用该方式要注意经常检修风管，防止施工过程中由于开挖爆破、运输车辆擦挂、二衬台车等损坏风管。

独头压入式通风如图 2-33 所示。

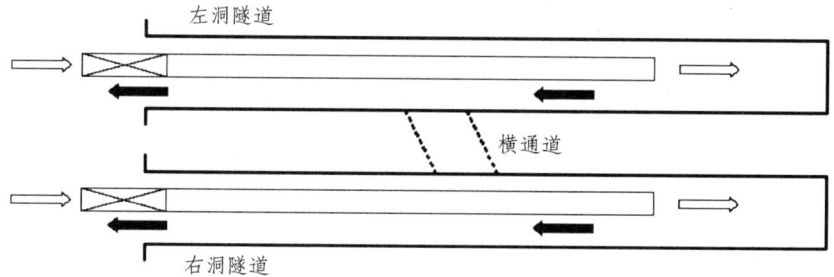

图 2-33 独头压入式通风示意图

隧道两主洞施工均按无轨运输分别考虑为单洞隧道施工，施工通风采用独头压入式，要进行施工通风风机配置。由于通风风管随着风管的增长漏风率会有较大变化，故需计算出风管漏风之后根据风机所需提供的最大风量来进行保守计算。

通风计算取最大通风长度 $L=3\,500$ m。风管百米漏风系数 β 为 1.5%，风机所需风量为 $Q_{机}$：

$$B=L/100=3\,500/100=35$$

$$A=(1-\beta)^B=(1-0.015)^{35}=0.59$$

$$Q_{机}=Q_{需}/A=5\,870/0.59=9\,963\ \text{m}^3/\text{min}$$

由计算可知，考虑漏风情况主洞最大需风量为 $9\,963\ \text{m}^3/\text{min}$。

1. 风压计算原则

通风机的风压用来克服沿途所有的阻力，在数值上等于风道（或风管）的沿程摩擦阻力和局部阻力之和。因此，风压的计算应考虑以下几方面因素：

（1）在机械通风系统中，通风机的风压大于通风管道的阻力。

（2）通风系统总风阻由沿程摩擦风阻和各种局部风阻组成。

（3）沿程摩擦阻力。

（4）局部阻力。

2. 风压计算条件

圭嘎拉隧道采用独头压入式通风，各个阶段通风距离及通风方式发生了变化，沿程阻力也将变化，需对最大风压进行计算。

3. 风压计算

为保证把足够的风量送到工作面，并在风管出风口保持一定的风速，这就要求风机具有一定的风压，克服沿途的所有阻力。

通风机应具备的风压为：

$$P_{机} \geqslant P_{总阻} = P_{动} + P_{摩} + P_{局}$$

1）动态风压 $P_{动}$

$$P_{动} = \frac{\rho}{2} \times v^2$$

式中：ρ——空气密度，取 0.77 kg/m³；

v——末端管口风速（m/s），风管直径不同，风速也不同，主洞选用 ϕ2.0 m、ϕ1.8 m 和 ϕ1.6 m 三种进行验算（根据风管直径调整计算通风阻力）。

2）摩擦阻力 h_f

管路的摩擦阻力是风流与通风管周壁摩擦以及空气分子间扰动和摩擦产生的能量消耗。摩阻由两部分组成：克服风管沿程阻力及克服隧道壁沿程阻力。主隧道沿程阻力与风管沿程阻力相比较小，可忽略不计。下面主要计算风管沿程阻力。

考虑管路漏风时，主洞风管摩擦阻力：

$$h_{\mathrm{f}} = \frac{400\lambda\rho}{\pi^2 d^5} \cdot \frac{1-(1-\beta)^{\frac{2L}{100}}}{\ln(1-\beta)} \cdot Q_0^2$$

式中：λ——摩擦系数，取 0.002 5；

ρ——空气密度，取 0.77 kg/m³；

d——主洞风管直径，分别取 1.6 m、1.8 m 和 2 m；

β——漏风率，取 1.5%；

L——主洞隧道通风长度（m）；

Q_0——主洞施工需风量，取 166 m³/s。

3）局部阻力 $P_{局}$

$$P_{局} = \sum \zeta \cdot \frac{\rho}{2} \cdot v_{\mathrm{r}}^2$$

式中：ζ——局部阻力系数，包括风流流径突然扩大或缩小和管路转弯的阻力损失等，查表可得；

ρ——空气密度，取 0.77 kg/m³；

v_{r}——管道内风速。

将不同直径的风管动压、摩擦阻力、局部阻力和总阻计算出来，如表 2-14 所示。

表 2-14 圭嘎拉隧道进口段与出口段风管风阻

风管直径 /m	风量 /（m³/s）	动压 $P_{动}$ /Pa	风阻 h_{f} /Pa	局部阻力 $P_{局}$ /Pa	阻力总和 $P_{总阻}$/Pa
1.6	166	2 628	38 566	2 628	43 822
1.8	166	1 641	21 401	1 641	24 683
2	166	1 077	12 637	1 077	14 790

综上所述，采用独头压入式通风，隧道所需的风量为 9 963 m³/min，所需克服的阻力分别为 43 822 Pa（ϕ1.6 m）、24 683 Pa（ϕ1.8 m）和 14 790 Pa（ϕ2.0 m）。从数值来看，采用 ϕ1.6 m 和 ϕ1.8 m 的风管需要克服的阻力很大，对轴流风机要求较高，相比之下选择 ϕ2.0 m 的风管更为合理。

SDF 系列风机参数如表 2-15 所示。

表 2-15 SDF 系列风机参数

风机型号	转速/(r/min)	风量/(m³/min)	风压/Pa	配用电机功率/kW
SDF(B)-No18	980	2 649~4 479	732~5 255	185×2
		2 960~5 100	952~5 509	200×2
		1 630~5 298	1 010~5 833	220×2
		3 302~5 748	1 228~5 837	250×2
		3 643~6 312	1 458~6 068	280×2
		3 935~6 772	1 559~6 364	315×2
SDF(B)-No19	980	3 115~5 268	816~5 855	220×2
		3 438~5 998	1 060~6 139	250×2
		3 884~6 760	1 368~5 255	315×2
		4 284~7 424	1 624~6 781	350×2
		4 629~7 965	1 737~7 091	400×2
SDF(B)-No20	980	3 633~6 144	904~6 487	280×2
		4 063~6 996	1 175~6 802	355×2
		4 530~7 885	1 516~7 206	400×2
		4 997~8 659	1 800~7 514	450×2
		5 398~9 290	1 925~7 857	500×2
SDF(B)-No21	980	4 206~7 112	996~7 152	355×2
		4 704~8 099	1 295~7 499	450×2
		5 244~9 128	1 671~7 945	500×2
		5 785~10 024	1 984~8 284	560×2
		6 249~10 313	2 122~8 662	630×2
SDF(B)-No22	980	4 836~8 178	1 093~7 849	450×2
		5 408~9 312	1 422~8 230	560×2
		6 030~10 495	1 834~8 720	630×2
		6 651~11 525	2 178~9 091	710×2
		7 185~12 365	2 329~9 506	800×2

在选型过程中发现，对于独头压入式通风方案，即使选择$\phi 2.0\ m$的风

管，选取风压最大的 SDF(B)-No22 型风机，仍然不能满足此方案的阻力要求。故独头压入式通风方案不具有工程技术可行性。

2.4.2 巷道式通风（轴流风机+射流风机）

当隧道较长，双洞隧道的两个工作面向前平行掘进，两洞之间有横通道连通时，即平行双洞模式，宜采用巷道式通风。轴流风机放在一条隧道洞内，向该条隧道掌子面供风，并经过横通道向另一侧隧道掌子面供风。一条隧道成为送风道，另外一条作为排风道，在轴流风机作用下，新风从一个隧道进入，污浊空气从另一个隧道排出。两条平行隧道、横通道等设置升压作用的射流风机，引导气流向前推进，加快污风的排放。

圭嘎拉隧道进口段（出口段）通风长度为 3 500 m，本次优化设计考虑 2 种不同方案，通过对比 2 种方案的具体计算结果进行最优方案选择。

方案一：分为三个阶段供风。第一阶段（0~1 100 m）采用压入式通风方式；第二阶段（1 100~2 300 m）采用射流巷道式通风方式，风机移动至 1 100 m 处；第三阶段（2 300~3 500 m）同样采用射流巷道式通风方式，轴流风机在第二阶段的基础上向前移动至 2 300 m 处，分别向两条隧道供风。

方案二：分为五个阶段供风。第一阶段（0~700 m）采用压入式通风方式；第二阶段（700~1 400 m）采用巷道式通风方式，风机移动至 700 m 处；第三阶段（1 400~2 100 m），风机移动至 1 400 m 处；第四阶段（2 100~2 800 m），风机移动至 2 100 m 处；第五阶段（2 800~3 500 m），风机移动至 2 800 m 处。第二到五阶段均采用射流巷道式通风方式。

1. 方案一

1）第一阶段

方案一第一阶段隧道施工通风如图 2-34 所示：

通风计算取最大通风长度 $L=1\ 100$ m。风管百米漏风系数 β 为 1.5%，风机所需风量为 $Q_{机}$：

$$B=L/100=1\ 100/100=11$$

$$A=(1-\beta)^B=(1-0.015)^{11}=0.847$$

$$Q_{机}=Q_{需}/A=5\ 870/0.847=6\ 932\ \text{m}^3/\text{min}$$

由计算可知，考虑漏风情况隧道左洞和右洞的最大需风量均为 6 932 m³/min。

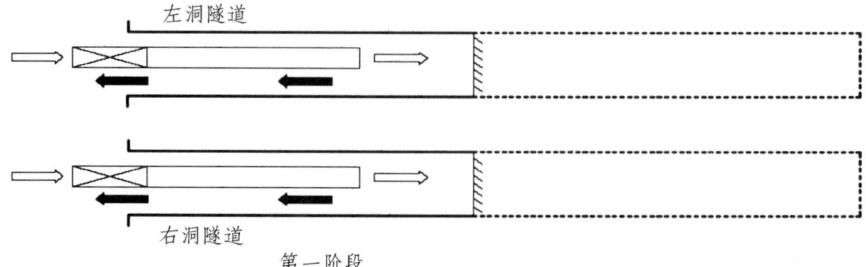

图 2-34　方案一第一阶段隧道施工通风示意图

（1）风压计算原则。

通风机的风压用来克服沿途所有的阻力，在数值上等于风道（或风管）的沿程摩擦阻力和局部阻力之和。因此，风压的计算应考虑以下几方面因素：

① 在机械通风系统中，通风机的风压大于通风管道的阻力。
② 通风系统总风阻由沿程摩擦风阻和各种局部风阻组成。
③ 沿程摩擦阻力。
④ 局部阻力。

（2）风压计算条件。

圭嘎拉隧道采用巷道式通风，各个阶段通风距离及通风方式发生变化，沿程阻力也将变化，需对最大风压进行计算。

（3）风压计算。

将不同直径风管的动压、风阻、局部阻力和总阻计算出来（左右隧洞阻力相同），如表 2-16 所示。

表 2-16　圭嘎拉隧道进口段与出口段风管风阻

隧道	风管直径 /m	风量 /(m³/s)	动压 $P_动$ /Pa	风阻 h_f /Pa	局部阻力 $P_局$ /Pa	阻力总和 $P_{总阻}$ /Pa
左洞	1.6	115	1 272	3 916	1 272	6 461
	1.8	115	794	2 173	794	3 762
	2	115	521	1 283	521	2 326
右洞	1.6	115	1 272	3 916	1 272	6 461
	1.8	115	794	2 173	794	3 762
	2	115	521	1 283	521	2 326

综上所述，采用巷道式通风，隧道左洞和右洞使用所需的风量为

6 932 m³/min，采用ϕ1.6 m 或ϕ1.8 m 的风管需要克服的阻力较大，对轴流风机要求较高，选择ϕ2.0 m 的风管更为合理。

2）第二阶段

方案一第二阶段隧道施工通风如图 2-35 所示：

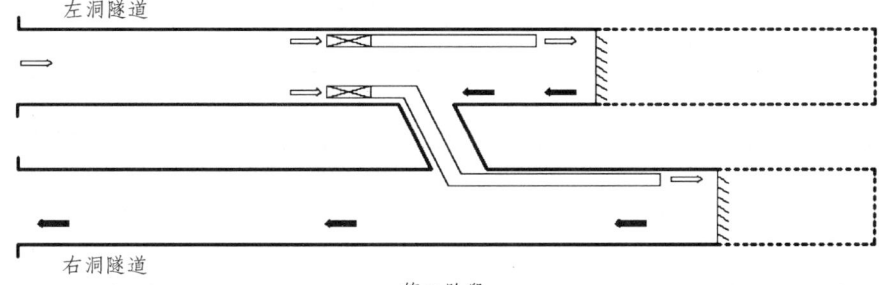

图 2-35　方案一第二阶段隧道施工通风示意图

通风计算取最大通风长度 $L=1\,200$ m。风管百米漏风系数 β 为 1.5%，风机所需风量为 $Q_{机}$：

$$B=L/100=1\,200/100=12$$

$$A=(1-\beta)^B=(1-0.015)^{12}=0.834$$

$$Q_{机}=Q_{需}/A=5\,870/0.834=7\,037 \text{ m}^3/\text{min}$$

由计算可知，考虑漏风情况隧道左洞和右洞最大需风量均为 7 037 m³/min。

将不同直径风管的动压、风阻、局部阻力和总阻计算出来，如表 2-17 所示。

表 2-17　圭嘎拉隧道进口段与出口段风管风阻

隧道	风管直径/m	风量/(m³/s)	动压 $P_{动}$/Pa	风阻 h_f/Pa	局部阻力 $P_{局}$/Pa	阻力总和 $P_{总阻}$/Pa
左洞	1.6	117	1 311	4 474	1 311	7 097
	1.8	117	819	2 483	819	4 120
	2	117	537	1 466	537	2 540
右洞	1.6	117	1 311	4 474	1 626	7 412
	1.8	117	819	2 483	1 015	4 317
	2	117	537	1 466	666	2 669

综上所述，采用巷道式通风，隧道左洞和右洞所需的风量均为 7 037 m³/min，采用 ϕ1.6 m 或 ϕ1.8 m 的风管需要克服的阻力较大，对轴流风机要求较高，选 ϕ2.0 m 的风管更为合理。

3）第三阶段

方案一第三阶段隧道施工通风如图 2-36 所示：

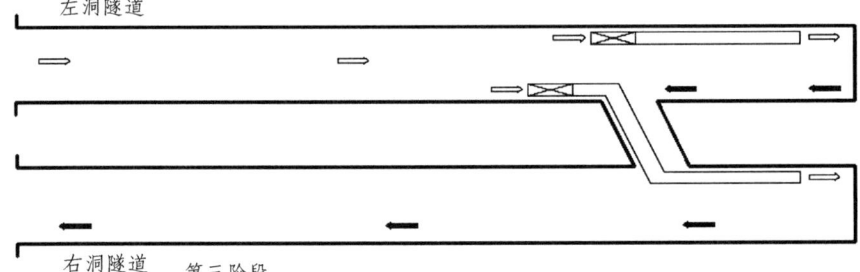

图 2-36　方案一第三阶段隧道施工通风示意图

通风计算取最大通风长度 L=1 200 m。风管百米漏风系数 β 为 1.5%，风机所需风量为 $Q_{机}$：

$B=L/100=1\,200/100=12$

$A=(1-\beta)^B=(1-0.015)^{12}=0.834$

$Q_{机}=Q_{需}/A=5\,870/0.834=7\,037$ m³/min

由计算可知，考虑漏风情况隧道左洞和右洞最大需风量均为 7 037 m³/min。

将不同直径风管的动压、风阻、局部阻力和总阻计算出来，如表 2-18 所示。

表 2-18　圭嘎拉隧道进口段与出口段风管风阻计算结果

隧道	风管直径/m	风量/(m³/s)	动压 $P_{动}$/Pa	风阻 h_f/Pa	局部阻力 $P_{局}$/Pa	阻力总和 $P_{总阻}$/Pa
左洞	1.6	117	1 311	4 474	1 311	7 097
	1.8	117	819	2 483	819	4 120
	2	117	537	1 466	537	2 540
右洞	1.6	117	1 311	4 474	1 626	7 412
	1.8	117	819	2 483	1 015	4 317
	2	117	537	1 466	666	2 669

综上所述，采用巷道式通风，隧道左洞和右洞所需的风量均为 7 037 m³/min，采用 $\phi 1.6$ m 或 $\phi 1.8$ m 的风管需要克服的阻力较大，对轴流风机要求较高，选 $\phi 2.0$ m 的风管更为合理。

在第三阶段，隧道沿程阻力达到最大，为了能有效克服隧道壁的沿程阻力，我们根据隧道壁的沿程摩阻最大值进行射流风机台数的设计计算。

隧道沿程摩阻：

$$\Delta P_\mathrm{r} = \left(1 + \lambda \cdot \frac{L}{D}\right) \cdot \frac{\rho}{2} \cdot v_\mathrm{r}^2 = 24.2 \text{ Pa}$$

式中：λ——隧道壁面摩擦系数，取 0.025；
　　　L——左洞与右洞隧道无风管段总长度，取 5 400 m；
　　　D——隧道断面当量直径，取 11.28 m；
　　　v_r——隧道内风速，取 2.2 m/s；
　　　ρ——空气密度，取 0.77 kg/m³。

隧道局部阻力：

$$\Delta P_\zeta = \sum \zeta \cdot \frac{\rho}{2} \cdot v_\mathrm{r}^2 = 0.03 \text{ Pa}$$

式中：ζ——局部阻力系数，隧道断面突缩取 0.01，隧道断面突扩取 0.006 2；
　　　ρ——空气密度，取 0.77 kg/m³；
　　　v_r——隧道内风速，取 2.2 m/s。

射流风机升压力：

$$\Delta p_\mathrm{j} = \rho \cdot v_\mathrm{j}^2 \cdot \frac{A_\mathrm{j}}{A_\mathrm{r}} \cdot \left(1 - \frac{v_\mathrm{r}}{v_\mathrm{j}}\right) \cdot \eta = 4.31 \text{ Pa}$$

式中：ρ——空气密度，取 0.77 kg/m³；
　　　v_j——射流风机出口风速，取 30 m/s；
　　　A_j——射流风机出口面积，取 0.79 m²；
　　　v_r——隧道内风速，取 2.2 m/s；
　　　η——射流风机位置摩阻损失系数，取 0.85。

通过以上射流风机风压的计算，得所需射流风机的台数。

主洞段射流风机数量：

$$i = \frac{\Delta P_\mathrm{r} + \Delta P_\zeta}{\Delta p_\mathrm{j}} = 5.6 \text{ 台}$$

取整数并考虑安全系数，则所需射流风机为 7 台 SDS-II-No10.0 型（功率 30 kW）。

2. 方案二

同理计算方案二各阶段的通风数据。

方案二第一阶段隧道施工通风如图 2-37 所示，隧道进口段与出口段风管风阻计算结果见表 2-19。

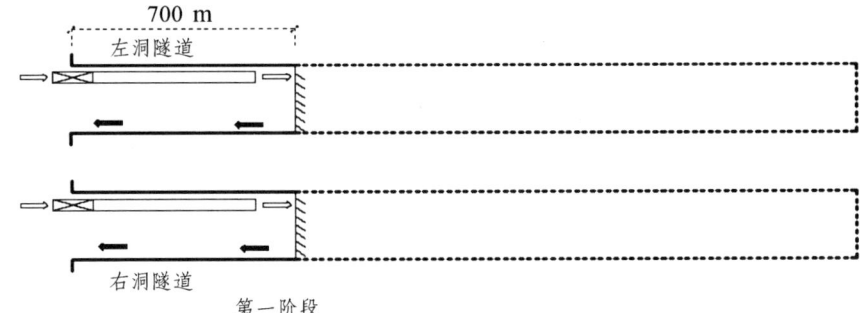

图 2-37　方案二第一阶段隧道施工通风示意图

表 2-19　圭嘎拉隧道进口段与出口段风管风阻计算结果

隧道	风管直径 /m	风量 Q /（m³/s）	动压 $P_动$ /Pa	风阻 h_f /Pa	局部阻力 $P_局$ /Pa	阻力总和 $P_{总阻}$ /Pa
左洞	1.6	109	1 127	2 073	1 127	4 328
	1.8	109	704	1 150	704	2 558
	2	109	462	679	462	1 603
右洞	1.6	109	1 127	2 073	1 127	4 328
	1.8	109	704	1 150	704	2 558
	2	109	462	679	462	1 603

综上所述，采用巷道式（轴流风机）通风，隧道左洞和右洞所需的风量为 6 525 m³/min，所需克服的阻力分别为 4 328 Pa（ϕ1.6 m）、2 558 Pa（ϕ1. m）和 1 603 Pa（ϕ2.0 m）。从数值来看，选择 ϕ2.0 m 的风管阻力最小，最经济实用。

方案二第二阶段隧道施工通风如图 2-38 所示，隧道进口段与出口段风管风阻见表 2-20。

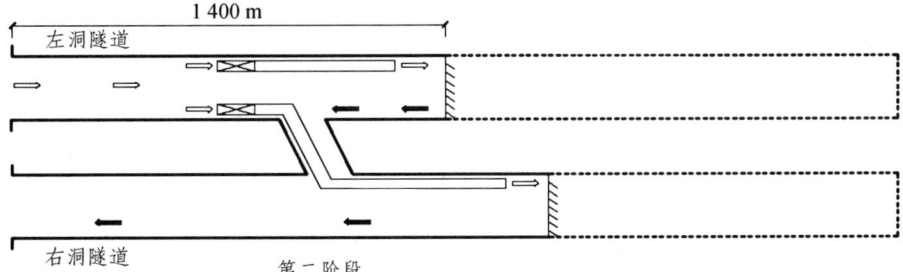

图 2-38 方案二第二阶段隧道施工通风示意图

表 2-20 圭嘎拉隧道进口段与出口段风管风阻计算结果

隧道	风管直径/m	风量 Q /(m³/s)	动压 $P_动$ /Pa	风阻 h_f /Pa	局部阻力 $P_局$ /Pa	阻力总和 $P_{总阻}$ /Pa
左洞	1.6	109	1 127	2 073	1 127	4 328
	1.8	109	704	1 150	704	2 558
	2	109	462	679	462	1 603
右洞	1.6	109	1 127	2 073	1 398	4 599
	1.8	109	704	1 150	873	2 727
	2	109	462	679	573	1 714

综上所述，采用巷道式（轴流风机）通风，隧道左洞和右洞所需的风量为 6 525 m³/min，所需克服的阻力分别为 4 328 Pa、4 599 Pa（ϕ1.6 m），2 558 Pa、2 727 Pa（ϕ1.8 m）和 1 603 Pa、1 714 Pa（ϕ2.0 m）。从数值来看，选择 ϕ2.0 m 的风管阻力最小，最经济实用。

方案二第三阶段隧道施工通风如图 2-39 所示。

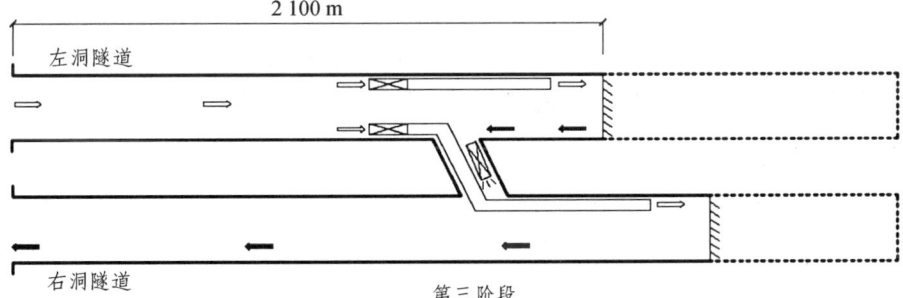

图 2-39 方案二第三阶段隧道施工通风示意图

将不同直径风管的动压、风阻、局部阻力和总阻计算出来，如表 2-21 所示。

表 2-21 圭嘎拉隧道进口段与出口段风管风阻计算结果

隧道	风管直径/m	风量 Q/(m³/s)	动压 $P_{动}$/Pa	风阻 h_f/Pa	局部阻力 $P_{局}$/Pa	阻力总和 $P_{总阻}$/Pa
左洞	1.6	109	1 127	2 073	1 127	4 328
左洞	1.8	109	704	1 150	704	2 558
左洞	2	109	462	679	462	1 603
右洞	1.6	109	1 127	2 073	1 398	4 599
右洞	1.8	109	704	1 150	873	2 727
右洞	2	109	462	679	573	1 714

综上所述，采用巷道式（轴流风机）通风，隧道左洞和右洞所需的风量为 6 525 m³/min，所需克服的阻力分别为 4 328 Pa、4 599 Pa（ϕ1.6 m），2 558 Pa、2 727 Pa（ϕ1.8 m）和 1 603 Pa、1 714 Pa（ϕ2.0 m）。从数值来看，选择 ϕ2.0 m 的风管阻力最小，最经济实用。

方案二第四阶段隧道施工通风如图 2-40 所示。

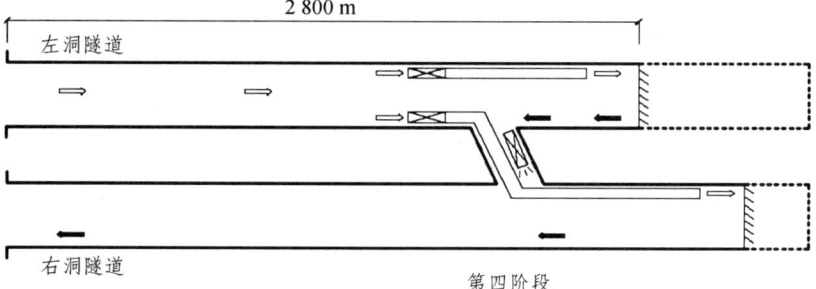

图 2-40 方案二第四阶段隧道施工通风示意图

将不同直径风管的动压、风阻和总阻计算出来，如表 2-22 所示。

表 2-22 圭嘎拉隧道进口段与出口段风管风阻计算结果

隧道	风管直径/m	风量 Q/(m³/s)	动压 $P_{动}$/Pa	风阻 h_f/Pa	局部阻力 $P_{局}$/Pa	阻力总和 $P_{总阻}$/Pa
左洞	1.6	109	1 127	2 073	1 127	4 328
左洞	1.8	109	704	1 150	704	2 558
左洞	2	109	462	679	462	1 603
右洞	1.6	109	1 127	2 073	1 398	4 599
右洞	1.8	109	704	1 150	873	2 727
右洞	2	109	462	679	573	1 714

综上所述，采用巷道式（轴流风机）通风，隧道左洞和右洞所需的风量为 6 525 m³/min，所需克服的阻力分别为 4 328 Pa、4 599 Pa（ϕ1.6 m），2 558 Pa、2 727 Pa（ϕ1.8 m）和 1 603 Pa、1 714 Pa（ϕ2.0 m）。从数值来看，选择 ϕ2.0 m 的风管阻力最小，最经济实用。

方案二第五阶段隧道施工通风如图 2-41 所示。

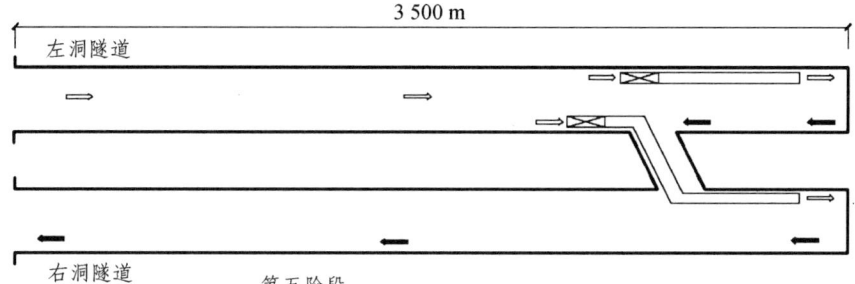

图 2-41　方案二第五阶段隧道施工通风示意图

将不同直径风管的动压、风阻、局部阻力、总阻和风机功率计算出来，如表 2-23 所示。

表 2-23　圭嘎拉隧道进口段与出口段风管风阻计算结果

隧道	风管直径 /m	风量 Q /(m³/s)	动压 $P_{动}$ /Pa	风阻 h_f /Pa	局部阻力 $P_{局}$ /Pa	阻力总和 $P_{总阻}$ /Pa
左洞	1.6	109	1 127	2 073	1 127	4 328
	1.8	109	704	1 150	704	2 558
	2	109	462	679	462	1 603
右洞	1.6	109	1 127	2 073	1 398	4 599
	1.8	109	704	1 150	873	2 727
	2	109	462	679	573	1 714

综上所述，采用巷道式（轴流风机）通风，隧道左洞和右洞所需的风量为 6 525 m³/min，所需克服的阻力分别为 4 328 Pa、4 599 Pa（ϕ1.6 m），2 558 Pa、2 727 Pa（ϕ1.8 m）和 1 603 Pa、1 714 Pa（ϕ2.0 m）。从数值来看，选择 ϕ2.0 m 的风管阻力最小，最经济实用。

在第五阶段，隧道沿程阻力达到最大，为了能有效克服隧道壁的沿程阻力，我们根据隧道壁的沿程摩阻最大值进行射流风机台数的设计计算。

$$i = \frac{\Delta P_r + \Delta P_\zeta}{\Delta p_j} = 5.1 \text{ 台}$$

取整数并考虑安全系数，则所需射流风机为 7 台 SDS-II-No10.0 型（功率 30 kW）。

2.4.3 通风方案比较优化

根据算出的隧道所需风量以及风机风压即可得到风机所应输出的最小有效功率，计算公式为：

$$N_t = \frac{Q \cdot H_t}{\eta_t \cdot \eta_m \cdot \eta_{tr}}$$

式中：Q——需要的风机出口风量（m³/s）；

H_t——需要的风机出口风压（Pa）；

η_t——风机的全压效率，取 $\eta_t = 0.82$；

η_m——电动机的效率，取 $\eta_m = 0.93$；

η_{tr}——电动机的传动效率，取 $\eta_{tr} = 1$。

比较各方案的风机功率、风管长度、施工难易如表 2-24、表 2-25 所示。

表 2-24 隧道进口段通风方案对比

方案种类	阶段	风机功率/kW			施工难易	风管长度
		ϕ 1.6 m	ϕ 1.8 m	ϕ 2 m		
独头压入式	全阶段	14 553	8 197	4 912	很简单	长
巷道式（方案一）	第一阶段	1 493	869	537	简单	较短
	第二阶段	1 702	990	611		
	第三阶段	1 702	990	611		
巷道式（方案二）	第一阶段	941	556	349	较简单	短
	第二阶段	971	575	361		
	第三阶段	971	575	361		
	第四阶段	971	575	361		
	第五阶段	971	575	361		

表 2-25 隧道出口段通风方案对比

方案种类	阶段	风机功率/kW φ1.6 m	φ1.8 m	φ2 m			施工难易	风管长度
独头压入式	全阶段	14 553	8 179	4 912			很简单	长
设通风竖井的独头压入式	第一阶段	1 873	1 084	667			较简单	较短
	第二阶段	—	—	φ1 m 15 733	φ1.5 m 3 942	φ2 m 2 233		
巷道式（方案一）	第一阶段	1 493	869	537			简单	较短
	第二阶段	1 702	990	611				
	第三阶段	1 702	990	611				
巷道式（方案二）	第一阶段	941	556	349			较简单	短
	第二阶段	971	575	361				
	第三阶段	971	575	361				
	第四阶段	971	575	361				
	第五阶段	971	575	361				

经比较，无论是隧道进口段还是出口段，射流巷道式的通风方案二经济效益均更佳，并且风管较短，操作性良好，推荐搭配φ2.0 m风管使用，如表2-26所示。

表 2-26 圭嘎拉隧道进口段与出口段通风方案布置

风管直径/m	阶段	通风区段	风量/(m³/min)	风阻/Pa	风机类型	数量/台	单台电机功率/kW
2.0 m	第一阶段	隧道左洞	6 525	1 603	SDF(B)-No20	2	400×2
		隧道右洞	6 525	1 603	SDF(B)-No20	2	400×2
	第二阶段	隧道左洞	6 525	1 603	SDF(B)-No20	2	400×2
		隧道右洞	6 525	1 714	SDS-II-No10.0	1	30
	第三阶段	隧道左洞	6 525	1 603	SDF(B)-No20	2	400×2
		隧道右洞	6 525	1 714	SDS-II-No10.0	3	30
	第四阶段	隧道左洞	6 525	1 603	SDF(B)-No20	2	400×2
		隧道右洞	6 525	1 714	SDS-II-No10.0	5	30
	第五阶段	隧道左洞	6 525	1 603	SDF(B)-No20	2	400×2
		隧道右洞	6 525	1 714	SDS-II-No10.0	7	30

3 高海拔特长隧道施工通风效率研究

3.1 施工通风轴流风机运行工作原理分析

当前隧道轴流风机通风方式主要有单台式供风、两台并联式供风或多台并联式供风。根据依托工程圭嘎拉隧道实际情况，下面主要介绍单台式供风及两台并联式供风。

3.1.1 单台轴流风机工作原理及分析

轴流风机既具有风量大、压头低的特点，又具有结构紧凑、可逆转运作、进风和出风在一条直线上方便接管和安装等优点。目前在长大公路隧道通风系统中的应用日趋广泛，而随之设计者和科研人员也面临着一系列需要解决的问题。以下先对单台轴流风机的工作原理进行探讨。

对于单台轴流风机，其工作原理如图 3-1 和图 3-2 所示。

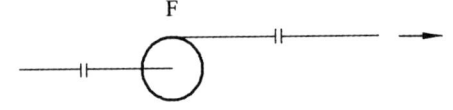

图 3-1 单台轴流风机示意图

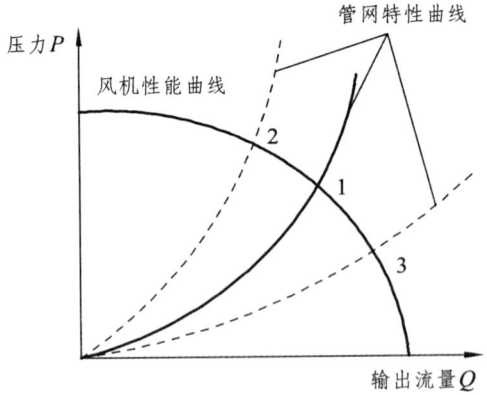

图 3-2 单台轴流风机运行工况分析

单台轴流风机以一定转速运行时，其风机性能曲线是由无数组流量和对应压力值（Q_1，P_1），（Q_2，P_2）…组成的。风机能在性能曲线上哪一点工作，取决于所连接的管路特性，即整个隧道的阻力特性。当风机提供的压头与整个隧道所需的压头平衡时，这就是风机的"自动平衡性"状态。图 3-1 给出了单台风机的示意图。风机特性曲线与管网特性曲线的交点即为风机在此时的运行工况点。当改变管网特性曲线时，风机的运行工况点也随之改变，达到自动平衡。从图 3-2 可以看出，当增大管网阻力时，风机运行工况点从 1→2，压力增加，流量减小；当减小管网阻力时，风机运行工况点从 2→3，压力减小，流量增加。

3.1.2　两台轴流风机并联工作原理及分析

在长大公路隧道通风系统中，由于需风量很大，往往一台轴流风机风量无法满足要求，需增加两台甚至更多风机并联运行以实现大幅度调节风量。以下主要对两台轴流风机并联运行时的工作原理进行分析。

两台风机并联运行时，可能采用型号相同、运行转速相同，或型号相同、运行转速不同，或型号不同、运行转速相同等多种工况运行，但其工作原理相同，故本节以两台型号相同、运行转速相同风机并列运行时的工作原理进行探讨和分析。

两台风机并联运行时，两风机入口和出口均处于相同的压力下，而且总管中的流量是两风机运行风量之和。其工作原理图如图 3-3 和图 3-4 所示。

曲线 $P_0$1 为单台轴流风机特性曲线，曲线 13 为整个管网阻力曲线，工况点 1 为单台轴流风机运行时的运行工况点（P_1，Q_1）。如果采用两台同型号、同转速的风机并联运行时，并联风机组的特性曲线为 $P_0$32，其性能曲线需满足以下条件：在同一压头的条件下，即工况 1 和工况 2 压力相同。

$$Q_2 = 2 \times Q_1 \qquad (3\text{-}1)$$

两台风机并联时，风机组性能曲线与管网阻力曲线的交点为工况点 3（P_d，Q_d），此时风量 $Q_d < 2Q_1$，说明风机组的并联有助于提高总风量，但总风量小于两台风机各自运行时的风量之和。

失速与喘振是轴流风机的固有特性，一旦发生，风机系统将处于不安全的工作状态，甚至严重损坏机体。而由于并联轴流风机内部流场及回流区的变化比单台轴流风机的内流复杂得多，这使得人们对某工况下实际流动情况的测量非常困难。根据相关研究可知，如果风机出口所受外界压力大于其提供的出口压力，则会发生失速现象。

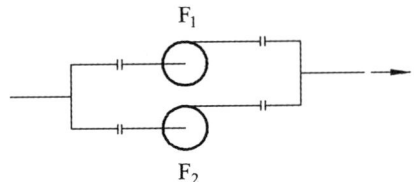

图 3-3　双风机并联示意图

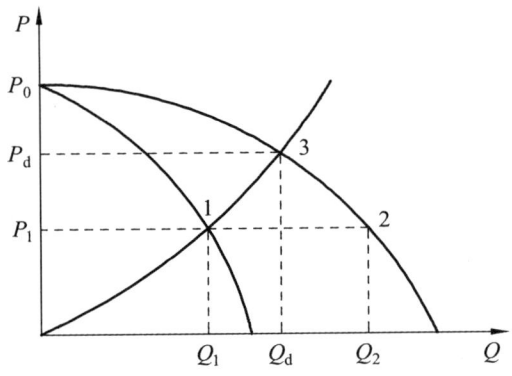

图 3-4　双风机并联运行工况分析

当风机在运行中出现失速之后，噪声常常会突然增加，引起风机振动和运行不稳等现象。

当轴流风机失速时，风机压力突然降低，由于管网系统的容量较大，使得管网中压力大于风机出口压力，风机不仅无法向系统排出风量，系统中的一部分风量反而要向风机内部倒流。随后，风机自动调节系统又向管网输送气体，管网压力回升。如此不断循环，则形成喘振。风机喘振时，风机的风量和风压、电动机电流急剧波动，振动显著增加，噪声巨大，此时风机动叶、机壳均受到很大的应力作用，会造成风机的严重损坏。

因此，应首先尽量从风机选型及布置方式上避免风机失速和喘振情况的发生。

3.2 施工通风风机效率计算方法研究

3.2.1 风机效率理论计算方法推导

欧拉方程的建立曾假定：流体在整个叶轮中的流动过程为理想过程，其工作时没有任何能量损失，原动机加到风机轴上的能量被输送流体全部获得。而在实际流动过程中，流体从进口轴向被吸入，然后以约90°折转进入叶道。流体通过旋转叶轮获得能量，由蜗壳集中，从出口排出。流体流通过程所通过的流道比较复杂，在流通过程中势必产生各种损失。这就必然要对前述理论进行修正。目前，计算这些损失的理论尚欠完善。但有必要分析这些损失的产生原因并对它们的影响有个概略的估计，以便设计中尽可能地减小损失，使风机获得良好的效率。风机的损失大致可分为流动、泄漏、轮阻和机械损失等，其中流动损失引起风机的扬程和全压的降低，泄漏损失引起风机的流量减少，轮阻和机械损失则使风机多耗功。

1. 流动损失与流动效率

1）流动损失

流动损失的根本原因在于流体具有黏滞性。风机从进口到出口，由许多不同形状的流道组成。多种原因使风机往往并不能在设计工况下运转。当工作流量不等于设计流量时，进入叶轮叶片流体的相对速度的方向就不再同叶片进口安装角的切线相一致，从而与叶片发生冲击作用，形成撞击损失。另外，整个流动过程一方面存在着从叶轮进口、叶道、叶片扩压器到蜗壳及出口扩压器沿程摩擦损失，另一方面还因边界层分离产生涡流损失（边界层分离、二次涡、尾迹等）。至于整个流动损失的计算，目前尚欠完善的方法，一般以流体力学公式计算损失，按单项分别估算。其中 ζ 系数由经验数据或实验确定，故流动总损失为：

$$\Delta H_\mathrm{h} = \sum \zeta_i \frac{v_i^2}{2g} \text{ 或 } \Delta p_\mathrm{h} = \sum \zeta_i \frac{\rho}{2} v_i^2 \quad (3\text{-}2)$$

2）流动效率 η_h

有限叶片的理论扬程 H_T 或理论全压 p_T 为实际扬程 H 或全压 p 与流动总损失 ΔH_h 或 Δp_h 之和。实际扬程或全压与其理论扬程或全压之比，叫作流动效率，即：

$$\eta_\mathrm{h} = \frac{H_\mathrm{T} - \sum \Delta H_\mathrm{h}}{H_\mathrm{T}} = \frac{H}{H_\mathrm{T}} \text{ 或 } \eta_\mathrm{h} = \frac{p_\mathrm{T} - \sum \Delta p_\mathrm{h}}{p_\mathrm{T}} = \frac{p}{p_\mathrm{T}} \qquad (3\text{-}3)$$

2. 泄漏损失与泄漏效率

1）泄漏损失

离心式风机静止部件和转动部件间必然存在一定的间隙。流体会从风机转轴与蜗壳之间的间隙处泄漏，称为外泄漏。离心式风机外泄漏损失很小，一般可略去不计。当叶轮工作时，机内存在着高压区和低压区，蜗壳靠近前盘的流体，经过叶轮进口之间的间隙，流回到叶轮进口的低压区而引起的损失，称为内泄漏损失。此外，对离心泵来说为平衡轴向推力常设置平衡孔，同样引起内泄漏损失。泄漏的出现导致出口流量降低，又消耗一定的功率。泄漏量 q（m³/s）可按以下公式进行计算

$$q = \pi D_1 \delta a 2 u_z \sqrt{\frac{\bar{p}}{3}} \qquad (3\text{-}4)$$

式中：D_1——叶轮叶片进口直径（m）；

δ——间隙大小（m）；

a——间隙边缘收缩系数，一般取 0.7；

u_z——叶轮外径的圆周速度（m/s）；

$\bar{p}$——风机的全压系数。

2）泄漏效率

通常用泄漏效率 η_e 来表示泄漏损失的大小，它与泄漏量 q 直接相关。

$$\eta_\mathrm{e} = \frac{Q_\mathrm{T} - q}{Q_\mathrm{T}} = \frac{Q}{Q_\mathrm{T}} \qquad (3\text{-}5)$$

式中：Q——风机的实际流量，$Q = Q_\mathrm{T} - q$。

显然，要提高泄漏效率，就必须减小回流量。减小回流量的措施有两个：一是尽可能增加密封装置的阻力，如减小密封环的间隙或将密封环做成曲折形状；二是尽量减小密封环的直径，从而降低其周长，以减小流通面积。

3. 机械损失与机械效率

1）机械损失

机械损失是指风机的轴承和轴封的摩擦损失以及叶轮盖板旋转时与流

体之间发生的圆盘摩擦损失。机械损失的总功率以 ΔN_m（kW）表示。它包括轴封和轴承的摩擦损失功率 ΔN_1 和圆盘摩擦损失功率 ΔN_2，即

$$\Delta N_m = \Delta N_1 + \Delta N_2 \tag{3-6}$$

2）机械效率

风机的机械损失可以用机械效率 η_m 来表示：

$$\eta_m = \frac{N - \Delta N_m}{N} \tag{3-7}$$

式中：轴功率 N 是理论功率 N_T 与机械损失功率 ΔN_m 之和，即

$$N = N_T + \Delta N_m = \gamma Q_T H_T + \Delta N_m \tag{3-8}$$

4. 风机的全效率

如果只考虑机械效率，原动机供给风机的轴功率应为

$$N = \frac{\gamma Q_T H_T}{\eta_m} \tag{3-9}$$

然而风机实际所得的有效功率

$$N_e = \gamma Q H \tag{3-10}$$

按照效率的定义，风机的全效率可由下式导出：

$$\eta = \frac{N_e}{N} = \frac{\gamma Q H}{\gamma Q_T H_T} \eta_m = \eta_h \eta_e \eta_m \tag{3-11}$$

由上面的公式，可以假定单台轴流风机处在无限大的空间内，不受外界条件的干扰。此时可以得到在一定流量下的风机的全压，此时分别记为 Q_T、H_T，而风机实际所得的流量和风机的全压分别记为 Q、H。则得到轴流风机的效率计算公式为：

$$\eta = \frac{QH}{Q_T H_T} \tag{3-12}$$

表 3-1 给出了不同功率下风机的理论流量及全压。

表 3-1　不同功率风机理论流量及全压

风机功率/kW	15	30	75	110	115	130	160	190	200	266	302	310	378
理论流量/(m³/s)	15.2	22.8	38	68.4	79.8	98.8	106.4	114	121.6	129.2	148.2	159.6	182.4
理论全压/Pa	13	28	79	241	330	513	591	678	770	868	1 127	1 309	1 710

3.2.2　现场测试及数值模拟对比分析

1. 现场测试

陕西省引汉济渭工程秦岭特长输水隧洞工程全长 81.58 km，隧洞通过地段最大高程为 2 540 m，隧洞最大埋深为 2 012 m，该隧道共设置 7 座斜井。课题组于 2011 年 12 月在秦岭特长隧洞 2 号斜井进行风管测试，该斜井总长 2 729 m，当时已掘进 1 900 m。本次测试主要针对施工现场所使用的变频风机进行测试，现场测试的变频风机如图 3-5 所示。

(a) 变频风机　　　　　　　　　(b) 变频控制面板

图 3-5　变频风机

表 3-2 为施工现场所安装的变频风机的风机性能参数。

表 3-2　SDF(C)-No 12.5 型隧道施工轴流式通风机技术性能参数

速度	风量/(m³/min)	风压/Pa	高效风量/(m³/min)	转速/(r/min)	最高点功率/kW	最大配用电机功率/kW
高速	1 555~2 930	1 380~5 360	2 400	1 480	208.2	110×2
中速	1 060~1 980	640~2 460	1 625	980	67.8	34×2
低速	855~1 490	360~1 390	1 225	750	28.7	16×2

现场变频器的频率调节范围为 0~50 Hz,考虑到风机运行的实际情况,一般变频器的调节范围在 30~50 Hz 之间。

测试两端压差的仪器采用 DP1000-ⅢB 型数字微压计,如图 3-6 所示。

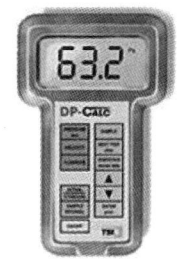
（a）DP1000-ⅢB 型数字微压计

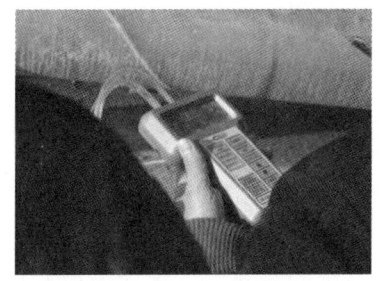
（b）现场仪器使用

图 3-6　DP1000-ⅢB 型数字微压计

分别在风机的入口处和风机出口的前方 12 m 处设置两个测点,用以测试两端的压差,其测试现场如图 3-7 所示。

（a）隧道洞口

（b）风机出口前方的测点位置

（c）风机入口处的测点位置

（d）风机出口前方的测点布置

图 3-7　现场测试

图 3-8 为测点的布置示意图。

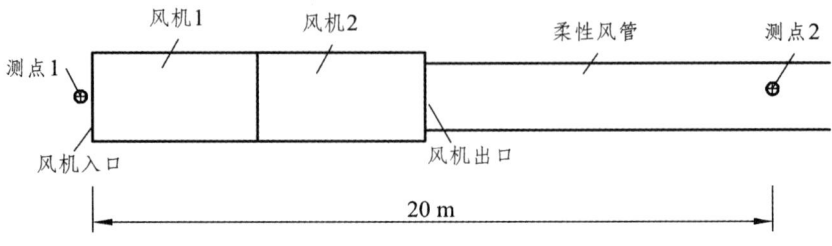

图 3-8　测点布置示意图

2. 现场测试结果

考虑实际情况，测试中仅开启风机 1，变频器的频率（Hz）分别为 30、31、32、33、34、35、36、37、38、39 和 40 这 11 种工况，测试的结果如表 3-3 所示。

表 3-3　测点布置示意图

工　况	变频器频率/Hz	出口风量/（m³/s）	风机全压/Pa
工况 1	30	28.8	95.6
工况 2	31	29.8	112.9
工况 3	32	30.7	134.4
工况 4	33	31.7	134.1
工况 5	34	32.6	154
工况 6	35	33.6	169
工况 7	36	34.6	165.9
工况 8	37	35.5	176.7
工况 9	38	36.5	188.1
工况 10	39	37.4	205.5
工况 11	40	38.4	206.3

3. 现场测试结果与数值模拟结果对比分析

UDF（用户自定义函数）的边界条件，这里为风机的入口和出口边界条件。通过数值模拟得到不同频率下风机的风压如表 3-4 所示。

表 3-4 不同变频器频率下风机的风压

工 况	频率/Hz	流量/(m³/s)	全压/Pa
工况 1	30	28.8	93.0
工况 2	31	29.8	114.9
工况 3	32	30.7	128.6
工况 4	33	31.7	138.1
工况 5	34	32.6	147.6
工况 6	35	33.6	153.8
工况 7	36	34.6	162.4
工况 8	37	35.5	169.7
工况 9	38	36.5	179.0
工况 10	39	37.4	189.5
工况 11	40	38.4	198.8

表 3-5 和图 3-9 给出了现场测试结果与数值计算结果的比较。

表 3-5 计算值与实测值的风压对比

工 况	频率/Hz	误差值/Pa	误差/%
工况 1	30	2.6	2.7
工况 2	31	−2.0	−1.8
工况 3	32	5.8	4.3
工况 4	33	−4.0	−3.0
工况 5	34	6.4	4.1
工况 6	35	15.2	9.0
工况 7	36	3.5	2.1
工况 8	37	7.0	4.0
工况 9	38	9.1	4.9
工况 10	39	16.0	7.8
工况 11	40	7.5	3.6

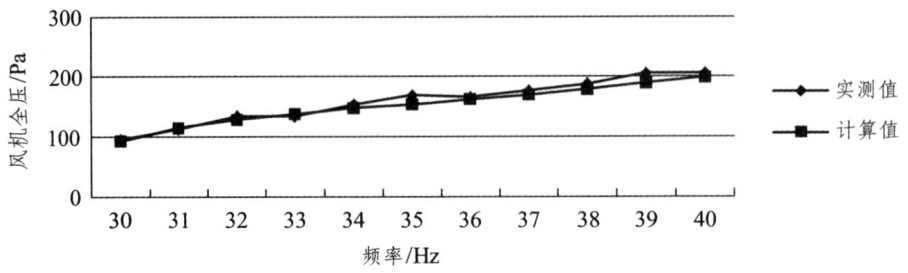

图 3-9　计算值与实测值的风压对比

从图 3-9 可以看出，数值计算结果与现场实测的风压变化规律基本一致，其最大误差均小于 10%。并且随着频率的不断升高，风机的全压也不断升高。通过以上对变频风机的数值计算结果及现场实测的风压变化的比较和分析知，本节所采用的数值计算方法和模型是正确的。

3.3　高海拔隧道施工通风风机效率研究

通过上面的研究，我们确定了运用数值计算方法作为研究的手段。为了得到较为准确的风机效率，应首先对影响风机效率的安装高度及安装间距进行研究，得到最佳安装位置，避免由于土建安装带来的效率损失。

3.3.1　海拔高度对风机效率影响机理研究

在高海拔条件下，大气压力降低，空气稀薄，风流的密度降低，主风机的工作性能与样本性能有很大的差别，进行风机选型时，不能直接参照样本性能参数。

风流的密度是通风计算重要的基础参数之一，风流密度的获得是建立在隧道所在地区气象参数调查基础上的。风流密度计算公式如下所示：

$$\rho' = \rho_0 \times \frac{273}{273+t} \times \frac{p - 0.0378\varphi \times p_b}{0.101\,3} \quad (3\text{-}13)$$

式中：ρ_0——在 0 ℃、压力为 0.101 3 MPa 状态下干空气的密度，

　　　　$\rho_0 = 1.293\ \text{kg}/\text{m}^3$；

　　t——温度（℃）；

　　p——当地的大气压力（MPa）；

p_b——温度为 t 时饱和空气中水蒸气的分压力（MPa）；

φ——空气的相对湿度（%）。

由上式可知，随着海拔高度的不断变化，当地的气压、温度都将变化，从而各个海拔高度密度也将变化。

风机的性能参数是指风机运转时，其风量、风压、效率、功率等参数状况及其变化。风机样本性能参数一般是指标准状态下的风机性能参数，标准状态即大气压力为 101 325 Pa、大气温度为 20 ℃、相对湿度 φ=50%、空气密度为 1.2 kg/m³。风机的实际工作性能受诸多因素的影响。在高海拔条件下进行风机性能选型，空气的密度对风机性能的影响是一个重要因素。

在高海拔条件下，空气密度对风机工作性能的影响可通过动力相似比例定律求得。在风机转速相等、风机直径相等的条件下，根据动力相似原则，对应工况点的风压和功率成比例，风量和效率相等，即：

$$H_1/H_2=\rho_1/\rho_2 \quad (3\text{-}14)$$

$$Q_1=Q_2 \quad (3\text{-}15)$$

$$N_1/N_2=\rho_1/\rho_2 \quad (3\text{-}16)$$

$$\eta_1=\eta_2 \quad (3\text{-}17)$$

式中：H_1、Q_1、N_1、ρ_1、η_1——标准条件下风机风压、风量、功率、风流密度和效率；

H_2、Q_2、N_1、ρ_2、η_2——高海拔条件下风机风压、风量、功率、风流密度和效率。

根据以上的相似比定律式（3-14）及式（3-16），高海拔条件下风机的工作风压和功率分别为：

$$H_2=H_1\rho_2/\rho_1=H_1\rho_2/1.2 \quad (3\text{-}18)$$

$$N_2=N_1\rho_2/\rho_1=N_1\rho_2/1.2 \quad (3\text{-}19)$$

由以上两式可得，对同一主风机，转速和工作风量相同时，在高海拔条件下，随着风机的工作风压的降低，风机的电机功率也降低。在进行主风机选型时，应特别注意主风机工作风压的选择。

综上所述，随着海拔高度的不断增加，空气密度逐渐下降，风机的风量不变，而风机风压随着密度的逐渐减小而减小，根据风机效率理论计算公式，风机的效率也会逐渐减小。这就是海拔高度对风机效率影响机理。

3.3.2 不同海拔高度风机效率规律研究

为得到不同海拔高度下的风机效率,选取研究海拔高度系数的各实测海拔气象参数作为数值计算的输入条件,并根据式(3-13)计算出各海拔高度的空气密度,如表3-6所示。

表3-6 不同海拔高度气象参数

序号	海拔高度/m	测试地点	大气压力/hPa	温度/°C	湿度/%	空气密度/(kg/m³)
1	0		1 013.25			1.20
2	400	乐山某街道	959.2	27	68	1.10
3	622	西南交大峨眉校区图书馆	940.7	23.2	72	1.09
4	850	峨眉黄湾乡龙门洞	916	25.6	75	1.05
5	1 113	峨眉山某路边杂货店	886.5	24.1	75	1.02
6	1 407	峨眉半山	855.3	25.6	74	0.98
7	2 008	汶川卧龙镇	794.3	22.2	65	0.92
8	2 450	巴朗山某路边	750.6	21.4	66	0.87
9	2 800	新四姑娘山庄	711.3	19	63	0.83
10	3 100	小金县日隆镇	684.6	17	59	0.81
11	3 650	拉萨城区某路口	641.3	16.8	49	0.77
12	4 200	圭嘎拉隧道洞口	610.2	16.2	44	0.72
13	4 520	圭嘎拉隧道斜井	591.1	16.0	43	0.69

1. 数值计算

隧道内轴流风机运行时,风机出口风速较大,但其马赫数仍小于0.3,因此可以不考虑空气的压缩性,按不可压缩流处理。隧道风机房内的流动一般属于紊流流动状态,所以风机房内流场是三维、不可压缩、黏性的湍流场。湍流模型采用标准的 k-ε 双方程模型。数学模型包括连续性方程、动量方程和 k-ε 模型方程。

1)连续性方程

$$\frac{\partial u}{\partial x}+\frac{\partial v}{\partial y}+\frac{\partial w}{\partial z}=0 \tag{3-20}$$

2）动量方程

$$\frac{\partial(\rho uu)}{\partial x}+\frac{\partial(\rho uv)}{\partial y}+\frac{\partial(\rho uw)}{\partial z}$$
$$=\frac{\partial}{\partial x}\left[(\eta+\eta_t)\frac{\partial u}{\partial x}\right]+\frac{\partial}{\partial y}\left[(\eta+\eta_t)\frac{\partial u}{\partial y}\right]+\frac{\partial}{\partial z}\left[(\eta+\eta_t)\frac{\partial u}{\partial z}\right]+S_u \quad (3-21)$$

$$\frac{\partial(\rho uv)}{\partial x}+\frac{\partial(\rho vv)}{\partial y}+\frac{\partial(\rho vw)}{\partial z}$$
$$=\frac{\partial}{\partial x}\left[(\eta+\eta_t)\frac{\partial v}{\partial x}\right]+\frac{\partial}{\partial y}\left[(\eta+\eta_t)\frac{\partial v}{\partial y}\right]+\frac{\partial}{\partial z}\left[(\eta+\eta_t)\frac{\partial v}{\partial z}\right]+S_v \quad (3-22)$$

$$\frac{\partial(\rho wu)}{\partial x}+\frac{\partial(\rho wv)}{\partial y}+\frac{\partial(\rho ww)}{\partial z}$$
$$=\frac{\partial}{\partial x}\left[(\eta+\eta_t)\frac{\partial w}{\partial x}\right]+\frac{\partial}{\partial y}\left[(\eta+\eta_t)\frac{\partial w}{\partial y}\right]+\frac{\partial}{\partial z}\left[(\eta+\eta_t)\frac{\partial w}{\partial z}\right]+S_w \quad (3-23)$$

3）紊流动能 k 方程

$$\frac{\partial(\rho ku)}{\partial x}+\frac{\partial(\rho kv)}{\partial y}+\frac{\partial(\rho kw)}{\partial z}$$
$$=\frac{\partial}{\partial x}\left[\left(\eta+\frac{\eta_t}{\sigma_k}\right)\frac{\partial k}{\partial x}\right]+\frac{\partial}{\partial y}\left[\left(\eta+\frac{\eta_t}{\sigma_k}\right)\frac{\partial k}{\partial y}\right]+\frac{\partial}{\partial z}\left[\left(\eta+\frac{\eta_t}{\sigma_k}\right)\frac{\partial k}{\partial z}\right]+S_k \quad (3-24)$$

4）紊流动能耗散率 ε 方程

$$\frac{\partial(\rho\varepsilon u)}{\partial x}+\frac{\partial(\rho\varepsilon v)}{\partial y}+\frac{\partial(\rho\varepsilon w)}{\partial z}$$
$$=\frac{\partial}{\partial x}\left[\left(\eta+\frac{\eta_t}{\sigma_\varepsilon}\right)\frac{\partial \varepsilon}{\partial x}\right]+\frac{\partial}{\partial y}\left[\left(\eta+\frac{\eta_t}{\sigma_\varepsilon}\right)\frac{\partial \varepsilon}{\partial y}\right]+\frac{\partial}{\partial z}\left[\left(\eta+\frac{\eta_t}{\sigma_\varepsilon}\right)\frac{\partial \varepsilon}{\partial z}\right]+S_\varepsilon \quad (3-25)$$

式中：

$$S_u=-\frac{\partial p}{\partial x}+\frac{\partial}{\partial x}\left[(\eta+\eta_t)\frac{\partial u}{\partial x}\right]+\frac{\partial}{\partial y}\left[(\eta+\eta_t)\frac{\partial v}{\partial y}\right]+\frac{\partial}{\partial w}\left[(\eta+\eta_t)\frac{\partial w}{\partial x}\right]$$

$$S_v=-\frac{\partial p}{\partial y}+\frac{\partial}{\partial x}\left[(\eta+\eta_t)\frac{\partial u}{\partial y}\right]+\frac{\partial}{\partial y}\left[(\eta+\eta_t)\frac{\partial v}{\partial y}\right]+\frac{\partial}{\partial w}\left[(\eta+\eta_t)\frac{\partial w}{\partial y}\right]$$

$$S_w=-\frac{\partial p}{\partial z}+\frac{\partial}{\partial x}\left[(\eta+\eta_t)\frac{\partial u}{\partial z}\right]+\frac{\partial}{\partial y}\left[(\eta+\eta_t)\frac{\partial v}{\partial z}\right]+\frac{\partial}{\partial w}\left[(\eta+\eta_t)\frac{\partial w}{\partial z}\right]$$

$$S_k = \eta_t \left\{ 2\left[\left(\frac{\partial u}{\partial x}\right)^2 + \left(\frac{\partial v}{\partial y}\right)^2 + \left(\frac{\partial w}{\partial z}\right)^2\right] + \left(\frac{\partial u}{\partial y} + \frac{\partial v}{\partial x}\right)^2 + \left(\frac{\partial u}{\partial z} + \frac{\partial w}{\partial x}\right)^2 + \left(\frac{\partial v}{\partial z} + \frac{\partial w}{\partial y}\right)^2 \right\} - \rho \varepsilon$$

$$S_\varepsilon = \frac{\varepsilon c_1 \eta_t}{k} \left\{ 2\left[\left(\frac{\partial u}{\partial x}\right)^2 + \left(\frac{\partial v}{\partial y}\right)^2 + \left(\frac{\partial w}{\partial z}\right)^2\right] + \left(\frac{\partial u}{\partial y} + \frac{\partial v}{\partial x}\right)^2 + \left(\frac{\partial u}{\partial z} + \frac{\partial w}{\partial x}\right)^2 + \left(\frac{\partial v}{\partial z} + \frac{\partial w}{\partial y}\right)^2 \right\} - \frac{c_2 \rho \varepsilon^2}{k}$$

u、v、w 为三个方向的速度分量；η 为分子黏性系数；η_t 为紊流黏性系数；p 为流体压力；c_1、c_2、σ_k 和 σ_ε 为常数；ρ 为空气密度。

2. 边界条件

隧道壁面均采用无滑移壁面边界条件：

（1）隧道进口设置为风速出口 velocity-inlet。

（2）隧道出口设置为 pressure-out。

（3）风机的进口设置为 mass-flow-inlet。

（4）风机的出口设置为风速出口 velocity-inlet。

3. 控制方程的离散和求解方法

流体流动数值计算方法的实质，就是把描述流体运动的连续性数学模型离散成代数方程组，建立可在计算机上求解的算法。通过偏微分方程的离散化和代数化，即将无限信息系统变为有限信息系统（离散化），把偏微分方程变为代数方程（代数化），再采用适当的数值计算方法，求解方程组，得到流场的数值解。

所谓方程的离散，就是要在一个很小的区域内用一些简单函数来近似待求函数在该区域内的导数值和函数值，以得到能用计算机求解的代数方程组。

在流动与传热的数值计算中常用的离散方程推导方法包括有限元法、有限差分法、有限体积法等。目前大多数 CFD 方法都采用有限体积法，它是将所计算的区域划分为一系列控制容积，每个控制容积都有一个节点作代表，通过守恒型的控制方程对控制容积作积分来导出离散方程。

图 3-10 为在流场中任取的控制体 δV（微元体）。图中控制体的六个面分别表示如下：

t、b 分别表示控制体沿 z 轴方向的正、负向面；
e、w 分别表示控制体沿 x 轴方向的正、负向面；
n、s 分别表示控制体沿 y 轴方向的正、负向面。

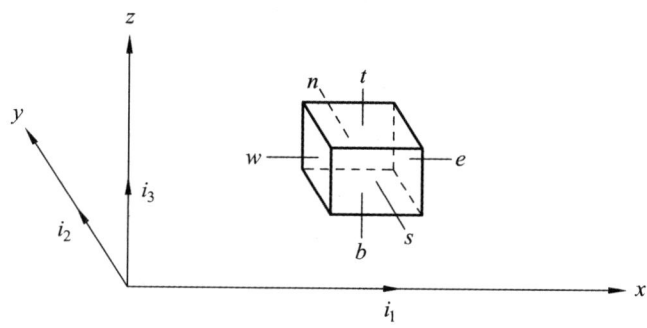

图 3-10　流体的微元控制体

有限体积法采用控制容积积分对方程进行离散，根据高斯定律，向量散度沿控制体的体积分等于该向量控制体表面的面积分。依此在控制体上对方程积分，将流动与传热问题的控制方程离散化。

离散结果经过合并、简化成为下面的形式：

$$a_p \phi_p = a_e \phi_e + a_w \phi_w + a_n \phi_n + a_s \phi_s + a_t \phi_t + a_b \phi_b + b \quad (3\text{-}26)$$

式中：

$$a_e = D_e A(|P_{\Delta e}|) + \max(|-F_e, 0|)$$

$$a_w = D_w A(|P_{\Delta w}|) + \max(|F_w, 0|)$$

$$a_n = D_n A(|P_{\Delta n}|) + \max(|-F_n, 0|)$$

$$a_s = D_s A(|P_{\Delta s}|) + \max(|F_s, 0|)$$

$$a_t = D_t A(|P_{\Delta t}|) + \max(|-F_t, 0|)$$

$$a_b = D_b A(|P_{\Delta b}|) + \max(F_b, 0)$$

$$b = S_c \Delta x \Delta y \Delta z + a_p^0 \phi_p^0$$

$$a_p^0 = \frac{\rho \Delta x \Delta y \Delta z}{\Delta t}$$

$$a_p = a_e + a_w + a_n + a_s + a_t + a_b - S_p \Delta x \Delta y \Delta z$$

界面上的流量与扩散阻力的导数（记为 D）的计算式如下：

$$F_e = (\rho u)_e \Delta y \Delta z, \quad D_e = \frac{\Gamma_e \Delta y \Delta z}{(\delta x)_e}$$

$$F_w = (\rho u)_w \Delta y \Delta z, \quad D_w = \frac{\Gamma_w \Delta y \Delta z}{(\delta x)_w}$$

$$F_n = (\rho v)_n \Delta z \Delta x, \quad D_n = \frac{\Gamma_n \Delta z \Delta x}{(\delta y)_n}$$

$$F_s = (\rho v)_s \Delta z \Delta x, \quad D_s = \frac{\Gamma_s \Delta z \Delta x}{(\delta y)_s}$$

$$F_t = (\rho w)_t \Delta x \Delta y, \quad D_t = \frac{\Gamma_t \Delta x \Delta y}{(\delta z)_t}$$

$$F_b = (\rho w)_b \Delta x \Delta y, \quad D_b = \frac{\Gamma_b \Delta x \Delta y}{(\delta z)_b}$$

计算中的速度-压力耦合采用 SIMPLE（Semi-Implicit Method for Pressure-Linked Equation）算法。SIMPLE 算法在计算流体力学和计算传热学中应用较广，其计算基本点如下：

（1）估计整个积分区域的压力分布 p^*。

（2）将压力估计值 p^* 代入动量方程，依次求解三个动量方程，得到各速度分量 u^*、v^*、w^* 的分布。

（3）建立并求解压力修正值方程，得 p'。

（4）校正压力分布：$p = p^* + \alpha_p p'$。式中，α_p 是松弛因子，在这里常用低松弛（$\alpha_p < 1$）。

（5）求出速度校正值 u'、v'、w'，得到校正后的速度分布：$u = u^* + u'$，$v = v^* + v'$，$w = w^* + w'$。

（6）把第（4）步求得的 p 作为下次迭代所需压力的估计值，重复上述的第（2）步至第（5）步。

（7）其他因变量方程的求解可以插在上述步骤之间，但通常是在速度场基本收敛之后再解其他变量；在有些情况下，需要对上述的第（2）步至第（7）步进行多次循环才能得到收敛的解。

对于离散后所得的代数方程组，需要将边界条件及其他附加条件代入，对紊流动能和耗散率与压力、速度变量进行迭代计算。数值求解过程如下：

（1）初始化，给待求各量赋一初始值。

（2）并入边界条件的约束，由现有值求得方程中的各相关系数。

（3）用上述讲述的迭代算法求出下一轮的各变量值。

（4）用求得的值进行校验，判断是否已达到所要求的近似解。

（5）若各值已满足要求，则输出结果，结束计算；否则，转到第 2 步继续下一轮的迭代。

根据圭嘎拉隧道实际情况进行建模。分别对不同海拔高度隧道风机通风进行建模计算。隧道风机通风建模如图 3-11 所示。

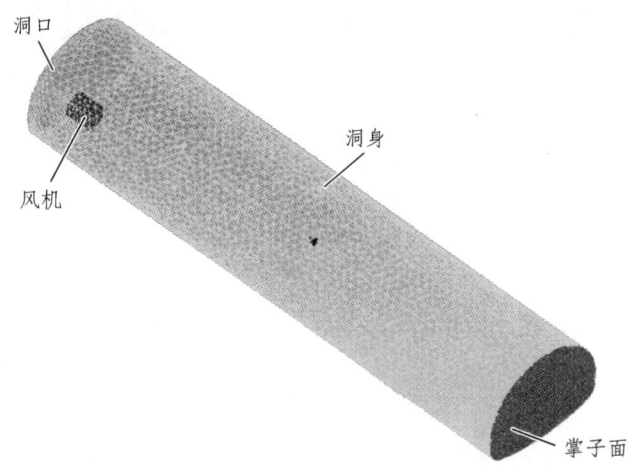

图 3-11　隧道通风模型网格图

4. 计算结果

共计计算 13 组海拔高度数据，此处列出海拔高度最低 0 m 和最高 4 520 m 的计算速度和压力云图，同时选取 4 组中间海拔 850 m、2 008 m、3 100 m、4 200 m 计算云图，分别如图 3-12 ~ 图 3-23 所示。

计算得到不同海拔高度上风机风量及全压如表 3-7 所示，拟合曲线见图 3-24 所示。

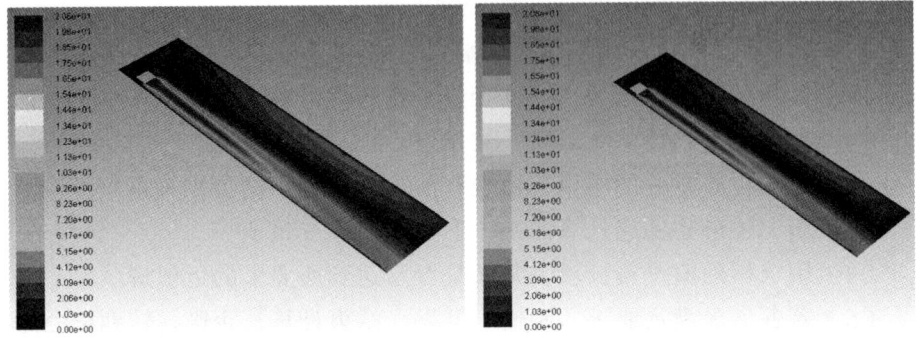

图 3-12　风速云图（$h=0$ m）　　　　图 3-13　全压云图（$h=0$ m）

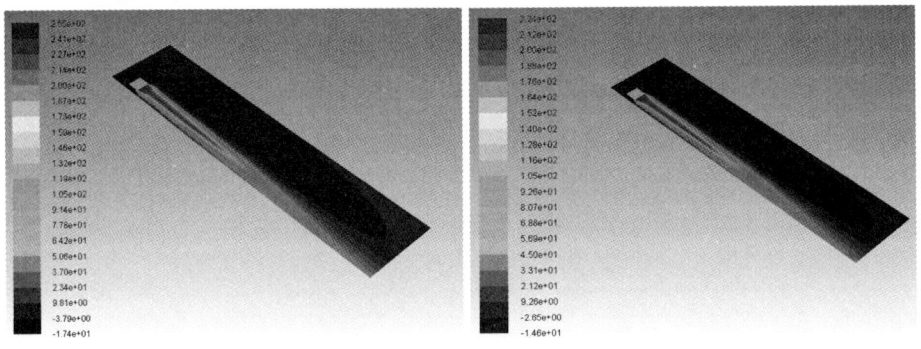

图 3-14　风速云图（$h=850$ m）　　　图 3-15　全压云图（$h=850$ m）

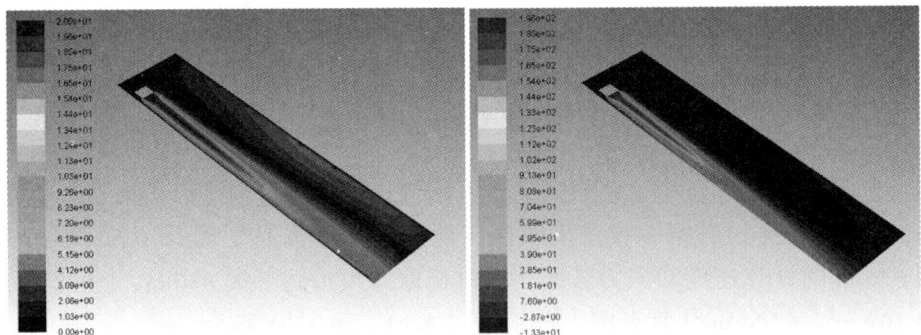

图 3-16　风速云图（$h=2\ 008$ m）　　图 3-17　全压云图（$h=2\ 008$ m）

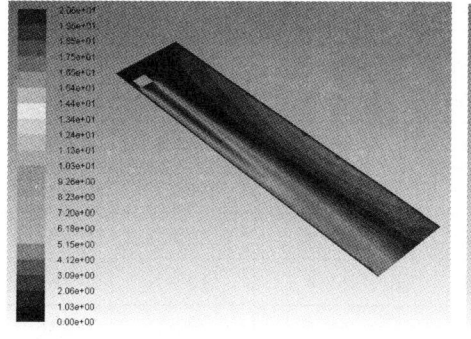
图 3-18　风速云图（h=3 100 m）

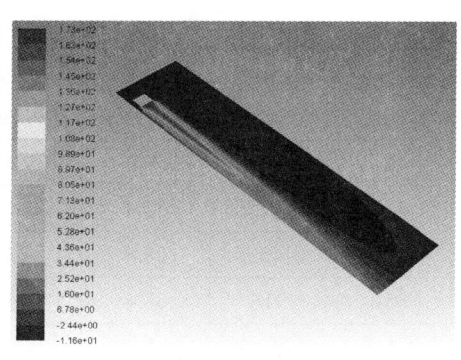
图 3-19　全压云图（h=3 100 m）

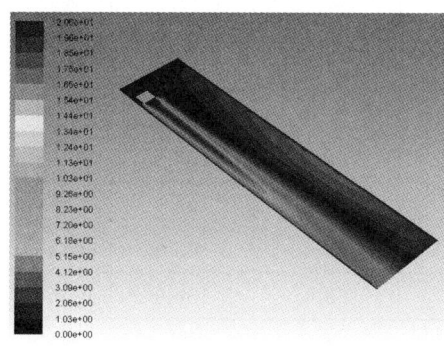
图 3-20　风速云图（h=4 200 m）

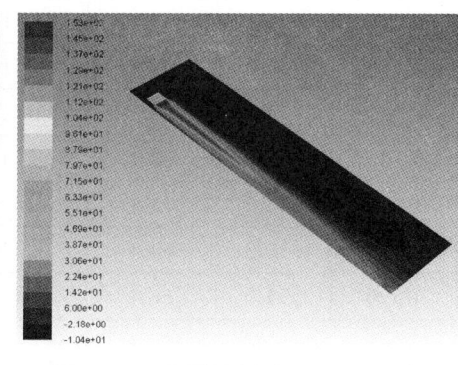
图 3-21　全压云图（h=4 200 m）

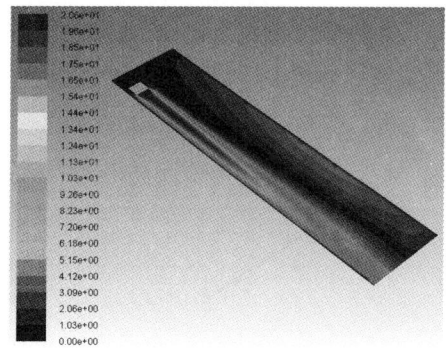
图 3-22　风速云图（h=4 520 m）

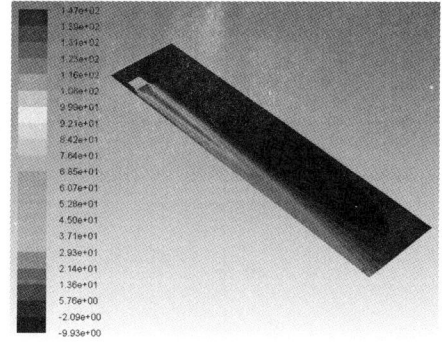
图 3-23　全压云图（h=4 520 m）

表 3-7　不同海拔高度风机效率计算

海拔高度/m	大气压/hPa	理论流量/(m³/s)	理论全压/Pa	计算流量/(m³/s)	计算全压/Pa	风机效率
0	1 013.25	68.4	241	68.4	232.4	0.964 3
400	959.2	68.4	241	68.4	218.2	0.905 4
622	940.7	68.4	241	68.4	205.5	0.852 7
850	916	68.4	241	68.4	207.7	0.861 8
1 113	886.5	68.4	241	68.4	204.1	0.846 9
1 407	855.3	68.4	241	68.4	199.9	0.829 5
2 008	794.3	68.4	241	68.4	189.3	0.785 5
2 450	750.6	68.4	241	68.4	178.9	0.742 3
2 800	711.3	68.4	241	68.4	169.8	0.704 6
3 100	684.6	68.4	241	68.4	164.6	0.683 0
3 650	641.3	68.4	241	68.4	155.1	0.643 6
4 200	610.2	68.4	241	68.4	143.4	0.595 0
4 520	591.1	68.4	241	68.4	136.9	0.568 0

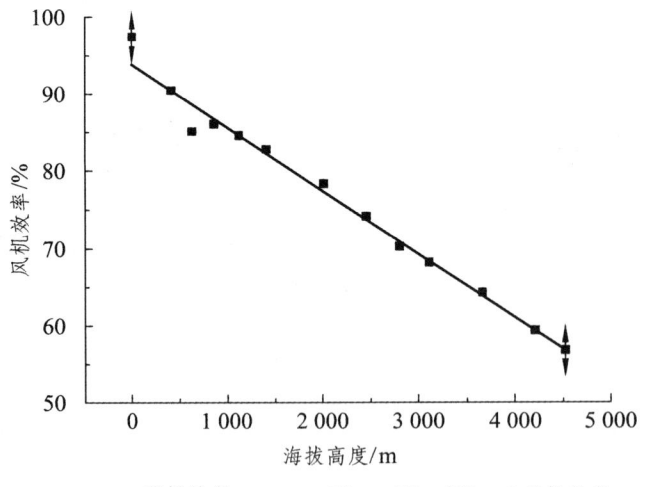

图 3-24　风机效率与海拔高度关系图

由图 3-24 可以建立高海拔风机效率计算公式：

$$y = -0.00817x + 93.83484 \quad (3\text{-}27)$$

式中：y 为风机效率（%）；x 为海拔高度（m）。

由以上计算结果可知，随着海拔高度的不断增加，风机的效率在不断下降。在依托工程圭嘎拉隧道洞门位置 4 200 m 处，风机效率仅为标准工况下风机效率的 59.5%，但应该注意的是，风机在标准工况下的效率是 96.43%，由此可见，真正由于海拔高度的升高所产生的风机效率损失为 36.93%；圭嘎拉隧道斜井位置海拔 4 520 m 处，风机效率为标准工况下风机效率的 56.8%，由于海拔高度的升高所产生的风机效率损失为 39.63%。

因此，在高海拔地区计算需风量时需要考虑风机效率的降低，高海拔地区隧道若按照平原地区隧道计算供风，有可能出现风量严重不足的情况，需采取有效措施对风机进行改进，以满足隧道通风的安全需要。

4 高海拔特长隧道施工通风风管漏风率研究

在隧道施工中，通常采用管道把新鲜的空气送到掌子面，把粉尘、有害气体等排出隧道，以创造必要的作业施工环境。控制漏风量是保证长隧道管道式通风成败的关键。评价和计算通风管路漏风的主要理论有平均百米漏风率理论、高木英夫理论、青函隧道理论和沃洛宁理论等，国内外学者在风管漏风率方面进行了较多研究。

高海拔地区主要集中于我国西部地区，其面积占到我国国土面积的60%以上。为了推动西部经济跨越式发展，其铁路交通网在不断延伸，因而，高海拔隧道的数量和里程也随之增多。随着海拔高度的提升，大气环境中出现气压降低、空气密度减小等特点。在高海拔环境中，隧道施工时风管在通风一段距离后便会出现风筒干瘪、漏风严重的情况，在平原地区情况相对较好。高海拔地区由于其特有的气候特点，即使在风机功率、风压、风量、风管长度以及破损程度都相同的条件下，风管漏风率在高海拔地区与平原地区也是有差别的。

对于高海拔地区隧道的研究目前主要集中在运营通风、制氧供氧、排污卫生等方面，对于高海拔隧道施工通风风管漏风率的研究还相对比较少。

4.1 风管漏风率计算原理

对于通风风管，由于材料和工艺原因，其密闭性存在欠缺，而且在施工过程中，由于一些不可避免的原因造成风管管壁出现破损等情况，导致气体在风管内输送时从破损处漏出。其原因是当气体在风管内流动时，流动产生的静压将垂直作用于风管管壁，并且气体的流动会造成风管内外存在静压差，因此，如果风管侧壁上有孔洞，气体便会沿着垂直于风管壁的方向从开孔处流出。管道内的风速越大，管道内外的静压差越大，则风管的漏风量越大。

静压差产生的流速为

$$v_j = \sqrt{\frac{2p_j}{\rho}} \qquad (4-1)$$

风管内产生的流速为

$$v_d = \sqrt{\frac{2p_d}{\rho}} \qquad (4-2)$$

式中：p_j 为风管内空气的静压差（Pa）；p_d 为风管内空气的动压（Pa）；ρ 为空气密度（kg/m³）。由于风管内流速的影响，孔口出流方向要发生偏斜，实际流速为合成流速，如图 4-1 所示。

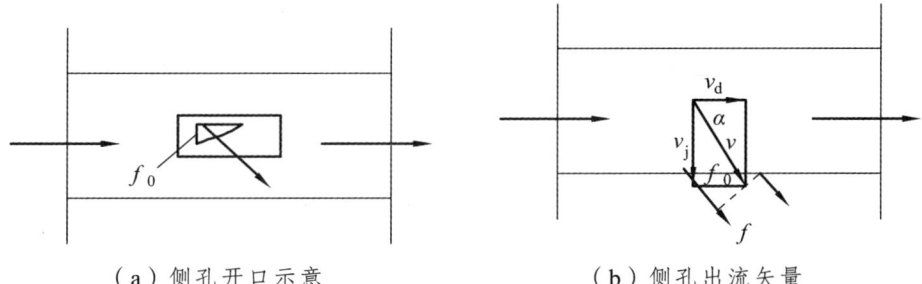

（a）侧孔开口示意　　　　（b）侧孔出流矢量

f_0—孔口面积；v_j—静压差产生的流速；v_d—风管内产生的流速；v—孔口实际流速；
f—孔口在气流垂直方向上的投影面积。

图 4-1　侧孔出流状态

由图 4-1 可知，孔口的实际流速为：

$$v = \sqrt{\frac{v_j}{\sin \alpha}} \qquad (4-3)$$

孔口流出风量为：

$$q_v = 3\,600 \mu f v \qquad (4-4)$$

式中：q_v 为孔口流出风量（m³/h）；μ 为孔口的流量系数；f 为孔口在气流垂直方向上的投影面积（m²）。

$$f = f_0 \sin \alpha = f_0 \cdot v_j / v$$

其中，f_0 为孔口面积（m²）。

则孔口出流风量为：

$$q_v = 3\,600 \mu f_0 \sqrt{\frac{2p_j}{\rho}} \qquad (4-5)$$

风管的漏风率为：

$$v = \frac{q_v}{Q} \quad (4\text{-}6)$$

由于风管内存在沿程阻力，则风管内各个部位的静压有所变化。根据风管漏风率理论以及各个断面能量守恒公式，可以计算出其各段的漏风率大小。风管漏风计算示意见图 4-2。

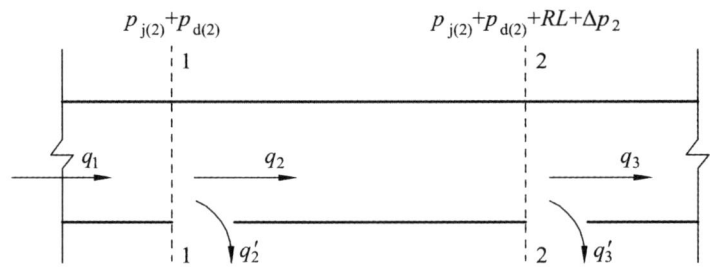

图 4-2　风管漏风计算示意图

各个断面能量守恒式为：

$$p_{j(n)} + p_{d(n)} = p_{j(n+1)} + p_{d(n+1)} + (RL + \Delta p_z)_{n-(n+1)} \quad (4\text{-}7)$$

式中：R 为比摩阻（Pa/m），$R = \lambda \dfrac{\rho v^2}{2d}$，$\lambda$ 为摩阻系数，取 0.012~0.015，d 为风管直径（m）；L 为计算段风管长度（m）；Δp_z 为局部阻力（Pa），$\Delta p_z = \xi \Delta p_d$，$\xi$ 为空气流过侧孔直通部分的局部阻力系数，按表 4-1 取值。

表 4-1　空气流过侧孔直通部分的局部阻力系数

v_2/v_1	0.4	0.5	0.6	0.8	1.0
ξ	0.15	0.10	0.06	0.02	0.00

注：表中 v_1 为 1—1 断面流速，v_2 为 2—2 断面流速。

由式（4-7）可知，当海拔升高时，空气密度会减小，则风管中的沿程阻力和动压减少，由于全压不变，所以静压会增大。由式（4-5）可知，漏风量与静压成正比、与空气密度成反比。因此，在相同条件下，随着海拔高度的升高，隧道施工的风管漏风率将逐渐增大。

对于风管漏风率计算，可将风管分为 n 段，每段 10 m，分别计算各段的漏风率。在各段风管内可认为风量、风压、风速不变，根据 JTG/T 3660

—2020《公路隧道施工技术规范》规定,风管的百米漏风率不大于2%,则每段的漏风口面积可近似取为 0.008 m²,孔口流量系数 μ 取为 0.63,通风风管摩阻系数为 0.014,风管直径 d 为 1.8 m,所用通风机械参数见表 4-2。

表 4-2 风机参数

风量/(m³/h)	风压/Pa	功率/kW
341 600	2 084	270

平原地区空气密度为 1.22 kg/m³,圭嘎拉隧道海拔 4 200 m,空气密度为 0.72 kg/m³。计算得到平原地区和高海拔地区各段风管漏风率,见表 4-3、表 4-4。

表 4-3 平原地区各段风管漏风率计算结果

段数	风量/(m³/h)	全压/Pa	风速/(m/s)	风管压/Pa	风口静压/Pa	漏风量/(m³/h)	漏风率/%
1	341 600.0	2 084.0	37.3	851.7	1 166.1	791.7	0.232
2	340 808.3	2 017.6	37.2	847.7	1 103.7	770.2	0.226
3	340 038.1	1 951.2	37.1	843.9	1 041.5	748.2	0.220
4	339 289.9	1 885.2	37.0	840.2	979.5	725.6	0.214
5	338 564.3	1 819.5	37.0	836.6	917.7	702.3	0.207
6	337 862.0	1 754.1	36.9	833.1	856.0	678.3	0.201
7	337 183.8	1 689.0	36.8	829.8	794.5	653.5	0.194
8	336 530.3	1 624.1	36.7	826.6	733.1	627.7	0.187
9	335 902.6	1 559.5	36.7	823.5	671.8	600.9	0.179
10	335 301.7	1 495.1	36.6	820.5	610.6	572.9	0.171

表 4-4 高海拔地区各段风管漏风率计算结果

段数	风量/(m³/h)	全压/Pa	风速/(m/s)	风管动压/Pa	风口静压/Pa	漏风量/(m³/h)	漏风率/%
1	341 600.0	2 084.0	37.3	556.2	1 484.6	1 105.4	0.324
2	340 494.6	2 040.6	37.2	552.6	1 444.8	1 090.5	0.320
3	339 404.2	1 997.2	37.0	549.1	1 405.3	1 075.4	0.317

续表

段数	风量/(m³/h)	全压/Pa	风速/(m/s)	风管动压/Pa	风口静压/Pa	漏风量/(m³/h)	漏风率/%
4	338 328.8	1 954.2	36.9	545.6	1 366.0	1 060.3	0.313
5	337 268.5	1 911.4	36.8	542.2	1 326.9	1 045.0	0.310
6	336 223.5	1 868.9	36.7	538.8	1 288.0	1 029.6	0.306
7	335 193.9	1 826.6	36.6	535.5	1 249.3	1 014.0	0.303
8	334 179.9	1 784.7	36.5	532.3	1 210.8	998.3	0.299
9	333 181.6	1 742.9	36.4	529.1	1 172.5	982.3	0.295
10	332 199.3	1 701.5	36.3	526.0	1 134.4	966.2	0.291

表 4-3、表 4-4 计算的为每 10 m 段的风管漏风率，因此随着风管长度的增加，风管总的漏风率应该为前面部分漏风的累计叠加。叠加计算后，平原地区和高海拔地区隧道的风管漏风率随风管长度增加的变化曲线如图 4-3 所示：

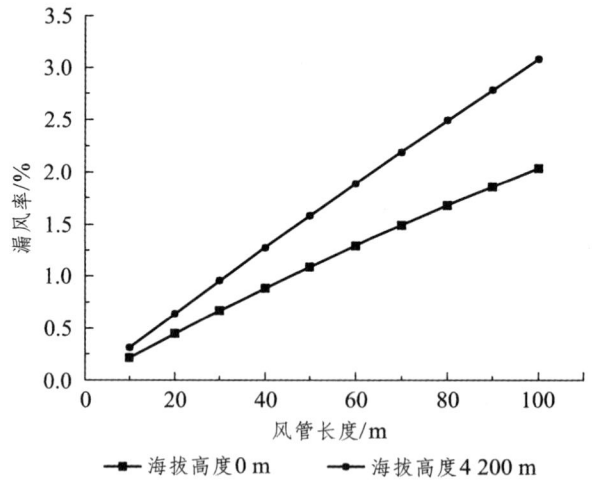

图 4-3 不同海拔高度下风管漏风率的变化

由表 4-3、表 4-4 和图 4-3 可知：平原地区的风管百米漏风率约为 2.031%，高海拔地区的风管百米漏风率约为 3.078%，则高海拔地区的风管百米漏风率约为平原地区的 1.5 倍，且在高海拔地区风管漏风率随风管长度增加而增大较快。这说明随着海拔高度的升高，风管的漏风率相应增加，故在高海拔地区更需要对风管进行维修保护，防止漏风率进一步增加。

4.2 高海拔地区风管漏风率修正

为了得到高海拔地区风管漏风率的修正系数，假设平原地区与高海拔地区风管的破损程度 f_0 和孔口的流量系数 μ 相同。则高海拔地区风管漏风率与平原地区风管漏风率相比，可得：

$$c = \frac{v_{高}}{v_{平}} = \sqrt{\frac{p_{j高}}{p_{j平}} \cdot \frac{\rho_{平}}{\rho_{高}}} \tag{4-8}$$

式中：c 为风管漏风率的海拔高度修正系数。

通过资料调研得到，不同海拔高度的空气密度见表 4-5，且由式（4-7）可以计算得到海拔高度与风管漏风率修正系数的关系如图 4-4 所示。

表 4-5 不同海拔高度的空气密度

海拔高度/m	空气密度/（kg/m³）	风管内外静压强差/Pa
0	1.225 0	887.4
500	1.167 0	945.0
1 000	1.111 0	1 000.6
1 500	1.058 0	1 053.1
2 000	1.007 0	1 103.6
2 500	0.957 0	1 153.1
3 000	0.909 3	1 200.3
3 500	0.863 4	1 245.7
4 000	0.819 4	1 289.1
4 500	0.777 0	1 330.9
5 000	0.736 4	1 371.0

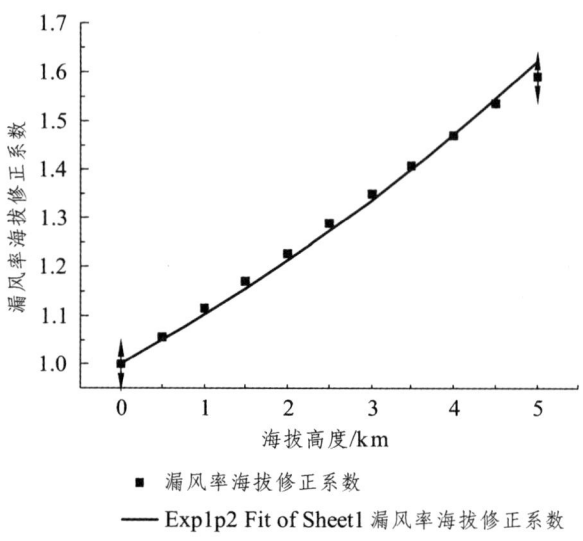

图 4-4　风管漏风率海拔高度修正曲线

根据高海拔地区风管漏风率修正系数曲线,可以得出高海拔风机漏风率的修正系数理论公式模型为:

$$\nu = e^{0.09689H} \tag{4-9}$$

式中:ν 为漏风率(%);H 为海拔高度(km)。

4.3　圭嘎拉隧道施工风管漏风率实测与分析

本次测试在海拔 4 200 m 的圭嘎拉隧道进口段进行,此段风管平直、风流较稳定,每个断面间距 100 m,测试断面见图 4-5。所测风管的直径为 2 m,由于风管的断面形状为圆形对称,因此,可根据对数线性法确定每个断面的测点个数为 6 个,风管横断面测点位置见图 4-6。通过电子风速仪等(图 4-7、表 4-6)测得每个断面的 6 个点位风速值,再取其平均值作为该断面的断面风速值。

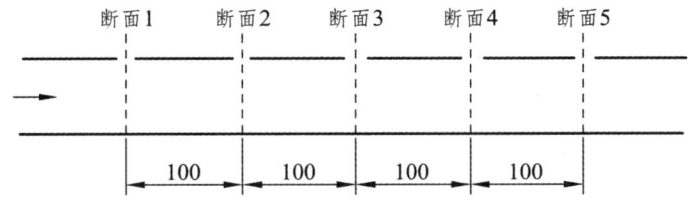

图 4-5 测试断面（单位：m）

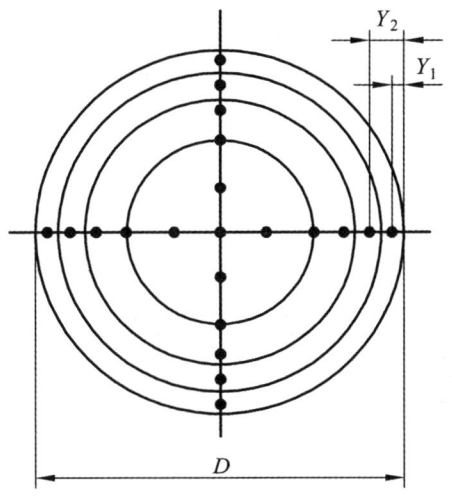

图 4-6 风管测点布置

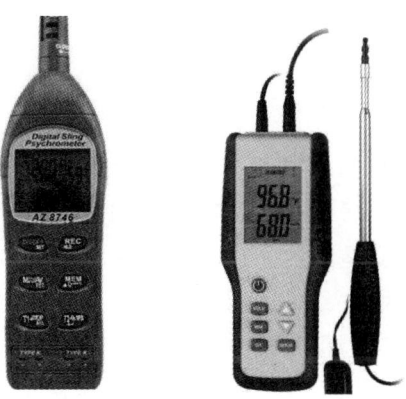

图 4-7 测试仪器

表 4-6　测试仪器

测量参数	测量仪器	测试范围	精度	分辨率
温度	衡欣 8706N 可携式温湿度测量仪	−20 ~ +50 ℃	±0.6 ℃	0.1 ℃
湿度	衡欣 8706N 可携式温湿度测量仪	0 ~ 100%	±3%	0.1%
风速	鑫思特热敏式风速仪	0.1 ~ 25 m/s	（5%+1d）读数或（1%+1d）满量程	0.01 m/s

测试结果如下：

1. 温　度

隧道进口左右线沿纵向的温度变化规律相似，几乎是从掌子面向洞口温度逐渐降低，温度变化规律在 5 ~ 20 ℃ 之间。施工人员活动区域主要在二衬台车至掌子面之间，因此这段区间的温度需要保持在合适范围才能保证施工人员劳动效率及安全。根据《公路隧道通风照明设计规范》(JTG F60—2009)，隧道内气温不应大于 28 ℃，此外对人员的工作效率有不利影响的低温通常是在 10 ℃ 以下，因此适合工作的合适气温为 10 ~ 28 ℃。

右线二衬台车至掌子面之间的里程为 YK15+950 ~ YK16+060，温度在 17.2 ~ 16.2 ℃ 之间，符合要求；左线二衬台车至掌子面之间的里程为 YK16+000 ~ YK16+160，温度在 18.6 ~ 19.4 ℃ 之间，符合要求。沿隧道纵向温度变化见图 4-8。

2. 湿　度

隧道进口左右线沿纵向的湿度变化规律相似，几乎都是沿掌子面向洞口湿度显示小幅度上升，然后在距洞口 800 m 左右处湿度逐渐下降。出现这种变化规律的原因可能是洞内靠近掌子面区域有作业机械、管线等发热，因此湿度先是越往外越增大，接近洞口后，受自然风影响湿度逐渐下降。

左右线的主要工作区域湿度变化范围在 70% ~ 82%。从人员健康角度分析，相对湿度高于 65% 或低于 38% 时病菌繁殖滋生速度最快，因此需要通过调节隧道内温度或风速来改善工作环境。沿隧道纵向湿度变化见图 4-9。

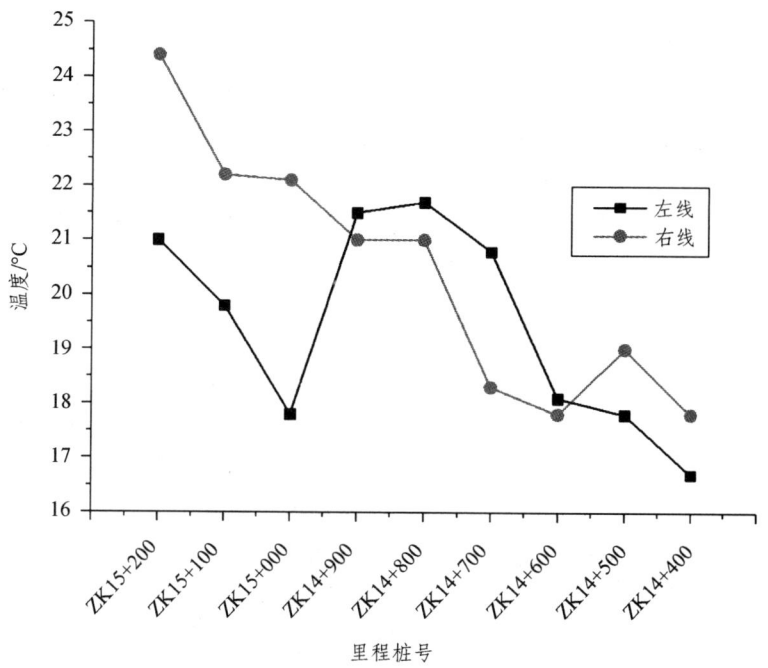

图 4-8 沿隧道纵向温度变化

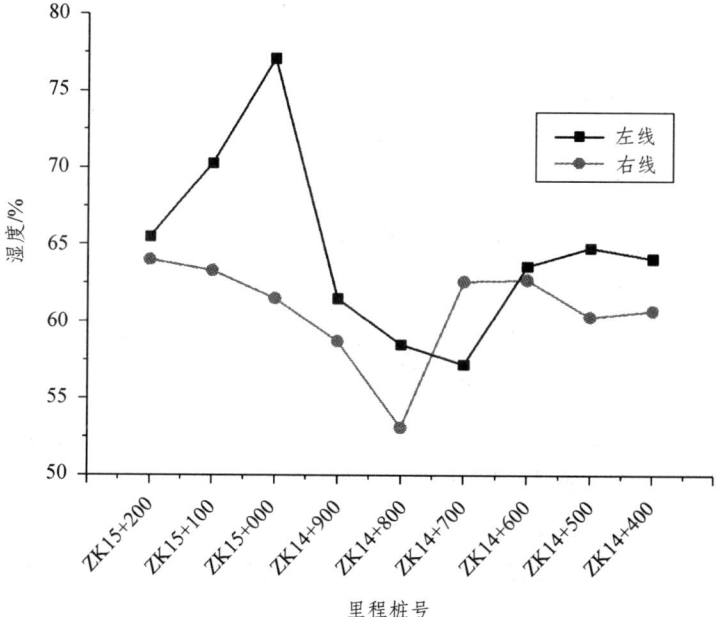

图 4-9 沿隧道纵向湿度变化

3. 风　速

隧道进口左右线沿纵向的温度变化均无显著规律。《公路隧道通风照明设计规范》(JTG F60—2009)中要求隧道内风速在全断面开挖时不小于 0.15 m/s。左右线掌子面附近风速均小于 0.15 m/s，通风效果不佳，需要改进；二衬台车附近风速大于 0.15 m/s，符合要求。沿隧道纵向风速变化见图 4-10。

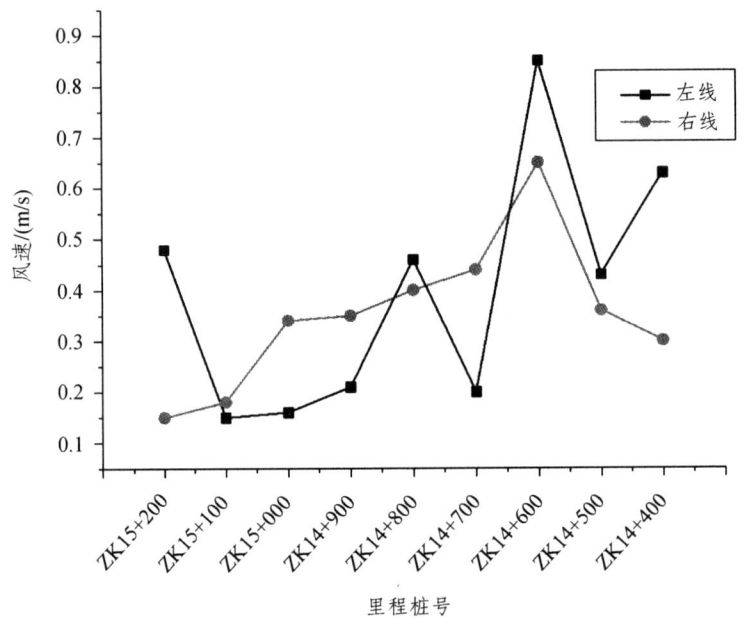

图 4-10　沿隧道纵向风速变化

4. 漏风率

目前进口左右线均采用接力式通风，即在洞内也设置一台风机接力通风（洞内分级距掌子面约 300 m），仅测试洞内风机至掌子面段风管的漏风率。隧道右线测试结果显示，最大百米漏风率为 0.18，效果良好；隧道左线测试结果显示，YK15+975～YK16+00 段百米漏风率较大，为 0.36，其余测试段效果良好。漏风率测试结果见图 4-11。

此外，本次测试还发现一个问题：洞内风机与洞外延伸进洞内的风管相交处未进行加固处理，这样洞内风机启动后前段风管易被吸瘪，需进行处理。

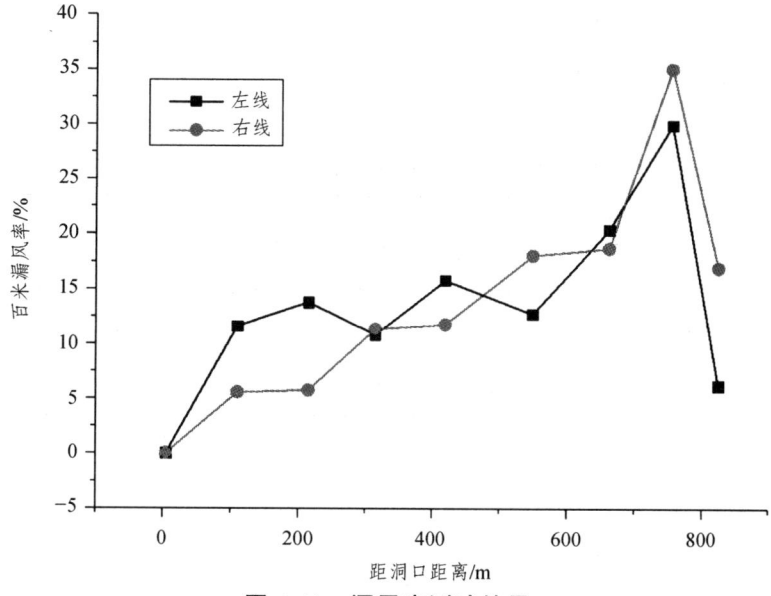

图 4-11　漏风率测试结果

通过测试结果发现，风速与漏风率波动规律与理论不符合，经研究调查发现，部分风管破损率较高是出现此结果的重要原因，且隧道内采用了接力式风机。除此之外，测试时，隧道内风机未完全开启。

为了尽可能地减小外界环境带来的影响，现选取其中一段风管完整程度较好，且不采用接力风机的部分，在风机完全开启情况下对其进行计算分析。测试结果如图 4-12 所示。

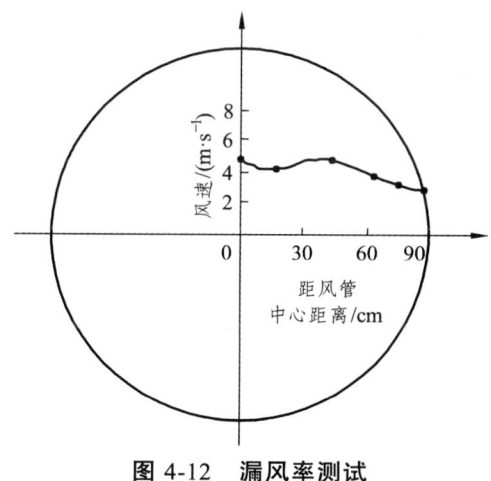

图 4-12　漏风率测试

由图 4-12 可知,风管横断面上的风速变化规律为风管中心处风速最大,管壁处风速最小,风速整体呈现随远离风管中心距离的增加而逐渐减少的规律,如表 4-7 所示。

表 4-7　圭嘎拉隧道风管直线段各个断面风速测试结果

断面	1	2	3	4	5
风速/(m/s)	3.90	3.78	3.67	3.57	3.48

现根据前述公式,计算漏风率,与实际所测对比如表 4-8 所示:

表 4-8　圭嘎拉隧道风管百米漏风率对比

风管段	实测百米漏风率/%	理论百米漏风率/%
1—2	3.08	3.12
2—3	2.91	3.03
3—4	2.72	2.98
4—5	2.52	2.92

根据表 4-8 计算所得理论上的漏风率可以发现,理论上计算得到的风管漏风率与实际测试得到的漏风率基本相符,约为 3%。因此,高海拔隧道施工通风风管漏风率的修正理论公式可靠性得以验证。

5 高海拔气象条件影响下的隧道节能施工通风技术研究

5.1 圭嘎拉隧道气象站建立

针对圭嘎拉隧道工程特点，为研究圭嘎拉隧道洞口温度变化，在隧道进、出口两主洞洞口、两斜井洞口共建立 4 个周期 1 年的长期气象条件观测站，周期性地测试南北主洞、斜井洞口的气象参数变化规律。

为使气象观测资料具有一定的代表性、比较性和准确性，需选择适宜的观测场所。为使观测结果能代表当地天气的实际情况，根据气象部门相关手册，观测场地的选择必须具备以下条件：

（1）视界广阔，地势较平坦，附近无高大的建筑物和树木，远离湖泊和河流。

（2）观测场地的标高要准确。

（3）面积的大小应与仪器的安置数量相适应。

（4）经常保持场地的清洁，场内不得放置与观测无关的物体。

（5）维护场地内的自然状态，有积雪时，除小路上的积雪可以清除外，应保护场地积雪的自然状态。

（6）观测点应视界开阔，能够见到四周的地平线。

测试参数包括：风向、风速、数字压力、大气温度、大气湿度。

观测团队对圭嘎拉隧道全部施工工区进行了现场测试。为了更好地分析高海拔环境特性及其对施工产生的影响，课题组在主洞洞口及斜井井口安装了 4 台无人值守的自动环境监测站（图 5-1）。测试频率为每 30 min 采集记录各参数数据。

测试数据采集后，经人工收集，并使用统一表格记录，定期作 4 个气象站的数据汇总和数据分析处理。

自动气象站系统是一种集气象数据采集、存储、传输和管理于一体的无人值守的气象采集系统。它在工农业生产、旅游、城市环境监测和其他专业领域都有广泛的用途。

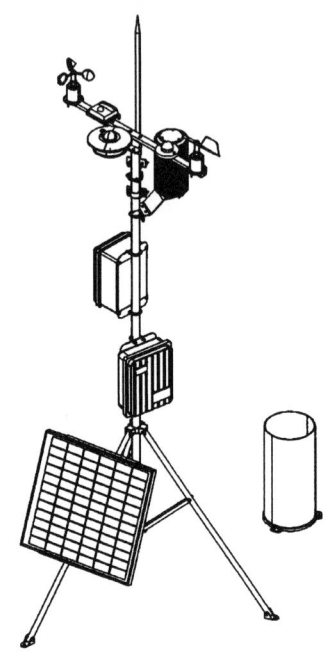

图 5-1 自动环境监测站安装

PH 自动气象站用于测量气温、相对湿度、照度、雨量、风速、风向、气压、辐射等基本气象要素，具有显示、自动记录、实时时钟、超限报警和数据通信等功能。PH 自动气象站由气象传感器、PH 气象数据采集仪、PH 计算机气象软件三部分组成。PH 气象数据采集仪采集并记录各气象数据，采用汉字液晶数据显示，人机界面友好，具有设定参数掉电保护和气象历史数据掉电保护功能，可靠性高。PH 气象数据采集仪与计算机之间的通信方式包括有线和 GPRS 无线两种方式，采用 GPRS 无线通信方式可选用 PH1000GPRS 无线数据通信终端。该自动气象站具有技术先进、测量精度高、数据容量大、遥测距离远、人机界面友好、可靠性高的优点，广泛用于气象、农业、海洋、环境、机场、港口、工农业及交通等领域。

PH 自动气象站与中心气象计算机之间的组网方式可以采用有线和无线两种。

方式一：有线组网方式。PH 自动气象站与气象工作站计算机之间采用 RS232 总线进行通信，有效距离 30 m，还可以通过 RS232 转 485 模块将传输距离延长到 800 m（图 5-2）。气象工作站计算机与中心气象计算机之间可以通过互联网进行组网，中心气象计算机可与多台 PH 自动气象站组成气象监测网络。

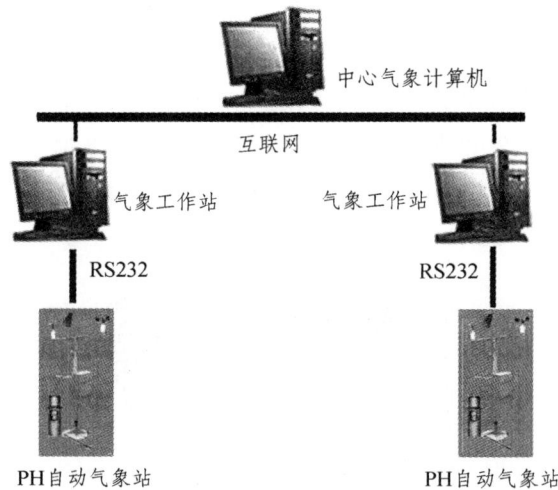

图 5-2 采用 RS232 总线和互联网组成的气象监测网络（方式一）

方式二：GPRS 无线通信方式。在自动气象站直接布线不方便的情况下，可以采取 GPRS 无线数据通信网络来传输气象数据，中心气象计算机可以与多台 PH 自动气象站通过移动 GPRS 无线数据通信网络组成气象监测网络（图 5-3）。

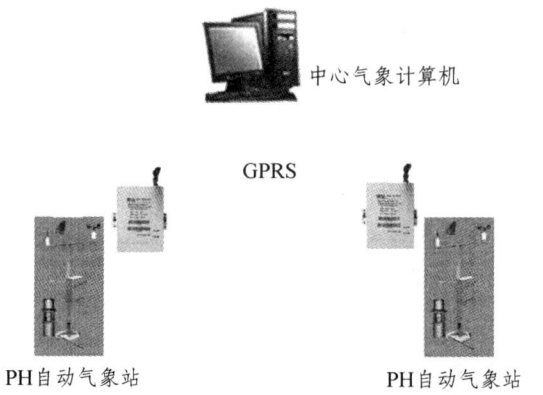

图 5-3 采用 GPRS 无线通信方式的自动气象站监测网络图（方式二）

本次自动气象站采用 GPRS 无线通信方式。

5.1.1 PH 气象数据采集仪

1. 特点及用途

PH 气象数据采集仪（图 5-4）是一种集气象数据采集、存储、传输和管理于一体的无人值守的气象采集系统。它在工农业生产、旅游、城市环境监测和其他专业领域都有广泛的用途。PH 数据采集仪具有气象数据采集、实时时钟、气象数据定时存储、参数设定和标准通信功能，还具有友好的人机界面，可以按用户的选择很方便地与计算机建立有线（RS485、RS232、USB 等）、无线（GPRS、WiFi、卫星、电台等）通信连接。

图 5-4　PH 气象数据采集仪

2. 主要技术参数

环境温度：-30~85 ℃；

采样频率：0.5 s/次；

工作电源：AC 220 V；

显示形式：192×64 全点阵液晶显示，可完成图形显示，也可以显示 12×4 个汉字；

功耗：整机功耗不大于 2 W；

数据储存容量：4 MB。

5.1.2　大气温度传感器

1. 特点及用途

PHQW 大气温度传感器（变送器）（图 5-5）采用高精度热敏电阻作为

感应部件，具有测量精度高、稳定性好等特点。信号变送器采用先进的电路集成模块，可根据用户的不同需求将温度转换为相应的电压或电流信号。仪器体积小巧，安装方便且便携，性能可靠；采用专有线路，线性好，负载能力强，传输距离长，抗干扰能力强。它可广泛用于气象、海洋、环境、机场、港口、实验室、工农业及交通等领域的温度测量。

图 5-5　大气温度传感器

2. 主要技术参数

测量范围：-50 ~ 100 ℃；

准确度：±0.5 ℃；

供电方式：DC 2.5 V；

输出形式：0 ~ 2.5 V；

负载电阻：电压型 $R_L \geqslant 1$ kΩ，电流型 $R_L \leqslant 300$ Ω；

工作温度：-50 ~ 80 ℃；

相对湿度：0 ~ 100%；

产品质量：探头 125 g；

产品功耗：0.5 mW。

5.1.3　大气湿度传感器

1. 特点及用途

PHQS 大气湿度传感器（图 5-6）采用高分子薄膜湿敏电容作为感应部件，具有测量精度高、稳定性好等特点。信号变送器采用先进的电路集成模块，可根据用户的不同需求将湿度转换为相应的电压或电流信号。仪器体积小巧，安装方便且便携，性能可靠，可广泛应用于气象观测、环境控制、农业、工厂等诸多领域。

图 5-6 大气湿度传感器

2. 主要技术参数

测量范围：0～100%RH*；

准确度：±5%RH；

供电方式：DC 5 V；

输出形式：0～5 V；

负载能力：电流型输出阻抗≤300 Ω，电压型输出阻抗≥1 kΩ；

工作环境：温度-40～50 ℃，湿度≤100%RH*；

产品质量：传感器 140 g，带变送器 550 g；

产品功耗：6 mW（电压型）。

5.1.4 风速传感器

1. 特点及用途

PHWS 风速传感器（变送器）（图 5-7）采用传统三风杯风速传感器结构，风杯选用碳纤维材料，强度高，启动稳定性好，杯体内置的信号处理单元能根据用户需求输出相应风速信号，可广泛用于气象、海洋、环境、机场、港口、实验室、工农业及交通等领域。

---

*编者注：RH 即相对湿度（Relative Humidity）。

图 5-7　风速传感器

2. 主要技术参数

测量范围：0~45 m/s；

准确度：±(0.3+0.03v) m/s（v：风速）；

分辨率：0.1 m/s；

启动风速：≤0.5 m/s；

供电方式：DC 5 V；

输出形式：脉冲信号；

负载能力：电流型输出阻抗≤600 Ω，电压型输出阻抗≥1 kΩ；

工作环境：温度-40~50 ℃，湿度≤100% RH；

防护等级：IP 45；

线缆等级：额定电压 300 V；

温度等级：80 ℃；

产品质量：130 g；

产品功耗：50 mW。

5.1.5　风向传感器

1. 特点及用途

PHWD 风向传感器（变送器）（图 5-8）内部采用精密电位器，并选用低惯性轻金属风向标响应风向，动态特性好。该产品具有量程大、线性好、抗雷击能力强、观测方便、稳定可靠等优点，可广泛用于气象、海洋、环境、机场、港口、实验室、工农业及交通等领域。

图 5-8　风向传感器

2. 主要技术参数

测量范围：0~360°；

准确度：±3°；

启动风速：≤0.5 m/s；

供电方式：DC 5 V；

输出形式：0~5 V；

负载能力：电流型输出阻抗≤250 Ω，电压型输出阻抗≥1 kΩ；

工作环境：温度-40~50 ℃，湿度≤100%RH；

防护等级：IP 45；

线缆等级：额定电压 300 V；

温度等级：80 ℃；

产品质量：210 g；

产品功耗：5.5 mW。

5.1.6　轻型百叶箱

GS-FP 防辐射罩，又叫轻型百叶箱（图 5-9），使用时罩内温度均匀并与外界空气温度一致，把温湿度传感器完全包围在内，并且挡住辐射热与降水，靠自然通风使发挥绝热材料作用。它的上板为伞形，中间有多层环片，下面为防辐射板，温湿传感器置于罩内的中部。

安装传感器时，温湿度传感器放在两个同心圆筒形的防辐射套管的轴线位置上，以防温度表球部受太阳直接辐射。防辐射的内套管与其两侧流动的气流都保持接触，以使内套管的温度，以及温度表的温度，都能极为接近空气的温度。安置这种防辐射套管时，通常使其中轴线垂直；从地面经由这些套管底进入的直接辐射量很小，并且还可以延长套管底到传感器下端的长度减少辐射。

图 5-9　轻型百叶箱

5.1.7　GPRS 无线数据透传模块

GS-H7710 GPRS DTU 是基于 GPRS 数据通信网络的终端产品，如图 5-10 所示。它采用工业级端子排接口，方便应用在电力、环保监测、车载、水利、金融、路灯监控、热力管网、煤矿、油田等行业。其产品设计符合工业级标准，内嵌 PPP（点到点协议）、TCP/IP、DDP（数据报传送协议）等多种协议，可实现从用户设备到数据中心远程透明数据通信。

图 5-10　GPRS 无线数据透传模块

1. 功能特点

（1）精选工业级器件，满足恶劣应用环境需求。

（2）支持动态 IP 地址数据中心 DNS 域名寻址。

（3）支持固定 IP 地址数据中心。

（4）点对点、中心对多点等数据传输，传输时延一般小于 1 s。

（5）模块化设计，CPU 和无线核心模块分离的设计方式，具有超强的扩展性。

（6）内嵌 PPP（点对点协议）、TCP/IP（传输控制协议/网际协议）、UDP/IP（用户数据报协议/网际协议）标准协议和特有的 DDP（数据报投递协议）、TDP（标记分配协议）、AT（异步传输）协议，满足客户个性化需求。

（7）永远在线及多种触发上线模式，按数据流量计费。

（8）数据和短信通信互为备份、自由切换。

（9）支持多方通信。

（10）TCP/IP Server/Client、UDP/IP、DDP、SMS（短信息服务）、AT 多种通信方式

（11）可定义数据通信方式。

（12）数据中心服务器远程参数配置，TDP、AT+参数配置。

（13）提供完整的数据中心服务程序，可实现数据透明转发。

（14）提供函数开发包，便于二次开发。

（15）提供完整的中英文 DEMO 源码（VB、VC、C#、Delphi）。

2. 规格参数

GPRS 无线数据透传模块规格参数见表 5-1。

表 5-1　GPRS 无线数据透传模块规格参数

GPRS 数据	设备接口	
支持 GPRS 900/1 800 MHz 双频	天线接口	50 Ω/SMA-K（阴头）
	UIM 卡	3 V/1.8 V
GPRS Class 10	串行数据接口	TTL/RS-232/RS-422/RS-485
编码方式：CS1-CS4	数据速率	300～57 600 bit/s
	话音接口	标准语音电平输出
带宽（GPRS）	操作系统	
理论带宽：71.2 Kb/s；	Windows 9x/ME/NT/2000/XP 及以上版本操作系统	
实际带宽：10 Kb/s	Linux	

续表

设备供电	其他参数
峰值电流：1.5A@+12V DC	尺寸：93 mm×54 mm×22 mm（不包括天线和安装件）
	质量：150 g
通信时平均电流：140 mA@+12 V DC	工作环境温度：-30～+70 ℃
	储存温度：-40～+85 ℃
	相对湿度：95%（无凝结）

3. 互联网接入方式

GPRS 无线数据透传模块互联网接入方式见图 5-11。

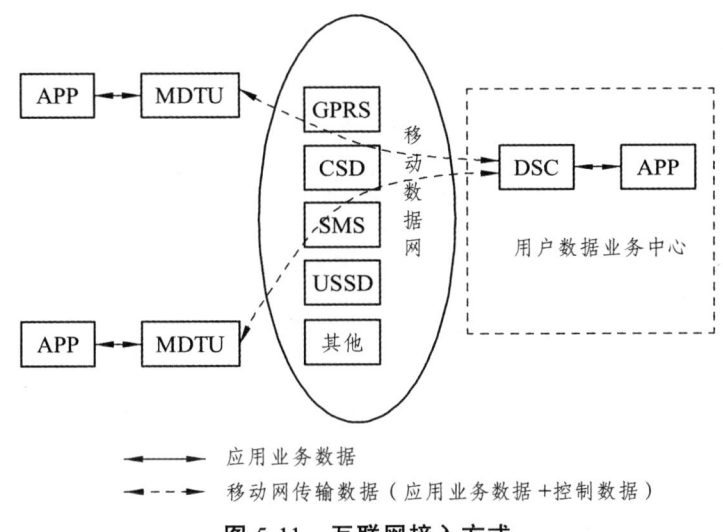

图 5-11　互联网接入方式

要求服务器 IP 地址为公网 IP，对于动态 IP，需要使用动态域名解析服务。

以环保监控系统为例，有一个中心监控室和多个监控点。由于监控点比较分散，且经常变化，故选用 PH1000 组成中心对多点的无线数传系统作为通信手段。这种应用方式是 PH1000 最常用的一种模式。在中心有一台通信服务器与 Internet 相联，且使用静态 IP 地址或者申请动态域名。服务器运行中心监控例程，使用 Socket 套接字与 Internet 通信。通信过程如下：

（1）终端通过 GPRS 和互联网连接到服务器。

（2）双向传输数据。

以上两种方式均通过 Internet（CMNET）实现，这样用户的实现成本比较低，但对于需要高可靠性数据传输的场合（例如银行数据）显然并不合适。中国移动为这些用户提供了直接接入 GPRS 网络的方式。用户服务器通过专线接入 GPRS 移动基站，并获得一个固定的 APN，用户数据无需路由到 Internet 网络。GPRS 数据终端仍然是动态的 APN。采用这种方式组成的点对点网络或中心对多点网络具有实时性好、安全性高的特点，但接入费用相对较高，可以根据工程实际情况灵活掌握。

圭嘎拉隧道气象站建立现场如图 5-12 所示。

图 5-12　圭嘎拉隧道气象站建立

5.2 圭嘎拉隧道气象数据统计与分析

5.2.1 气温监测数据

1. 2020年1月—2020年10月观测期气温监测数据

进口：观测期内平均气温为5.90 ℃，月平均气温在-3.6~11.8 ℃之间变化，最冷月出现在1月，其月平均气温为-3.6 ℃，最热月出现在7月，其月平均气温为11.8 ℃。2019年12月—2020年2月，月平均气温在0 ℃以下。

一号斜井：观测期平均气温为4.32 ℃，月平均气温在-6.4~10.7 ℃之间变化，最冷月出现在12月，其月平均气温为-6.4 ℃，最热月出现在7月，其月平均气温为10.7 ℃。2019年12月—2020年3月，月平均气温在0 ℃以下。

二号斜井：观测期平均气温为4.25 ℃，月平均气温在-6.9~10.2 ℃之间变化，最冷月出现在12月，其月平均气温为-6.9 ℃，最热月出现在7月，其月平均气温为10.2 ℃。2019年12月—2020年3月，月平均气温在0 ℃以下。

出口：观测期平均气温为5.51 ℃，月平均气温在-4.9~11.7 ℃之间变化，最冷月出现在12月，其月平均气温为-4.9 ℃，最热月出现在7月，其月平均气温为11.7 ℃。2019年12月—2020年2月，月平均气温在0 ℃以下。

2019—2020观测期进出口及一号斜井、二号斜井月平均气温变化图详见图5-13~图5-16。

2. 2018年11月—2019年9月观测期气温监测数据

进口：观测期内平均气温为4.94 ℃，月平均气温在-5.2~13.4 ℃之间变化，最冷月出现在1月，其月平均气温为-5.2 ℃，最热月出现在6月，其月平均气温为13.4 ℃。2018年12月—2019年2月，月平均气温在0 ℃以下。

一号斜井：观测期平均气温为3.01 ℃，月平均气温在-7.2~10.9 ℃之间变化，最冷月出现在1月，其月平均气温为-7.2 ℃，最热月出现在6月，其月平均气温为10.9 ℃。2018年12月—2019年3月，月平均气温在0 ℃以下。

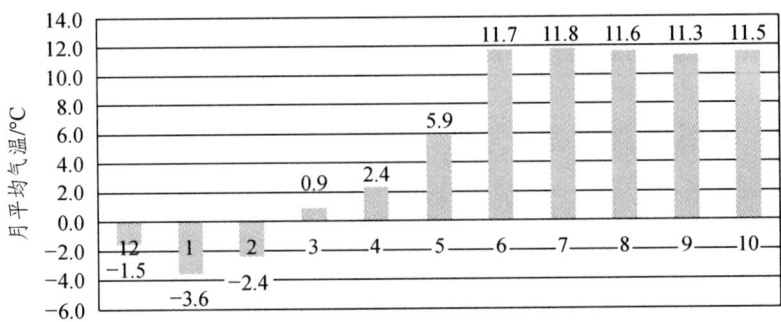

图 5-13 2019—2020 观测期进口平均气温变化

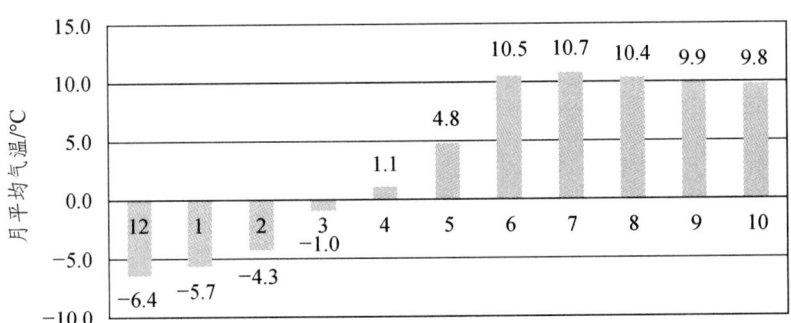

图 5-14 2019—2020 观测期一号斜井平均气温变化

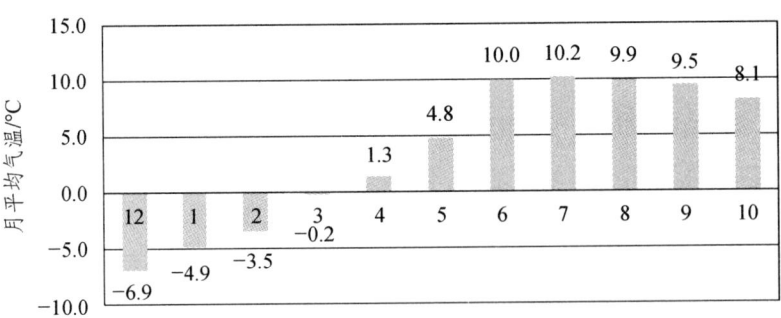

图 5-15 2019—2020 观测期二号斜井平均气温变化

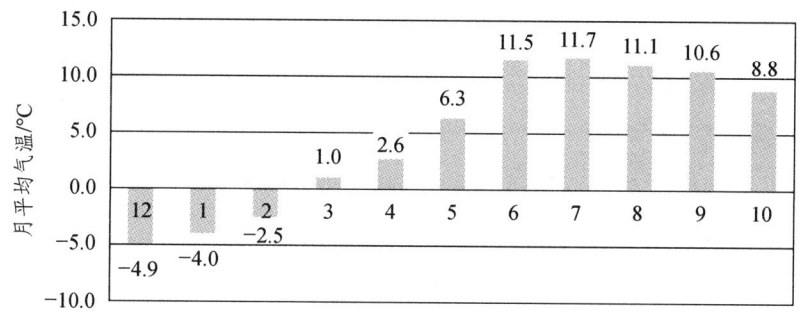

图 5-16 2019—2020 观测期出口平均气温变化

二号斜井：观测期平均气温为 3.31 ℃，月平均气温在-6.2 ~ 10.7 ℃ 之间变化，最冷月出现在 1 月，其月平均气温为-6.2 ℃，最热月出现在 6 月，其月平均气温为 10.7 ℃。2018 年 12 月—2019 年 3 月，月平均气温在 0 ℃ 以下。

出口：观测期平均气温为 4.65 ℃，月平均气温在-5.9 ~ 12.2 ℃ 之间变化，最冷月出现在 12 月，其月平均气温为-5.9 ℃，最热月出现在 6 月，其月平均气温为 12.2 ℃。2018 年 12 月—2019 年 2 月，月平均气温在 0 ℃ 以下。

2018—2019 观测期进出口及一号斜井、二号斜井月平均气温变化详见图 5-17。

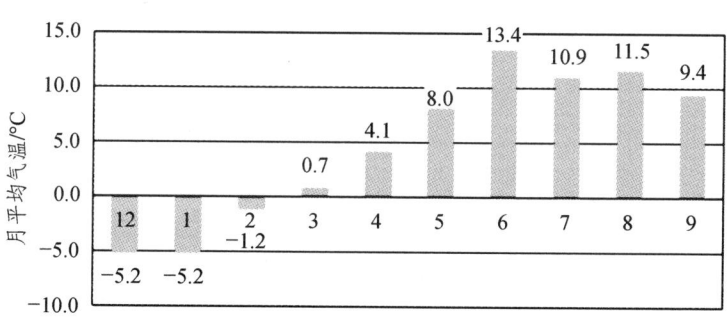

（a）进口

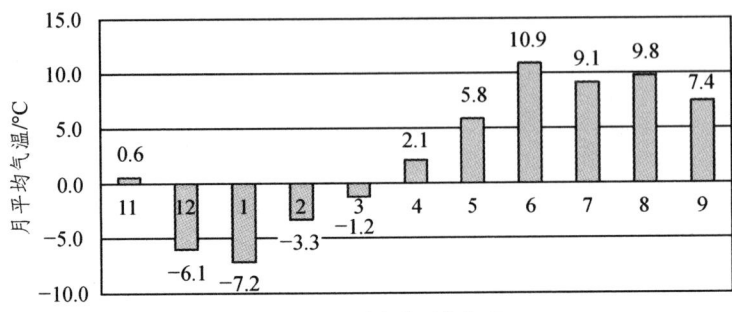

（b）一号斜井

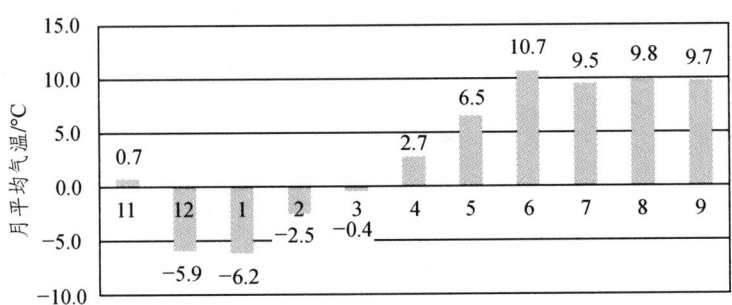

（c）二号斜井

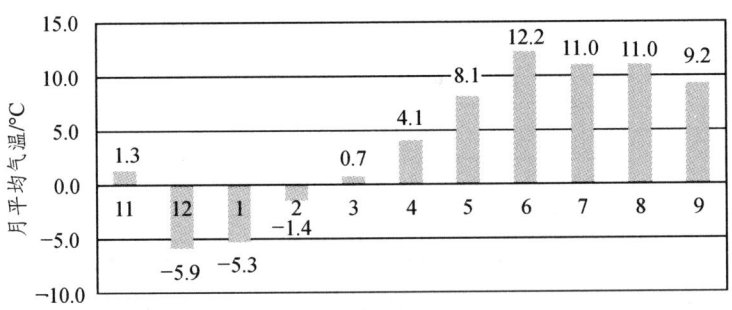

（d）出口

图 5-17 2018—2019 观测期圭嘎拉隧道气温变化

3. 2018 年 8 月—11 月观测期气温监测数据

进口：观测期内平均气温为 8.98 °C，月平均气温在 5.1~11.3 °C 之间变化，最冷月出现在 10 月，其月平均气温为 5.1 °C，最热月出现在 8 月，其月平均气温为 11.3 °C。

一号斜井：观测期平均气温为 5.83 °C，月平均气温在 0.5~9.7 °C 之间变化，最冷月出现在 11 月，其月平均气温为 0.5 °C，最热月出现在 8 月，其月平均气温为 9.7 °C。

二号斜井：观测期平均气温为 5.60 °C，月平均气温在 0.6~9.8 °C 之间变化，最冷月出现在 11 月，其月平均气温为 0.6 °C，最热月出现在 8 月，其月平均气温为 9.8 °C。

出口：观测期平均气温为 6.63 °C，月平均气温在 1.2~11.0 °C 之间变化，最冷月出现在 11 月，其月平均气温为 1.2 °C，最热月出现在 8 月，其月平均气温为 11.0 °C。

2018 观测期进出口及一号斜井、二号斜井月平均气温变化详见图 5-18。

5.2.2 风速及风向监测数据

1. 2019 年 12 月—2020 年 10 月观测期风速风向监测数据

进口：观测期平均风速为 1.68 m/s，观测期月平均风速在 0.90~4.74 m/s 之间，月平均风速最大值 4.74 m/s，出现在 2019 年 12 月，最小值 0.90 m/s，出现在 2020 年 7 月。观测期出现 W 风日数最多，其频率达到了 19%，观测到的最大风速为 10.1 m/s，出现在 2020 年 7 月 28 日，对应风向为 SE（东南风）。风玫瑰图如图 5-19（a）所示。

一号斜井：观测期平均风速为 3.91 m/s，观测期月平均风速在 1.23~14.04 m/s 之间，月平均风速最大值 14.04 m/s，出现在 2020 年 1 月，最小值 1.23 m/s，出现在 2020 年 8 月。观测期出现 NNE 风日数最多，其频率达到了 70%，观测到的最大风速为 7.6 m/s，出现在 2020 年 2 月 20 日，对应风向为 SE（东南风）。风玫瑰图如图 5-19（b）所示。

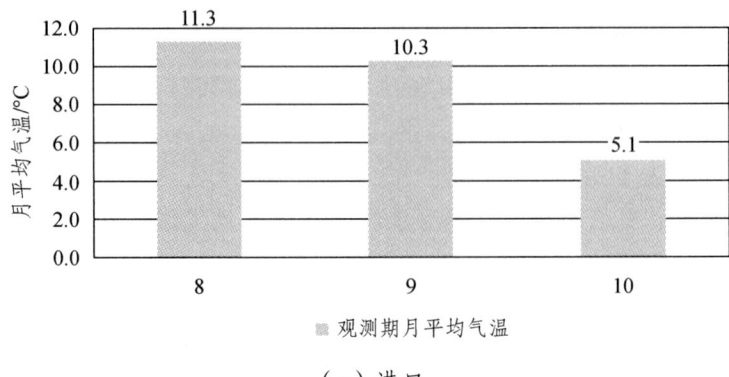

（a）进口

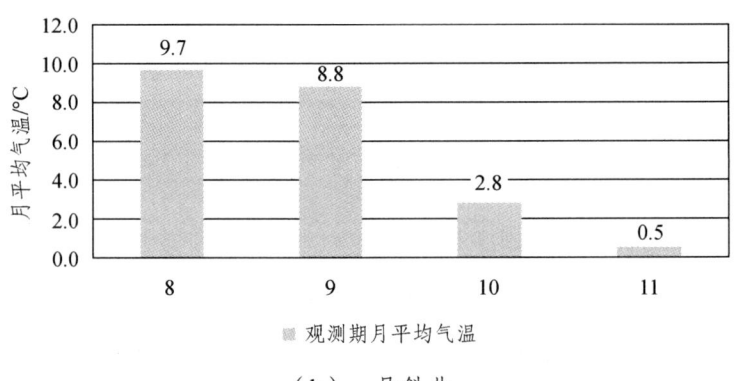

（b）一号斜井

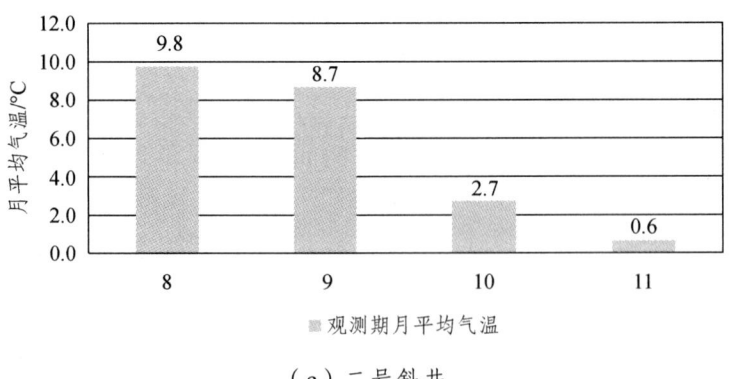

（c）二号斜井

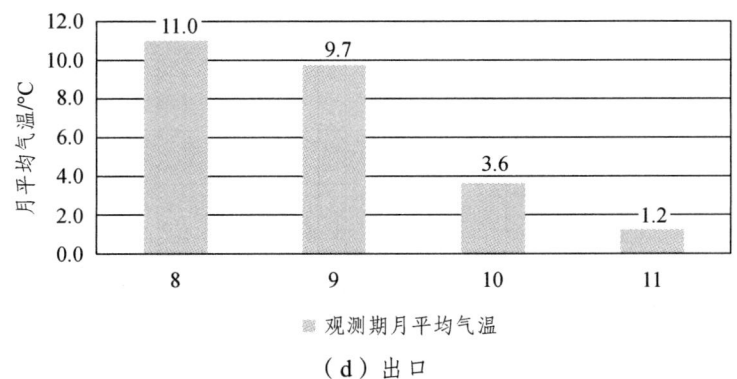

(d)出口

图 5-18 2018 观测期圭嘎拉隧道平均气温变化

二号斜井：观测期平均风速为 1.61 m/s，观测期月平均风速在 0.92～2.04 m/s 之间，月平均风速最大值 2.04 m/s，出现在 2019 年 12 月，最小值 0.92 m/s，出现在 2020 年 7 月。观测期出现 NNE 风日数最多，其频率达到了 51.5%，观测到的最大风速为 9.8 m/s，出现在 2020 年 2 月 7 日，对应风向为 N（北风）。风玫瑰图如图 5-19（c）所示。

出口：观测期平均风速为 2.35 m/s，观测期月平均风速在 1.80～2.82 m/s 之间，月平均风速最大值 2.82 m/s，出现在 2020 年 10 月，最小值 1.80 m/s，出现在 2020 年 7 月。观测期出现 N 风日数最多，其频率达到了 62.3%，观测到的最大风速为 12.3 m/s，出现在 2020 年 3 月 15 日，对应风向为 NNE（北北东风）。风玫瑰图如图 5-19（d）所示。

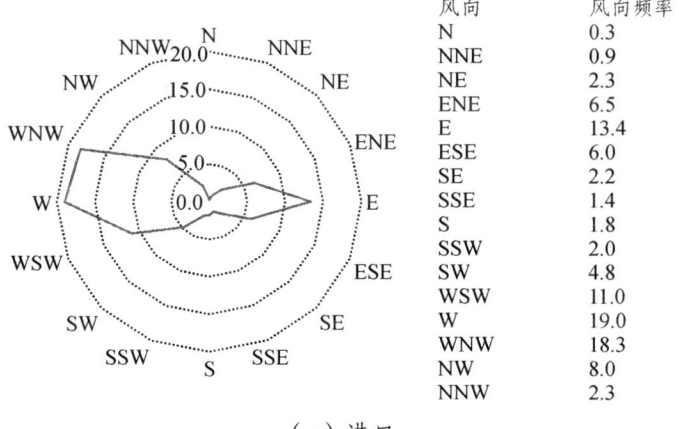

风向	风向频率
N	0.3
NNE	0.9
NE	2.3
ENE	6.5
E	13.4
ESE	6.0
SE	2.2
SSE	1.4
S	1.8
SSW	2.0
SW	4.8
WSW	11.0
W	19.0
WNW	18.3
NW	8.0
NNW	2.3

（a）进口

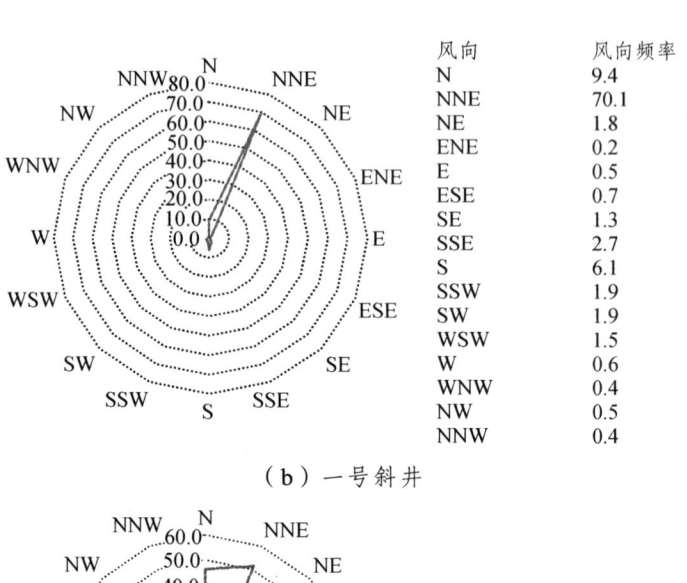

（b）一号斜井

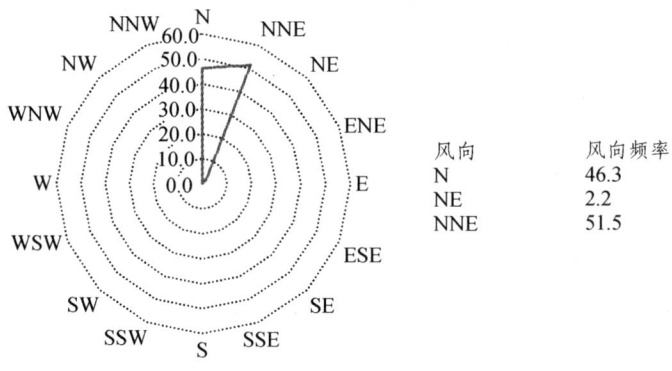

（c）二号斜井

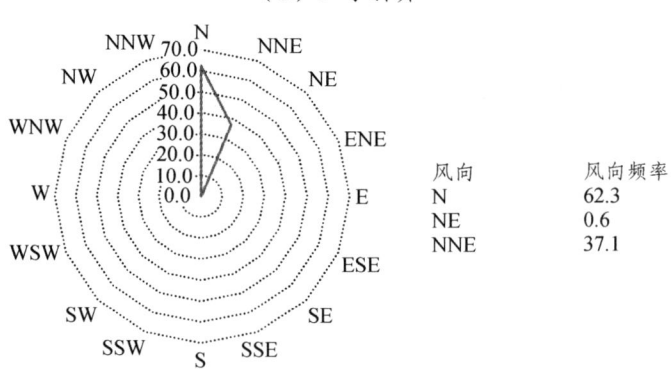

（d）出口

图 5-19　2019—2020 观测期圭嘎拉隧道风玫瑰图

2. 2018年11月—2019年10月观测期风速风向监测数据

进口：观测期平均风速为 2.25 m/s，观测期月平均风速在 1.74~2.99 m/s 之间，月平均风速最大值 2.99 m/s，出现在 2019 年 2 月，最小值 1.74 m/s，出现在 2019 年 7 月。观测期出现 S 风日数最多，其频率达到了 21.3%，观测到的最大风速为 11.2 m/s，出现在 2019 年 2 月 23 日，对应风向为 S（南风）。风玫瑰图如图 5-20（a）所示。

一号斜井：观测期平均风速为 2.23 m/s，观测期月平均风速在 1.75~2.87 m/s 之间，月平均风速最大值 2.87 m/s，出现在 2019 年 6 月，最小值 1.75 m/s，出现在 2019 年 10 月。观测期出现 SE 风日数最多，其频率达到了 30.9%，观测到的最大风速为 15.7 m/s，出现在 2019 年 2 月 27 日，对应风向为 ESE（东南偏东风）。风玫瑰图如图 5-20（b）所示。

二号斜井：观测期平均风速为 1.76 m/s，观测期月平均风速在 1.16~2.17 m/s 之间，月平均风速最大值 2.17 m/s，出现在 2019 年 2 月，最小值 1.16 m/s，出现在 2019 年 7、9 月。观测期出现 NNW 风日数最多，其频率达到了 30.3%，观测到的最大风速为 11.8 m/s，出现在 2019 年 2 月 8 日，对应风向为 SE（东南风）。风玫瑰图如图 5-20（c）所示。

出口：观测期平均风速为 2.51 m/s，观测期月平均风速在 1.74~2.92 m/s 之间，月平均风速最大值 2.92 m/s，出现在 2019 年 6 月，最小值 1.74 m/s，出现在 2019 年 7 月。观测期出现 N 风日数最多，其频率达到了 28.7%，观测到的最大风速为 15.8 m/s，出现在 2019 年 2 月 27 日，对应风向为 S（南风）。风玫瑰图如图 5-20（d）所示。

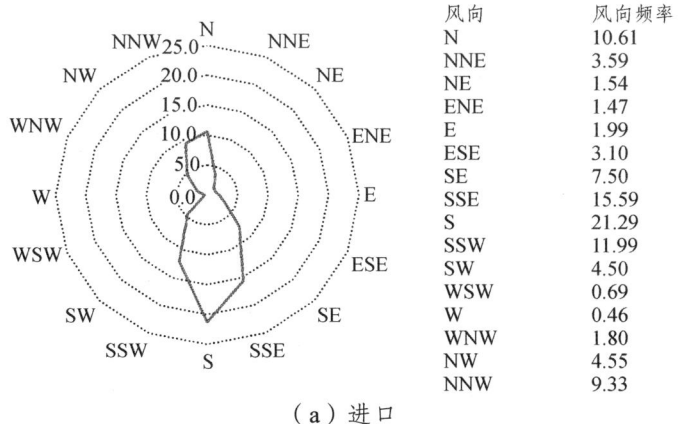

（a）进口

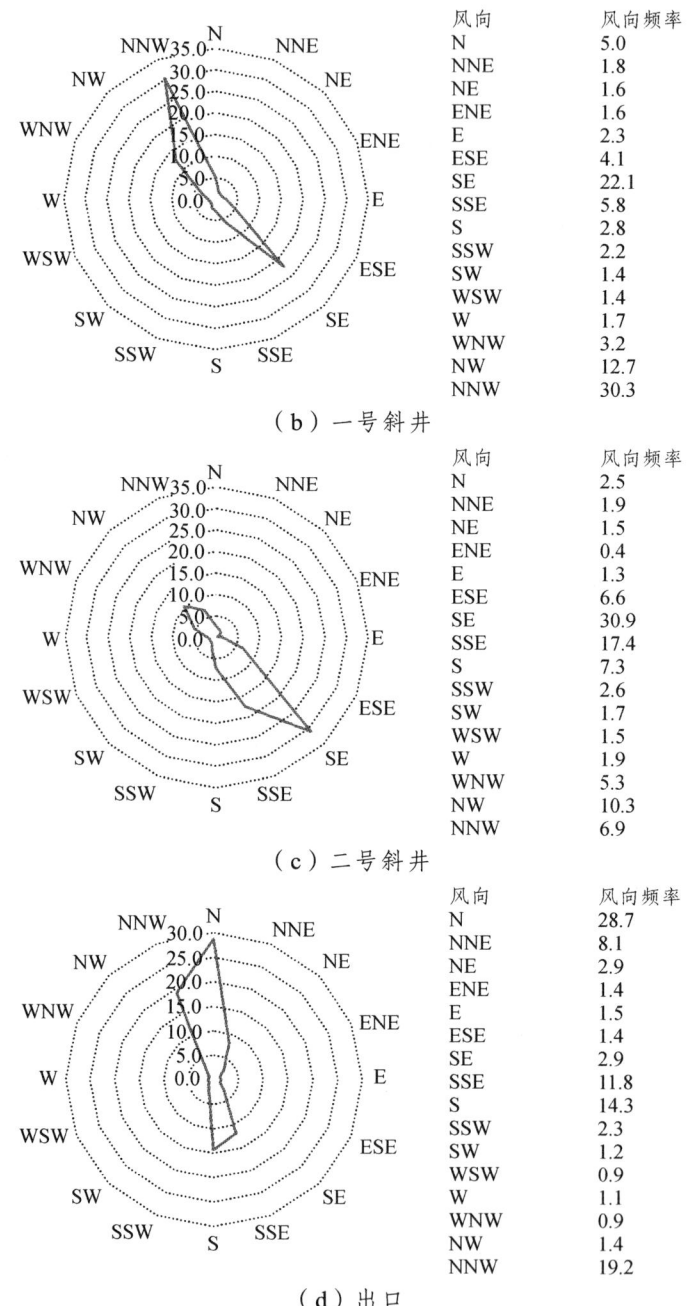

（b）一号斜井

（c）二号斜井

（d）出口

图 5-20 2018—2019 观测期圭嘎拉隧道风玫瑰图

3. 2018年8月—11月观测期风速风向监测数据

进口：观测期平均风速为2.16 m/s，观测期为3个月，月平均风速最大值2.67 m/s，出现在2018年10月，最小值1.81 m/s，出现在2018年8月。观测期出现S风日数最多，其频率达到了20.0%，观测到的最大风速为8.4 m/s，出现在2018年10月7日，对应风向为SSE（东南偏南风）。风玫瑰图如图5-21（a）所示。

一号斜井：观测期平均风速为2.27 m/s，观测期4个月，月平均风速最大值2.61 m/s，出现在2018年11月，最小值1.99 m/s，出现在2018年8月。观测期出现SE风日数最多，其频率达到了29.9%，观测到的最大风速为10.6 m/s，出现在2018年11月13日，对应风向为ESE（东南偏东风）。风玫瑰图如图5-21（b）所示。

二号斜井：观测期平均风速为1.59 m/s，观测期4个月，月平均风速最大值2.04 m/s，出现在2018年11月，最小值1.07 m/s，出现在2018年8月。观测期出现NNW风日数最多，其频率达到了31.3%，观测到的最大风速为9.4 m/s，出现在2018年11月16日，对应风向为NNW（西北偏北风）。风玫瑰图如图5-21（c）所示。

出口：观测期平均风速为2.39 m/s，观测期4个月，月平均风速最大值2.83 m/s，出现在2018年11月，最小值1.76 m/s，出现在2018年8月。观测期出现N风日数最多，其频率达到了32.6%，观测到的最大风速为8.9 m/s，出现在2018年11月15日，对应风向为S（南风）。风玫瑰图如图5-21（d）所示。

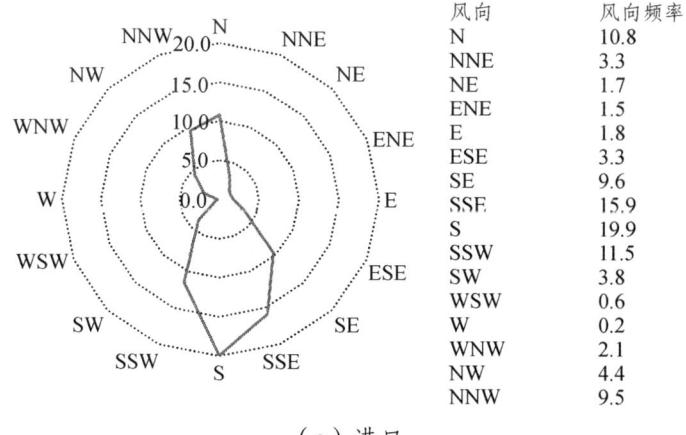

风向	风向频率
N	10.8
NNE	3.3
NE	1.7
ENE	1.5
E	1.8
ESE	3.3
SE	9.6
SSE	15.9
S	19.9
SSW	11.5
SW	3.8
WSW	0.6
W	0.2
WNW	2.1
NW	4.4
NNW	9.5

（a）进口

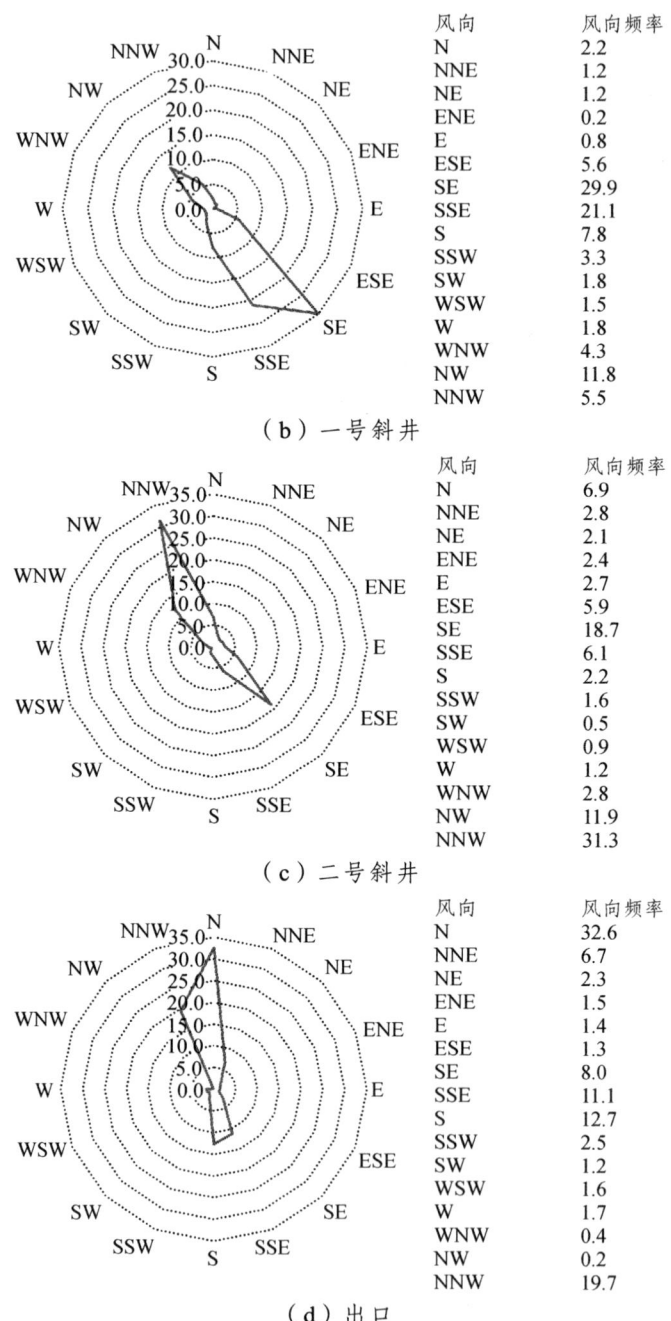

图 5-21 2018 观测期圭嘎拉隧道风玫瑰图

5.2.3 大气湿度监测数据

1. 2020年1月—2020年10月观测期大气湿度监测数据

进口：观测期大气平均湿度为45.5%，月平均相对湿度在19.6%~67.4%之间，7—8月月平均大气湿度较高，月平均大气湿度>60%，最小大气湿度为10.2%，出现在2020年1月。

一号斜井：观测期大气平均湿度为46.8%，月平均相对湿度在23%~65.4%之间，7—8月月平均大气湿度较高，月平均大气湿度>60%，最小大气湿度为14.3%，出现在2020年1、2月。

二号斜井：观测期大气平均湿度为50.4%，月平均相对湿度在24.1%~72.2%之间，6—9月月平均大气湿度较高，月平均大气湿度>60%，最小大气湿度为16.1%，出现在2020年1、2月。

出口：观测期大气平均湿度为49.9%，月平均相对湿度在23.9%~70.9%之间，7—9月月平均大气湿度较高，月平均大气湿度>60%，最小大气湿度为15.6%，出现在2020年2月。

2. 2018年11月—2019年9月观测期大气湿度监测数据

进口：观测期大气平均湿度为42.1%，月平均相对湿度在20.7%~66.5%之间，7—9月月平均大气湿度较高，月平均大气湿度>60%，最小大气湿度为20.7%，出现在2019年2月。

一号斜井：观测期大气平均湿度为43%，月平均相对湿度在20.2%~65.4%之间，7—9月月平均大气湿度较高，月平均大气湿度>60%，最小大气湿度为20.2%，出现在2018年11月。

二号斜井：观测期大气平均湿度为43.8%，月平均相对湿度在21.7%~70.8%之间，7—9月月平均大气湿度较高，月平均大气湿度>60%，最小大气湿度为21.7%，出现在2018年11月。

出口：观测期大气平均湿度为44.6%，月平均相对湿度在23.1%~69.0%之间，7—9月月平均大气湿度较高，月平均大气湿度>60%，最小大气湿度为23.1%，出现在2018年11月。

3. 2018年8月—11月观测期大气湿度监测数据

进口：观测期大气平均湿度为52.7%，月平均相对湿度在32.8%~66.1%

之间，8月平均大气湿度＞60%，最小大气湿度为 32.8%，出现在 2018 年 11 月。

一号斜井：观测期大气平均湿度为 46.3%，月平均相对湿度在 20.1% ~ 65.7%之间，8月平均大气湿度＞60%，最小大气湿度为 20.1%，出现在 2018 年 11 月。

二号斜井：观测期大气平均湿度为 50.1%，月平均相对湿度在 21.7% ~ 71.9%之间，8月平均大气湿度＞60%，最小大气湿度为 21.7%，出现在 2018 年 11 月。

出口：观测期大气平均湿度为 50.8%，月平均相对湿度在 23.1% ~ 70.7%之间，8月平均大气湿度＞60%，最小大气湿度为 23.1%，出现在 2018 年 11 月。

5.2.4 气压监测数据

1. 2020 年 1 月—10 月观测期气压监测数据

进口：观测期平均气压为 607.2 hPa，月平均气压在 601.6 ~ 610.6 hPa 之间，月平均气压最大值出现在 9 月，月平均气压最小值出现在 1 月。

一号斜井：观测期平均气压为 586.9 hPa，月平均气压在 580.6 ~ 590.6 hPa 之间，月平均气压最大值出现在 9 月，月平均气压最小值出现在 1 月。

二号斜井：观测期平均气压为 597.2 hPa，月平均气压在 591.0 ~ 601.0 hPa 之间，月平均气压最大值出现在 9 月，月平均气压最小值出现在 1 月。

出口：观测期平均气压为 617.2 hPa，月平均气压在 611.7 ~ 620.6 hPa 之间，月平均气压最大值出现在 9 月，月平均气压最小值出现在 1 月。

2. 2018 年 11 月—2019 年 9 月观测期气压监测数据

进口：观测期平均气压为 606.3 hPa，月平均气压在 602.1 ~ 611.2 hPa 之间，月平均气压最大值出现在 2019 年 9 月，月平均气压最小值出现在 2019 年 2 月。

一号斜井：观测期平均气压为 586.2 hPa，月平均气压在 581.8 ~ 591.2 hPa 之间，月平均气压最大值出现在 2019 年 9 月，月平均气压最小值出现在 2019 年 2 月。

二号斜井：观测期平均气压为 596.1 hPa，月平均气压在 592.0 ~ 600.7 hPa 之间，月平均气压最大值出现在 2019 年 8 月，月平均气压最小值出现在 2019 年 2 月。

出口：观测期平均气压为 616.5 hPa，月平均气压在 612.7~621.1 hPa 之间，月平均气压最大值出现在 2019 年 9 月，月平均气压最小值出现在 2019 年 2 月。

3. 2018 年 8 月—11 月观测期气压监测数据

进口：观测期平均气压为 608.1 hPa，月平均气压在 606.7~609.3 hPa 之间，月平均气压最大值出现在 9 月，月平均气压最小值出现在 10 月。

一号斜井：观测期平均气压为 587.8 hPa，月平均气压在 583.8~589.9 hPa 之间，月平均气压最大值出现在 9 月，月平均气压最小值出现在 11 月。

二号斜井：观测期平均气压为 597.9 hPa，月平均气压在 594.7~600.1 hPa 之间，月平均气压最大值出现在 9 月，月平均气压最小值出现在 11 月。

出口：观测期平均气压为 618.0 hPa，月平均气压在 615.1~619.9 hPa 之间，月平均气压最大值出现在 9 月，月平均气压最小值出现在 11 月。

4. 气压差

因气压随海拔高度的升高而减小，经对比计算 2019 年、2020 年观测数据，可知出口测站气压高于进口。全年进、出口观测站年平均气压差为 10 hPa，气压差的年际变化非常小。

5.2.5 圭嘎拉隧道自然风速

根据气象站采集的气象数据，对各个时刻对应的隧道自然风速进行了统计。表 5-2~5-10 为根据所获得监测数据统计出的每个月份每一天各个时刻的自然风速值。选取了 2019 年 1 月—9 月的数据统计如下。

5.3 气象条件对施工通风的影响研究

隧道在施工过程中，由于施工和隧道地质条件的影响，会产生诸如粉尘、有害气体等大气污染物；而且在进行隧道开挖时，掌子面是一个封闭的施工面，其施工过程要消耗大量氧气。所以施工通风一是排出施工过程中洞内产生的污染物，二是为施工人员及洞内机械设备提供新鲜空气和必需的氧气。由此可见，施工通风对保证施工的正常进行、保障施工人员的身体健康有着重要意义。

表 5-2　2019 年 1 月每天各个时刻自然风速（单位：m/s）

日期\时段	1	2	3	4	5	6	7	8	9	10	11	12	13	14	15	16	17	18	19	20	21	22	23	24
1	1.95	2.10	1.85	2.40	2.30	1.70	2.45	2.30	2.30	2.15	0.85	1.20	1.75	2.30	0.75	0.90	2.35	1.55	2.40	1.85	1.85	1.90	2.70	3.00
2	2.75	3.10	2.35	2.70	1.90	2.50	2.10	2.10	2.05	2.10	0.10	0.35	2.40	3.60	1.85	1.90	3.30	2.60	3.30	3.80	3.95	3.85	3.05	2.70
3	2.50	2.80	2.00	1.45	2.50	2.55	3.55	3.60	3.10	1.85	2.25	1.55	3.60	4.05	3.70	2.95	4.70	3.25	2.35	2.00	2.90	2.30	1.65	3.65
4	0.60	1.75	2.55	2.80	1.65	2.55	1.70	1.80	2.55	2.20	2.00	0.55	2.85	1.05	2.25	3.10	2.20	1.45	1.40	1.80	2.35	2.60	2.90	2.30
5	2.20	2.85	2.20	2.60	1.95	2.70	2.35	2.65	2.80	1.15	0.65	1.85	1.80	2.90	3.75	2.90	0.95	0.65	5.35	5.75	2.55	1.70	3.80	2.45
6	5.25	3.15	2.70	3.55	2.75	0.95	1.90	0.40	0.90	0.20	0.70	2.20	2.20	3.30	5.55	2.45	3.85	2.70	1.40	5.25	4.15	3.65	2.95	2.25
7	3.50	3.70	4.50	4.15	3.60	3.40	3.35	2.70	2.05	3.20	2.45	3.25	3.50	3.20	4.00	6.80	3.00	3.85	3.20	2.85	3.85	2.60	3.35	4.80
8	2.90	4.00	4.05	4.10	2.20	3.60	3.55	2.85	1.95	2.30	2.80	2.95	2.65	2.55	2.15	2.10	1.45	1.55	1.85	1.70	2.10	2.00	3.35	2.15
9	1.75	2.70	0.45	2.25	1.25	0.75	1.85	1.75	1.60	1.30	0.90	1.50	3.25	2.10	3.00	3.15	1.30	3.15	2.65	3.05	1.85	2.35	3.95	2.00
10	2.25	3.15	3.55	2.95	1.85	1.05	1.70	1.65	2.30	0.55	0.00	0.75	2.85	3.10	1.60	1.05	0.70	1.65	0.00	1.00	1.85	1.90	1.80	4.45
11	2.40	1.30	2.90	2.45	1.70	1.75	2.45	2.00	1.40	2.20	0.70	1.85	1.35	4.25	2.75	3.25	1.60	1.10	0.90	0.50	2.70	0.15	2.25	1.90
12	1.70	1.70	2.50	2.85	1.55	0.80	2.35	1.40	1.65	2.20	0.25	1.50	2.50	3.10	3.60	2.55	1.95	2.25	3.55	3.45	4.40	4.95	3.90	1.80
13	3.85	3.85	3.75	4.95	3.85	1.00	3.40	3.45	2.30	1.65	3.70	3.10	3.25	2.95	5.90	3.65	5.30	4.40	5.35	4.35	4.75	6.75	5.50	4.20
14	3.80	4.50	3.75	5.10	3.85	3.90	5.10	5.95	5.55	3.45	2.55	2.55	3.25	3.50	5.85	3.60	3.85	1.35	2.75	0.55	1.95	1.35	1.40	5.15
15	4.00	2.50	1.15	1.30	1.15	0.65	2.70	2.70	2.60	1.65	0.90	3.25	3.10	1.45	2.75	3.50	1.50	2.10	1.40	3.05	2.45	2.35	1.80	1.05
16	1.35	2.00	1.80	1.90	1.95	1.70	0.90	0.80	1.00	1.65	0.95	0.80	2.15	3.20	2.65	2.65	1.55	0.85	1.10	2.40	2.70	2.20	1.85	1.75
17	2.20	2.90	2.35	2.00	2.10	2.55	1.25	1.65	1.20	1.60	0.35	0.90	3.75	3.15	3.20	4.00	5.60	2.80	1.50	2.90	6.85	5.75	3.30	2.15
18	2.90	2.80	4.75	4.80	3.60	3.25	3.90	3.15	3.05	4.20	2.25	2.90	4.30	1.55	1.10	2.20	2.20	1.25	2.40	1.55	2.30	0.60	2.50	2.40
19	2.45	1.75	2.40	1.00	2.75	2.10	2.70	1.80	1.85	0.60	0.50	0.00	2.85	3.60	3.85	2.90	0.75	3.10	0.85	2.40	1.75	2.85	2.60	2.60
20	2.15	2.50	2.10	2.55	2.45	1.30	1.65	2.45	2.20	2.15	1.10	0.65	2.20	4.90	4.55	2.50	0.10	0.85	0.55	2.10	1.50	2.85	2.75	2.20
21	1.95	1.25	1.50	1.55	1.85	2.15	1.60	2.55	2.05	0.95	0.25	0.00	2.35	3.20	4.15	3.90	2.25	0.25	2.75	2.60	1.30	1.80	3.50	3.85
22	3.25	3.50	1.60	2.25	2.80	2.15	1.30	1.20	0.40	2.25	1.80	2.20	2.75	2.15	3.55	2.10	2.00	0.85	1.35	2.50	1.40	2.05	4.95	3.65
23	4.70	4.95	4.35	1.75	0.60	1.40	1.85	2.05	2.20	2.05	0.55	3.95	3.40	1.55	4.85	3.30	2.45	1.80	3.15	5.05	4.75	5.70	6.70	3.85
24	4.70	3.95	3.15	3.10	2.90	3.25	4.20	5.40	3.00	3.65	3.05	3.40	4.30	2.75	2.45	5.60	1.80	4.00	1.30	4.05	5.55	4.60	4.35	4.40
25	1.55	3.45	5.10	3.00	3.80	4.10	3.15	1.60	0.00	1.55	2.15	4.10	2.95	2.95	2.45	4.55	2.45	5.00	2.70	3.85	4.30	4.70	3.20	3.25
26	2.25	3.05	4.00	3.00	4.05	3.85	4.60	4.75	5.15	4.75	4.65	3.60	2.95	3.95	2.75	2.80	2.40	3.90	4.30	3.40	4.75	4.70	5.00	3.85
27	2.85	1.95	1.75	1.05	2.00	3.55	5.20	4.80	3.45	4.65	3.60	1.90	1.60	4.50	3.25	7.10	5.15	5.55	4.10	4.70	4.50	4.15	4.00	3.90
28	4.10	5.15	4.40	3.80	3.00	4.05	4.15	3.05	4.40	4.10	2.65	3.30	4.60	3.75	3.85	4.60	3.25	3.35	4.25	2.15	3.30	4.25	3.55	5.45
29	4.20	4.50	2.00	2.90	3.60	4.65	4.65	3.75	3.90	3.60	4.45	3.55	3.45	3.75	3.55	4.60	3.65	4.35	4.30	3.95	3.80	5.45	3.55	3.50
30	1.80	1.40	0.85	1.15	2.15	2.75	2.45	1.75	1.85	1.40	0.75	1.20	0.25	0.75	3.75	0.35	1.15	2.15	0.95	2.65	1.65	1.90	0.90	4.55
31	1.85	1.70	1.35	2.00	1.85	1.95	1.55	2.15	1.35	1.20	0.55	2.10	2.50	3.85	3.30	4.45	2.65	1.40	2.00	2.00	1.90	5.25	4.45	2.45

表 5-3 2019年2月每天各个时刻自然风速（单位：m/s）

日期	1	2	3	4	5	6	7	8	9	10	11	12	13	14	15	16	17	18	19	20	21	22	23	24
1	5.65	4.35	3.55	3.05	2.25	2.35	3.65	4.10	3.25	3.70	3.10	2.20	6.15	2.85	3.30	4.30	1.95	3.60	3.60	4.85	3.40	5.60	4.70	3.85
2	6.80	3.75	3.85	4.05	2.15	4.60	3.95	3.40	2.70	3.90	3.55	4.20	5.50	1.90	1.65	3.60	4.75	3.45	2.20	2.40	2.30	1.95	1.75	5.15
3	3.50	5.20	3.50	2.65	2.15	2.40	2.00	3.45	2.55	3.20	3.60	1.35	3.40	3.45	1.95	2.70	1.95	1.25	0.40	1.50	1.20	2.75	1.30	4.00
4	3.20	4.80	4.30	5.25	1.80	1.80	1.80	1.55	2.05	1.70	0.80	2.60	2.20	5.05	3.85	6.70	4.20	4.90	3.55	1.50	2.25	1.60	1.75	2.35
5	1.30	2.00	0.85	2.50	1.80	2.00	0.75	1.25	2.05	1.20	0.35	1.40	3.05	3.20	3.55	2.10	2.90	1.05	2.50	2.25	1.55	4.10	4.25	1.90
6	6.15	2.70	2.55	1.80	1.30	2.20	2.30	1.45	3.00	0.60	1.35	1.95	2.25	2.55	4.30	2.75	2.45	3.5	1.50	1.60	2.75	1.45	1.50	4.80
7	2.95	4.55	4.80	2.70	2.15	2.15	3.05	2.15	2.05	2.70	1.40	0.65	3.45	5.25	4.10	2.65	4.40	3.65	3.80	2.90	4.20	4.65	4.30	3.00
8	5.15	5.00	3.95	3.35	4.00	5.00	4.30	4.10	2.70	2.55	3.20	3.45	2.80	1.60	4.30	3.55	5.60	4.60	3.40	6.00	2.90	4.00	2.15	4.95
9	5.15	3.75	2.50	2.80	2.45	3.90	4.25	4.85	2.30	3.15	2.65	5.35	5.40	5.25	4.10	2.85	2.15	1.10	2.85	3.40	2.70	5.05	2.35	3.50
10	4.15	1.00	0.95	2.00	1.80	1.05	1.75	3.00	2.65	3.35	1.20	1.60	1.95	0.85	2.05	0.65	1.70	1.55	3.80	3.35	2.85	0.15	1.70	3.10
11	3.20	2.20	2.15	1.05	2.05	2.25	0.70	2.40	1.25	1.80	0.00	2.30	3.15	2.95	4.20	2.25	2.70	2.75	2.80	4.50	4.15	4.70	5.40	2.20
12	3.75	3.65	4.10	4.30	3.95	4.00	3.80	3.05	2.90	2.45	3.25	1.35	1.75	4.70	3.70	2.15	2.55	2.85	1.50	1.35	1.40	2.00	2.35	3.80
13	2.95	2.40	2.30	2.50	2.40	2.60	1.60	1.85	1.20	1.30	1.00	2.05	3.25	4.00	4.45	5.40	2.80	0.15	1.50	1.15	1.70	2.50	2.90	4.05
14	1.35	1.90	1.75	1.75	2.30	2.10	2.80	2.50	1.90	1.50	2.05	0.70	3.25	0.65	3.55	1.30	0.25	0.50	0.25	1.55	3.45	4.00	4.95	1.80
15	2.85	2.90	3.20	4.30	3.05	2.95	3.30	4.15	3.40	4.80	4.00	3.70	3.85	2.25	2.95	1.30	4.35	2.30	3.25	2.65	4.80	4.40	4.50	4.05
16	4.20	2.55	2.90	5.00	4.20	3.65	5.25	2.25	1.85	1.80	3.45	2.70	3.05	3.00	3.40	2.35	1.45	1.50	1.45	2.85	4.20	5.25	3.65	5.30
17	3.35	3.60	1.95	1.80	2.00	3.80	2.25	1.15	0.65	1.35	1.25	1.85	0.95	4.30	3.45	3.20	2.40	3.15	0.55	2.70	2.30	2.20	1.45	3.75
18	1.75	1.40	1.20	1.75	0.95	1.80	1.35	1.85	1.30	0.60	0.10	2.05	1.85	3.70	2.75	3.10	4.25	2.05	1.10	1.70	1.90	3.60	5.50	1.00
19	4.20	4.05	4.45	4.05	2.45	1.45	1.75	1.85	1.70	3.10	4.60	5.85	5.65	3.80	1.85	1.70	2.10	3.00	0.35	2.20	2.95	2.40	3.95	5.15
20	3.75	4.55	3.50	3.25	2.85	2.50	2.35	2.00	1.50	2.45	2.05	4.25	4.65	5.30	5.20	2.00	1.10	2.40	1.90	1.10	2.65	2.15	2.60	4.50
21	1.75	1.95	2.10	2.55	1.40	1.80	1.85	1.60	1.65	0.40	0.65	1.90	3.35	2.50	3.95	2.30	2.45	1.30	1.50	1.30	2.75	3.00	2.25	3.30
22	0.75	2.90	3.85	2.05	2.10	1.65	1.70	2.20	2.05	1.50	2.20	5.30	2.65	1.55	2.30	1.10	4.05	2.00	1.75	1.50	1.40	1.50	2.25	1.20
23	1.35	2.85	3.95	2.40	1.95	2.30	2.95	1.25	2.40	1.35	1.70	3.45	3.90	3.30	6.60	4.50	4.40	3.45	2.30	1.25	2.25	5.05	4.60	2.95
24	3.85	4.55	4.05	4.10	1.85	3.05	4.00	2.35	2.20	1.95	3.65	2.85	4.80	3.10	4.55	1.45	1.15	2.25	6.90	3.40	4.00	4.00	3.95	3.45
25	6.15	3.95	4.15	4.55	5.65	4.45	4.80	5.55	3.50	2.65	3.55	3.45	3.35	5.30	4.90	5.25	3.80	5.20	6.60	5.90	6.90	6.65	4.70	4.10
26	3.50	2.45	4.85	4.15	3.05	2.25	3.60	4.75	5.05	5.05	6.65	4.20	2.60	1.45	4.55	6.15	2.85	3.50	2.70	5.75	5.10	4.30	6.40	2.90
27	4.85	4.80	4.05	3.40	3.35	1.45	1.90	1.65	1.80	2.25	2.45	2.90	1.80	3.50	3.20	0.80	3.20	2.30	6.65	5.80	4.95	5.35	4.35	3.05
28	3.40	3.05	3.60	4.85	3.80	5.35	3.35	3.90	4.50	2.70	1.85	3.50	5.45	5.45	8.50	4.35	3.95	2.80	3.15	3.35	5.05	5.50	3.80	2.85

137

表5-4 2019年3月每天各个时刻自然风速（单位：m/s）

日期	24	1	2	3	4	5	6	7	8	9	10	11	12	13	14	15	16	17	18	19	20	21	22	23
1	4.35	3.60	3.60	4.45	3.55	2.15	2.90	0.85	0.20	2.45	1.85	1.40	3.55	3.05	0.20	2.05	3.05	1.55	1.85	2.00	1.60	1.70	3.15	2.65
2	2.35	3.10	2.20	1.80	1.10	1.90	1.95	1.75	0.80	0.95	0.65	0.50	2.75	3.30	3.10	4.05	1.95	2.25	3.05	2.05	1.70	2.20	1.10	1.25
3	1.80	1.35	1.35	1.90	2.30	1.80	1.90	1.75	2.10	0.90	0.75	0.40	2.20	3.95	3.45	4.20	3.30	3.75	2.45	2.10	2.50	3.05	4.60	2.10
4	3.60	3.45	2.65	2.90	2.10	0.80	0.75	1.35	1.55	1.40	0.40	3.40	1.75	2.55	2.70	2.30	2.60	4.25	2.55	0.70	1.70	1.90	2.25	0.95
5	2.25	1.25	1.40	1.85	0.20	3.25	3.20	4.15	2.10	0.75	3.60	5.05	3.75	2.50	5.55	4.30	4.00	2.35	1.85	1.20	1.80	5.25	7.10	5.55
6	5.15	4.75	3.45	3.25	4.40	4.40	2.60	3.20	3.45	3.85	6.15	5.80	5.10	1.85	1.40	2.50	3.25	2.35	3.00	2.15	1.10	2.40	1.50	0.70
7	1.05	0.80	0.75	0.00	0.90	1.55	0.65	1.40	0.90	1.55	1.15	0.90	3.35	1.90	3.95	2.25	2.60	2.25	2.55	1.65	4.30	5.10	4.45	7.6
8	4.65	5.10	4.15	4.35	4.10	3.65	3.65	1.85	2.05	1.90	1.00	2.65	3.95	3.85	2.15	2.15	3.50	3.05	3.30	2.10	2.55	0.80	1.45	0.75
9	1.55	0.80	2.55	2.45	2.60	1.85	1.60	0.80	1.10	1.75	0.00	2.65	3.75	5.20	2.85	1.50	2.20	2.25	2.15	1.55	2.25	1.30	2.50	2.15
10	2.55	2.30	1.55	1.70	2.10	1.15	0.75	2.10	2.05	1.60	0.10	0.00	2.95	4.85	2.50	3.30	3.45	3.65	2.15	1.80	2.15	1.85	3.75	2.90
11	1.90	2.90	1.90	1.90	2.10	2.45	1.80	1.60	1.45	1.90	1.00	1.85	2.40	3.45	3.10	1.35	2.90	1.70	2.60	1.50	1.35	2.50	2.30	1.40
12	2.75	2.90	1.50	1.50	1.80	1.90	0.65	1.35	1.35	2.70	0.95	2.20	1.30	2.70	4.90	4.65	5.45	2.95	3.25	1.95	2.10	2.40	1.85	0.75
13	1.95	2.10	3.65	1.95	1.45	1.45	1.25	1.45	2.45	3.05	1.70	1.50	2.75	0.45	2.60	3.70	4.80	2.10	2.15	3.40	2.20	0.85	2.85	1.10
14	2.65	2.20	2.00	2.40	1.95	1.25	1.25	2.20	1.25	2.35	3.65	2.55	3.35	2.95	4.15	4.75	3.50	1.40	2.85	1.40	0.00	3.65	3.45	4.35
15	3.60	2.75	3.50	3.45	2.40	1.25	2.70	0.90	0.60	0.45	2.20	1.25	3.05	2.95	2.60	4.05	2.10	2.65	3.20	1.40	3.50	3.50	4.40	4.70
16	4.10	3.60	3.10	3.00	3.45	3.40	3.00	2.30	2.15	1.10	1.45	0.90	3.05	5.80	4.15	4.00	2.10	3.50	4.90	2.90	2.55	1.75	1.20	2.60
17	1.65	3.35	2.25	3.00	2.85	2.95	3.25	2.25	2.00	1.70	0.15	1.35	3.05	3.00	2.95	4.00	2.25	2.00	2.35	1.25	2.70	1.10	0.95	3.15
18	2.70	3.55	5.60	4.75	1.85	1.40	1.85	2.30	1.30	1.50	1.65	2.60	3.20	3.65	1.85	2.95	3.10	3.55	2.05	4.00	1.95	5.45	1.80	1.75
19	2.00	1.35	1.10	1.05	3.90	1.40	1.95	1.05	1.70	1.25	0.90	1.15	3.55	3.10	1.85	4.40	3.15	3.00	1.20	2.75	2.85	2.00	4.40	5.75
20	2.35	2.80	3.00	1.05	0.70	2.00	1.70	1.55	1.55	0.55	1.65	2.60	4.75	2.40	2.45	2.45	3.25	2.15	1.80	0.55	0.80	1.60	1.30	1.95
21	0.15	3.05	2.80	3.00	2.60	3.80	1.25	0.75	1.70	1.45	1.95	2.55	2.35	2.55	2.95	3.75	3.25	2.30	1.20	0.00	1.35	1.60	1.05	1.45
22	1.15	3.45	4.15	2.65	0.00	1.60	2.20	0.60	0.50	0.55	0.55	2.15	2.85	1.95	1.50	1.15	0.45	2.30	1.80	0.45	0.75	1.20	1.15	1.10
23	2.15	5.15	4.75	3.85	0.00	2.80	1.70	2.30	1.65	2.50	3.30	1.65	2.95	1.50	1.95	3.35	0.85	2.25	2.45	2.80	3.90	1.15	1.05	2.25
24	1.95	0.20	1.40	1.15	0.95	2.95	1.85	1.40	1.65	0.95	1.10	3.05	2.85	1.90	1.95	1.65	4.80	1.40	5.20	0.80	1.30	2.50	2.20	3.35
25	1.80	1.70	1.85	1.45	1.60	1.75	1.40	1.70	1.05	0.50	0.60	1.90	4.00	3.30	2.10	1.45	5.15	1.85	2.10	2.20	4.05	4.30	4.65	3.95
26	4.85	4.05	3.95	3.95	4.00	2.00	0.40	0.50	0.40	0.90	0.35	2.15	3.55	3.90	2.45	1.05	1.70	2.05	1.95	2.20	5.20	5.40	3.25	2.90
27	4.70	3.65	4.15	2.70	5.25	3.25	5.45	3.65	3.60	3.25	2.75	3.55	4.75	2.45	2.95	2.90	5.10	2.90	6.15	4.15	3.10	1.85	1.80	2.30
28	3.60	3.75	3.30	2.50	2.50	1.65	1.35	2.30	1.45	0.40	0.00	0.95	2.85	3.20	3.40	3.70	4.20	5.25	5.30	4.80	1.25	1.65	2.40	2.40
29	2.70	4.35	1.15	1.95	1.95	1.95	2.00	2.20	2.05	1.50	0.25	0.80	3.55	2.75	2.80	3.30	2.20	2.00	2.50	0.80	0.90	1.85	0.90	2.90
30	2.05	2.55	1.80	2.25	2.25	1.80	2.05	1.85	2.45	0.95	0.95	0.40	4.00	4.50	3.10	2.40	3.00	4.05	1.35	2.25	3.75	4.50	3.50	2.75
31	1.40	1.95	2.40	2.55	0.90	1.15	0.00	0.30	1.95	0.70	0.00	0.00	0.90	2.50	2.50	2.55	2.10	3.40	2.10	1.50	1.15	0.55	0.00	0.95

表 5-5 2019 年 4 月每天各个时刻自然风速（单位：m/s）

日期	1	2	3	4	5	6	7	8	9	10	11	12	13	14	15	16	17	18	19	20	21	22	23	24
1	0.55	0.00	0.45	0.00	0.00	0.00	0.00	0.60	0.00	0.00	0.45	2.75	3.35	5.35	2.55	4.30	3.10	1.25	0.70	0.10	1.00	0.25	0.90	0.95
2	0.55	1.05	0.70	3.65	1.20	0.20	0.20	1.05	1.25	0.40	1.45	3.35	0.70	3.05	3.00	2.00	1.70	3.65	1.35	0.40	0.60	0.45	0.80	0.65
3	1.15	1.65	1.30	0.65	0.75	1.80	0.65	0.50	0.25	0.15	2.00	2.60	3.60	2.10	0.40	3.15	2.85	1.75	0.35	0.70	1.90	2.20	2.10	0.00
4	1.50	1.60	1.50	0.90	1.75	1.00	0.80	1.90	1.65	1.65	3.40	3.25	2.30	3.15	2.55	3.40	3.80	3.45	2.05	2.85	1.45	0.40	1.50	0.80
5	1.45	2.00	2.45	2.10	2.20	2.00	2.75	2.55	1.50	1.60	3.55	4.80	4.60	3.75	3.65	3.95	2.20	2.80	2.80	2.35	0.25	2.35	2.40	2.20
6	2.15	2.15	1.85	1.95	2.05	2.00	1.30	2.00	1.25	0.30	1.65	2.65	4.25	3.10	2.20	0.50	1.35	1.90	2.90	4.70	4.30	4.40	3.00	2.20
7	1.85	2.15	2.90	3.00	3.05	3.85	1.75	2.50	2.15	1.20	1.45	1.55	4.75	4.30	3.45	4.50	5.75	2.80	3.90	2.80	5.55	2.70	1.70	1.30
8	2.25	1.40	0.40	1.15	0.75	0.45	0.60	0.05	0.00	1.30	2.35	1.85	2.15	4.65	3.95	4.40	2.05	1.90	2.85	2.20	0.60	1.70	1.20	1.65
9	1.25	2.00	1.35	0.85	1.90	0.00	2.10	1.05	0.50	0.30	2.55	2.55	3.60	3.40	2.15	3.50	3.20	2.20	1.35	2.15	3.45	1.75	1.60	0.60
10	1.00	2.00	1.95	1.60	1.30	1.55	1.90	1.95	1.70	0.95	3.75	4.30	2.65	2.65	2.90	3.05	5.55	3.35	2.20	2.60	1.35	2.75	0.85	0.60
11	2.00	1.95	1.15	2.30	1.35	0.10	1.85	0.85	1.45	0.55	3.10	2.65	4.35	3.40	1.85	1.85	1.65	2.20	2.80	1.60	2.05	2.65	2.75	1.70
12	1.45	2.25	2.70	1.65	0.85	2.60	2.10	1.55	1.40	0.45	3.40	2.90	3.25	1.10	3.55	3.55	3.40	2.60	2.00	1.70	4.75	5.05	3.55	2.65
13	4.60	4.65	3.45	2.55	3.10	1.90	1.50	1.25	2.05	0.00	2.60	1.15	2.85	3.85	2.35	2.05	3.00	2.55	2.00	2.00	3.50	1.35	1.25	4.00
14	3.05	1.70	2.20	1.70	1.25	2.80	1.85	2.05	0.65	2.85	2.45	3.85	5.55	1.10	2.35	3.45	2.35	3.85	3.95	2.00	1.40	0.85	0.70	2.90
15	0.00	0.80	0.20	0.20	0.25	0.00	0.00	0.00	0.00	0.35	0.20	2.05	0.25	1.25	2.85	5.40	1.50	1.70	2.75	1.45	0.55	1.25	1.35	1.65
16	1.70	1.40	2.10	1.55	1.65	1.25	1.80	1.00	1.30	1.05	2.80	3.50	2.20	3.30	3.30	0.80	2.30	2.15	1.05	1.40	0.75	0.85	0.70	1.30
17	2.70	1.60	1.50	3.40	1.30	1.65	1.95	1.40	0.25	1.40	3.25	1.45	3.20	2.10	1.40	0.50	1.55	3.80	4.25	1.75	0.55	1.25	1.75	2.55
18	0.20	0.30	0.40	0.85	0.80	0.20	1.85	2.60	0.40	2.95	2.15	3.90	3.30	5.15	4.00	4.90	3.95	4.00	3.10	2.05	0.90	2.60	0.45	0.95
19	4.20	3.85	3.25	1.85	2.00	0.40	1.15	1.60	1.60	1.00	2.65	2.40	3.85	2.60	2.95	3.00	1.70	2.30	4.90	3.25	3.70	1.30	1.90	4.15
20	3.65	3.20	1.75	1.85	1.05	1.85	1.30	3.10	2.50	2.20	1.60	4.30	3.30	3.10	2.55	2.60	2.40	1.40	1.00	1.65	0.45	0.80	1.25	2.60
21	1.55	1.10	1.85	0.50	1.50	0.00	0.00	0.30	1.45	0.95	0.70	1.25	0.85	1.10	2.50	1.90	0.00	3.10	3.60	3.25	4.90	1.25	0.80	1.85
22	1.70	0.65	0.25	0.00	0.90	0.35	1.00	0.70	0.75	0.20	2.85	4.15	2.85	4.50	3.75	4.55	2.55	3.10	0.10	0.90	0.40	0.65	0.20	1.85
23	1.50	2.20	0.70	0.10	0.40	0.40	0.90	0.15	0.50	1.15	2.75	2.25	1.70	2.80	4.75	1.80	1.55	0.80	2.55	2.85	2.90	1.85	2.10	0.60
24	2.10	1.35	1.40	1.80	1.15	1.30	1.25	1.55	0.65	1.15	3.10	4.05	3.90	3.80	4.40	1.00	2.45	1.10	2.70	5.60	3.80	2.00	1.90	2.05
25	0.40	1.00	2.70	1.30	1.00	1.30	1.35	1.30	1.20	0.85	2.95	4.25	1.80	2.95	2.30	1.60	1.55	3.00	2.50	4.05	4.35	4.15	2.70	1.55
26	3.55	2.00	3.30	2.30	2.00	2.15	2.15	0.85	1.35	1.80	2.90	2.95	1.60	2.50	2.30	4.00	4.30	4.75	1.80	1.30	2.90	3.25	1.95	2.60
27	2.75	1.70	1.05	3.30	2.35	3.30	2.25	4.00	1.90	1.20	3.00	1.65	1.90	4.00	4.00	3.15	2.45	2.15	3.00	0.75	2.70	2.50	2.05	3.35
28	2.25	1.05	1.75	1.30	0.75	0.90	1.75	1.65	0.70	1.25	3.60	1.95	3.55	3.45	3.20	4.30	1.55	4.75	3.00	0.75	0.45	0.80	3.55	0.75
29	1.75	1.05	1.05	4.00	2.00	1.15	2.85	2.25	1.15	1.25	1.45	1.65	0.55	2.60	2.95	3.65	3.35	2.85	3.05	0.95	1.05	3.45	1.75	4.05
30	2.55	2.00	2.20	2.35	1.25	1.15	0.70	1.40	0.40	1.10	3.20	3.60	2.40	2.45	1.85	2.60	1.40	1.45	2.65	1.45	3.20	2.95	2.20	1.85

表 5-6 2019 年 5 月每天各个时刻自然风速（单位：m/s）

日期	时段																							
	24	1	2	3	4	5	6	7	8	9	10	11	12	13	14	15	16	17	18	19	20	21	22	23
1	3.25	2.50	1.05	0.80	1.45	0.50	0.75	2.30	0.60	1.30	0.30	3.25	2.75	2.90	1.75	1.90	3.30	1.35	1.35	3.15	1.05	2.35	1.75	1.70
2	3.60	3.05	2.25	2.60	3.40	2.25	2.50	2.35	1.20	1.65	1.95	2.40	2.20	3.15	2.40	2.75	2.25	2.65	2.25	0.50	2.40	4.60	4.30	4.25
3	7.35	4.40	3.95	3.70	3.05	3.10	2.95	1.70	2.70	2.20	2.00	3.75	2.45	2.30	3.65	3.75	2.30	4.55	4.60	4.90	5.00	4.70	5.15	4.55
4	3.35	4.20	4.85	3.05	4.85	4.35	4.00	3.25	4.55	2.20	4.75	5.25	2.15	2.90	2.05	4.25	4.75	3.25	4.30	2.00	3.50	4.75	4.85	5.25
5	5.00	4.40	3.50	3.05	3.15	2.35	3.50	3.15	1.75	2.65	2.85	3.75	0.30	1.95	2.55	3.75	4.95	2.60	2.35	2.30	3.20	4.75	3.30	3.75
6	0.95	1.95	2.60	3.05	2.50	4.55	2.75	2.50	2.30	1.10	1.25	0.35	2.05	2.35	5.35	3.95	4.80	2.00	1.50	0.95	1.45	1.45	1.25	2.20
7	1.80	1.30	2.85	3.55	2.50	1.90	1.50	0.95	1.80	0.00	2.10	3.00	2.40	2.90	3.85	2.30	2.45	2.15	3.60	2.25	0.25	1.50	0.80	4.05
8	7.25	6.15	4.80	2.35	3.25	5.85	2.25	2.75	3.70	4.90	5.40	3.50	3.15	0.00	0.00	0.00	2.45	0.00	0.00	0.00	4.85	2.25	0.00	2.35
9	1.85	1.85	2.70	2.65	3.15	2.45	2.55	2.20	1.95	1.15	1.20	2.60	3.25	2.50	1.60	3.10	1.50	1.85	3.20	2.75	2.10	1.90	3.10	1.30
10	2.20	1.85	1.80	2.50	2.20	2.15	2.70	2.70	1.30	1.50	2.60	3.55	2.50	1.45	1.60	2.45	1.10	2.55	3.20	1.85	0.90	1.60	0.00	2.70
11	3.50	3.65	5.05	3.00	2.25	6.30	3.05	2.45	1.95	4.75	4.60	3.35	3.60	4.40	2.90	3.40	1.75	4.50	3.45	3.95	6.05	6.65	5.75	5.50
12	2.70	3.90	2.20	4.80	3.95	2.90	2.60	2.10	0.90	0.80	2.45	3.25	3.10	3.65	2.85	4.00	2.50	2.65	2.00	3.05	1.75	2.90	1.60	2.00
13	3.25	1.30	0.90	4.60	1.65	1.40	1.20	1.55	0.35	0.60	1.60	3.25	2.20	3.20	3.50	3.20	3.20	4.05	5.00	5.30	5.70	5.35	4.00	2.70
14	3.10	1.65	0.20	1.40	0.00	1.15	2.80	0.00	0.35	0.30	0.30	0.40	0.90	2.45	2.25	0.55	1.55	1.75	2.55	3.30	4.35	2.05	1.80	1.90
15	2.30	1.55	3.15	1.45	1.95	0.75	1.75	1.75	0.70	0.75	3.60	2.20	4.80	2.60	5.65	4.65	3.50	3.80	2.85	3.30	2.65	1.55	1.30	1.65
16	0.95	0.35	0.30	1.00	1.85	2.65	2.05	2.60	0.95	0.50	0.70	3.40	2.65	1.60	0.00	0.90	0.30	2.40	2.60	3.85	2.10	0.75	2.10	2.40
17	1.25	0.55	0.30	0.20	0.85	1.00	0.10	0.00	0.00	1.15	1.20	2.80	2.40	0.10	1.65	2.70	3.80	2.30	1.60	2.00	0.75	2.55	2.10	0.80
18	2.45	2.95	2.70	2.05	2.15	1.95	3.85	1.70	0.45	0.85	2.95	1.90	2.27	2.00	1.95	2.10	2.15	2.95	3.55	2.15	3.10	4.75	4.55	4.65
19	2.85	2.15	1.55	1.90	2.10	2.55	2.25	1.15	1.90	2.65	2.10	3.10	3.55	3.80	1.70	1.65	3.95	1.15	1.95	3.70	2.50	2.90	5.45	4.25
20	3.10	2.30	1.85	1.35	2.00	2.05	1.60	1.80	1.90	0.85	2.15	2.15	2.15	2.45	2.20	2.55	4.60	4.55	3.15	2.90	3.20	0.00	0.20	1.20
21	1.35	0.95	1.05	0.70	1.10	1.60	1.70	1.50	1.30	1.05	0.80	1.30	2.05	2.15	0.85	1.10	3.25	2.15	1.10	1.95	3.25	2.80	1.20	0.30
22	3.50	1.80	3.05	1.60	2.00	3.85	3.60	1.95	1.30	0.00	1.05	1.10	0.65	1.70	0.90	2.35	4.25	3.10	3.45	1.15	2.30	0.95	1.60	0.95
23	0.90	0.00	1.50	0.00	0.60	0.75	0.00	0.00	0.15	0.00	1.05	1.00	3.05	1.25	2.35	3.50	1.65	3.50	1.95	2.35	3.20	0.25	1.25	0.75
24	0.85	1.85	1.25	0.80	0.30	0.55	0.20	0.25	1.25	1.80	1.70	2.00	3.05	1.15	1.15	3.35	2.85	1.95	3.75	1.85	2.35	0.00	0.15	1.30
25	0.55	1.15	0.25	1.55	1.80	1.75	1.35	1.75	1.90	2.65	0.15	2.45	3.80	2.80	3.35	2.60	2.10	2.95	3.75	3.95	3.10	3.80	3.65	7.20
26	3.70	3.45	2.00	1.35	2.00	1.90	4.10	2.10	3.25	3.15	2.20	1.45	2.75	2.75	3.00	2.10	1.90	2.40	3.85	3.25	2.30	2.50	2.35	1.80
27	2.50	2.80	0.90	1.35	2.45	0.55	1.05	0.70	1.55	0.70	1.60	2.65	1.70	3.95	1.65	2.10	2.10	2.55	3.05	2.00	1.15	2.40	3.35	2.65
28	3.30	2.90	2.30	1.85	3.20	1.30	3.15	2.90	3.10	5.50	2.80	1.85	3.20	3.45	2.45	2.50	1.55	2.45	3.45	4.45	2.80	2.65	0.10	3.65
29	2.55	1.45	2.10	2.95	0.80	1.30	0.95	1.55	1.35	3.55	2.25	3.30	2.85	2.40	1.85	3.15	1.85	1.75	1.75	3.00	1.60	0.30	1.10	0.10
30	1.90	1.80	0.80	1.30	0.85	0.65	0.95	1.60	0.40	0.40	0.65	1.60	3.00	2.55	1.40	1.35	4.10	1.50	1.50	0.10	0.95	0.10	0.90	1.15
31	0.55	0.70	0.75	0.15	0.65	0.85	0.00	0.70	0.75	0.00	0.50	3.25	3.65	3.45	3.20	3.20	1.35	1.15	1.40	1.45	0.95	1.70	1.50	2.45

表 5-7 2019 年 6 月每天各个时刻自然风速（单位：m/s）

日期	1	2	3	4	5	6	7	8	9	10	11	12	13	14	15	16	17	18	19	20	21	22	23	24
1	2.25	2.75	2.40	1.85	1.75	2.65	1.55	2.20	0.60	0.25	2.05	2.35	2.50	3.40	2.85	3.65	5.00	3.20	3.40	1.65	1.60	2.45	2.10	2.45
2	1.90	0.95	1.10	1.05	1.90	1.35	1.65	1.85	0.80	0.80	2.65	3.35	4.75	3.45	1.70	0.60	1.65	3.25	3.65	5.80	3.55	2.50	2.25	1.50
3	2.80	2.40	3.00	2.50	2.35	1.70	1.30	0.55	1.80	1.00	1.40	2.20	1.60	2.65	2.20	2.00	3.85	3.00	3.15	2.95	2.10	1.60	1.95	1.60
4	1.70	1.65	1.55	0.20	0.75	0.60	0.15	0.60	0.10	2.05	3.25	2.45	2.85	3.85	2.30	3.55	1.05	1.45	3.90	1.50	1.10	1.45	0.90	0.45
5	1.45	0.35	1.20	1.95	1.45	0.70	0.55	0.80	1.25	2.85	2.45	3.75	3.90	1.60	3.10	3.95	4.00	2.85	1.25	1.45	1.35	1.50	1.85	2.00
6	2.25	2.40	2.30	1.50	4.65	1.55	3.85	2.00	1.05	1.65	2.25	2.00	2.35	2.20	2.90	1.70	2.20	6.95	3.70	2.60	1.55	1.35	0.45	1.95
7	1.80	0.65	0.30	1.85	2.15	2.25	2.35	2.35	2.80	1.90	2.50	2.10	2.15	2.70	2.65	2.20	2.70	3.85	3.25	1.90	3.90	1.75	1.70	1.80
8	3.05	2.40	1.95	2.70	2.30	2.75	3.95	3.35	3.60	2.25	1.85	1.45	0.00	1.90	2.90	3.50	3.55	4.15	2.80	5.00	3.05	2.20	2.80	3.50
9	1.70	2.90	2.40	2.00	3.30	3.40	1.60	0.75	1.45	1.05	2.35	2.55	2.90	1.45	4.45	2.05	2.45	4.15	1.90	3.30	4.10	3.25	3.30	2.70
10	1.80	3.45	2.15	2.05	2.40	2.95	2.60	3.30	2.55	2.70	3.30	3.10	3.80	4.40	4.25	2.50	2.80	3.05	1.85	0.40	1.05	2.40	2.50	1.80
11	3.10	2.00	0.90	1.90	1.80	1.80	0.00	0.35	1.95	0.60	1.95	2.75	3.20	1.85	1.90	3.15	3.00	2.80	1.20	1.75	2.30	1.60	2.50	2.05
12	3.00	1.60	1.85	2.50	1.90	2.25	3.30	2.60	2.90	3.45	4.15	3.75	1.75	1.85	3.65	0.30	1.70	1.95	2.10	3.70	2.75	3.00	1.50	3.00
13	1.25	1.80	1.80	2.45	2.65	0.75	1.40	2.50	2.00	1.00	1.80	1.55	2.50	1.70	2.65	2.25	1.35	2.75	2.05	1.90	2.95	2.90	2.65	1.25
14	3.25	3.90	2.40	2.05	2.00	2.50	4.00	2.35	2.30	2.90	2.95	1.65	1.45	2.65	3.15	1.70	2.95	3.15	1.20	1.85	1.65	3.30	2.60	2.50
15	2.00	1.55	3.15	4.35	2.15	1.15	2.90	2.50	2.95	2.40	2.70	4.30	2.85	2.00	3.10	2.25	1.95	1.50	3.55	2.70	4.20	4.55	1.85	3.25
16	3.10	2.50	3.20	3.05	1.65	2.85	2.75	3.15	3.60	2.55	2.55	1.50	1.97	1.90	3.35	1.15	1.60	2.90	3.60	3.40	4.30	4.00	4.00	3.70
17	3.10	2.15	3.20	1.95	2.75	2.80	2.40	2.35	5.35	3.40	3.25	2.70	4.00	0.80	3.60	4.10	2.80	4.35	4.60	2.10	4.25	2.50	4.70	2.95
18	4.55	2.50	3.65	4.45	4.55	1.10	2.20	2.65	2.35	1.80	4.40	3.65	2.80	1.80	2.45	2.45	3.70	2.80	2.95	4.50	4.25	5.75	4.35	4.00
19	5.85	5.15	4.15	3.55	2.80	2.85	3.10	2.60	3.45	2.30	3.75	3.90	1.20	3.15	3.65	2.15	3.40	2.15	3.20	3.65	3.90	6.40	3.85	6.55
20	4.60	3.70	5.50	3.95	3.25	2.30	3.60	1.05	1.85	2.25	4.05	1.95	1.10	2.55	2.85	3.95	2.90	2.95	2.70	1.40	4.50	5.20	3.40	5.70
21	2.15	1.50	3.20	2.50	4.60	2.55	3.75	3.20	2.65	2.90	2.80	2.75	1.55	2.75	3.45	2.50	2.15	2.50	0.95	2.70	3.95	2.65	3.45	2.00
22	3.10	3.85	1.95	2.60	3.15	4.15	3.00	4.45	2.55	1.40	2.20	2.25	2.65	2.30	1.70	2.55	2.60	1.50	3.50	2.80	3.25	3.55	2.85	4.00
23	4.25	3.60	2.95	1.70	3.15	3.10	3.00	1.95	1.75	2.40	2.55	2.40	1.40	2.75	1.70	2.10	2.55	2.30	4.00	1.70	3.25	2.90	2.50	4.30
24	1.65	1.95	3.00	2.00	3.05	2.40	2.25	1.70	2.50	1.90	3.05	3.20	2.40	1.35	1.00	2.25	1.65	2.05	1.75	1.50	3.30	1.35	2.20	3.70
25	1.00	1.60	1.65	0.85	3.05	3.50	1.95	2.00	1.40	1.50	3.95	2.55	3.05	3.05	3.80	2.35	3.95	3.30	3.50	2.65	0.75	5.10	1.90	1.75
26	3.15	2.50	2.10	1.85	1.90	1.60	1.25	1.80	2.10	4.05	3.35	3.05	3.75	3.30	2.40	3.40	1.15	1.70	1.90	3.20	5.80	2.95	2.35	2.85
27	3.50	3.20	2.40	1.60	0.70	2.00	1.55	1.50	0.65	2.50	2.15	1.80	2.40	2.10	2.00	3.85	3.95	2.70	2.30	2.60	3.15	3.65	3.20	2.75
28	1.15	1.55	1.90	0.95	2.05	2.25	2.90	1.60	2.10	4.10	1.55	2.05	3.05	1.55	3.60	3.95	3.05	1.80	2.45	3.10	3.75	3.15	3.65	1.10
29	2.10	3.70	2.45	2.20	2.75	2.80	2.35	2.95	3.90	3.85	3.25	3.45	6.20	2.65	1.95	1.45	1.15	1.45	2.25	1.90	2.35	2.90	0.90	1.80
30	1.35	2.05	1.95	2.35	2.50	2.95	2.25	2.80	2.45	3.15	2.80	4.00	3.85	2.60	3.70	2.45	1.90	2.50	4.05	1.80	2.85	3.10	4.20	2.05

表 5-8　2019年7月每天各个时刻自然风速（单位：m/s）

日期	1	2	3	4	5	6	7	8	9	10	11	12	13	14	15	16	17	18	19	20	21	22	23	24
1	3.10	5.05	3.25	2.85	2.15	2.00	3.10	1.15	3.30	4.00	1.95	3.75	4.55	3.20	1.55	3.15	3.45	3.70	2.25	2.65	2.25	3.50	2.55	5.15
2	3.55	2.95	2.55	1.85	3.60	2.50	2.45	3.00	3.75	3.15	2.55	1.00	2.05	1.65	2.40	2.20	1.30	3.90	2.50	1.15	2.45	2.95	3.35	3.05
3	0.65	1.10	1.15	0.40	0.10	1.95	0.50	1.20	2.35	1.40	2.50	2.40	0.60	0.10	2.15	3.25	0.60	0.45	3.30	1.70	1.05	1.15	0.50	1.30
4	0.80	1.25	0.60	0.00	0.80	1.55	0.00	0.50	0.50	0.45	0.65	0.70	1.90	1.20	2.50	3.60	2.20	1.95	0.45	0.00	1.50	0.70	2.05	0.65
5	2.45	4.30	2.80	1.80	1.00	0.00	1.45	1.10	1.70	2.35	2.85	1.50	0.85	2.60	2.35	3.50	2.70	0.30	1.15	1.80	1.10	2.90	3.05	1.40
6	3.00	2.15	1.95	2.40	2.70	2.95	3.25	2.40	2.70	0.55	2.90	3.70	2.65	2.65	4.30	3.60	2.25	2.65	3.40	5.70	2.00	2.40	1.95	4.65
7	0.90	1.25	1.30	1.80	1.30	0.00	1.05	0.20	1.40	2.60	2.95	2.85	2.55	3.85	5.65	3.50	1.30	2.15	1.55	0.95	0.65	0.65	0.45	1.75
8	2.35	3.95	4.65	2.05	1.60	0.20	0.45	0.00	1.15	2.30	2.50	2.15	2.65	3.20	2.15	3.35	3.55	2.80	2.25	3.45	5.55	3.45	3.30	1.40
9	3.00	3.85	3.00	1.15	0.00	0.00	0.00	0.65	0.30	2.00	2.50	2.30	2.70	1.60	2.65	1.75	3.00	0.95	1.10	2.05	2.55	2.45	0.55	4.55
10	1.35	0.65	1.40	1.20	1.60	1.05	1.30	0.55	0.95	0.85	2.85	3.05	2.45	2.60	3.60	3.10	2.10	2.55	0.45	0.70	1.60	0.50	1.20	1.45
11	0.00	0.00	0.00	0.00	0.00	0.10	0.40	0.15	1.30	1.20	1.55	1.75	1.40	2.60	3.00	3.15	2.25	1.05	2.40	3.30	3.60	2.20	2.75	1.25
12	4.35	1.40	2.10	1.90	0.35	0.15	1.90	0.80	1.05	0.50	1.30	1.70	1.65	2.60	2.15	0.40	0.50	0.50	0.55	1.90	1.45	1.80	1.50	2.75
13	0.50	0.30	1.45	0.60	1.10	0.00	0.55	0.00	1.05	1.20	0.65	1.50	2.35	3.05	1.25	2.40	2.80	2.40	4.35	2.55	2.45	1.65	1.20	0.00
14	1.55	1.30	0.55	0.40	0.65	0.35	0.15	1.30	0.70	0.40	0.90	1.40	3.30	1.60	6.65	2.65	0.20	2.45	3.10	1.95	2.55	2.10	1.20	0.75
15	2.30	1.15	0.15	0.50	1.45	0.85	1.60	0.65	0.40	0.40	0.15	1.55	1.20	2.85	2.05	2.50	2.30	1.10	2.60	3.05	3.55	1.60	2.20	0.30
16	1.60	1.15	3.65	2.60	2.05	4.00	1.95	1.20	2.60	2.70	1.85	3.80	3.85	2.80	3.35	2.30	3.05	2.00	3.80	1.45	2.65	2.60	3.05	1.60
17	3.50	3.10	1.40	2.10	0.50	0.90	0.65	0.55	0.25	0.90	2.20	2.90	3.55	2.45	2.10	3.85	3.05	2.95	2.95	0.40	1.00	3.35	0.40	4.20
18	1.15	0.90	1.25	0.10	1.40	0.15	0.40	0.25	0.75	1.10	1.05	2.95	3.05	3.35	1.20	1.85	1.25	0.85	2.25	2.25	1.10	0.95	2.85	1.75
19	2.25	0.40	0.00	0.00	1.30	0.90	1.00	0.45	0.00	2.70	2.20	0.15	1.55	2.20	2.30	2.25	2.50	2.90	2.00	1.85	4.05	0.60	1.40	3.15
20	1.35	0.60	2.35	1.25	0.00	3.00	0.45	0.45	0.60	1.10	1.40	1.40	1.15	4.15	3.00	2.40	2.95	2.05	1.00	1.85	0.85	0.80	0.70	1.30
21	1.55	3.40	1.50	0.25	0.25	0.65	0.75	0.45	0.85	0.70	1.85	2.00	2.95	0.75	0.80	1.40	1.55	4.65	1.70	1.80	0.85	0.50	0.40	2.20
22	2.45	1.25	0.55	0.15	0.15	0.15	0.00	0.40	0.25	0.75	1.70	1.95	0.50	2.60	0.80	1.40	2.70	1.85	2.20	0.80	1.90	3.40	1.35	0.70
23	1.25	0.45	0.40	1.05	0.50	0.30	0.30	0.60	0.20	0.75	0.60	0.35	1.95	2.05	3.60	1.40	1.55	1.35	0.00	0.00	0.40	0.10	1.20	1.25
24	1.10	2.10	1.15	1.25	2.10	0.65	0.65	0.50	0.40	0.60	1.20	2.05	1.85	2.60	2.95	3.60	2.70	3.55	2.20	0.50	1.65	2.55	2.80	1.20
25	2.65	1.35	2.40	1.70	1.60	1.95	2.20	1.40	0.50	0.40	1.20	1.10	1.10	6.40	3.20	2.10	2.05	0.15	1.65	1.55	3.10	3.30	2.55	2.55
26	1.40	1.80	2.05	1.60	1.20	2.00	2.05	0.95	0.35	1.70	2.00	2.35	4.25	3.50	2.60	1.90	2.15	2.05	1.10	2.00	0.55	0.45	1.45	1.40
27	0.60	1.60	2.65	0.40	0.10	0.00	0.00	0.00	0.60	0.15	1.85	2.80	0.60	1.70	2.40	3.80	1.30	3.85	2.35	3.05	1.90	2.10	2.20	0.55
28	2.35	1.60	2.25	1.30	3.45	2.90	2.95	2.25	3.10	2.50	1.75	3.85	1.65	2.40	2.35	2.20	1.80	1.35	2.05	0.95	0.75	1.00	1.25	2.50
29	0.95	2.35	0.40	1.05	0.30	0.15	0.45	0.15	2.20	0.00	2.40	0.30	1.45	1.90	0.60	1.75	2.15	0.85	2.95	0.70	0.50	1.30	2.35	1.55
30	2.60	2.25	1.10	1.25	0.55	1.60	1.20	0.00	0.00	1.00	0.00	1.25	1.80	2.15	1.65	1.25	0.00	1.05	1.60	0.40	0.90	2.90	2.85	4.25
31	2.80	2.45	2.10	1.80	1.00	0.45	0.70	1.35	0.00	1.00	2.55	2.55	1.95	2.15	2.40	1.60	0.30	1.45	1.25	1.75	2.55	2.40	1.95	1.70

表 5-9 2019 年 8 月每天各个时刻自然风速（单位：m/s）

日期	1	2	3	4	5	6	7	8	9	10	11	12	13	14	15	16	17	18	19	20	21	22	23	24
1	2.80	3.05	1.60	2.35	1.60	0.30	1.20	2.25	4.00	3.00	1.65	2.05	0.50	2.65	1.75	2.80	2.80	2.80	3.05	3.00	1.70	2.80	4.10	0.30
2	0.70	1.10	0.00	0.75	0.55	0.00	1.40	1.00	1.40	2.40	0.80	0.15	2.45	1.45	0.85	0.55	2.15	3.00	0.45	0.85	0.00	2.25	0.75	1.10
3	0.40	2.65	1.15	0.60	0.40	1.40	0.70	0.40	1.10	2.10	2.35	2.35	2.25	1.85	4.05	3.35	1.80	1.80	1.90	0.55	2.15	2.05	2.90	1.10
4	0.50	0.60	0.00	0.00	0.00	1.35	1.30	2.65	1.10	2.40	1.05	0.25	3.60	2.45	2.70	1.80	3.05	2.75	0.75	2.30	0.25	0.50	1.45	0.80
5	0.20	0.00	0.00	0.15	0.70	0.00	0.25	0.00	0.00	0.40	0.00	0.00	0.20	0.25	3.10	2.60	2.80	2.15	0.85	0.55	2.30	1.10	0.70	0.00
6	0.80	0.60	0.85	1.40	1.05	0.75	1.35	1.60	1.65	0.90	1.10	1.85	2.30	1.80	2.80	2.50	1.90	1.75	0.90	0.90	0.40	0.10	0.20	0.65
7	0.30	1.15	0.50	0.75	0.00	0.00	0.20	0.45	1.60	2.35	2.35	1.10	2.70	2.10	4.65	3.00	3.00	1.70	2.80	2.70	2.35	2.15	2.05	1.15
8	2.20	1.15	0.90	1.50	0.00	1.20	0.20	0.75	1.55	1.95	2.15	0.00	1.60	1.80	1.65	0.45	0.80	2.70	1.60	0.20	1.50	0.00	0.55	2.70
9	1.55	0.30	0.70	1.60	0.00	0.40	0.10	0.50	0.40	0.25	1.15	1.85	2.25	3.75	4.60	2.45	3.95	1.85	3.25	1.70	0.75	2.15	1.60	2.40
10	2.15	1.45	1.05	0.65	0.80	1.10	0.40	0.70	0.00	1.10	2.30	2.55	2.40	3.05	2.10	1.95	3.05	3.30	2.25	0.70	0.35	3.25	2.50	1.25
11	2.65	2.25	2.75	0.40	0.00	0.00	0.70	0.90	0.00	1.70	2.70	2.25	3.05	3.60	2.60	1.60	1.80	1.45	5.95	2.50	4.25	2.45	2.90	3.85
12	0.45	2.50	0.10	0.00	1.45	0.15	0.60	0.60	0.55	0.25	1.40	2.10	2.40	1.70	1.50	2.25	3.10	2.40	1.55	0.40	0.60	2.55	2.00	1.05
13	1.55	0.95	0.65	0.00	1.95	1.70	0.80	0.90	0.70	1.40	2.05	1.90	2.40	1.75	1.60	1.60	3.05	4.25	2.60	2.50	1.50	0.70	0.45	1.65
14	3.00	2.30	0.30	0.95	1.50	1.05	0.90	0.40	0.00	1.20	0.50	2.25	0.40	1.95	2.90	1.20	4.75	3.75	1.40	1.35	2.25	2.60	3.85	0.00
15	2.60	2.05	1.60	1.80	2.15	0.10	0.00	0.45	0.00	1.05	3.40	2.10	3.00	1.65	2.20	1.90	2.20	2.05	2.70	1.00	2.30	0.75	1.65	2.15
16	2.35	2.75	1.55	2.20	1.75	1.30	1.60	1.65	0.85	1.25	2.30	0.65	0.25	2.25	2.00	0.95	0.85	0.40	0.00	1.35	2.25	2.45	2.00	1.15
17	2.70	2.20	1.50	4.45	2.15	2.30	2.10	0.80	1.25	1.00	2.30	1.10	3.15	3.05	2.35	3.00	2.45	2.30	1.00	1.70	2.65	2.85	2.40	2.05
18	2.90	1.95	1.25	2.90	1.85	2.20	1.90	1.75	2.20	2.55	3.90	2.95	2.40	3.60	1.05	2.30	2.70	2.60	0.80	0.60	2.30	1.80	1.55	1.85
19	3.05	2.40	2.20	1.40	1.70	2.40	1.20	0.85	0.00	0.30	1.85	2.25	2.30	3.30	2.15	2.55	1.85	3.10	1.00	0.80	1.60	2.60	2.95	2.60
20	2.40	1.70	1.25	1.25	2.00	1.90	1.20	0.70	1.15	0.70	4.05	3.90	2.55	2.55	1.95	2.05	3.45	2.70	1.25	1.75	2.05	2.15	1.85	1.90
21	2.10	2.25	1.75	2.55	2.10	3.20	2.85	2.05	1.75	2.20	3.05	5.05	2.30	2.55	3.10	3.10	2.05	3.45	0.55	1.70	1.60	1.45	1.45	2.35
22	2.65	2.00	1.90	1.45	2.20	1.95	2.45	1.45	1.40	0.55	1.30	1.25	3.15	3.25	2.70	1.40	1.55	1.10	1.60	0.65	2.70	2.25	2.05	3.10
23	1.90	2.15	1.60	2.70	2.55	2.60	1.60	2.40	1.25	1.70	1.60	3.20	0.75	2.90	2.55	1.80	2.70	0.50	2.65	3.20	2.80	2.90	2.50	1.65
24	1.65	1.65	1.30	1.00	0.55	0.00	0.50	0.00	0.35	1.75	1.30	0.95	1.70	2.30	2.10	1.80	1.70	3.05	1.60	2.10	1.35	2.40	1.55	2.80
25	2.35	1.45	0.45	0.65	0.95	0.30	1.15	1.30	0.85	1.65	1.75	2.40	1.85	2.05	2.35	3.15	3.05	2.95	2.35	0.55	1.80	1.40	2.15	2.35
26	3.50	3.85	3.60	3.25	1.25	2.15	2.85	2.00	1.40	1.65	2.00	0.65	2.60	2.35	2.75	3.50	1.65	2.35	2.50	1.65	2.45	2.45	2.15	2.95
27	3.25	2.90	3.70	3.60	3.20	1.75	1.85	2.80	3.15	1.25	0.55	3.35	2.25	3.95	2.75	2.75	1.25	2.00	2.15	1.55	2.00	2.35	3.15	1.15
28	1.40	2.50	2.10	1.80	1.75	1.90	1.65	1.75	2.30	0.50	2.65	3.50	3.25	2.80	3.35	0.45	0.20	2.00	3.70	5.10	2.25	1.80	1.35	1.50
29	1.85	2.25	1.50	2.20	1.75	2.65	2.70	2.55	2.20	2.70	2.65	2.65	2.40	1.05	0.80	0.85	0.75	2.10	0.50	0.95	2.40	1.70	1.55	1.85
30	2.05	2.20	2.10	2.65	1.20	0.60	2.65	1.55	1.00	2.35	1.85	2.50	0.45	0.95	3.45	2.90	1.85	1.95	1.70	1.65	0.65	1.15	0.90	2.25
31	1.30	1.15	1.30	0.00	1.15	0.10	1.10	1.75	0.00	0.35	1.10	0.60	2.00	0.45	0.45	0.45	2.75	2.20	1.80	2.10	3.10	4.50	1.20	1.20

表 5-10 2019 年 9 月每天各个时刻自然风速（单位：m/s）

日期\时段	1	2	3	4	5	6	7	8	9	10	11	12	13	14	15	16	17	18	19	20	21	22	23	24
1	3.15	2.80	2.20	3.05	1.00	0.90	1.00	1.80	3.05	3.25	2.85	1.75	2.90	4.60	3.35	1.90	1.50	2.70	0.95	2.50	2.10	1.50	1.65	4.30
2	1.50	1.80	2.40	1.75	1.10	1.20	2.40	1.65	1.30	0.80	1.45	2.15	2.25	2.55	2.60	3.55	2.65	2.15	2.05	1.45	0.25	0.50	3.05	1.90
3	5.10	4.55	1.50	1.65	0.55	1.50	0.30	0.75	1.35	0.65	2.15	2.50	2.35	1.65	1.80	2.40	2.30	2.90	2.95	1.20	1.50	2.20	1.30	3.70
4	1.75	0.20	1.95	0.10	1.25	0.90	0.15	1.10	0.35	0.35	2.20	1.90	2.35	0.30	0.50	1.00	2.95	2.05	1.20	0.55	1.20	0.50	1.10	2.70
5	1.60	1.15	1.35	1.50	1.35	1.00	1.35	0.80	0.50	0.00	3.45	2.80	2.30	3.10	2.00	0.30	1.90	1.80	0.35	1.20	0.75	0.85	1.85	1.90
6	2.15	2.00	0.85	1.70	0.90	2.00	2.05	3.15	2.25	1.90	1.80	2.45	2.90	3.40	2.60	3.10	2.05	1.80	2.00	1.40	0.50	2.85	3.30	2.10
7	1.80	0.40	0.45	0.25	1.00	0.40	1.10	1.90	0.35	0.40	0.70	1.80	1.05	1.80	3.15	3.30	2.05	2.70	1.20	1.40	0.90	1.15	0.95	0.75
8	2.00	0.10	1.00	1.15	0.50	0.85	0.60	0.45	1.65	0.70	1.80	2.50	1.90	1.05	2.20	1.00	0.95	2.35	0.75	1.45	3.15	1.55	0.95	1.55
9	0.25	1.30	1.70	1.45	1.55	0.00	0.55	0.70	0.65	0.00	1.45	1.85	4.05	2.10	3.10	3.00	2.35	2.60	1.05	0.50	2.30	2.30	1.65	2.20
10	2.90	0.50	1.40	1.95	1.50	0.00	0.90	1.00	0.40	0.25	1.35	3.65	3.45	2.65	1.15	3.60	0.75	1.45	1.30	0.75	1.80	2.00	2.05	4.95
11	1.95	2.00	1.85	0.85	2.15	2.35	2.40	1.40	1.20	1.85	1.05	2.70	2.15	3.70	2.60	2.95	2.75	2.10	2.25	0.85	3.50	2.75	1.65	2.80
12	1.85	5.70	3.45	1.20	2.30	0.30	0.80	0.35	0.50	1.75	1.35	3.15	1.30	2.05	3.10	2.65	2.45	2.00	0.40	2.80	1.75	2.05	3.20	1.60
13	3.45	1.85	2.40	1.90	2.60	2.20	3.05	2.15	1.70	1.20	3.50	2.85	3.00	3.25	2.85	1.75	2.95	2.80	0.55	0.80	4.20	1.75	1.00	3.25
14	1.25	1.70	1.55	1.05	0.45	1.10	0.90	1.10	0.80	0.25	0.65	0.30	2.95	2.20	1.65	2.25	2.90	1.80	0.95	2.15	2.90	1.70	1.45	1.40
15	1.65	2.70	2.45	2.20	2.35	1.00	1.40	0.75	0.15	1.10	0.25	2.70	1.80	1.50	1.95	2.00	4.15	2.60	1.90	3.30	1.20	1.45	1.20	1.30
16	0.85	0.10	0.80	1.65	0.60	0.25	0.40	0.95	1.70	1.40	1.45	2.65	1.30	1.50	1.95	1.70	2.85	0.95	2.90	2.15	3.65	2.50	2.50	0.75
17	3.35	1.55	3.15	1.50	2.15	2.00	4.50	2.70	2.65	3.30	3.80	4.55	3.35	4.50	3.05	3.55	3.80	2.40	1.45	4.25	0.80	3.55	0.50	3.30
18	1.00	2.00	3.45	2.60	2.30	1.85	3.35	3.05	1.35	2.20	4.45	2.90	4.95	4.70	2.55	3.55	1.40	1.80	1.35	2.45	2.45	0.65	2.45	1.70
19	1.35	2.70	2.15	3.55	2.60	2.70	3.25	3.40	2.15	1.60	2.60	1.75	2.75	1.65	2.90	2.55	1.80	1.75	2.20	1.75	2.10	0.85	0.20	2.60
20	0.00	0.35	0.90	0.50	0.45	1.10	0.90	1.10	0.80	0.25	0.10	0.65	1.15	1.85	1.55	0.90	1.65	2.55	2.20	0.45	0.90	1.35	0.30	0.00
21	0.40	0.40	0.85	0.70	0.65	2.15	1.40	1.00	0.40	0.25	1.75	1.75	2.80	2.30	2.60	1.55	2.10	1.80	1.55	0.50	1.35	1.35	1.70	1.30
22	0.95	0.90	2.85	4.65	0.65	0.80	0.20	0.45	0.90	1.10	2.65	1.10	1.70	3.50	1.55	2.20	1.80	1.30	2.40	2.15	0.65	3.90	2.85	1.10
23	2.50	0.45	0.60	0.15	0.25	0.70	0.25	1.30	0.95	0.50	0.90	2.60	3.15	2.95	4.85	1.25	1.85	1.45	0.85	0.85	1.00	1.40	1.15	1.65
24	1.00	1.75	1.15	1.00	0.30	0.45	1.40	0.35	0.10	0.00	0.75	2.25	2.10	3.05	3.05	2.10	2.95	1.45	1.95	0.95	1.00	1.00	1.75	0.90
25	2.60	2.45	2.45	2.50	2.00	2.20	2.05	1.70	1.75	1.90	0.65	1.65	2.35	3.50	2.60	2.35	2.35	2.15	1.10	2.85	2.75	1.55	2.65	2.50
26	2.15	1.75	1.65	2.10	1.40	1.90	2.80	1.40	1.90	1.40	0.85	1.35	3.00	3.55	3.10	3.30	3.70	2.20	1.00	1.95	2.40	2.05	2.40	3.05
27	2.00	1.85	1.20	1.40	1.55	1.80	1.45	2.25	1.85	0.65	0.30	2.95	4.00	2.30	2.25	3.50	3.40	3.20	2.15	1.30	1.90	1.10	2.25	1.90
28	1.45	1.35	3.60	1.85	1.45	2.30	1.35	1.85	2.20	2.15	3.80	3.40	2.45	3.25	3.45	2.25	3.40	2.55	1.75	1.10	2.30	1.60	1.55	1.50
29	1.25	1.00	0.20	0.85	0.00	0.15	0.25	1.40	0.55	0.15	2.45	3.03	3.70	3.40	1.50	2.35	1.35	1.80	2.15	1.85	1.65	1.65	1.70	2.00
30	3.20	2.90	2.05	2.30	1.55	0.10	0.65	1.05	1.10	0.40	2.55	2.35	1.80	2.10	1.20	0.15	0.00	0.00	0.00	0.00	0.00	0.00	0.00	3.00

由于科技发展，人类对自然的开发探索更加深入。目前，隧道已经有了越发深长的特点，即跨越距离越来越长、隧道埋深越来越深。由于长大隧道距离长，其沿线跨越地区气象条件变化复杂，且隧道进出口一般均存在高差，由这些气象因素引起的自然风对隧道的施工有着较大的影响。

为此要考虑气象条件对施工通风的影响，就需要从考虑自然风的影响因素入手。本节依据前面近三年的气压、大气湿度、风速、风向等的监测数据，对影响自然风的因素进行讨论。

5.3.1 自然风的影响因素

1. 自然通风

地下工程施工通风方式一般分为自然通风和机械式通风。自然通风即指利用自然风压，将施工过程中产生的污染物排出隧道的一种方法，这是一种节省能源及费用的通风方式，但对其的合理利用受到气象条件影响较大，需要进行合理考虑。

2. 自然风压影响因素

1）湿度

在标准大气压下，当空气温度处于 $-5 \sim 40\ ℃$ 时，在相同温度下，相对湿度越大，密度越小；在相对湿度一样的情况下，温度越高，密度越小。但是相对湿度 $\varphi=0$ 的空气（即干空气）和 $\varphi=100\%$ 的空气其密度相差很小，最大不超过 3%，因此，由相对湿度差异引起的洞内外空气密度差异很小，从而对隧道通风影响也很小。

2）温度

隧道内、外的温度差造成隧道内、外空气密度的不同。当隧道进、出口有高程差时，如果洞内气温高于洞外气温，则洞内空气的密度比洞外空气密度小，洞外空气有从低洞口流入洞内并将洞内空气从高洞口推出的趋势，即浮升效应；反之，洞外空气有从高洞口流入洞内并将洞内空气从低洞口推出的趋势，即沉降效应。这种由于洞内外的气温差及两洞口的高程差所引起空气流动的压力差称为热位差。

由于温度直接影响到密度和测量得到的大气压力数值，因此对于温度影响的考虑主要在于与洞内温度之差形成的热位差。

3）大气压力

大气压力是指单位面积上直至大气上界整个空气柱的重量,是气象学中极其重要的一个物理量,它的分布和变化与大气运动及天气状况有密切关系。

由于常规气象观测不能直接测量得到空气密度,只能测得空气的湿度、温度、压强,故需利用湿空气状态方程,以得到静力学方程的应用形式:

$$\frac{\mathrm{d}p}{p} = -\frac{g}{R_\mathrm{d}T_\mathrm{v}}\mathrm{d}z$$

将积分上限延伸到大气上界 $z \to \infty (p \to 0)$,则可得到 $p = \int_z^\infty \rho g \mathrm{d}z$,它表示任一高度上的气压即为该高度以上单位截面空气柱的重量。由此可知,大气压力主要是由空气密度计算得来的,而密度又受温度、压力同时影响,因此,测量出的大气压力值实际上已经包含了温度的影响,所以其实际作用为使隧道两洞口端形成气流压差,可将其称为超静压差。

4）风速和风向

测量得到的洞口风速值均很小,主要是由于隧道外吹向隧道洞口的自然风碰到山坡后,受到阻挡使其速度减慢,其动压力的一部分转变成静压力。这种吹向洞口时产生的"风墙式"压力可称为风墙压差。

由以上分析可知,自然风压的影响因素应由三部分构成,即:

(1)洞外环境因素——隧道洞口间的大气水平压梯度所产生的超静压差。

(2)洞口环境因素——外界自然风吹至洞口时产生的风墙式压差。

(3)洞内环境因素——隧道内外气温差引起的热位差。

在长大隧道中,自然风压受热位差及超静压差影响较大,受风墙压差影响较小。

5.3.2 自然风对隧道施工通风的影响

圭嘎拉隧道巷道式施工通风方案设计为:

圭嘎拉隧道进口段(出口段)通风长度为 3 500 m,分为三个阶段供风。第 1 阶段(0~1 100 m)采用压入式通风方式,如图 5-22(a)所示;第二阶段(1 100~2 300 m)采用射流巷道式通风方式,风机移动至 1 100 m 处,如图 5-22(b)所示;第三阶段(2 300~3 500 m)同样采用射流巷道式通风方式，轴流风机在第二阶段的基础上向前移动至 2 300 m 处，分别向两条隧道供风，如图 5-22（c）所示。

圭嘎拉隧道内自然风以从隧道外吹入隧道内为有效可利用自然风，则以图 5-22 所示圭嘎拉巷道式通风方案为例进行说明。

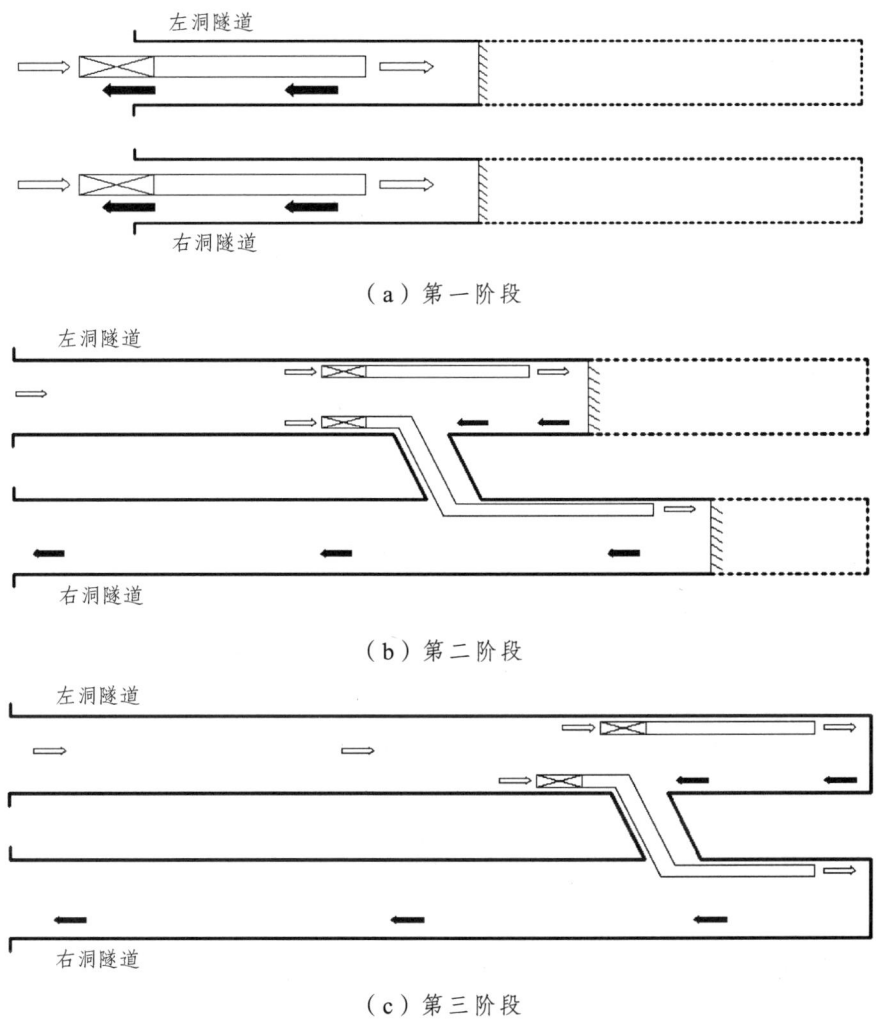

图 5-22　巷道式通风

由图 5-22 可知，只有当自然风沿着隧道延伸方向流动时，才会对施工通风造成影响，故要统计出自然风吹向隧道的情况。且由图 5-22 可知，在第一阶段，当自然风风向与机械通风风向一致时，能够合理地适当利用自然风。在第二、三阶段，在左洞隧道，当自然风风向与机械通风风向一致时，隧道能够有效利用自然通风，此时，结合自然风的风速考虑，可一定程度上减少射流风机的使用，达到有效利用自然风的效果。对于进出口的施工，采用巷道式通风，均可考虑合理利用自然风。圭嘎拉隧道投影计算自然风风速风向情况见表5-11。

表5-11 圭嘎拉隧道投影计算自然风风速风向情况

线路	自然风风向	自然风性质
隧道	沿隧道轴线向隧道里	有助于通风节能
	垂直于隧道轴线	无影响
	沿隧道轴线向隧道外	无影响

根据采集的全年气温、压力、风速等数据，将风向风速结合量看作矢量，沿隧道轴向方向进行投影计算，可知：投影计算所得为负数时，对应"沿隧道轴线向隧道外"情况；投影计算所得为 0 时，对应"垂直于隧道轴线"情况；投影计算所得为正数时，对应"沿隧道轴线向隧道里"情况。圭嘎拉隧道自然风沿隧道轴线计算结果见图5-23。

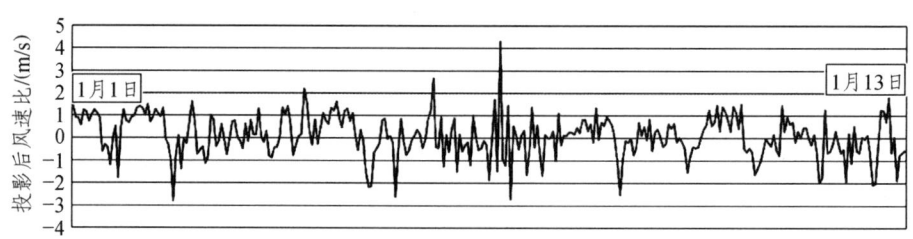

图5-23 圭嘎拉隧道自然风沿隧道轴线计算结果（以2019年1月为例）

经过统计，由隧道外吹向隧道内的即风速为正的自然风占45.1%，风速为负的自然风占46.3%，风速为0的占8.6%。

保证率是指某气象要素值小于或大于某一数值的可靠程度，通常以某气象要素在长时期内小于或大于某一数值的累积频率来表示。常用分组法计算保证率，首先将气象要素分作几组，统计各组出现的次数，计算各组出现的频率，然后将各组的频率依次累加，其累积频率就是保证率。保证率越高，付出的代价越大，承受的风险越小；保证率越低，付出的代价越小，但所需承受的风险势必越大。

对于圭嘎拉隧道 2019 年环境观测参数，经过投影计算得到所需风速。依据该风速取得通风设计所需的保证率风速。保证率风速是所取的自然风风速作为阻力在能满足一定概率的情况下的风速取值。

（1）当自然风风速小于保证率风速时，通风系统可以满足施工的要求。

（2）当自然风风速大于保证率风速时，通风系统失效，需要采取其他措施。

（3）可以满足要求的概率即为保证率。

取依据 2019 年监测数据计算所得的投影风速，计算保证率，其流程及计算结果如表 5-12 所示。

表 5-12　保证率计算

分组范围	频数	频率	累加频率	累加频率
−6.39 ~ −5.60	3	0.000 212 164	0.000 212 164	1
−5.59 ~ −4.80	6	0.000 424 328	0.000 636 492	0.999 787 836
−4.79 ~ −4.00	8	0.000 565 771	0.001 202 263	0.999 363 508
−3.99 ~ −3.20	53	0.003 748 232	0.004 950 495	0.998 797 737
−3.19 ~ −2.40	161	0.011 386 139	0.016 336 634	0.995 049 505
−2.39 ~ −1.60	549	0.038 826 025	0.055 162 659	0.983 663 366
−1.59 ~ −0.80	1 710	0.120 933 522	0.176 096 181	0.944 837 341
−0.79 ~ 0	5 271	0.372 772 277	0.548 868 458	0.823 903 819
0.01 ~ 0.80	3 648	0.257 991 513	0.806 859 972	0.451 131 542
0.81 ~ 1.60	1 974	0.139 603 96	0.946 463 932	0.193 140 028
1.61 ~ 2.40	507	0.035 855 728	0.982 319 661	0.053 536 068
2.41 ~ 3.20	145	0.010 254 597	0.992 574 257	0.017 680 339
3.21 ~ 4.00	63	0.004 455 446	0.997 029 703	0.007 425 743
4.01 ~ 4.80	29	0.002 050 919	0.999 080 622	0.002 970 297
4.81 ~ 5.60	8	0.000 565 771	0.999 646 393	0.000 919 378
5.61 ~ 6.40	1	$7.072\ 14 \times 10^5$	0.999 717 115	0.000 353 607

续表

分组范围	频数	频率	累加频率	累加频率
6.41~7.20	3	0.000 212 164	0.999 929 279	0.000 282 885
7.21~8.00	0	0	0.999 929 279	$7.072\ 14\times10^5$
8.01~8.80	0	0	0.999 929 279	$7.072\ 14\times10^5$
8.81~9.40	1	$7.072\ 14\times10^5$	1	$7.072\ 14\times10^5$
求和	14 140	1		

5.4 圭嘎拉隧道施工通风节能研究

5.4.1 自然风节能原则及设计方法

利用自然风节能优化通风与以往的通风设计相比，自然风风速并不是根据规范规定的 2~3 m/s 的最不利自然风进行取值，而是在对全年隧道内的自然风数据进行统计后按照一定的保证率来对自然风设计风速进行取值。并且除了需要通过需风量和通风阻力计算得到通风功率，还需根据隧道内的自然风情况划分不同的时段，每个时段按照自然风利用原则进行设计和控制，若自然风有利则对其利用，若自然风不利则作为阻力进行克服。

隧道内存在自然风是利用自然风进行节能通风的条件。并不是所有的隧道都可以利用自然风进行节能通风。只有当主隧道内常年存在风向恒定的自然风，且自然风风向与机械通风方向同向时，才可以利用自然风进行通风。一般处于气象分隔带或洞口两端压差大的隧道可以利用自然风通风。

得出隧道内全年自然风风速风向规律是利用自然风进行节能通风的基础。有了隧道内全年的自然风风速风向数据，才可以由此得出满足一定保证率的设计风速，并根据不同的风速风向进行节能设计。

利用自然风进行节能通风的原则：

（1）机械通风的风向应综合考虑自然风主风向与通风方向。

（2）当自然风风向与通风方向一致时利用自然风通风。

（3）当自然风风向与通风方向反向时，自然风作为阻力考虑。

利用自然风进行节能通风的设计方法：

（1）当自然风与通风方向一致，且大于设计风速时，完全利用自然风进行通风，不开启通风设备。

（2）当自然风与通风方向一致，且小于设计风速时，部分利用自然风进行通风，通风功率为自然风风阻取 0 计算得出的功率。

（3）当自然风与通风方向反向时，通风不利用自然风，通风功率为自然风风阻取保证率风速计算得出的功率。

利用自然风进行节能通风的控制方式：可以根据气象资料，按时段控制；或对隧道内风速进行实时精确控制。

5.4.2 圭嘎拉隧道施工通风与自然通风利用方式

利用自然风进行节能优化通风的流程如图 5-24 所示。

《公路隧道通风设计细则》(JTG/T D70/2-02—2014) 条文 7.2.1 中规定："通风计算中，应将自然通风力作为隧道通风阻力考虑；当确定自然风作用引起的洞内风速常年与隧道通风方向一致时，宜作为隧道通风动力考虑。"由于在实际隧道中，因时间和自然风风速风向的变化使得这种自然通风力的大小及方向会经常变动。因此，从安全角度考虑，通风计算中通常视自然风向与交通方向逆向，即作为阻力考虑。但当确定自然风作用引起的洞内风速常年与隧道通风方向一致时，宜作为隧道通风动力考虑。

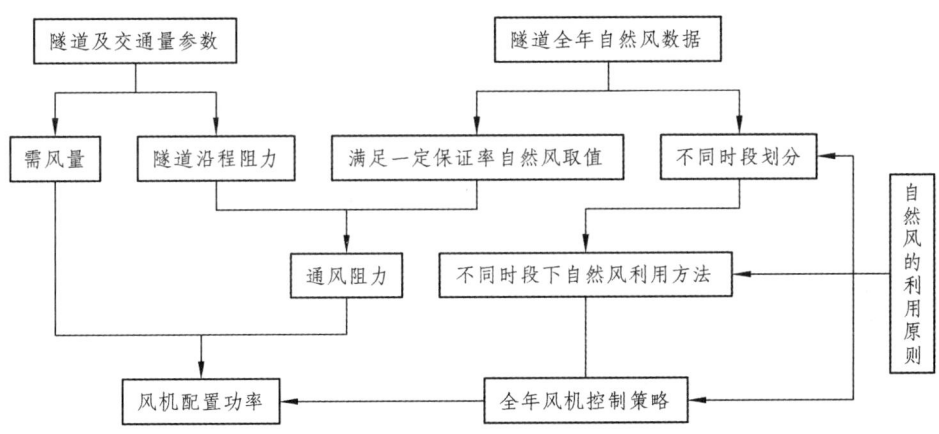

图 5-24 利用自然风节能通风流程

本次研究提出了利用自然风进行通风的设计思想：

（1）根据隧道所处位置的气象条件，或完全利用自然风，或利用少量通风机械设备进行辅助和补充，对自然风进行诱导、控制、调节，从而达到隧道通风的目的。

（2）通风系统最大限度地利用自然能和减少人工干预。

通风方式的对比见表 5-13。

表 5-13　通风方式的对比

对比项目	传统通风方式	利用自然风通风
自然风的计算	2～3 m/s	根据气象资料计算
自然风的利用	作为阻力考虑	作为动力考虑
通风方式选择	不考虑自然风情况	根据自然风分布进行设计
通风手段	机械通风方式	自然利用为主、机械通风为辅
控制方式	正常施工需要	按照自然风控制
节能	不节能	节能
通风效果	较好	较好
应用对象	需要进行机械通风的隧道	气象分隔带或自然风较大的隧道

在圭嘎拉隧道施工过程中，自然通风有两种情况，一是自然风由隧道外吹入隧道内，二是自然风不吹入隧道。如表 5-14 所示。

表 5-14　圭嘎拉隧道自然风计算风速风向表示

线路	风速	自然风风向
隧道	（+）	吹入隧道
	（-）或 0	不吹入隧道

经统计，由隧道外吹向隧道内的即风速为正的自然风占 45.1%，风速为负的自然风占 46.3%，风速为 0 的占 8.6%。即吹入的占 45.1%，不吹入的占 54.9%。

根据计算可知各个施工阶段圭嘎拉隧道各段设计风速。当自然风风速大于设计风速时，无须开启风机。在自然风风速达不到设计风速的情况下，需进行机械通风。当自然风实际工况与通风方向反向时，自然风取保证率风速为计算风速；当自然风实际工况与通风方向同向，且小于设计风速时，自然风取 0 m/s 为设计风速。

对于自然风的利用，可以分时段控制，也可以实时控制。

（1）分时段控制即根据计算得到的自然风的规律，将全年划分成不同的控制时段，每个控制时段按该时段内的最不利工况进行控制。时段划分得越细，控制越精确，也越节能，但与此同时需要设备频繁开启关闭，对设备的影响也越大。

（2）实时控制是根据隧道内实际自然风风速情况，对通风设备进行实时控制。按照该时刻实际的自然风风速，进行节能通风控制。实时控制与分时段控制相比，更加节能，更符合实际，但对设备要求也更高。实时控制需要安置风速传感器，并通过风速传感器测得的风速值对通风设备进行控制。通风设备需要具有在不同工况下快速转换的功能。

不同工况下风机控制示意见图 5-25。

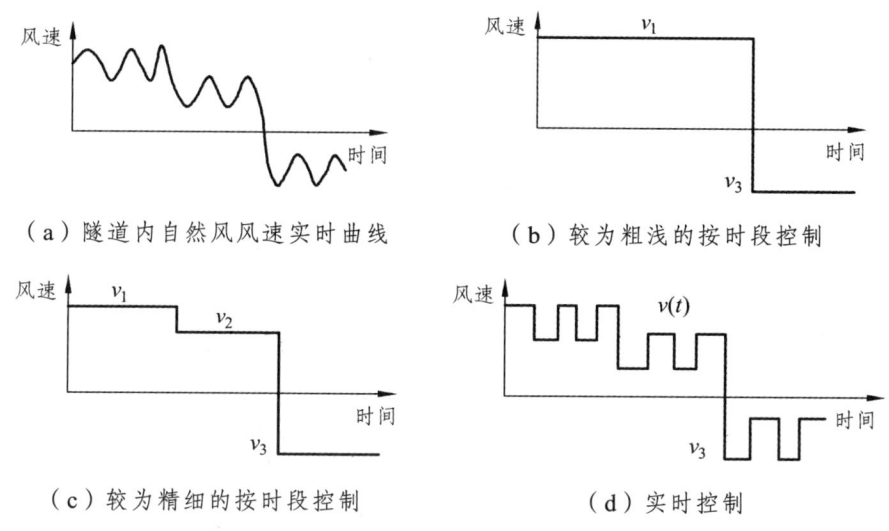

（a）隧道内自然风风速实时曲线　　（b）较为粗浅的按时段控制

（c）较为精细的按时段控制　　（d）实时控制

图 5-25　风机控制示意图

6 高海拔特长隧道施工通风网络技术

6.1 隧道施工安全卫生标准

目前,世界各国对地下工作面有害气体的允许浓度尚无统一的标准。我国水利水电工程施工组织设计手册中规定的洞、井内 CO 允许浓度为 30 mg/m³;我国铁路隧道设计规范规定工作面的 CO 允许浓度为 30 mg/m³,但当施工人员进入工作面检查时,浓度可为 100 mg/m³,并未对柴油机进洞后的允许浓度作出单独的规定。日本、美国、英国等国规定柴油机进洞时的允许浓度为 62.5 mg/m³;我国冶金矿山安全规程规定柴油机进洞时的允许浓度也为 62.5 mg/m³。

在通风量的计算中,由于爆破所产生的废气浓度随时间的延长而减小,所以一般采用进入时浓度为 100 mg/m³,在进入后废气浓度为 30 mg/m³。但在采用无轨运输后,这种情况发生了变化。由于无轨运输时废气浓度的特点是逐渐上升,经过一段时间后相对稳定在最大值,出渣结束后废气浓度逐渐减小,所以不能再采用 100 mg/m³。目前,由于技术状况和管理水平,无论机械化程度如何,大多数的工作面达不到国家规定的劳动环境卫生标准。因此,对于长大洞室,特别是采用无轨运输的长大洞室的劳动卫生标准,是否应适当放宽是值得有关部门研究的。一个不合实际的卫生标准不利于劳动卫生保护事业的发展。按照我国的国情,采用 CO 允许浓度为 62.5 mg/m³ 应该是比较合适的。

在隧道施工中,施工机械、工作人员集中在从洞室开挖工作面到衬砌工作这一主要施工地段内,其他地段只是经过或偶尔停留。针对这一实际情况,考虑到全洞室、隧道实行同一标准的难度,应对洞室、隧道内的不同地段实施不同的卫生标准,对洞内主要施工地段采用 CO 允许浓度,对于其他地段采用 CO 进入浓度。从而在保证满足劳动环境卫生标准的前提下,减少需风量。

6.1.1 国内相关安全卫生标准

国内相关施工规范对施工环境卫生标准做了相应规定，如《铁路隧道工程施工技术指南》（TZ 204—2008）、《公路隧道施工技术规范》（JTG/T 3660—2020）、《水利水电工程施工组织设计规范》（SL 303—2017）、《煤矿安全规程》、《金属非金属矿山安全规程》、《冶金地下矿山安全规程》等，规范内取值一般参照国内外相关标准。

《工作场所有害因素职业接触限值 第 1 部分：化学有害因素》（GBZ 2.1—2019）规定相关有害气体的允许浓度如表 6-1 所示，粉尘允许浓度如表 6-2 所示。

表 6-1 隧道工作场所空气中化学物质允许浓度

序号	名称	职业接触限值允许浓度/（mg/m³）		
		最高	加权平均	短时间接触
1	一氧化碳			
	非高原	—	20	30
	高原			
	海拔 2 000～3 000 m	20	—	—
	海拔>3 000 m	15		
2	一氧化氮	—	5	10
3	二氧化氮	—	5	10
4	二氧化硫	—	5	10
5	硫化氢	10	—	—
6	二氧化碳		9 000	18 000

表 6-2 隧道工作场所空气中粉尘允许浓度

序号	名称	总尘	呼尘	备注
1	硅尘			
	10%≤游离 SiO_2 含量≤50%	1	0.7	GI（结晶型）
	50%<游离 SiO_2 含量≤80%	0.7	0.3	
	游离 SiO_2 含量>80%	0.5	0.2	

6.1.2 国外相关安全卫生标准

1. 美国标准

美国隧道施工作业环境有关的强制性职业接触限值见表 6-3。

表 6-3　美国隧道施工作业环境有关的强制性职业接触限值

化学物质	ppm	mg/m³
二氧化碳（CO_2）	5 000	9 000
一氧化碳（CO）	50	55
硫化氢（H_2S）	—	—
二氧化氮（NO_2）	5	9
二氧化硫（SO_2）	5	13

2. 德国标准

德国隧道工作场所化学物质卫生标准见表 6-4，化学物质的接触上限见表 6-5。

表 6-4　德国隧道工作场所化学物质卫生标准

化学物质	最高容许浓度	
	mL/m³	mg/m³
二氧化碳（$CO2$）	30	33
一氧化碳（CO）	5 000	9 000
硫化氢（H_2S）	2	5
二氧化氮（NO_2）	10	14
二氧化硫（SO_2）	5	9

表 6-5　德国化学物质的接触上限

类别	接触上限		每工作量允许接触的最多次数
	MAK（α-庚酮）倍数	持续时间	
Ⅰ 局部刺激物	2	5 min，瞬间值	8
Ⅱ 2 h 内出现作用的全身毒性			
Ⅱ.1 半衰期<2 h	2	30 min，平均值	4

续表

类别	接触上限		每工作量允许接触的最多次数
	MAK（α-庚酮）倍数	持续时间	
Ⅱ.2 半衰期 2 h 至 1 个工班	5	30 min，平均值	2
Ⅲ 2 h 内出现作用的全身毒性 半衰期>1 个工作班（强蓄积性）	10	30 min，平均值	1
Ⅳ 作用很弱的物质 MAK>500 ppm	2	60 min，瞬间值	3
Ⅴ 有强烈气味的物质	2	10 min，瞬间值	4

3. 日本标准

日本化学物质职业接触限值见表 6-6。

表 6-6 日本化学物质职业接触限值

化学物质	ppm	mg/m³
二氧化碳（CO_2）	5 000	9 000
一氧化碳（CO）	50	57
硫化氢（H_2S）	5	7
二氧化氮（NO_2）	待定	待定
二氧化硫（SO_2）	待定	待定

4.《国际化学品安全卡》（ICSC）

《国际化学品安全卡》与隧道施工作业环境有关的有害物质职业接触限值见表 6-7。

表 6-7 《国际化学品安全卡》与隧道施工作业环境有关的有害物质职业接触限值

名称	职业接触限值			
	美国		德国	
	时间加权均值	短期接触限值	最高容许浓度	
			ppm	mg/m³
二氧化碳（CO_2）	5 000	30 000	5 000	9 100
一氧化碳（CO）	25	—	30	35

续表

名称	职业接触限值			
	美国		德国	
	时间加权均值	短期接触限值	最高容许浓度	
			ppm	mg/m³
硫化氢（H₂S）	10	15	10	14
一氧化氮（NO）	25	—	—	—
二氧化氮（NO₂）	3	5	5	9.5
二氧化硫（SO₂）	2	5	0.5	1.3

6.1.3 国家标准与国外标准的比较

三种有害气体职业接触限值国内外对比见表 6-8。

表 6-8 三种有害气体职业接触限值国内外对比

有害气体	职业接触限值种类	职业接触限值/（mg/m³）			
		中国	美国	德国	日本
一氧化碳（CO）	8 h 平均浓度	20	55	33	57
	短时间平均浓度	30	—	66（30 min）	86
	上限值	—	—	—	—
二氧化氮（NO₂）	8 h 平均浓度	5		9	
	短时间平均浓度	10			
	上限值	—	9	18（5 min）	
二氧化碳（CO₂）	8 h 平均浓度	9 000	9 000	9 000	9 000
	短时间平均浓度	18 000	—	—	—
	上限值	—	—	18 000（60 min）	

6.1.4 地下洞库通风安全卫生标准

结合国内外相关卫生标准，建议地下洞库卫生标准按表 6-9 进行取值。

表 6-9　洞内空气安全卫生标准

气体、烟尘名称	体积浓度 %	体积浓度 ×10⁻⁶	质量浓度/（mg/m³）
氧气 O_2	>20		
二氧化碳 CO_2	≤0.5	≤5 000.0	≤10
一氧化碳 CO	≤0.002 4	≤24.0	≤30
二氧化氮 NO_2	≤0.000 25	≤2.5	≤5
二氧化硫 SO_2	≤0.000 52	≤5.2	≤15
硫化氢 H_2S	≤0.000 66	≤6.6	≤10
三氧化二氮 N_2O_3	≤0.001		
有害粉尘			≤2

6.2 通风方案的选择

6.2.1 施工通风的影响因素

施工通风的影响因素包括掘进面工作情况、风机的工作风压、通风方式（压入式、吸出式或混合式）以及风管的材质结构类型等。

（1）洞室参数包括：洞室施工开挖的断面积 $S(\mathrm{m}^2)$、洞室的长度 $L(\mathrm{m})$、开挖的最大容积 $V(\mathrm{m}^3)$。

（2）爆破参数包括：单位耗药量（kg/m³）、单位长度炮眼装药量（kg/m）、炮眼装药系数、超钻系数、钻孔孔距（m）、钻孔排距（m）等。

（3）机械设备参数包括：钻机、装载机、自卸汽车的型号和数量。

（4）布置参数主要决定于施工中风机的布置情况，包括风管、风道长度等。

（5）其他参数为施工通风的影响系数，包括：洞室内通风要求的最小风速 $v_{\min}$（m/s）、单位功率柴油机械设备每分钟要求的通风量 μ（m³/min）、大断面通风涡流扩散的影响系数 K_w、洞室施工环境修正系数 K_s、百米风管的漏风率等。

6.2.2 通风机的选择

反映通风机基本性能的参数有风量、风压、功率和效率。选择通风机时一般根据系统中所需的风量及风压，利用通风机的风压特性曲线来确定。

1. 选择风机遵循的主要原则

（1）风机应能满足最大送风距离的供风需求。

（2）风机工作点不能处在湍振区，应在合理的工作范围内并尽可能靠近最高效率点。

（3）选择低噪、高效节能风机。

2. 风机选型

风机选型是其中一个关键环节，其好坏直接影响隧道施工的通风效果、能量消耗、通风成本。风机选择应与风管的选择密切相关，可参照如下步骤进行：

（1）根据所需通风量、风管的漏风和摩擦系数，以及最大送风距离，计算出需要的风机出口风量和风压。

（2）根据所需要的风机供风量和风压，计算出需要的风机有效功率。

（3）根据风机的全压效率、传动效率等，算出电动机的输入功率。

（4）根据所需要的风机供风量、风压和功率确定备选的风机。

（5）根据备选风机的特性曲线和风管的特性曲线，确定工作点。

（6）根据风机工作点的风量和风压反算作业面的有效风量，看能否满足需风量，如满足，则确定所选择的风机。

选择通风机主要是依据风量和风压，以及确定在这样的风量和风压条件下通风机的功率。我国目前生产的隧道开挖通风机都是配套设备，只要由供风量和风压选定相应的设备就行了，不需计算动力。

通风机有轴流式和离心式两种。出厂产品都有主要技术性能说明书或附有通风机特性曲线，因此可以按计算出的 Ql 和全负压 H 从产品说明书中选取；或根据 $H=R$ 给出风筒特性曲线找出它与通风机特性曲线的交点，即工况点，选取所需的通风机。隧道通风多用轴流式通风机，因其比离心式通风机体积小，安装方便，效率也高，但噪声较大。

6.2.3 隧道施工常用通风方法及风量的计算

我国以往修建铁路隧道采用管道式通风时,所用的风机主要是矿井用的 JBT 系列,其风压和风量都不大,对于大断面施工,难以满足要求。在衡广线和大秦线的隧道施工中,我国引进了日本的对旋式风机,使通风量不足的问题得到改善。国外在管道式通风中基本上采用大型轴流式风机,如勃朗峰公路隧道施工时采用的风机每组功率为 264.6 kW 和 396.9 kW。日本在隧道和水工隧道施工中多用带消声器的对旋风机。

我国目前的隧道施工中多采用大风量的轴流式通风机,配以大直径的风管。

根据相关调查资料显示,国内为地下工程专门生产隧道专用风机的主要有四大风机厂,分别为天津市通风机厂、西安交大流体机械工程中心咸阳风机厂、山西侯马鑫丰康风机公司、山西运城巨龙风机公司。另外,上海风机厂、山东淄博金河风机公司也生产类似风机,但不是该厂主要产品。这些厂大都是 ISO 9002 国际质量体系认证企业。当然,国外产品还有日本的 PF-110SW 系列和德国的 AL17-1700/450 系列。

对国内四大厂家风机进行比对结果如下所示:

以机号 No12.5 型风机为例,国内主要四家隧道风机产品比对见表 6-10。

表 6-10 国内主要四家隧道风机产品比对(1)

厂名	风量/(m³/h)	风压/Pa	功率/kW	价格/万元
天津市通风机厂	120 000	4 800	110×2	16.8
鑫丰康风机公司	93 000 ~ 170 000	1 378 ~ 5 355	110×2	14.3
巨龙风机公司	100 000 ~ 170 000	1 400 ~ 5 500	110×2	15.99
西安交大咸阳厂	120 000	5 300	110×2	13.7

以机号 No10 型风机为例,国内主要四家隧道风机产品比对见表 6-11。

表 6-11 国内主要四家隧道风机产品比对(2)

厂名	风量/(m³/h)	风压/Pa	功率/kW	价格/万元
天津市通风机厂	60 000	4 800	55×2	11.6
鑫丰康风机公司	60 000	3 200	37×2	7.3
巨龙风机公司	60 000	3 200	37×2	7.4
西安交大咸阳厂	60 000	5 000	55×2	6.9

通过上述各风机厂的产品比较情况可知：价格上，天津风机厂最高，西安交大流体机械工程中心咸阳风机厂最低；性能上，对于同一风量，西安交大流体机械工程中心咸阳风机厂最高（也就是克服通风阻力的能力最强），山西两家厂的产品性能相比较而言较差些。因此在该工程中，凡用隧道专用风机时，均选用西安交大流体机械工程中心咸阳风机厂生产的风机。

6.2.4　风筒（风管）的选择

1. 风筒的种类和特点

风筒按材质分为刚性风筒和柔性风筒。刚性风筒主要指金属风筒和玻璃钢风筒。柔性风筒主要指帆布、胶布、人造革、塑料布等软质风筒。柔性风筒按是否具有阻燃、抗静电性能分为普通风筒和阻燃、抗静电风筒，按风筒的涂覆材料又分为橡胶覆布风筒、塑料涂覆布风筒和橡塑涂覆布风筒，按风筒布的骨架材料又分为玻璃钢纤维布风筒、玻璃纤维布风筒和合成纤维布风筒，按加工工程中有无接缝又分为有缝风筒和无缝风筒。

风筒按通风方式分为正压风筒和负压风筒。用于压入式通风方式的风筒称为正压风筒，用于抽出式通风方式的风筒称为负压风筒。

从技术和经济角度上讲，柔性风筒要优于刚性风筒。施工通风对风筒的要求有：风阻系数低、漏风率低、合适的直径等。刚性风筒中常用的有铁皮或铝皮制的金属风筒，节长 3 m，大断面隧道内节长可用 5 m，具有摩擦阻力小、抗冲击、耐磨、不易变形、能承受负压等优点，不足之处是管节短，重量大，加工、搬运、存储、安装较麻烦；柔性风筒多为人造革、胶皮及帆布等制品，节长为 10 m、20 m 或达 50 m 多种，具有管节长，接头少，重量轻，搬运、存储、安装方便的等优点，缺点是强度及耐疲劳性较差、不能承受负压等。目前国产的刚性风筒和柔性风筒气密性一般均不理想，前者是由于管节短、接头及焊缝多，后者是由于选材或加工工艺不好、管节较长。另外，在价格方面，刚性风筒较柔性风筒高。比较而言：刚性风筒的优缺点是由其制作材料的性质决定的；而柔性风筒在选择制作材料方面余地较大，在对风筒接头连接形式及加大管节长度等方面进行改进后，其性能、价格将大大优于刚性风筒。

2. 风筒风阻的影响

降低通风阻力的主要技术手段是采用大直径风管。根据流体力学的基本规律，通风阻力和通风机消耗的功率都与通风管直径的负五次方成正比，因此，要降低通风阻力，延长送风距离，降低通风的电能消耗，最有效的途径就是采用直径较大的通风管道。在平地隧道施工中，将通风管直径从原定的 1.0 m 增大到 1.2 m 时，虽然风筒造价有所提高，但理论计算表明采用大直径的风筒，通风量的阻力降低 60%，即通风距离可增大到 2.48 倍，而消耗的电能却相同，通风设备投入量会相应地减少，施工中通风效果和取得的经济效益十分可观。所以，对于长大隧道，在净空允许的情况下应尽可能采用大直径的风管以减小阻力。在国外，全断面开挖的长大隧道曾用到直径为 2 000～2 700 mm 的风管。风管内的风速一般控制在 10～15 m/s。当风管阻力太大时可采用风机串联的方式解决。一般情况下，宜采用集中串联；当风压过大风管可能胀破时，采用间隔串联。

风机与风管的性能必须合理匹配。风机和风管组成了统一的通风系统，该系统的性能由它们的工况点所确定。工况点的位置说明系统匹配是否合理，不合理的匹配往往使系统无法进行，损坏设备，其危害不可忽视。确定系统匹配是否合理要依据严格的设计计算。

3. 风筒材质的影响

1）胶皮风筒的送风距离

压入式风机一般选用胶皮风筒，根据料质不同分为：PVC 高强纤维丝布基风筒、PVC 薄棉交织布基风筒、PVC 玻纤布基风筒。在设计中选用 PVC 高强纤维布基风筒，这种高质量风筒漏风小，可保证送风距离长。在通风工程中，由于能耗与风量的立方成正比，漏风将无谓地增加能耗。根据统计，漏风 1%，将增加 5% 的能耗，因此减少漏风是十分重要的。

根据理论计算，送风距离可按下式计算。

$$L = RD^5 / 6.5\alpha$$

$$L = HD^5 / 6.5\alpha Q^2$$

式中：D——风筒直径（m）；

R——风筒的摩擦风阻，$R = H/Q^2$（Pa·s²/m⁶）；

H——风机风压（Pa）；

Q——风机风量（m³/s）；

α——风筒的摩擦阻力系数（Pa·s²/m⁶）。

当选用SDDY-1No12.5隧道专用风机时，风机风压为5 500 Pa，风量为120 000 m³/h，即33 m³/s。风筒直径选用1.2 m，风筒内部光滑，则送风距离为：L=5 500×1.2⁵/（6.5×0.000 2×33²）=973 m。

当选用SDDY-No10隧道专用风机时，风压为5 000 Pa，风量为61 000 m³/h，即16.94 m³/s。风筒直径选用1.0 m，风筒内部光滑，则送风距离为L=5 000×1.0⁵/（6.5×0.000 26×16.94²）=1 300 m。因此胶皮风筒送风距离应在800 m以上。

2）铁皮风筒的送风距离

铁皮风筒一般与抽出式风机配合使用，由于其摩擦阻力较胶皮风筒大，通风距离将缩短。当选用SDDY-1No12.5隧道专用风机，风筒直径为1.2 m时，其通风距离L=649 m；当选用SDDY-1No10隧道专用风机，风筒直径为1.0 m时，其通风距离L=968 m。因此铁皮风筒的通风距离也应在500 m以上。

4. 风筒漏风率的影响

风管系统由于其结构，少量漏风是正常的，也可以说是不可避免的。但是过量的漏风，则会影响到整个系统功能的实现和能源的大量浪费。因此，对不同系统类别及功能风管的允许漏风量，应作明确的规定。在选择风筒时，应选择漏风率和摩擦系数较小的风筒，以实现送风的最优化效果。现阶段，随着节长的增加，最大漏风率已达到0.05%。

对于软风管，防漏降阻是实现长距离通风的技术关键。做到这一点除了合理地匹配以外，由于软风管的漏风率与风管的管材、接头方式、加工工艺和节长关系很大，对通风管的制造、安装、维护的质量要严格保证。柔性风管的漏泄主要发生在接头和针眼处，破损处则发生大量漏风。漏风量与漏洞的大小和通风内外压差有关，漏洞越大、压差越高，漏风量也就越大。所以防止靠近风机一端的高压差区段漏风更为重要。柔性风管的安装必须做到平顺、挺直、紧扎、安稳。接头应采用刚性接头、拉链等密封性好、坚固耐用的连接方式。风管的节长应增大到30 m以上，以减少接头漏风和降低局部阻力。

5．风筒直径的影响

1）国内外局部通风风筒尺度的比较

在我国金属矿矿井通风教科书和采矿设计手册中,风筒直径选取的基本原则为:当送风距离在 200 m 以内,一般送风量不超过 2~3 m³/s 时,可用直径为 300~400 mm 的风筒;送风距离为 200~500 m 时,可用直径为 400~500 mm 的风筒;送风距离为 500~1 000 m 时,可用直径为 500~600 mm 的风筒。另外,生产风筒的厂家也将其产品规格定在这一范围。因此,长期以来,我国矿井使用的局部通风风筒直径基本在 300~600 mm 范围内,即使有些矿井巷道断面允许使用较大直径的风筒也未采用。

国外使用大型设备的矿井,由于巷道断面大,其局部通风主风筒的直径有些达到 1 500 mm（1.767 m²）,分支风筒的直径一般都在 600 mm 以上。有些地压较大的矿山为了防止巷道冒顶将其断面掘成椭圆形,巷道顶部有足够的断面积安装大直径风筒,可将局部扇风机和风筒吊挂在巷道顶板上,非常可靠且不易损坏。

2）风筒直径与局部通风参数分析

在局部通风中,风筒的总风阻为:

$$R=R_1+R_2+R_3=\frac{6.485\alpha l}{d^5}+n\zeta_2\frac{\rho}{2S^2}+\sum\zeta_3\frac{\rho}{2S^2}$$

式中：R——风筒的总风阻[（N·s²）/m⁸];

R_1——风筒的摩擦风阻,[（N·s²）/m⁸];

R_2——风筒接头处的局部风阻,[（N·s²）/m⁸];

R_3——风筒拐弯处的局部风阻,[（N·s²）/m⁸];

α——风筒的摩擦阻力系数,[（N·s²）/m⁴];

l——风筒长度（m）;

d——风筒直径（m）;

n——风筒的接头数;

ζ_2——风筒接头的局部阻力系数;

ζ_3——风筒拐弯的局部阻力系数;

ρ——空气密度（kg/m³）。

为了方便分析,将风筒接头局部风阻和拐弯局部风阻之和近似计为风筒摩擦风阻的 20%,则风筒的总风阻为:

$$R = 7.782\frac{\alpha l}{d^5}$$

(1)能耗相同时不同风筒直径与风量的关系。

通风时风筒消耗的能量:

$$E = h \cdot Q = RQ^2 \cdot Q = RQ^3 = 7.782\frac{\alpha l}{d^5}Q^3$$

式中:E——风筒消耗的能量(W);

h——风筒阻力(N/m^2);

Q——风量(m^3/s)。

从式中可以看出:在能耗相同时,风量与风筒直径的 5/3 次方成反比。而对于金属风筒,其摩擦阻力系数 α 随直径的增大而降低,所以,实际风量比将以比风筒直径 5/3 次方更大的幅度增加。显然,风量倍增对作业面通风是十分有利的。金属风筒摩擦阻力系数 α 与直径 d 的关系见表 6-12,能耗相同时不同风筒直径与风量关系的算例见表 6-13。

表 6-12　金属风筒摩擦阻力系数 α 与直径 d 的关系

d/mm	200	300	400	500	600	700
α/[(N·s²)/m⁴]	0.005	0.004 5	0.004	0.003 5	0.003	0.002 5

表 6-13　能耗相同时不同风筒直径与风量关系的算例

d_1/d_2	400/300	500/300	600/300	700/300
α_1/α_2	0.004 5/0.004	0.004 5/0.003 5	0.004 5/0.003	0.004 5/0.002 5
Q_1/Q_2	1.68	2.55	3.63	4.99

(2)阻力相同时不同风筒直径与风量的关系。

通风时的阻力为:

$$h = RQ^2 = 7.782\frac{\alpha l}{d^5}Q^2$$

根据上式可以看出:阻力相同时,增大风筒直径,其风量比按风筒直径比的 2.5 次方增加。即在阻力相同时,风筒直径增大,允许过风量将大大增大。阻力相同时不同风筒直径与风量关系的算例见表 6-14。

表 6-14　阻力相同时不同风筒直径与风量关系的算例

d_1/d_2	400/300	500/300	600/300	700/300
α_1/α_2	0.004 5/0.004	0.004 5/0.003 5	0.004 5/0.003	0.004 5/0.002 5
Q_1/Q_2	2.18	4.07	6.93	11.16

（3）阻力相同时不同风筒直径与送风距离的关系。

根据式 $E = h \cdot Q = RQ^2 \cdot Q = RQ^3 = 7.782 \dfrac{\alpha l}{d^5} Q^3$ 可知，在风筒风阻相同时，以相同压力将相同风量送到不同地方，送风距离随风筒直径的增大而急剧增大。风阻相同时不同风筒直径与送风距离关系的算例见表 6-15。

表 6-15　风阻相同时不同风筒直径与送风距离关系的算例

d_1/d_2	400/300	500/300	600/300	700/300
α_1/α_2	0.004 5/0.004	0.004 5/0.003 5	0.004 5/0.003	0.004 5/0.002 5
Q_1/Q_2	4.74	16.53	48	124.50

（4）增大风筒直径的成本分析。

在现场允许安装大直径风筒的条件下，增大局部通风风筒的直径，其成本主要反映在风筒材料的增加上，功率相同的局扇和辅扇价格相差不多，安装维修等方面的费用差异也不会太大。如果风筒直径增大仅考虑材料增加一项，则相同材料单位长度不同直径风筒的成本之比与直径之比的模型近似为：

$$\frac{C_1}{C_2} = 3.1416 \frac{d_1}{d_2}$$

根据上式，直径分别为 d_1 和 d_2 的单位长度风筒消耗的能量之比为：

$$\frac{E_1}{E_2} = \left(\frac{\alpha_1}{\alpha_2}\right)\left(\frac{D_1}{D_2}\right)^5\left(\frac{q_1}{q_2}\right)^3$$

如果将能耗 E_1 和 E_2 分别用能耗成本 C_1' 和 C_2' 表示，则

$$\frac{C_1'}{C_2'} = \frac{C_0 t E_1}{C_0 t E_2} = \frac{E_1}{E_2} = \left(\frac{\alpha_1}{\alpha_2}\right)\left(\frac{d_1}{d_2}\right)^5\left(\frac{Q_1}{Q_2}\right)^3$$

可以看出，尽管风筒材料的成本以其直径的 3.141 6 倍增大，但其通风能耗成本却与其直径的 5 次方成反比，当增大风筒直径时，单位体积送风量的能耗成本仍大为降低。

（5）增大风筒直径的优缺点。

① 增大局部通风风筒直径可以大大降低通风阻力，大幅度增大送风量和送风距离。

② 在现场允许安装大直径风筒的条件下，大直径风筒通风的总成本也可以得到明显降低。

③ 由于增大风筒直径大大减少了通风阻力和风筒内压力，从而使漏风量也减少；同时，所配套的风机可由普通辅扇代替常用的局扇，风机工作压力和转速也得以降低，从而使噪声和噪声的频率降低。

④ 风筒直径增大，将使风筒出口风流射程或风筒吸风口的有效吸风长度减少。对于柔性风筒，如果风机压力太小则不易使其完全胀开。但这些缺点可以通过一些辅助设施加以解决。

6. 国内外风筒比较

国内风管也经历了几次快速发展阶段，目前国内软质风管的相关参数执行中华人民共和国煤炭行业标准《煤矿用涂覆布正压风筒》（MT 164—2007）。该标准规定，风筒的规格尺寸应符合表 6-16 的规定。

表 6-16 风筒的规格尺寸

风筒规格 /mm	直径及公差		长度及公差			
	公称直径 D/mm	公差/mm	公称长度 L/mm	公差 /mm	公称长度 L/mm	公差 /mm
300	300	+60	10, 20	+1 000	30	+2 000
400	400					
（450）	（450）					
500	500					
600	600					
700	700					
800	800					
1 000	1 000	+100				
1 200	1 200					
1 400	1 400					
1 600	1 600					
注：① 优先选用不带括号的直径规格； ② 特殊形状的风管、弯头、三通等由生产厂家按需方要求制造。						

风筒的通风性能（风阻、漏风率）应符合表 6-17 的要求。

表 6-17　风筒的通风性能

风筒规格/mm	百米风阻/（N·s²/m³）	百米漏风率/%	耐风压/Pa
300	≤811.0	≤4.0	≥5 000
400	≤196.0		
450	≤122.0		
500	≤54.0		
600	≤24.0		
700	≤12.0		≥7 000
800	≤6.0		≥8 000
1 000	≤2.0		
1 200	—*		≥10 000
1 400	—		
1 600	—		

注：*表示无该项要求。

风筒的物理机械性能应符合表 6-18 的要求。

表 6-18　物理机械性能

风筒规格/mm	经、纬向扯断强力/（N/50 mm）	经、纬向撕裂力/N	风筒接缝搭接强度/（N/50 mm）
300	≥1 300	≥150	≥1 000
400			
450			
500			
600			
700			
800			
1 000	≥2 000	≥250	≥1 600
1 200			
1 400			
1 600			

从上述风管出厂标准可知，目前国内风管的通风性能不很理想，风管的物理机械能满足拟定通风方案中部分段落的要求。根据资料，国内风管厂家的风筒规格范围可达 3 200 mm，而且其管节长度可达 100 m 或更长。

国外有 CMC 公司、JP 公司、ABC 等风管公司，其中 CMC 公司的风管基本参数如下：

① 风管规格：单节长度 100 m，风管布为进口意大利 1#布。

② 接头形式：拉链式。

③ 技术参数：

百米漏风率：0.67%；

接头漏风率：0.179%；

漏风压力：10 000 Pa；

摩阻系数（λ）：0.032；

百米风阻（kPa）：0.817；

破坏压力：21 000 Pa；

布拉断强度：4 000 N/50 mm；

剥离强度：200 N/25 mm；

膨胀率：0.6%。

JP 公司风管的规格及性能参数指标如表 6-19、表 6-20 所示：

表 6-19　不同风管材质的破坏压力点

单位：kPa

直径/mm	JP 501FR	JP 551FR	JP 551FR/A	JP 752FR
300	106.7	133.3	226.7	293.3
400	80.0	100.0	170.0	220.0
500	64.0	80.0	136.0	176.0
600	53.3	66.7	113.3	146.7
700	45.7	57.1	97.1	125.7
800	40.0	40.0	85.0	110.0
900	35.6	44.4	75.6	97.8
1 000	32.0	40.0	68.0	88.0
1 100	29.1	36.4	61.8	80.0

续表

直径/mm	JP 501FR	JP 551FR	JP 551FR/A	JP 752FR
1 200	26.7	33.3	56.7	73.3
1 300	24.6	30.8	52.3	67.7
1 400	22.9	28.6	48.6	62.9
1 500	21.3	26.7	45.3	58.7
1 600	20.0	25.0	42.5	55.0
1 700	18.8	23.5	40.0	51.8
1 800	17.8	22.2	37.8	48.9
1 900	16.8	21.1	35.8	46.3
2 000	16.0	20.0	34.0	44.0
2 100	15.2	19.0	32.4	41.9
2 200	14.5	18.2	30.9	40.0
2 300	13.9	17.4	29.6	38.3
2 400	13.3	16.7	28.3	36.7
2 500	12.8	16.0	27.2	35.2
2 600	12.3	15.4	26.2	33.8
2 700	11.9	14.8	25.2	32.6
2 800	11.4	14.3	24.3	31.4
2 900	11.0	13.8	23.4	30.3
3 000	10.7	13.3	22.7	29.3
3 100	10.3	12.9	21.9	28.4
3 200	10.0	12.5	21.3	27.5

表 6-20 不同风管材质的技术参数

项 目	JP 501 FR
材 质	PE 1100 Dtex
结 构	网格 9 in×9 in
质 量	500 g/m²
扯断强力	950/950 N/5 cm

续表

项目	JP 501 FR
撕裂力	350/350 N
接缝搭接强度	800 N/5 cm
阻燃性	FR/DIN 4102 B1

项目	JP 551 FR
材质	PE 1 100 Dtex
结构	网格 12 in×12 in
质量	550 g/m^2
扯断强力	1 250/1 250 N/5 cm
撕裂力	400/400 N
接缝搭接强度	1 000 N/5 cm
阻燃性	FR/DIN 4102 B1

项目	JP 501 FR
材质	PE 1430 Dtex
结构	网格 12 in×12 in
质量	650 g/m^2
扯断强力	2 100/2 100 N/5 cm
撕裂力	500/500 N
接缝搭接强度	1 700 N/5 cm
阻燃性	FR/DIN 4102 B1

项目	JP 501 FR
材质	PE 1 430 Dtex
结构	网格 12 in×12 in
质量	750 g/m^2
扯断强力	2 700/2 700 N/5 cm
撕裂力	600/600 N
接缝搭接强度	2 200 N/5 cm
阻燃性	FR/DIN 4102 B1

注：1 in=25.4 mm。

从上述参数可以看出，国外风管具有强度高、漏风率小的显著优点。但据初步询价，国外风管单价约为国产风管的 10 倍。因此，风管的选择应结合投资及后期使用费用综合考虑。

各国隧道施工通风的风管都向大直径发展，因而，制作风管的材料也越来越多。我国过去用的多是直径在 600 mm 以下的铁皮风管、橡胶风管和帆布风管等。随着机械化程度的提高和施工方法的发展，我国近些年来改用了大直径风管，如衡广复线和大秦线的隧道施工中，就使用了直径 1.2 m 的螺旋焊接钢管、直径 1.0~1.1 m 的镀锌铁皮风管以及直径 0.9~1.0 m 的胶质风管。在结构上，鉴于整体式硬风管有不便运输和易变形破损等缺点，大秦线的一些施工单位制造并使用了拼装式风管，但由于安装不便、维修困难，漏风率较高，使用效果不好。

目前，我国铁路隧道施工普遍采用直径 1.5 m 左右的各种软风管输送风流。直径越大，通风效果越好。联邦德国（西德）使用的最大风管直径达 2.7 m，我国多为 1.5 m 左右。一般来说，风管尽量悬吊在隧道拱部。

7. 风筒选择的原则

选择风管时，主要遵循的原则为：

（1）风管直径应能保证在最大送风距离时，风机风量能满足作业面的需风量。

（2）在隧道断面许可的条件下，尽可能选择直径较大的风管，以降低通风阻力，节约通风能耗。

（3）风管的百米漏风率和摩擦系数小。

（4）易于搬运安装和维护，结实耐用。

（5）瓦斯隧道风管还应具有阻燃和抗静电性能。

6.2.5 通风方式的选择

通风方式总体上可分为压入式和抽出式两种。采用压入式通风时，局部通风机及其附属电气设备布置在新鲜风流中，回风风流不通过局部通风机，安全性较好。对于采掘一定长度的独头煤巷，一般采用压入式局部通风，而压入式通风机提供的风量必须满足《煤矿安全规程》中规定的采掘工作面通风要求，风压也必须能够克服风筒的阻力，继而可以选择与工况点的风量、风压、功率和效率合适的压入式局部通风机。

施工洞室多半是大断面、长距离，因此一般都选压入式或混合式通风。风管布置：风管出口距工作面的距离为 $L_0=(4\sim5)S^{1/2}=(4\sim5)\times74.2^{1/2}=34.5\sim43$ m。据此而言，各洞室施工时，风管出口距工作面应在 30 m 以内，最长也不应超过 50 m。但距工作面太近，风管易爆破损坏。

6.3 风量需求对通风方式的影响

隧道通风的基本原理是利用外来新鲜空气冲淡、稀释施工中产生的各类有害气体，使之达到安全卫生标准。通风量计算包括施工人员所需风量计算、爆破散烟需风量计算、满足最小风速所需风量计算及冲淡柴油机废气所需风量计算等，设计风量为这四项计算风量的最大值。

（1）按施工人员所需风量计算。每人所需供风标准取 4 m^3/min。

（2）按施工时使用柴油机设备所需风量计算。柴油机设备尾气稀释需风标准取 4 m^3/(min·kW)。

（3）按最小排尘风速所需风量计算。洞室内允许最小风速，大断面洞室掘进不小于 0.15 m/s，小断面隧道和导洞掘进不小于 0.25 m/s。

（4）按爆破散烟所需风量计算。

各种地下工程开挖掘进按爆破散烟计算风量的依据很多，有水利水电行业的设计手册，有铁路、公路隧道方面的行业规范，等等，但基本上来自于矿井通风。矿井风量计算公式是各种各样的，但最常用的为 $Q=N\sqrt{ASI}/t$。沃洛宁的公式（包括其他利用沃氏矿井通风基础公式推导的相关理论公式），其中的系数 N 可等于 15、18、19、21.1、24、25.5、40.3、50 等，分别用来计算独头巷道、贯通巷道型采场和大爆破后采区通风的风量，在我国的矿井通风教材和采矿手册等书刊中，有较为详细的介绍。对于长、大洞室，风量大小主要取决于爆破散烟所需风量。风量计算问题本身就是一个十分复杂的问题，可以说是通风设计的基础。

6.4 隧道施工通风排烟

6.4.1 施工通风有害气体浓度变化分析

1. 施工通风期间气体运动特征

理想流体为连续介质，其内部没有空隙，运动要素压力、速度、密度等连续分布。在通风中，与空气宏观运动的尺寸相比，由于有毒有害气体分子的间距十分微小，所以把它按连续介质假设，即视为理想流体，并运用连续介质理论进行研究。根据这一分析理论，对于隧道施工中的通风气流可作如下假设：① 风流流动时，忽略内部的摩擦力；② 风流不可压缩。这种没有内部摩擦同时又不考虑压缩性的流体称为理想流体。

虽然流体的运动是在三维空间发生和发展的，但在隧道施工通风系统中，空气流动主要是沿着轴线纵向运动，可认为只有一个主流运动方向，将其他两个方向运动忽略，简化为一维理想流体连续运动。理想流体流场中流体质点通过空间任意点的运动要素可用以下数学表达式表示：

$$P=P(x, y, z, t), v=v(x, y, z, t), \rho=\rho(x, y, z, t)$$

式中：P 为风流压力（N/m^2）；v 为风流速度（m/s）；ρ 为风流密度（kg/m^3）；x、y、z 为任意时刻空间点的三维坐标；t 为时间（s）。

就施工洞室内而言，由于结构特征、内部温度、通风量等在某一时刻内的变化不大，把隧道内的空气流近似看作稳定流，即上式中的 P、v 不随时间 t 变化，只是位置的函数，ρ 也不随时间和位置而变化，则上面各式变为：

$$P=P(x), v=v(x), \rho=常数$$

根据连续介质特性，流经任意断面的风流质量，将继续流经其下游的断面。理想风流的流动满足连续性方程：

$$\frac{\partial u_x}{\partial x}+\frac{\partial u_y}{\partial y}+\frac{\partial u_z}{\partial z}=0$$

式中：∂u_x、∂u_y、∂u_z 分别为流体在 x、y、z 方向上的速度分量。在不可压缩流体的一维稳定运动中，同一个总流上各断面的流量均相同，用公式表示则有：

$$Q=vS=\text{常数}$$

式中：Q 为风流的风量（m³/s）；v 为风流速度（m/s）；S 为风流流经某断面面积（m²）。因此断面相等处风速相等。在隧道施工通风中，断面相同的地方，改变通风量其通风速度也随其改变。

2. 通风区段有毒有害气体的浓度变化规律

图 6-1 是 3 种通风方式在理想条件下的通风示意图。假设风管出风口至掌子面的空间为工作区间，新鲜空气由通风管出口进入。设通风换气长度为 L_1，通风管出风口至掌子面的距离为 L_0，设洞室的断面积为 S，则工作区间的容积为 $V=S \times L_0$，设工作区间内有毒有害气体的初始浓度为 C_0，通风时间为 t，把通风时间分为 n 个时间段 Δt，$\Delta t=t/n$。

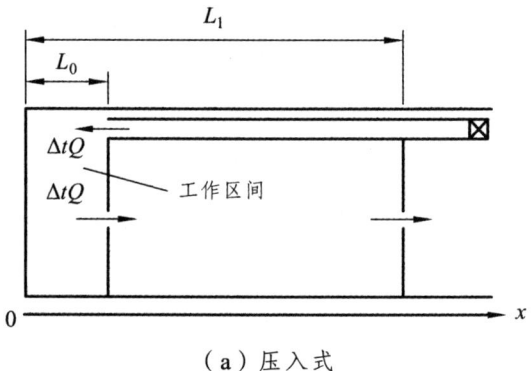

（a）压入式

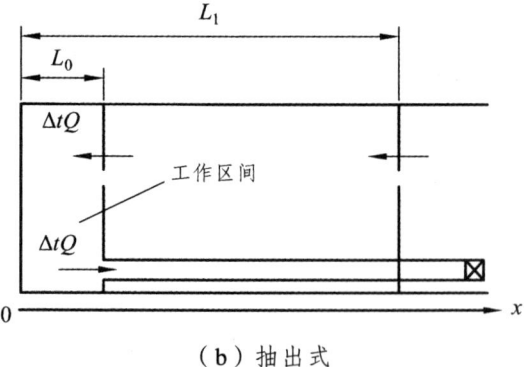

（b）抽出式

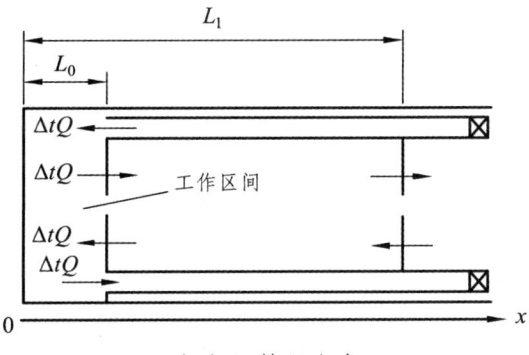

（c）压抽混合式

图 6-1 通风方式示意图

1）压入式通风

当通风时间达 Δt 后，抽出工作区间的有毒有害气体为 $Q\Delta t$，那么工作区间内的浓度可表示为：

$$C_{xn} = C_0\left(\frac{V - Q\Delta t}{V}\right)^n$$

同时有 $Q\Delta t$ 的新鲜空气进入工作区间，那么经过时间 t 后，工作区间的有毒有害气体浓度为：

$$C_x = \lim_{n\to\infty} C_{xn} = \lim_{n\to\infty} C_0\left(\frac{V - Q\Delta t}{V}\right)^n = \lim_{n\to\infty}\left(1 - \frac{Q\Delta t}{V}\right)^{\frac{t}{\Delta t}} C_0 = C_0 e^{\frac{-tQ}{V}}$$

压入式通风与抽出式通风下的有毒有害气体浓度变化公式相同。

2）压抽混合式通风

通风开始后，经过时间 Δt 后，有 $Q\Delta t$ 浓度的 CO 的有毒有害气体被吸出工作区间，同时又有 $Q\Delta t$ 浓度的 CO 的有毒有害气体排出工作区间，则工作区间内进入 $2Q\Delta t$ 的新鲜空气，那么经过时间 t 后，工作区间的有毒有害气体浓度为：

$$C_{hn} = C_0\left(\frac{V - 2Q\Delta t}{V}\right)^n$$

$$C_h = \lim_{n\to\infty} C_{hn} = \lim_{n\to\infty} C_0\left(\frac{V - 2Q\Delta t}{V}\right)^n = \lim_{n\to\infty}\left(1 - \frac{2Q\Delta t}{V}\right)^{\frac{t}{\Delta t}} C_0 = C_0 e^{\frac{-2tQ}{V}}$$

由此可见，对 3 种不同的通风方式，通风区有毒有害气体的浓度都是呈指数规律变化的，且在通风区域和通风时间一定的情况下，随着通风量的变化而变化。因此可通过改变通风量改变通风区有毒有害气体的浓度，实现在不同浓度下的通风。同时可以看出，在相同条件下，3 种通风方式中，压抽混合式通风下有毒有害气体的浓度要下降得快些，因而在工程中使用混合式通风的效果应该更为理想。

6.4.2　目前主要采用的排烟通风计算方法

在铁路、公路、水电行业，隧道施工通风一般采用压入式和混合式，排出炮烟所需风量目前也有按下式计算：

$$Q = \frac{7.8}{t}\sqrt[3]{AS^2L^2}$$

式中：t——通风时间（min）；
　　　A——同一时间爆破耗药量（kg）；
　　　S——隧道断面积（m²）；
　　　L——隧道通风换气长度（m）。

该公式在纯稀释模型的基础上进行推导，根据对爆破后排烟过程的现场观测，风管出风口至工作面区段内以稀释为主，而风管出风口以后区段则以对流为主。由该式计算出的结果与实际所需风量之间不可避免地存在着偏差，有必要对爆破后通风排烟风量的计算方法进行探讨。

6.4.3　爆破后通风排烟风量的计算方法

1. 压入式通风风量计算

$$Q = \frac{2.25}{t}\sqrt[3]{\frac{G(AL)^2 b\Psi}{p^2}}$$

式中：Q——工作面风量（m³/min）；
　　　t——通风时间（min）；
　　　G——同时爆破的炸药量（kg）；
　　　A——掘进巷道的横断面积（m²）；
　　　L——巷道全长或临界长度（m）；

Ψ——淋水系数;

b——炸药爆炸时有害气体生成量,煤层中爆破取 100,岩层中爆破取 40;

p——风管漏风系数。

2. 排出式通风风量计算

通风的风量计算有以下两种方法:

$$Q = \frac{2.13}{t}\sqrt{GAb\left(15+\frac{G}{5}\right)}$$

$$Q = \frac{18}{t}\sqrt{GAl_0}$$

式中:Q——工作面风量(m³/min);

l_0——炮烟抛掷长度(m),$l_0 = 15 + \frac{G}{5}$。

以上方法只适用于爆破后立即开始通风的情况,否则,由于炮烟不断向外蔓延,增加了炮烟区的容积,上述计算的风量将偏小,会延长通风排烟时间。

3. 混合式通风风量计算

在混合式通风中由于采用的是压入式通风与排出式通风的组合,故其风量应分别计算。压入式通风风量可用以下两种方法计算:

$$Q = \frac{2.25}{t}\sqrt[3]{G(AL)^2 b\Psi}$$

$$Q = \frac{19}{t}\sqrt{GLA}$$

式中:Q——工作面风量(m³/min);

L——吸风口到工作面的距离(m)。

排出式通风风量按下式计算:

$$g = Q + Av$$

式中:g——排出式风机从工作面净吸风量(m³/min);

A——开挖断面积(m²);

v——隧道的允许最低风速(m/min)。

7 高海拔特长隧道施工通风网络计算

隧道施工通风网络设计及设备选型和布置，有赖于施工通风参数风量和风压及其正确计算。然而通风参数的正确计算有赖于采用符合隧道施工通风网络实际的计算方法。在进行隧道施工通风网络设计时，应抓住最大风量和最高风压这两个控制因素来进行。在隧道施工实际掘进过程中，施工通风风量、风压是变化函数，不同洞室的掘进工作面位置，断面尺寸，所采用的施工方法，设备配置数量、类型和布置位置等参数的不同均会产生不同的施工通风效果。

7.1 三维数值模拟计算

现根据圭嘎拉隧道施工通风情况做三维数值模拟计算。

7.1.1 模型建立

圭嘎拉隧道由两个主洞组成，每隔 750 m 设置一个车行横通道，每隔 200 m 左右设置一个人行横通道（两道车行横通道之间设置 3 道人行横通道）。主洞、车行横通道及人行横通道断面如图 7-1 ~ 图 7-3 所示。

现根据现场实际情况对圭嘎拉隧道进口段 800 m 进行通风布置及对横通道建设情况进行建模，如图 7-4 所示。

7.1.2 网格划分

网格划分效果如图 7-5 所示。

7.1.3 边界条件

此次模拟设置的边界条件主要有三个。在左右主洞的进口端设置为 OUTFLOW，风管出口端面设置为 VELOCITY_INLET，衬砌壁面及掌子面设置为 WALL。

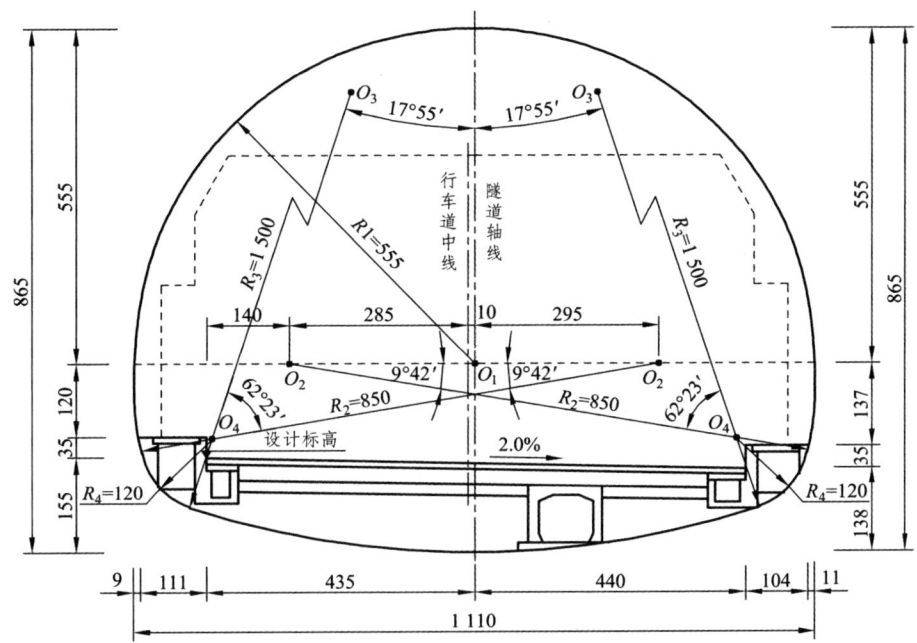

图 7-1 隧道内轮廓图（单位：cm）

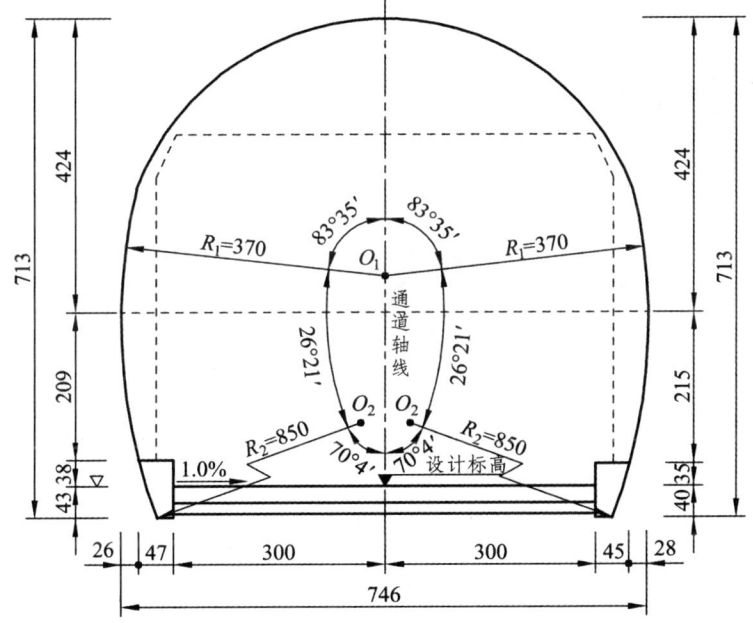

图 7-2 车行横通道断面图（单位：cm）

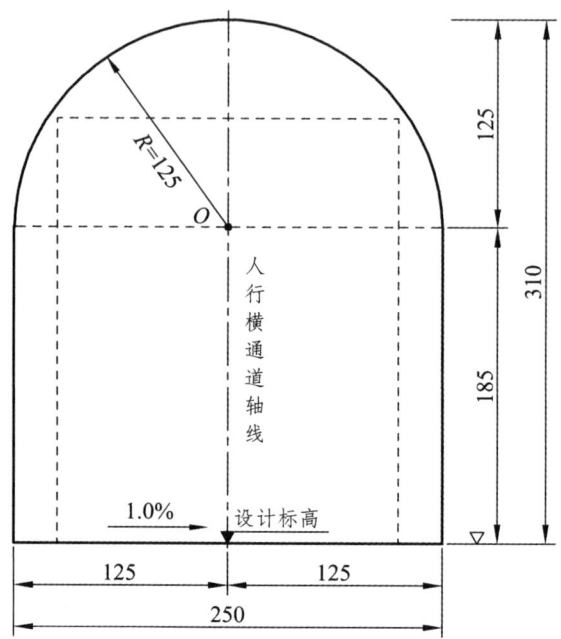

图 7-3 人行横通道断面图（单位：cm）

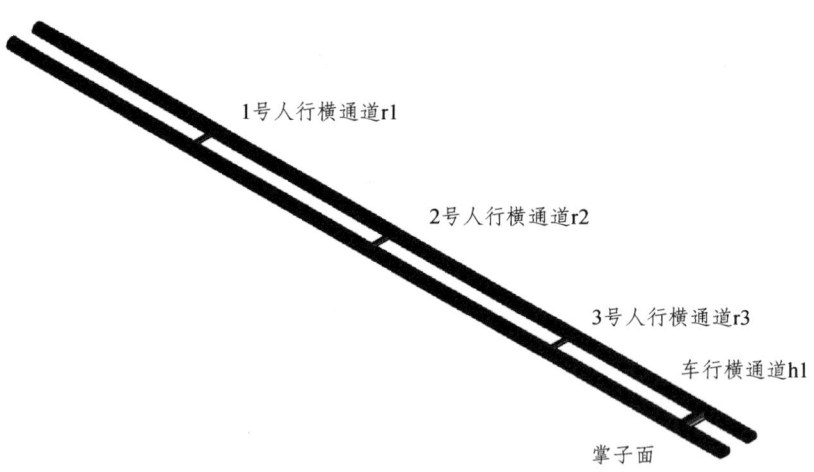

图 7-4 圭嘎拉隧道模型图

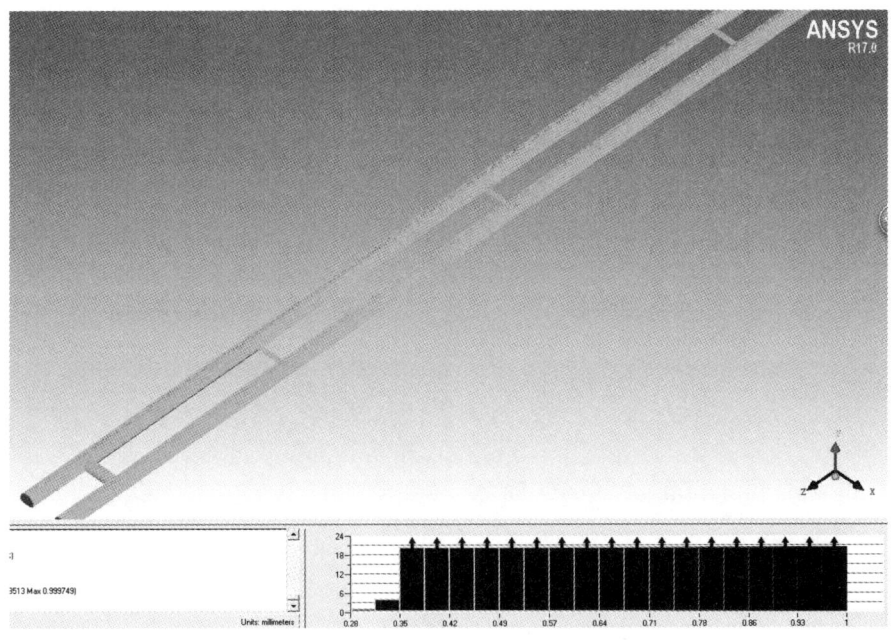

图 7-5　圭嘎拉隧道网格划分效果图

7.1.4　计算参数

本次模拟计算模型采用湍流 k-epsilon。根据公路隧道施工规范规定的分部开挖隧道断面风速不低于 0.25 m/s，换算风管端面风速为 37 m/s；圭嘎拉隧道实际布置风机的风管端面风速为 38 m/s。本次模拟取 38 m/s 计算，压力直径取 2 m，空气密度取 0.8 kg/m³，利用 Fluent 迭代计算 5 000 次。

7.1.5　计算结果

1. 主　洞

主洞计算云图如图 7-6 ~ 图 7-11 所示。

图 7-6　左洞全压云图

图 7-7　左洞风速云图

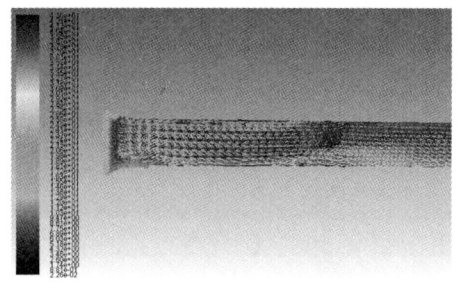
图 7-8　左洞风速矢量图

图 7-9　右洞风压云图

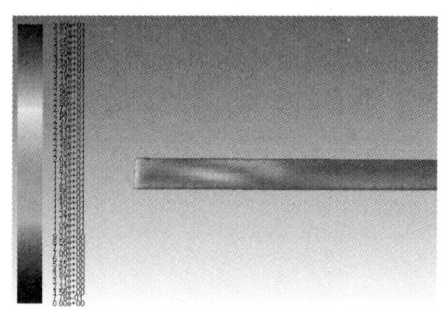
图 7-10　右洞风速云图

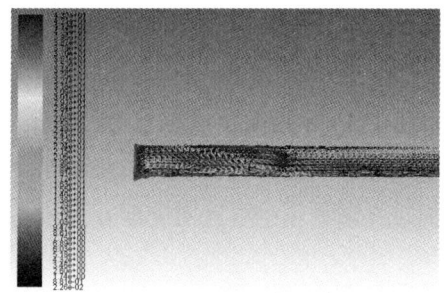
图 7-11　右洞风速矢量图

左、右洞风速、风压分布如表 7-1、表 7-2 所示。

表 7-1　左洞风速、风压分布

项目	距掌子面距离/m							
	100	200	300	400	500	600	700	800
风速/(m/s)	1.875	1.269	1.121	0.979	1.077	1.041	0.931	1.157
风压/Pa	4.21	3.23	2.75	2.51	2.03	2.01	1.52	1.21

表 7-2 右洞风速、风压分布

项目	距掌子面距离/m							
	100	200	300	400	500	600	700	800
风速/(m/s)	1.775	1.247	1.091	0.956	0.984	0.973	0.854	0.993
风压/Pa	4.45	3.96	3.69	3.53	3.41	3.37	3.01	2.97

为更直观地显示，其变化曲线如图 7-12、图 7-13 所示。

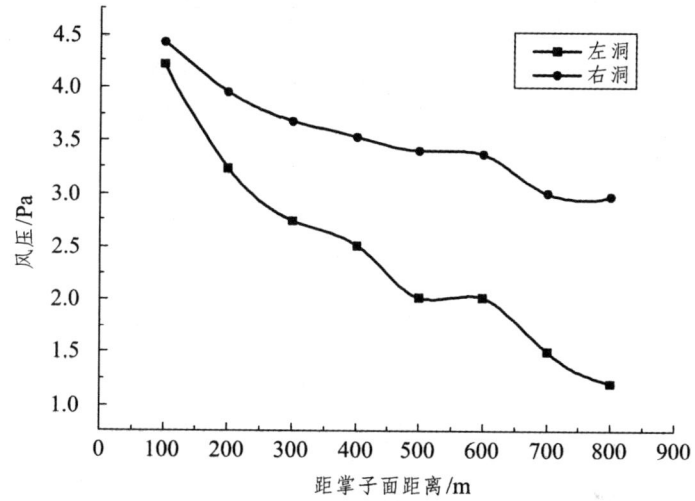

图 7-12 主洞风速变化曲线

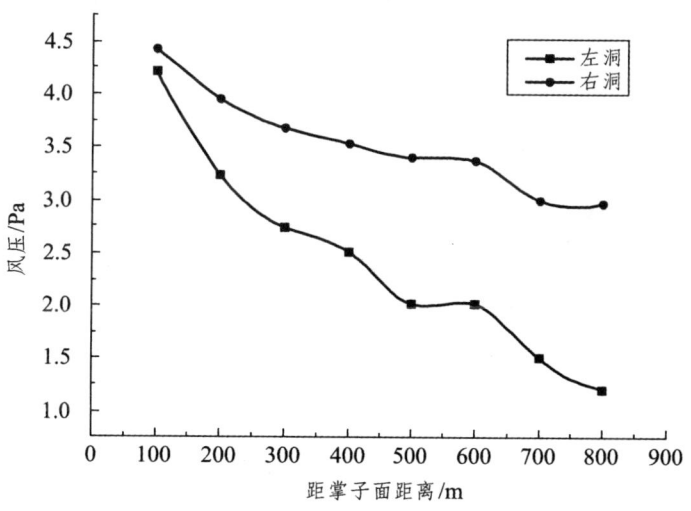

图 7-13 主洞风压变化曲线

由以上计算结果可以看出，主洞的风速与风压沿隧道变化趋势大致相同，沿掌子面向外逐渐减小；在有横通道的地方，其下降趋势减缓，在洞口处，风速增大。

2. 横通道

横通道计算云图如图 7-14~图 7-21 所示。

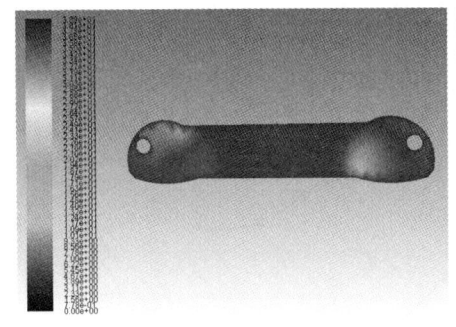

图 7-14　车行横通道风速云图

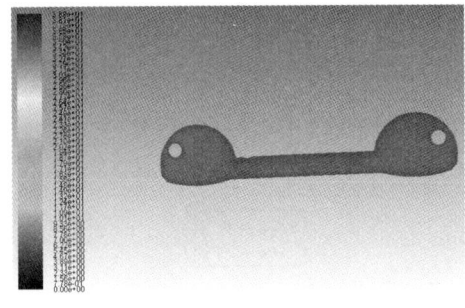

图 7-16　2 号人行横通道风速云图

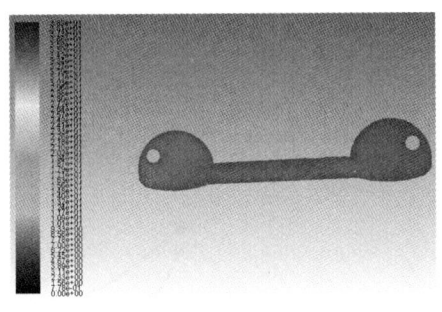

图 7-15　3 号人行横通道风速云图

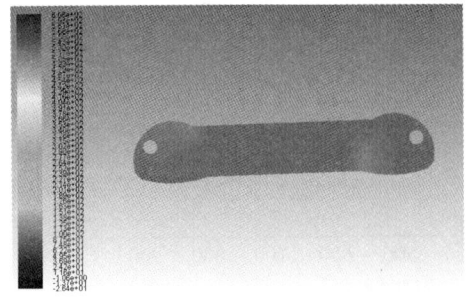

图 7-18　车行横通道压力云图

图 7-17　1 号人行横通道风速云图

图 7-19　3 号人行横通道压力云图

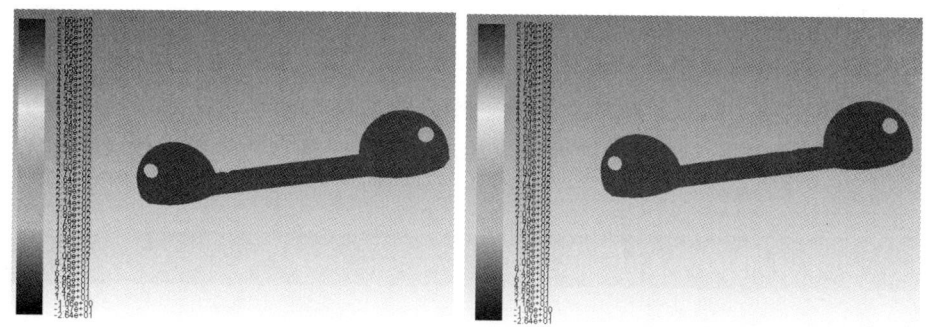

图 7-20　2 号人行横通道压力云图　　图 7-21　1 号人行横通道压力云图

由以上计算结果可以看出,横通道的风速与风压分布趋势大致相同。速度与风压散点图如图 7-22、图 7-23 所示。

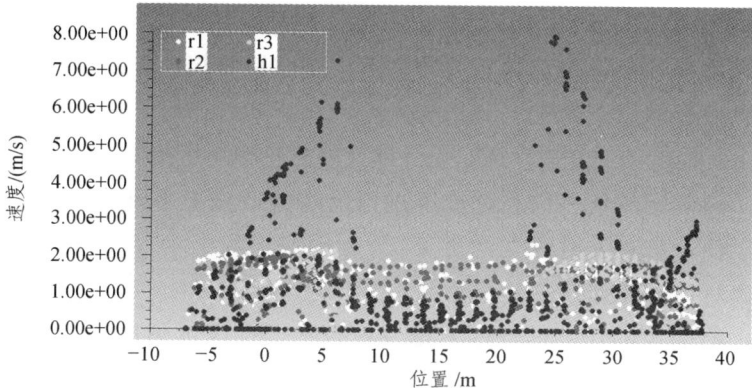

图 7-22　横通道速度散点图

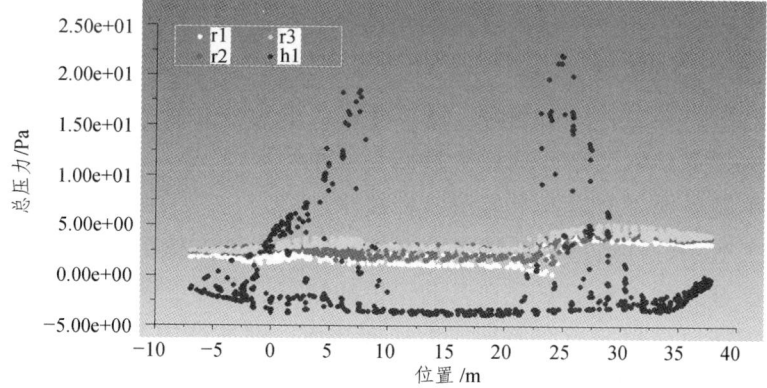

图 7-23　横通道压力散点图

从图 7-22、图 7-23 可以看出：在风速方面，相对断面较大的车行横通道（h1）的风速较小，在断面尺寸一致的情况下，横通道内风速沿掌子面向外呈缓慢减小趋势；在风压方面，相对断面较大的车行横通道压力较小，在断面尺寸一致的情况下，横通道内的风压沿掌子面向外呈缓慢增大的趋势。

7.2 隧道通风系统信息界定

在隧道施工过程中，良好的通风是保障施工安全、创造舒适作业环境的主要技术措施之一，有必要建立施工通风安全信息系统。通风安全信息系统对高海拔特长隧道施工更为重要，因此许多通风学者提出建立洞室群通风安全信息管理系统和隧道抗灾、救灾专家系统。

影响隧道施工通风的因素众多，要选取最有用的信息因素，需确定合理的通风信息界定原则和界定方法。不论是定性分析还是定量分析，分类、界定通风信息的原则为：

（1）所确定的信息应全面、充分地反映出整个隧道施工通风的实际状态。

（2）所确定的任一信息都能准确地反映隧道施工通风的某个方面。

（3）任一信息要有独立的意义。

（4）尽量避免选取的重复性。

（5）所确定的任一信息因素都要符合科学性、可测量性、可比性及简明性等要求。

1962 年美国贝尔电话公司工程师霍尔（Hall）在《系统工程方法论》中给出了系统工程方法论的三维结构体系。隧道施工通风系统也可采用三维结构描述（图 7-24）。

在选取、界定通风信息时，还要考虑以下几个方面：

（1）隧道通风网络系统评价指标及优化等。

（2）隧道施工通风安全监测监控技术。

（3）有关的隧道施工通风专家系统、灾害决策支持系统等。

（4）有关隧道施工安全和劳动保护的法规、标准、条例、规范等。

根据通风信息的界定原则、方法和依据，隧道施工通风信息的研究范围为：

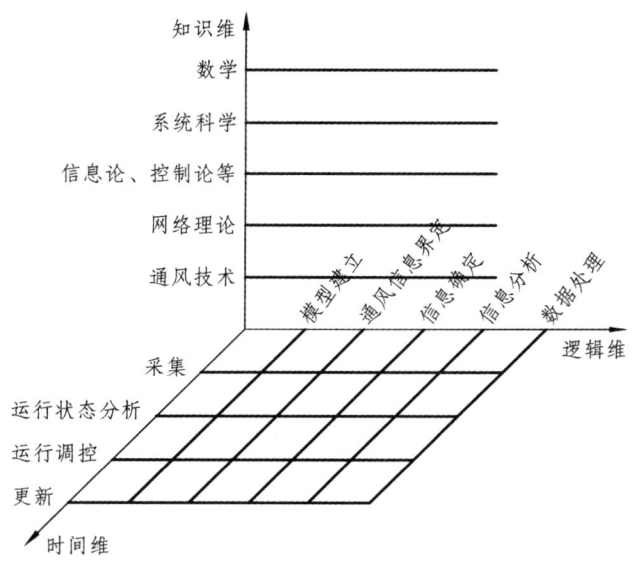

图 7-24 隧道施工通风网络系统三维结构

（1）研究实际的隧道施工，既要反映施工通风现状，又要考虑灾后处理。

（2）对于环境因素，只考虑与隧道施工通风有关的实际环境，对广义环境尽量压缩，以减少分析量。

（3）隧道施工通风信息研究的最终目的是保障施工通风的安全，但对其经济性也要关注。

7.3 高海拔特长隧道施工通风信息的分类

系统是由自然界和人类社会中相互关联、相互制约、相互作用的部分组成的，具有某些功能的有机整体。由此，隧道施工通风系统的概念为：隧道施工通风系统是由通风动力、通风网路、通风调控设施和通风管理人员组成的，用来向隧道施工中各作业地点供给新鲜空气、排出污浊空气的有机整体。

信息是客观世界在万物之间的相互感受和认识中的再现，它反映被感受对象和所考察事物的状态、特性和变化。施工通风信息指能够影响到施工通风或与施工通风有关的所有信息，这些信息能充分、恰当地反映施工通风状态。

根据隧道施工通风系统的概念，施工通风信息可分为两类：

（1）有关隧道施工通风系统各组成部分的信息，即通风动力信息、通风网路信息、通风调控设施信息、通风管理人员信息。

（2）反映隧道施工通风系统完成其功能的信息，即隧道洞内的风流品质。

根据表示信息的方式，信息的类型可分为数值、文本、图、表等。

7.3.1 通风动力信息

隧道的通风动力包括机械动力（如主要通风机、辅助通风机、局部通风机）和自然风压。

1. 机械动力信息

（1）主要通风机信息可分为主要通风机基础资料信息和运行状况信息。主要通风机基础资料信息包括：安装位置、服务区域、通风方式、机号、类型、型号、风量范围、全压范围、主轴转速、电机功率、防爆级别、噪声、介质温度、介质比重、产品编号、生产日期、生产厂家、安装日期、性能曲线、调节方式、可调范围、调节记录、动能回收、监测设备、反风方式、反风率、维修记录。运行状况信息包括：开停、调节、风量、风压、效率、电机功率、电机负荷率、风压占最高风压百分比。

（2）辅助通风机信息内容和主要通风机信息基本相同，少反风方式和反风率两项。

（3）局部通风机基础资料信息与辅助通风机基本相同，多有效射（吸）程、是否有闭锁装置两项。运行工况信息包括：开停、调节值、通风方式、通风距离、风量、风压、效率。

2. 自然风压信息

自然风压信息包括作用区域和大小。

7.3.2 通风网络信息

隧道施工的通风网络是隧道开挖运输、人员行走及通风的通道。通风网络不同于通常所说的通风洞室，它包括所有的通风洞室、各种孔隙、缝隙等。在隧道通风系统中，所有分支洞室的风流按其分岔与汇合的结构形成一个有向的连通体系，即隧道施工通风网络，它反映各风流的分合关系。

隧道施工通风网络信息可分为网络结构信息和分支信息。

1. 网络结构信息

隧道施工通风网络的结构信息有多种描述方法，最简便的方式是利用图论的知识。

对于隧道施工通风网络结构信息的描述主要可以通过 3 个方面的参数属性进行：隧道施工通风网络的节点数 m、边数（分支）n 及其基本关联矩阵 B。这 3 个参数的属性决定了隧道施工通风网络的结构信息 Y，用函数关系表示为

$$Y=y(m, n, B)$$

2. 网络分支信息

网络分支信息包括：始节点、末节点、分支号、是否角联、洞室名称、支护形式、断面形状、断面积 S、断面周长 U、坡度 β、长度 L、始节点标高 Z_A、末节点标高 Z_B、阻力 h、风量 Q、风速 v、风阻 R、百米风阻 R_{100}、摩擦阻力系数 α、堆积物状况、失修状况、隧道洞内总阻力 h_t、总风量 Q_t、总风阻 R_t、等积孔 A、通风系统图、通风网络图、阻力沿程曲线。

7.3.3 通风调控设施信息

靠自然分风不能满足各洞室的需风要求，还要在网络中的适当位置安设隔断、引导和控制风流的装置，以保证风流按施工需要流动。通风调控设施就是指这些装置，这里只讨论最常见的风门、密闭、调节风窗、风帘、风桥。

上述调节控制设施在大型地下洞室群施工过程中是必须的，在水电地下洞室开挖中一般设置得不多，或者很少碰到。

（1）风门信息包括：所在分支、编号、方向、安装日期、材料、完好状态、漏风量、是否连锁。

（2）密闭信息包括：所在分支、编号、修建日期、材料、完好状态、

漏风量、观察孔。

（3）调节风窗信息包括：所在分支、编号、安装日期、风阻、完好状态、过风量。

（4）风帘信息包括：所在分支、编号、安装日期、材料、过风量。

（5）风桥信息包括：上分支、下分支、编号、材料、漏风量。

7.3.4　通风管理人员信息

通风管理人员在施工通风中至关重要，承担通风设施的安装、维护、风流品质的检测统计工作，对通风安全负直接责任。通风管理人员信息包括：姓名、性别、出生年月、专业、学历、职称、职务、工作内容。

7.3.5　隧道施工通风群风流品质信息

根据隧道施工通风的目的和任务，可以把隧道通风的风流品质信息分为隧道施工作业人员的舒适性信息和隧道中风流质量信息两类，这两类的信息可进一步细化。通过对实际测量的各种风流数据的分析处理，得到能够反映实际隧道施工通风安全状况的风流品质信息。对隧道洞内风流品质的分类如图 7-25。

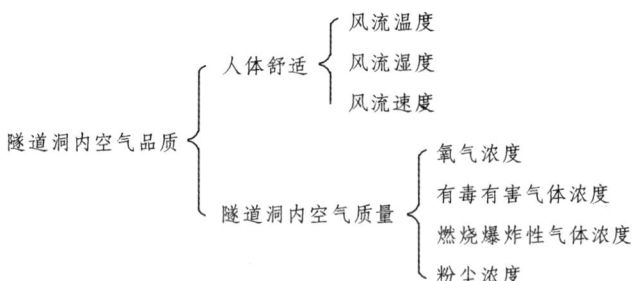

图 7-25　隧道风流品质分类

详细的隧道洞内风流品质信息包括：测定地点、干球温度、湿球温度、相对湿度、绝对气压、密度、风速、O_2 浓度、CH_4 浓度、CO 浓度、NO_2 浓度、SO_2 浓度、H_2S 浓度、粉尘浓度。

7.4 网络通风基本理论

7.4.1 通风网络

通风网络图是表示隧道中，风流沿着流向分开、汇合或空间交叉的点、线组合图。通风网络可以清晰地表示出隧道各段、各竖井（也可为斜井和平洞）风流的相互关系，而避开实际各通风段、竖井的空间位置关系，因而更便于分析和解算通风问题。特别是对高海拔特长隧道通风要求高、斜井及横通道多等尤为实用。

1. 通风网络图的绘制

（1）通风系统图是通风网络图绘制的基础，应首先在通风系统示意图上将风流的分汇点（叫节点）编号，作为设置通风网络图节点的根据。

（2）总压相近的几个节点可合并为一点；标高相同的抽出式通风各进风井口，合并为一点；标高相同的压入式通风各出风口，当风速很小时，也可看为一个节点。

（3）对隧道和井筒的进风和回风，先绘主干线路，再绘次要线路，最后绘出通风网络图。

（4）在风网中正确绘制自然风压，在存在高差的进风井口节点或回风节点间，添加含自然风压的虚线边，根据季节的不同确定风流的流向。该边是一虚拟边，其风阻为零。图 7-26 分别是一抽出式通风隧道的通风示意图和网络图，其中箭头表示风流方向，虚线为加入的自然风压边，该风网有 5 条边，4 个节点。

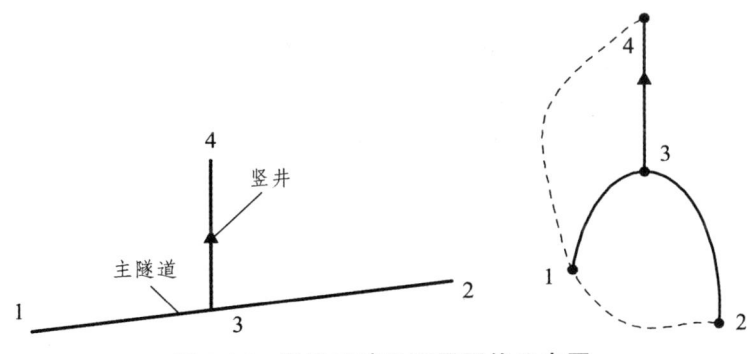

图 7-26　通风系统及通风网络示意图

2. 风网的形式和构成

1）串联风网

由两条以上的风路彼此首、尾相连而构成的总风路称为串联风路，如图 7-27（a）所示。

2）并联风路

由两条或两条以上的风路，从同一节点分开，又至另一相同节点汇合，中间无别的节点，这种通风网络叫并联网络，如图 7-27（b）所示。两条风路的并联叫简单并联，两条以上的风路并联叫复杂并联。

3）角联网络

在简单并联网络的分、汇点间，有一条或几条贯通风路，从而在原简单分汇点间增加了两个或两个以上的节点的网络，叫角联网络，如图 7-27（c）所示。有一条贯通风路的角联叫简单角联网络，有两条或两条以上对角风路的角联叫复杂角联网络。

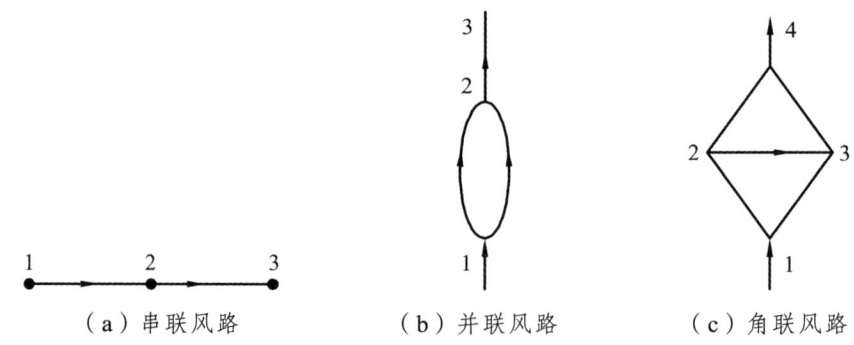

(a) 串联风路　　(b) 并联风路　　(c) 角联风路

图 7-27　通风网络示意图

7.4.2　通风网络中风流流动的基本规律

在正常情况下，风流在风路中近似呈稳定连续流动，多属于紊流状态。在任何形式的风网中，风流都遵循以下三个基本规律。

1. 风量平衡定律

对于通风网络中某一节点而言，按照连续性方程，流进节点的风量应等于流出该节点的风量，即：

$$\sum Q_i = 0$$

式中：Q_i——流入或流出某节点或网孔的风量（m³/s），流入取正值，流出取负值。

2. 风压平衡定律

风网中任一网孔的风压代数和（顺时针方向风流的风压取正值，逆时针方向风流的风压取负值）应等于零。

1）无压源网孔

所谓无压源网孔，是指网孔没有自然风压或风机或交通通风力的作用的回路，其风压平衡定律为：

$$\sum \Delta P_i = 0$$

式中：P_i——网孔中任一分支的风压（Pa），顺时针取正，逆时针取负。

2）有压源网孔

有压源网孔是指，网孔中有自然风压或风机或交通通风力或送排风的作用，其风压平衡定律为：

$$\sum \Delta P_i - \left(\sum H_{风机} + \sum H_{自} + \sum \Delta P_t \right) = 0$$

式中：$H_{风机}$——网孔中风机风压（Pa），顺时针取正，逆时针取负；

$H_{自}$——网孔中的自然风压（Pa），正负号的取法同上；

ΔP_t——交通通风力（Pa），正负号的取法同上。

3. 阻力定律

隧道风路中风流几乎全是稳定紊流，故通风阻力与风量的平方成正比，即

$$\Delta P = RQ^2$$

式中：ΔP——风路上的通风压力或通风阻力（Pa）；

R——风路上的风阻（kg/m⁷）；

Q——通过风路的风量（m³/s）。

7.4.3 简单风网中风流参数的关系

简单风网包括串联风网和并联风网。它们同样遵循风网中风流流动的基本规律,但是又各有特点,具有各自的特殊规律。

1. 串联风路

1)风量关系

顺次连接的串联风路,通过各分支的风量必然相同。若令 Q_1、Q_2、Q_3、Q_4、…、Q_n 分别代表通过串联风路各分支的分风量(m^3/s),而 Q 代表通过串联风路的总风量,则:

$$Q=Q_1=Q_2=Q_3=\cdots=Q_n$$

上式表明,串联风路的总风量等于组成串联风路各分支的分风量。

2)风压关系

若令 ΔP_1、ΔP_2、ΔP_3、ΔP_4、…、ΔP_n 分别代表通过串联风路各分支的分风压,ΔP 代表串联风路的总风压,则根据能量叠加原理有:

$$\Delta P_1 + \Delta P_2 + \cdots + \Delta P_n = \Delta P$$

上式表明,串联风路的总风压等于各分支的分风压之和。

3)风阻关系

根据以上两关系式和通风阻力定律可得,串联风路的总风阻等于各分支风阻之和,即:

$$R_1+R_2+\cdots+R_n=R$$

2. 并联风网

1)风量关系

若令 Q_1、Q_2 分别代表两条并联分支的分风量,Q 代表其总风量,则根据风量平衡定律有:

$$Q=Q_1+Q_2$$

2)风压关系

若令 ΔP_1、ΔP_2 分别代表两条并联分支的分风压,ΔP 代表并联风路的总风压,则根据风压平衡定律有:

$$\Delta P = \Delta P_1 = \Delta P_2$$

3）风阻关系

若令 R_1、R_2 分别代表两条并联分支的分风阻，R 代表并联风路的总风阻，则根据阻力定律有：

$$R = \cfrac{1}{\left(\cfrac{1}{\sqrt{R_1}} + \cfrac{1}{\sqrt{R_2}}\right)}$$

7.4.4 复杂通风网络简化过程与原理

18 世纪 Leonhard Euler 研究的"Konigsberg 七桥问题"是图形理论研究的开始，20 世纪 60 年代 Paul Erdos 和 Alfred Renyi 共同创立的随机图理论是一次重大的理论飞跃，ER 随机网络模型也成为研究复杂网络的基本模型。近年来，随着"小世界"网络模型、无标度网络模型、网络演化理论等复杂网络理论的基本模型与方法的相继被提出，以及科研人员对众多复杂的自然和人造网络的探索，复杂网络理论研究得到了迅速发展，成为研究复杂通风网络的有效工具。应用目前的通风网络拓扑理论研究复杂与极复杂矿井通风网络的风网解算、网络图的绘制、通风系统可靠性灵敏性及多风机耦合运转模拟等问题难度较大。辽宁工程技术大学、中国矿业大学等长期从事矿井通风网络拓扑方面的研究，在通风网络拓扑的基础理论与应用方面已取得显著进步，但缺乏对最简准等效拓扑通风网络与最简模糊拓扑通风网络的深入研究。

对复杂通风网络拓扑简化理论与方法的研究将进一步丰富和完善复杂矿井通风网络拓扑理论，对复杂通风网络的通风系统智能诊断、通风系统稳定性及可靠性分析、通风系统优化、预测、多风机耦合协同运转模拟等科学研究提供基础理论依据和技术支持，而且能够应用于供水管路、供暖管路等系统，具有一定的推广价值。

复杂拓扑通风网络的主要简化过程如图 7-28 所示：

具体简化过程与原理如下：

（1）由通风网络结构数据可自动生成假拓扑通风网络，假拓扑通风网络通过网络解算，将假拓扑分支都转为真拓扑分支后，假拓扑通风网络可以转为真拓扑通风网络；如果人工确定分支编号及分支始末节点编号，由该拓扑关系也可生成真拓扑通风网络。真拓扑通风网络是进行通风网络拓扑简化的基础，也是进行通风系统各类分析研究的基础。

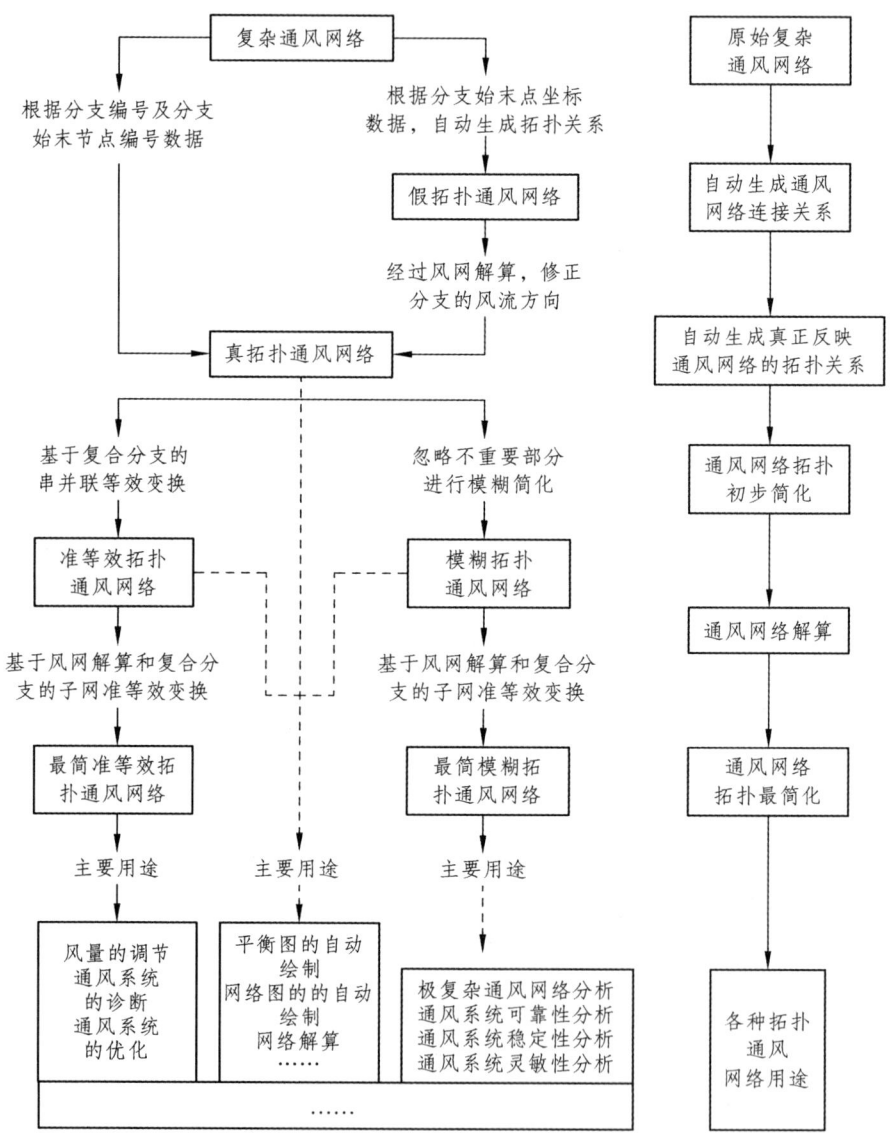

图 7-28　复杂拓扑通风网络的简化过程及原理

（2）对真拓扑通风网络基于复合分支对串联和并联子网进行参数等效

变换简化后，可以得到准等效拓扑通风网络，准等效拓扑通风网络可以代替真拓扑通风网络来研究各类通风问题。对准等效拓扑通风网络基于复合分支对复杂连接子网进行参数等效变换递归最简化后，可以得到最简准等效拓扑通风网络。基于最简准等效拓扑通风网络研究通风系统问题，可以有效提高计算效率。

（3）忽略真拓扑通风网络的细节和不重要的特征，将风阻值很小的分支始末点并为一个节点或将压降很小的局部风网合并为一个复合节点，可以得到模糊拓扑通风网络。风网解算后，对模糊拓扑通风网络基于复合分支对复杂连接子网进行参数等效变换递归简化后，可以得到最简模糊拓扑通风网络，基于最简模糊拓扑通风网络研究通风系统问题，可以使系统复杂度大大降低，通风网络计算效率大幅提高，可以对通风系统的宏观特性进行快速模拟与分析研究。

（4）基于复合分支和复合节点的概念，在真拓扑通风网络、准等效拓扑通风网络、模糊拓扑通风网络、最简准等效拓扑通风网络及最简模糊拓扑通风网络中均保存了真拓扑通风网络的所有数据，它们之间的相互转换都是可逆的。

基于上面复杂拓扑通风网络的简化过程及原理的研究，可以更好地研究通风网络拓扑实时计算、平衡图及网络图的自动绘制、通风网络解算以及多风机联合运转相互影响等课题，并且可以有效降低系统的复杂度，大幅提升计算效率。

7.5 网络通风仿真计算

7.5.1 隧道施工通风网络仿真原理

1. 施工通风系统特点

隧道开挖的施工通风系统由不同型号的风机、风管和空间位置复杂的风道组成，其影响因素有掘进工作面的情况、工作面距洞口的距离、风管的漏风率、风机的工作风压、通风方式（压入式、抽出式或混合式），以及风管的材质结构类型等，是一个受多变量影响的复杂系统。传统的施工通风设计一般是根据经验来选择通风设备并进行布置，不能准确了解施工期内通风系统的具体状态。运用解析的方法很难对这样复杂的大系统求解，而系统仿真技术的出现使得这类问题的解决成为可能。

2. 系统仿真技术简介

系统仿真技术是 20 世纪 40 年代末随着计算机技术的发展逐步形成的一门新兴学科。仿真（Simulation）就是通过建立实际系统模型并利用所建模型对实际系统进行实验研究的过程。自 40 年代仿真技术与计算机技术结合以来，先后出现了模拟机仿真、混合机仿真（模拟与数字技术相结合）、数字仿真以及数学-物理仿真（数学模型与物理效应模型相结合）。现代仿真技术已经成为任何复杂系统不可缺少的分析、研究、设计、评价、决策和训练的重要手段。近年来，随着科学技术和生产力的发展，出现了全生命周期的仿真技术（全过程仿真技术），即对仿真对象的整个生命周期进行高逼真度的仿真，从而达到作出正确决策、指导科学研究与生产实践的目的。

系统仿真是对系统进行实验研究的综合性技术，仿真实验的过程一般应包括以下三个阶段的工作：

（1）建立模型阶段。在这一阶段中，通常是先分块建立子系统的模型。若为数学模型则需要进行模型变换，即把数学模型变为在仿真计算机上可以运行的模型，并对其进行初步校验。若为物理模型，需在功能上与性能上覆盖系统的对应部分。然后根据系统的工作原理，将子系统的模型进一步集成为全系统的仿真实验模型。此阶段为系统仿真的基础，模型建立的正确与否直接影响仿真成果的对错。

（2）模型实验阶段。在这一阶段中，首先根据实验目的制订计划和大纲，设计一个好的流程，然后进行仿真实验并记录结果。

（3）结果分析阶段。在这一阶段中需要对实验数据进行科学的分析，并根据分析结果作出正确的判断和决策。

3. 系统仿真数学物理方程

模型与真实世界之间最重要的关系之一就是抽象和映射。在建立一个数学模型时，首先需要定义以下几个集合：输入集、输出集和状态变量集。定义了上述集合之后，建立复合的集合结构。为了描述一个系统内部的特性及其运动规律,即描述组成的实体之间由相互作用而引起实体属性的变化情况,通常采用"状态"的概念。动态系统的状态是指完全能够刻画系统行为的最小的一组变量。研究系统主要就是研究系统状态的改变,即系统的进展,状态变量能够完整地描述系统的当前状态及其对系统未来状态的影响。也就是说,知道了 $t=t_0$ 时刻的初始状态向量 x_0 和 $t>t_0$ 时刻的输入 $u(t)$,那么就能完全确定系统在任何 $t>t_0$ 时刻的行为。

选定一组状态变量后,系统状态的变化可由下列微分方程组描述:

$$\begin{cases} x_1 = f_1(x_1, x_2, \cdots, u_1, u_2, \cdots, u_m, t) \\ x_2 = f_2(x_1, x_2, \cdots, u_1, u_2, \cdots, u_m, t) \\ \cdots\cdots \\ x_n = f_n(x_1, x_2, \cdots, u_1, u_2, \cdots, u_m, t) \end{cases}$$

式中:x_i($i=1, 2, \cdots, n$)——系统状态变量;

u_j($j=1, 2, \cdots, m$)——输入变量;

t——时间变量;

f_i——状态转换函数。

上式称为系统的状态空间方程。

若记系统的输出变量为 $y_1, y_2, \cdots, y_n$,则输出与状态变量和输入变量之间的关系可表示为:

$$\begin{cases} y_1 = g_1(x_1, x_2, \cdots, u_1, u_2, \cdots, u_m, t) \\ y_2 = g_2(x_1, x_2, \cdots, u_1, u_2, \cdots, u_m, t) \\ \cdots\cdots \\ y_n = g_n(x_1, x_2, \cdots, u_1, u_2, \cdots, u_m, t) \end{cases}$$

上式称为系统的输出方程。

依据系统仿真原理,针对通风系统的实际情况,可以建立隧道施工通风仿真模型。在模型中引入"仿真钟"(又称"模拟钟")的概念,用来体现"模拟时间"的运行轨迹。"仿真钟"的推进有两种方法:一是时间步长法;二是事件步长法,也叫固定时间增量法。在通风仿真模型中采用时间步长推进法。它是以某一规定的单位时间为增量 Δt,按时间的进展一步步地对系统活动进行仿真。在仿真过程中,时间步长固定不变。施工通风仿真模型作为施工全过程仿真系统的一个子系统在运行时,通风参数和"仿真钟"信息由施工全过程仿真系统提供,通风仿真模型完成任意时刻的通风系统仿真计算。

4. 系统仿真基本步骤

首先选取施工系统施工前的状态作为系统的初始状态，并以开始施工的时刻作为"仿真钟"的零点。从该起点开始，每推进一个时间步长，就对施工系统内所有工序、资源等进行扫描，并通过分析评价，判断该时段内是否有事件发生（是否有通风的要求）。如果有事件发生，则它们就被认为发生在 Δt 的终止处，并相应改变系统状态；如果没有事件发生，则系统的状态不发生变化。重复上述步骤直至整个工程完工为止，仿真结束后，可以得到施工期内任意时刻通风系统的具体状态。仿真原理流程如图 7-29 所示。

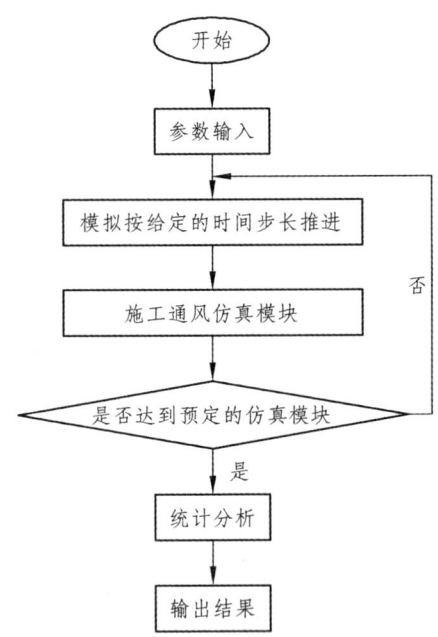

图 7-29　施工通风仿真原理流程示意图

人们对复杂风网的研究已有一个多世纪的历史。1931 年波兰学者柴操德（Coctt）采用几何学的方法解 θ 型的通风网路，1935 年，波兰学者巴尔切克（Barczyk）提出逐次渐近法，1936 年，美国学者克劳斯（Cross）提出一种解算流体管道网路的逐次计算法，1938 年，英国学者维克斯（Weeks）

用图解法来解算简单的通风网路，1950年，美国学者麦克劳尔（McIlrog）、荷兰学者玛斯（Maas）采用钨丝灯泡做电阻元件的通风网络电气模型以及应用该模型进行解算，都没有取得令人满意的结果。直到20世纪40年代世界上第一台电子计算机问世后，人们才开始研究用数值方法和图论理论来分析和解算矿井自然分风问题，并取得了一系列的成果。1951年，英国学者斯考德（Scott）和恒斯雷（Honsley），对计算管道水流的哈代-克劳斯（Hardy-Cross）方法加以改进，提出了矿井通风网络自然分风解算的渐近算法，即著名的斯考德-恒斯雷（Scott-Honsley）法。同年，日本京都大学学者平松良雄提出了类似的方法，即京大第一试算法（或称平松法）。从此，复杂风网自然分风解算进入了一个新时期。

7.5.2 施工通风仿真模型

通风网络分析包括自然分风、按需分风和分风优化三部分。当数学模型中全部分支阻抗 S 为已知，求解分支风量 Q 时称自然分风分析；当数学模型中一部分分支阻抗 S 和分支风量 Q 为已知，求另一部分分支阻抗 S 和分支风量 Q 时就称按需分风分析；当数学模型中要求功耗为最小时就称分风优化分析。

1. 施工通风仿真模型层次结构

以系统仿真技术为基础，考虑实际施工通风系统特征建立的施工通风仿真模型层次结构见图7-30。

2. 施工通风影响参数

施工通风影响参数包括隧道断面参数、爆破参数、布置参数、机械设备参数和其他参数。

3. 施工通风仿真模型内部数据流向

仿真实现模块依据参数库提供的通风参数，经过模型变换，再由功能选择子模块，根据通风仿真的不同情况调用相应的仿真计算体，从而获得描述施工通风系统的状态量。后期处理模块对当前施工时刻的通风系统情况进行统计、分析，然后以图表的形式输出。通风仿真参数的获得以及模拟钟的推进由施工全过程仿真系统控制。其数据流向见图7-31。

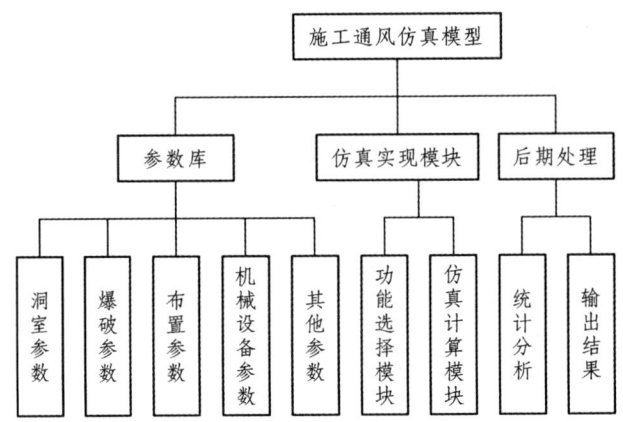

图 7-30 施工通风仿真模型层次结构示意图

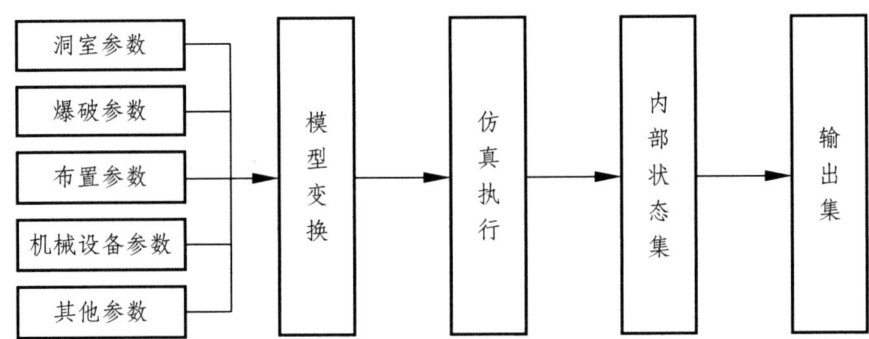

图 7-31 仿真模型内部数据流向示意图

4. 确定施工通风风量的数学模型

工作风量是反映通风系统的主要状态量。而在隧道施工实际掘进过程中，施工通风风量是一个变化的函数，不同的掘进工作面位置、断面尺寸、所采用的施工方法不同，设备配置数量、类型和布置位置不同均会产生不同的施工通风效果。考虑通风风量 Q 的动态表征，可建立如下确定 Q 的数学模型：

$$Q=f[t, x, \Phi(A, m, N, S, \cdots)]$$

式中：Q——风量（m³/min），与开挖阶段、工作面位置以及隧道的施工方法、通风设备的类型和数量、通风方式等密切相关；

t——掘进时段（min）；

x——掘进工作面位置（m），用隧道内已完成的长度和层数来表示；

$\varPhi(A, m, N, S, \cdots)$——炸药量 A、施工人员数量 m、施工机械设备数量 N、隧道断面积 S 等变量的函数。

5. 施工通风仿真模型的状态方程

根据系统仿真的思想，所建立的通风仿真模型的状态空间方程如下：

$$\begin{cases} Q_1 = k \cdot m(t) \cdot Q_r \\ Q_2 = 36A(t)/T \\ Q_3 = 60 v_{\min}(t) \cdot S_{\max}(t) \\ Q_4 = 21.4[A(t) \cdot S(t) \cdot L(t)]^{1/2}/T \\ Q_5 = 10.14[A(t) \cdot S(t) \cdot L_y(t)^2]/T \\ Q_6 = \mu \cdot \sum N(t) \\ Q_7 = 2.3V(t)\{\lg[500A(t)/V(t)]\}/(K_w \cdot T) \\ Q_8 = 7.8[A(t)S(t)^2 L(t) \cdot K_s]^{1/3}/T \end{cases}$$

式中：k——通风风量备用系数；

$m(t)$——隧道洞内同时作业人员数（人）；

Q_r——每个施工人员按安全卫生要求需要的新鲜空气流量（m^3/min）；

T——通风散烟时间（min）；

$A(t)$——各掘进面同一通风口同时爆破的总炸药量（kg）；

$S_{\max}(t)$——通风洞室的最大断面积（m^2）；

$S(t)$——洞室的开挖面积（m^2）；

$L(t)$——洞室的长度（m）；

$L_y(t)$——压风管口至开挖工作面的距离（m）；

$V(t)$——洞室开挖的体积（m^3）；

$\sum n(t)$——t 时刻同时在洞室内工作的柴油机械设备的总额定功率（kW）；

$v_{\min}(t)$，μ，K_w，K_s 意义同前。

施工通风系统的需风量为：

$$Q = \max\{Q_i\}(i = 1, 2, \cdots, n)$$

其中：Q_i——某一时刻同时发生的风量需求。

Q_i 包括：洞内作业人员呼吸所需风量、冲淡有害气体要求的通风量、洞内最小风速要求的通风量、洞室开挖要求的通风量、冲淡柴油机械设备排放的有害气体要求的通风量等。

6. 通风实体状态计算

施工通风仿真可看作实体（人员、机械设备和相关洞室）随时间变化的状态的迁移过程。通风仿真计算根据施工中的某个状态中的实体类型和数量计算此时的通风风量。在给定的施工时刻，实体是不可能同时有通风要求的。例如：钻孔爆破时，同一洞室内的自卸汽车不应有通风需求；进行装渣工序时，同一工作面的钻孔机械不应处于工作状态（以钻爆循环为例，循环内部的实体流向如图 7-32 所示）。由于通风仿真模型建立在施工过程仿真的基础上，因此可以得到任意时刻通风实体的状态，从而能够更准确地模拟施工通风系统的状况。

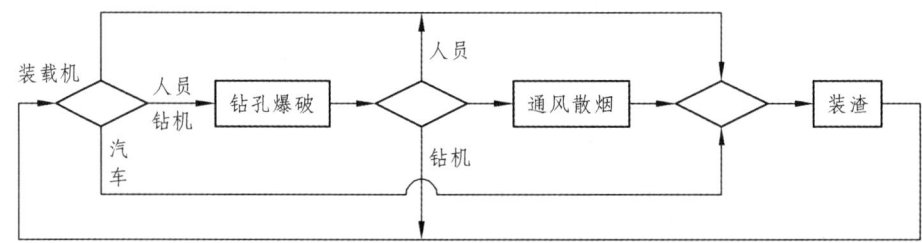

图 7-32　钻爆循环中通风实体的流向图

7.6　风网的数学解法

通风网络的自然分风计算，在 20 世纪 50 年代末以前，国内外学者就做了大量工作，并取得了许多成就，但由于受到计算方法和计算工具的影响，当时的计算结果无论是在理论上还是在实践上都存在着很大的局限性。随着计算机的兴起和发展，关于通风网络自然分风方面的计算已是旧貌换新颜。目前，应用计算机解算复杂通风网络，国内外都得到了巨大发展，而且取得了许多成果。

7.6.1　风网自然分风的数学解法

对风网解算的研究已经持续了一个多世纪，数学解法有几十种，这些方法的基本依据有两个，即拓扑约束和支路约束。

所谓拓扑约束就是节点和分支相互关联形式的约束。例如：与一个节点相关联的各分支，其风量必受风量平衡定律的约束；与一个回路相关联的各分支，其风压必受风压平衡定律的约束。

而支路约束取决于分支性质的约束。例如，任一风路两端的风压差和风量必须服从阻力定律。

对于任一风网来说，其基本定律有两个，即分支风量定律和分支风压定律，它们也受拓扑约束和支路约束的支配。拓扑约束和支路约束完全描述了风网的特性，它们是解算风网的基本依据。

解算隧道通风网络的数学分析方法虽然很多，但都是根据风网的两个基本变量派生出来的，概括起来可分为风量法和风压法两大类。

1. 风量法

1）分支风量法

各分支风量与风压是通过特性方程相联系的，因此一旦求得各分支风量，则分支风压就可由特性方程（阻力定律）求出；反之亦然。因此风网解算可分为两步进行，即先设法求出分支风量，然后再求分支风压。

2）回路风量法

应用独立回路风量法的概念，可以用回路风量表示分支风量。在一个回路中，设想数枝风量在独立回路中是连续流动的，这样就形成了所谓的"回路风量"，树枝风量或回路风量便是一组完备的独立风量变量。利用图论中的运算法则，可以借助回路风量来表达分支风量，这也是表达风量定律的一种方法。由此列出的风量方程式与回路风压方程式及阻力方程式（根据阻力定律列出）就构成了 $n-m+1$ 个非线性方程组。解此方程组，即可求得回路风量及树枝风量。目前，解算风网有许多方法，如斯考德-恒斯雷法、牛顿法和平松法等，都是根据回路风量法推导出来的。

3）网孔风量法

在平面网络中，可选取网孔作为独立回路，并将网孔风量看作回路风量，这样网孔风量法就转化成了回路风量法。

2. 风压法

1）分支风压法

解算风网时，也可以设法求出分支风压，然后再利用分支特性方程求分支风量。这是一种与分支风量法相对应的方法。

此法是利用风压平衡定律与节点风量平衡定律来列出方程组，并据此求解，以求出各分支的风压。

2）割集风压法

独立割集所包含的树枝的风压，称为割集风压。风网中各分支的风压可以用割集风压来表达。

由割集风压方程、割集风量方程、支路特性方程建立起来的方程组，可求出割集风压。有了割集风压，就可以进一步求出分支风量。

3）节点风压法

风网中选取某一个节点作为参考点，则其余的每一个节点与参考点的风压差，就叫作这个节点的节点风压。

对于风网中任一分支 f，设其两端节点为 i 及 j，若以 h_f 表示此分支的风压，则 h_f 即是节点风压 h_{vi} 与 h_{vj} 之差，即 $h_f=h_{vi}-h_{vj}$。若令 $C=1/RQ$（R 为分支风阻，Q 为分支风量，C 为风导），则分支风量 $Q_{ij}=C_{ij}(h_{vi}-h_{vj})$。由此看出，这一分支的风量可表示为节点风压的线性组合。因此只要求出了节点风压，便可求出分支风量。

7.6.2 解算风网的基本数学模型

1. 回路风量

在隧道通风网络中，包含余树弦的回路称为独立回路。设想余树弦中通过的风量在独立回路中连续流动，则这个余树弦中的风量就称为回路风量，它的方向就是余树弦的风流方向。任一风网，如果已知回路风量及方向，则由风量平衡定律可知，其他各分支的风量便可由回路风量线性表示出来，即树枝风量是若干个独立回路风量的代数和。

2. 分支风量和回路风量的关系

对于隧道通风网络图 $G=(V, E)$，已知 $|V|=m$，$|E|=n$，若将网络各分支按余树弦在前、树枝在后的次序排列，则可将基本关联矩阵 B_k 和独立回路矩阵 C_k 表示为：

$$B_k=(\begin{matrix} B_{11} & B_{12} \end{matrix})$$

$$C_k = (C_{11} \quad C_{12}) = (\text{I} \quad C_{12})$$

式中：B_{11}——$(m-1) \times (n-m+1)$阶矩阵；

B_{12}——$(m-1) \times (m-1)$阶方阵；

I——$n-m+1$阶单位矩阵；

C_{12}——$(n-m+1) \times (m-1)$阶矩阵。

则有

$$C_{12} = -B_{11}^T (B_{12}^{-1})^T$$

因此，由基本关联矩阵B_k，可以算出独立回路矩阵C_k，即：

$$C_k = \text{I} - B_{11}^T (B_{12}^{-1})^T$$

与基本关联矩阵B_k各排列次序相对应的网络分支有风量向量Q_N，若令网络图余树弦风量为Q_y，树枝的风量向量为Q_s，则有：

$$Q_N = (Q_1, Q_2, \cdots, Q_n) = (Q_y \quad Q_s)$$

由风量平衡定律：

$$B_k \cdot Q_N^T = 0$$

由此可以导出以下关系式：

$$Q_s^T = C_{12}^T Q_y^T$$

可得

$$Q_s = C_{12} Q_y$$

$$Q_N = Q_y C_k$$

由此可以看出在隧道通风网络的n条分支中，仅仅只有余树弦的风量向量Q_y是独立的，树枝风量向量Q_s可由独立回路风量向量（即余树弦风量向量）线性表示出。

3. 基本回路方程

对于一个通风网络图来说，因其所含有的独立回路数为$b=n-m+1$个，因此应先选一棵生成树，表明树枝数，这样余下的分支便是余树弦。这里约定，所有含竖井轴流风机的分支，都选为余树弦。由于每一个独立回路中只含有一条余树弦，因此将含有扇风机的分支选为余树弦后，某一台扇风机也就仅仅只包含于一个独立回路内。

将风网各分支按余树弦在前、树枝在后的次序排列，则有以下分支向量及有关权向量：

分支向量 $\boldsymbol{E}=(e_1, e_2, \cdots, e_n)$

风阻向量 $\boldsymbol{R}=(R_1, R_2, \cdots, R_n)$

风量向量 $\boldsymbol{Q}=(q_1, q_2, \cdots, q_n)$

阻力向量 $\boldsymbol{H}=(h_1, h_2, \cdots, h_n)$

通风能量向量：$\boldsymbol{P} = \boldsymbol{p}_f + \boldsymbol{p}_n + \boldsymbol{p}_z = (p_1, p_2, \cdots, p_n) = \sum_{j=1}^{n} p_j$

式中：p_j——分支 j 中的通风能量代数和（Pa），它的取值有以下规定：

$$p_j = \begin{cases} 1, \text{分支} e_j \text{中含有通风能量。} \\ 0, \text{分支} e_j \text{中不含有通风能量。} \end{cases}$$

p_f——扇风机风压（Pa）。

p_n——分支 e_j 中的自然风压（Pa）。

p_z——分支 e_j 中的火风压（Pa）。

若将分支风压平衡定律引入回路中，则同样有：

$$\sum_{j=1}^{n} c_{ij} h_j = \sum_{j=1}^{n} c_{ij} p_j \quad (i=1, 2, \cdots, b)$$

将回路风压方程写成矩阵形式，即：

$$\boldsymbol{C}_k (\boldsymbol{H}^\mathrm{T} - \boldsymbol{P}^\mathrm{T}) = \boldsymbol{0}$$

基本回路方程和其他方程组成了隧道通风网络的基本数学模型。

7.6.3 回路风量法

目前，国内外在解算隧道通风网络时，尤其是应用计算机对风网进行解算时，采用居多的方法是回路风量法。其中最著名、应用最广泛的是斯考德-恒斯雷法，其次是牛顿-拉夫森法和平松法。

1. 斯考德-恒斯雷法

1) 算法原理

对于一个具有 m 个节点、n 条分支的隧道通风网络图 $G=(V, E)$ 来说，其余树弦（即独立回路数）必为 $b=n-m+1$ 个，因此在给定风网中的各分支风阻及风向的情况下，选出该图的 b 个独立回路，标定独立回路的风量及风向，并设独立回路风量的向量为：

$$Q_y=(q_{y1}, q_{y2}, \cdots, q_{yb})$$

则在以独立回路风量为变量的条件下，由独立回路风压平衡方程式即可列出以下的非线性方程组：

$$\sum_{\substack{j=1 \\ j\neq i}}^{b} R_{ij}(q_{yi}-q_{yj})^2 + R_{ii}q_{yi}^2 = p_i \quad (i=1, 2, \cdots, b)$$

式中：R_{ij}——第 i 回路和第 j 回路的公共分支的风阻（即树枝风阻）（N·s²/m⁵）。

R_{ii}——第 i 回路中独立分支的风阻（N·s²/m⁵）。

q_{yi}、q_{yj}——第 i 回路和第 j 回路的风量（m³/s）。

p_i——第 i 回路的通风能量的代数和，即

$$p_i=p_f+p_n+p_z$$

其中：p_f——扇风机工作风压（Pa）；

p_n——自然风压（Pa）；

p_z——火风压（Pa）。

写成函数形式即为：

$$\begin{aligned} f_i &= f_i(q_{y1}, q_{y2}, \cdots, q_{yb}) \\ &= \sum_{\substack{j=1 \\ j\neq i}}^{b} R_{ij}(q_{yi}-q_{yj})^2 + R_{ii}q_{yi}^2 - p_i = 0 \end{aligned} \quad (i=1, 2, \cdots, b)$$

设方程组的第 k 次近似解为：

$$f_i = f_i(q_{y1}^k, q_{y2}^k, \cdots, q_{yb}^k) \quad (i=1, 2, \cdots, b)$$

利用非线性方程组线性化的方法来解算方程组，按泰勒级数展开，并将二次及二次以上的高阶微分部分忽略不计，可得回路风量校正值的计算式为：

$$\Delta q_{yi}^k = -\frac{\sum\limits_{\substack{j=1\\j\neq i}}^{b} R_{ij}(q_{yi}^k - q_{yj}^k)\left|q_{yi}^k - q_{yj}^k\right| + R_{ii}q_{yi}^k\left|q_{yi}^k\right| - p_i}{2\left(\sum\limits_{\substack{j=1\\j\neq i}}^{b} R_{ij}\left|q_{yi}^k - q_{yj}^k\right| + R_{ii}\left|q_{yi}^k\right|\right) - \left.\dfrac{\mathrm{d}p_i}{\mathrm{d}q_{yi}}\right|_{Q_y = Q_y^k}} \quad (i = 1,2,\cdots,b)$$

则第 $k+1$ 次独立回路风量值为：

$$q_{yi}^{k+1} = q_{yi}^k + \Delta q_{yi}^k \qquad (i=1,2,\cdots,b)$$

反复计算，依次求出独立回路风量修正值，如果满足以下条件：

$$\max\left\{\left|\Delta q_{yi}^{k+1}\right|\right\} \leqslant \varepsilon \qquad (i=1,2,\cdots,b)$$

式中：ε——预先给定的精度。

即可停止计算，这第 $k+1$ 次近似风量就是自然分配的风量。

2）计算步骤

具体计算过程可分为以下几个步骤：

（1）绘制并简化通风网络图。

（2）判定各分支的风流方向。一般可任意假定，解算后如风量为负，可再改正过来，但最好尽量接近实际风量方向。

（3）确定独立回路数，选取独立回路。

（4）拟定初始风量。手算时，为了加快收敛速度，应尽量接近真值。而电算时，由于计算机速度快，故初始风量可以任意假定，但基本上应符合风量平衡定律。

（5）解算独立回路风量修正值 Δq_i。手算时，一般列表进行，以免出错。电算时，只要程序及输入数据正确，机器自动解算，结果一定正确。当 Δq_i 计算出来后，应马上对该回路中各分支的风量进行校正，即：

$$q_{yi}^{k+1} = q_{yi}^k \pm \Delta q_{yi}^k$$

式中：q_{yi}^{k+1}、q_{yi}^k——分支 j 第 $k+1$ 次和第 k 次风量（m³/s）；

Δq_{yi}^k——第 i 个独立回路第 k 次风量修正值（m³/s）。

式中的正负号的确定原则是：如果分支流向与独立回路相同，则取"+"号，反之取"-"号。经过校正后的分支，在其他回路中出现时，应取校正后的风量值。

（6）检查计算精度。电算中通常取某次迭代中的最大的 $\left|\Delta q_{yi}^k\right| \leqslant \varepsilon$ 作为解算终止的条件。ε 一般取 $0.01 \sim 0.00001 \ m^3/s$；

3）算法分析

由于这种算法采用的是把复杂的非线性方程组线性化的方法，使得解算目的的转化成了求每个网孔的风量修正值，因而大大简化了计算，避免了大量的二维数组，所以采用此法编写程序时，可节省大量的计算机内存，对应用计算机计算大型通风网络系统时是适用的。

这种方法为了适应手算，除了忽略了高阶无穷小外，还忽略了同阶无穷小量，因而从数学上来说，这种方法缺乏严谨性。这就要求在选择回路时，必须满足一定的条件，即应选择风阻最大的分支为独立分支，且各独立回路包含的分支数越少越好，因这样舍弃的同阶无穷小量会越小。故选择不同的回路它们的收敛速度和结果也可能不同。

该法属于迭代法，其实质是在满足风量平衡定律式的条件下预先假定网孔内各分支风量，根据风压平衡定律式和阻力定律式列出网孔风压平衡方程，再按照方程式的泰勒级数展开式求风量的校正值 ΔQ，将风量初拟值作第一次修正，又用第一次校正风量求算第二次修正值，校正得各分支第二次渐进风量，直到满足预定精度为止。该法的程序粗框图如图 7-33 所示。

2. 牛顿-拉夫森法

本法的原理与斯考德-恒斯雷算法基本相同，是在列出通风网络的多元非线性方程组后，应用泰勒级数将其展开，然后忽略二次以上的高阶微分部分，形成回路风量校正值 Δq_{yi}^k 线性方程组。

$$\begin{bmatrix} \dfrac{\partial f_1}{\partial q_{y1}} & \dfrac{\partial f_1}{\partial q_{y2}} & \cdots & \dfrac{\partial f_1}{\partial q_{yb}} \\ \dfrac{\partial f_2}{\partial q_{y1}} & \dfrac{\partial f_2}{\partial q_{y2}} & \cdots & \dfrac{\partial f_2}{\partial q_{yb}} \\ \vdots & \vdots & & \vdots \\ \dfrac{\partial f_b}{\partial q_{y1}} & \dfrac{\partial f_b}{\partial q_{y2}} & \cdots & \dfrac{\partial f_b}{\partial q_{yb}} \end{bmatrix} \cdot \begin{bmatrix} \Delta q_{y1}^k \\ \Delta q_{y2}^k \\ \vdots \\ \Delta q_{yb}^k \end{bmatrix} = - \begin{bmatrix} f_1 \\ f_2 \\ \vdots \\ f_b \end{bmatrix}$$

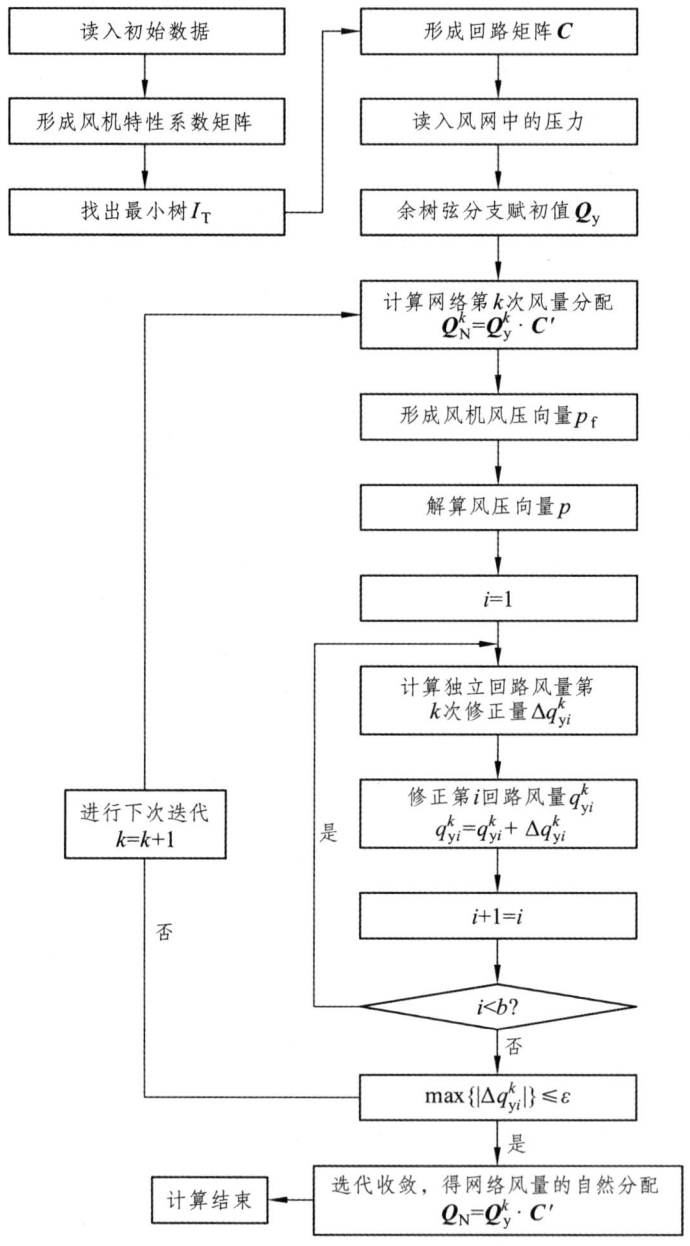

图 7-33 斯考德-恒斯雷法计算程序

解方程组即可求得独立回路第 k 次风量校正值 Δq_{yi}^k，则第 $k+1$ 次的独立回路风量的近似值为：

$$q_i^{k+1} = q_i^k + \Delta q_j^k$$

反复迭代计算，即可依次求出独立回路的风量修正值，当满足 $\max\{\Delta q_{yi}^k\} \leqslant \varepsilon$（$\varepsilon$ 是预先给出的计算精度）时，迭代计算结束。

该法与斯考德-恒斯雷法思路相同，但由于没有忽略同阶无穷小量，此法在理论上是严谨的，所以按照此法进行迭代求解时基本上不受回路选择的影响。使用此法利用计算机对由复杂网络建立的方程组进行解算时，虽然所需的迭代次数少，但每迭代一次所需要的时间却较多。对于一个小型的通风网络来说，利用牛顿-拉夫森法进行计算，所需时间少，但若用它解算大型的通风网络系统，则计算时间会大大增加，这也就失去了它的优越性。而利用斯考德-恒斯雷法解算通风网络时，其收敛速度慢，更突出的是收敛速度受所选的独立回路的影响极为严重。

8 高海拔特长隧道施工通风热泵利用模式

隧道在低温条件下,施工的通风方式会对隧道的防冻措施选择产生影响。由于受高海拔地区资源环境、防冻措施实施维护的成本和效益的限制,在施工期和运营期统一可行、直接可靠的措施是提高洞内气温。实现这一目标最直接的途径是对施工通风进行辅助加热。在地热资源丰富的西部地区,可以采用地源热泵的辅助加热方式,中间采用接力风机的形式,在施工完成以后,还可对其进行改造,转化为辅助运营通风的加热方式。

8.1 地源热泵概念、应用情况

8.1.1 地源热泵概念及分类

热泵实质上是一种热量提升装置,它本身消耗一部分能量,把环境介质中贮存的能量加以挖掘,提高温位进行利用。在自然界和工业生产中,存在大量的低品位热源,储藏于空气、土壤、水等介质中,以及废气、废水等工业介质中,利用热泵可以回收这些低品位热量,产生高品位热量供生产和生活使用。

《地源热泵系统工程技术规范》(GB 50366—2005)(2009 年版)规定地源热泵系统:以岩土体、地下水或地表水为低温热源,由水源热泵机组、地热能交换系统、建筑物内系统组成的供热空调系统。

表 8-1 反映的是不同热量提供方式的能量利用率,可以看出热泵的利用率在 2.8 以上,最为节能。另外,地源热泵利用浅表地层温度相对稳定的特性,冬季代替锅炉从浅表地层中取出热量,夏季代替普通空调向浅表地层排热。运用这项技术,只需输入少量的电能,就可以维持一套冷暖两用空调系统的运转,并且四季皆可产生热水。其应用可以带来良好的环境效益,在提高能源利用率的同时,减少了对电能的需求,进而为减少温室气体 CO_2 的排放。

表 8-1 不同热量提供方式的能量利用率

能量提供方式	燃油锅炉	太阳能	电锅炉	热泵
性能系数	0.7~0.9	0.80~0.95	1.0	>2.8

地源热泵系统由以下 4 个主要部分组成：换热系统（包括土壤、地下水和地表水的换热）、循环系统（主要以水为循环介质）、热泵机组系统和建筑供热空调系统。系统的组成如图 8-1 所示。

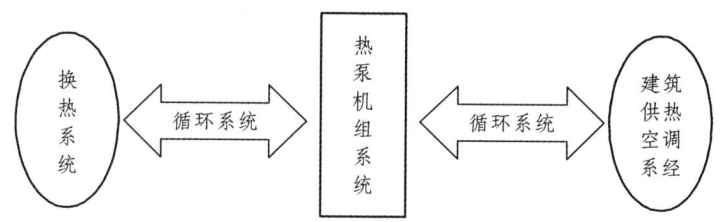

图 8-1 热泵系统的组成

根据地热能交换系统形式的不同，地源热泵系统的分类有：土壤源地源热泵系统、地下水源热泵系统和地表水源热泵系统。

8.1.2 土壤源热泵原理

土壤源热泵系统利用地下岩土中的热量，通过循环液（水或以水为主要成分的防冻液）在封闭地下埋管中的流动，实现系统与大地之间的传热。在冬季供热过程中，流体从地下收集热量，再通过系统把热量带到室内。夏季制冷时系统逆向运行，即从室内带走热量，再通过系统将热量送到地下岩土中。因此，地下耦合热泵系统保持了地下水源热泵利用大地作为冷热源的优点，同时又不需要抽取地下水作为传热的介质。它是一种可持续发展的建筑节能新技术。土壤源热泵系统如图 8-2 所示。

土壤源热泵系统，除了要有足够的埋管区域，还要有比较适合的岩土体特性。坚硬的岩土体将增加施工难度及初期投资，而松软岩土体的地质变形对地埋管换热器也会产生不利影响。为此，在工程勘察完成后，应对地埋管换热系统实施的可行性及经济性进行评估。

选择土壤源热泵系统要考虑的问题：① 空调建筑附近的场地（空地、草坪、停车场等）面积是否能满足设计工况下的放热量和吸热量要求；② 根据场地面积和经济因素选择水平埋管方式或垂直埋管方式；③ 每年从地下取热和向地下排热的总量是否基本平衡，如不平衡，则需要设置补充热源或辅助散热措施。

图 8-2　土壤源热泵系统示意图

若现场缺乏地下水，地下水的抽取和排放存在限制，或现场无可利用的地表水，地表水的水域范围和深度不太适合，采用地下水源或地表水源热泵系统并不经济，此时应考虑采用土壤源热泵系统。

根据地埋管换热器形式的不同，土壤源热泵系统又分为垂直埋管系统和水平埋管系统。

垂直埋管系统的优点是：① 占地面积比水平埋管系统要小；② 周围土壤温度和热物性变化范围较小；③ 管材需求和水泵能耗较少；④ 热泵能效较高。

其缺点是：① 初期投资较高；② 对施工技术要求高。

水平埋管系统的优点是：① 初期投资较垂直埋管系统少；② 适合有足够土地面积的住宅使用；③ 施工技术简单。

其缺点是：① 周围土壤温度和热物性受季节变化、降雨和埋管深度的影响较大；② 水泵能耗比垂直埋管系统略高；③ 热泵能效较低。

水平和垂直埋管系统特点见表 8-2。

表 8-2　水平和垂直埋管系统特点

项目	占地面积	热源稳定性	水泵能耗	初期投资	技术要求
水平埋管	较大	波动较大	较多	较小	较低
垂直埋管	小	较稳定	较少	较大	较高

8.1.3 地源热泵系统特点

1. 属可再生能源利用技术

地源热泵是利用地球所储藏的太阳能资源作为冷/热源进行能量转换的供暖空调系统。其中可以利用土壤或水体，包括地下水或河流、地表部分的河流和湖泊以及海洋。地表土壤和水体不仅是一个巨大的太阳能集热器，收集了约 47%的太阳辐射能量，比人类每年利用能量的 500 倍还多（地下水体通过土壤间接接受太阳辐射能量）；而且是一个巨大的动态能量平衡系统，地表的土壤和水体自然地保持能量接受和发散的相对均衡。这使得利用储存于其中的近乎无限的太阳能或地能成为可能。所以说，地源热泵利用的是清洁可再生能源。

2. 高效节能

地源热泵可利用的地下水或土壤温度冬季为 8~15 ℃，热源温度比环境空气温度高，所以热泵循环的蒸发温度提高，能效比也提高。而夏季地下水或土壤为 10~24 ℃，冷源温度比环境空气温度低，所以制冷的冷凝温度降低，使得冷却效果好于风冷式和冷却塔式，机组效率提高。据美国环保署 EPA 估计，设计安装良好的水源热泵，平均来说可以节约用户 30%~40%的供热制冷空调的运行费用。

3. 节水省地

（1）以土壤或地下水等为冷热源，向其放出热量或吸收热量，不消耗水资源，不会对其造成污染。

（2）省去了锅炉房及附属煤场、储油房、冷却塔等设施，机房面积大大小于常规空调系统，可节省建筑空间，也有利于建筑的美观。

4. 运行稳定可靠

地下水或土壤的温度一年四季相对稳定，其波动的范围远远小于空气的变动，是很好的热泵热源和空调冷源。其水体温度较恒定的特性，使得热泵机组运行更可靠、稳定，也保证了系统的高效性和经济性，不存在空气源热泵的冬季除霜等难点问题。

5. 环境效益显著

地源热泵使用电能，电能本身为一种清洁的能源，但在发电时，消耗一次能源并导致污染物和二氧化碳温室气体的排放。所以节能的设备本身的污染就小。地源热泵技术采用的制冷剂，可以是 R22 或 R134a、R407c 和 R410A 等替代工质。

地源热泵的运行没有任何污染，可以建造在居民区内，没有燃烧，没有排烟，也没有废弃物，不需要堆放燃料废物的场地，且不用远距离输送热量。

6. 一机多用，应用范围广

地源热泵系统可供暖、进行空气调节，一机多用，一套系统可以替换原来的锅炉加冷水机组的两套装置或系统。地源热泵可应用于宾馆、商场、办公楼、学校等建筑。

7. 自动运行

地源热泵由于工况稳定，所以可以设计简单的系统，部件较少，机组运行简单可靠，维护费用低；自动控制程度高，使用寿命长可达到 20 年。

8.1.4 地源热泵系统在国内外研究进展

与锅炉（电、燃料）和空气源热泵的供热系统相比，新能源具有明显的优势。锅炉供热只能将 90%～98%的电能或 70%～90%的燃料内能转化为热量，供用户使用，因此地源热泵要比电锅炉加热节省三分之二以上的电能，比燃料锅炉节省二分之一以上的能量；由于地源热泵的热源温度全年较为稳定，一般为 10～25 ℃，其制冷、制热系数可达 4～4.5，与传统的空气源热泵相比，要高出 40%左右，其运行费用为普通中央空调的 50%～60%。因此，近十几年来，尤其是近五年来，地源热泵空调系统在北美如美国、加拿大及中、北欧如瑞士、瑞典等国家取得了较快的发展，中国的地源热泵市场也日趋活跃。可以预计，该项技术将会成为 21 世纪最有效的供热空调技术。

1. 国外发展状况

在国外，地源热泵的研究始于 20 世纪 30 年代。早在 1938—1939 年，河水源热泵已在瑞士苏黎世市政大厅投入运行，这是欧洲第一台较大的地表水源热泵系统。20世纪40—50年代，瑞士、英国早期使用的热泵系统大部分也是地表水源热泵系统。

美国，截至1985年全国共有14 000台地源热泵，而1997年就安装了45 000台，到目前为止已安装了400 000台，而且每年以10%的速度稳步增长。1998年，美国商业建筑中地源热泵系统已占空调总保有量的19%，其中新建筑中占30%。美国的地源热泵的研究和应用更偏重用于住宅和商业小型系统，多采用水-空气系统。在大型建筑方面，美国推行WLHP系统，即水环热泵系统。

与美国的地源热泵发展有所不同，中、北欧如瑞典、瑞士、奥地利、德国等国家主要利用浅层地热资源，在地下土壤埋盘管（埋深<400 m）的地源热泵，用于室内地板辐射供暖及提供生活热水。据统计，在家用的供热装置中，地源热泵所占比例，瑞士为96%，奥地利为38%，丹麦为27%。中、北欧海水源热泵的研究和应用也比较多。

据不完全统计，截至2004年，全球的地源热泵机组大约在1 100 000台左右，并且以每年10%的速度增长，其中美国和欧洲的增长速度最快，而其他一些国家如日本和土耳其的地源热泵市场也在快速增长。表8-3给出了一些发达国家的地源热泵使用情况。

表8-3 一些发达国家地源热泵利用情况

国家	装机容量/MW	年利用能量/GW·h	装机数量
澳大利亚	275	370	23 000
加拿大	435	600	36 000
德国	640	930	46 400
瑞典	2 300	9 000	230 000
瑞士	525	780	30 000
美国	6 300	6 300	600 000

2. 国内发展状况

我国地源热泵研究起步相对较晚。20世纪50年代，天津大学热能研究所吕灿仁教授开展了我国热泵的最早研究，1965年研制成功国内第一台水冷式热泵空调机。目前，清华大学、天津大学、重庆建筑大学、天津商学院、中国科学院广州能源研究所等多家大学和研究机构都在对地源热泵进行研究。

2006年1月1日，由中国建筑科学研究院主编，会同13个单位共同编制的《地源热泵系统工程技术规范》（GB 50366—2005）正式开始实施，该规范的实施对规范地源热泵系统的设计、施工及验收，确保地源热泵系统安全可靠地运行以更好地发挥其节能效益具有重要的意义。

在各地政府的大力支持下，地源热泵技术已在许多具体工程项目中得以应用。从1996年至今，我国已在北京、山东、河南、辽宁、河北、江苏、浙江、湖北、上海和西藏等地相继建成了地源热泵工程。其中北京、上海、成都、青岛、呼和浩特等地的项目都进入了建设部和财政部共同拟订支持的"十一五"节能与可再生能源科技市级示范项目。其中几个典型的示范工程有北京2008年奥运会项目、广州市2010年亚运城项目、青岛市在研究地源热泵替代供热站项目。2005年，国内部分省（市、区）地源热泵工程项目分布见表8-4。

表8-4 国内部分省（市、自治区）地源热泵工程项目分布（2005）

省（市、区）	数量	省（市、区）	数量	省（市、区）	数量
北京	758	江西	39	广东	64
上海	129	吉林	57	甘肃	43
天津	154	山东	94	青海	7
江苏	68	黑龙江	36	广西	18
河北	303	台湾	0	海南	1
浙江	43	河南	112	宁夏	36
山西	28	贵州	38	重庆	13
安徽	24	湖北	58	新疆	8
内蒙古	50	云南	2	四川	25
福建	20	湖南	58	西藏	34
辽宁	147	陕西	70	总计	2 537

整体来说，地源热泵在我国长江黄河流域、东北、西北、华北等广大对冷热都有需求的地区具有较高的适用性，对南方部分只有夏季冷量需求而无冬季热量需求的地区也有一定的适用性，对于那些由于条件限制而不

能用煤、电、燃气进行采暖供冷的地区可以说是最佳选择。

8.2 高海拔特长隧道施工通风热泵循环参数研究

当洞外气温高于洞内气温时，空气进入隧道后温度逐渐升高，且洞外空气与壁面温差越大，升温速度越快。空气刚进入隧道时温度变化很快，然后逐渐变慢。当风流进入隧道内 3 000 m 左右的时候，空气温度接近壁面的温度，空气密度达到稳定，之后到隧道出口风流温度及密度一直保持恒定，出口附近的气流温度几乎不受隧道出口外界气温的影响。

因此可以认为洞口内 3 000 m 距离后衬砌温度恒定。

采用隧道壁面衬砌内或路面以下埋管形式，利用隧道围岩温度常年保持在 15~25 ℃ 左右的特点，通过埋管内的介质循环与围岩进行闭式热交换可以达到供冷供热目的。冬季通过热泵将围岩中的低位热能提高品位对洞口供暖。地源热泵系统运行原理见图 8-3。

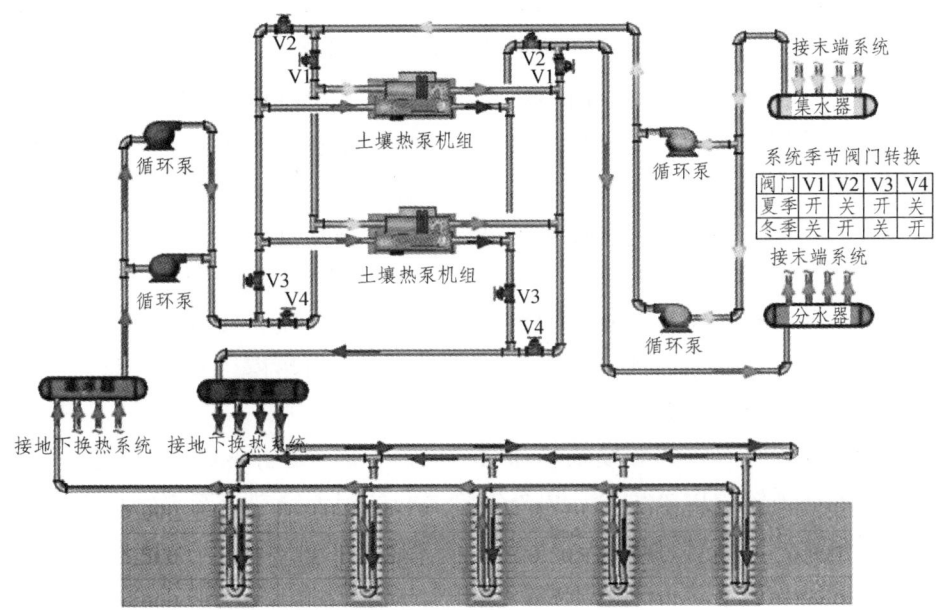

图 8-3　地源热泵系统运行原理图

针对隧道施工来说，由于其具有场地的限制、使用期限长、维修养护成本高、须尽可能保护隧道围岩整体性等特点，以及为远期运营通风作考虑，选用垂直埋管较为合适，其系统模式如图 8-4 所示。T1 为风管接入地缘热泵前，风管内空气温度；T2 为风管接入地缘热泵后，风管内的空气温度；T3 为风管出口空气温度；T4 为掌子面处温度；T5 为靠近洞口侧的温度；TW 为围岩温度；L 为计算长度。

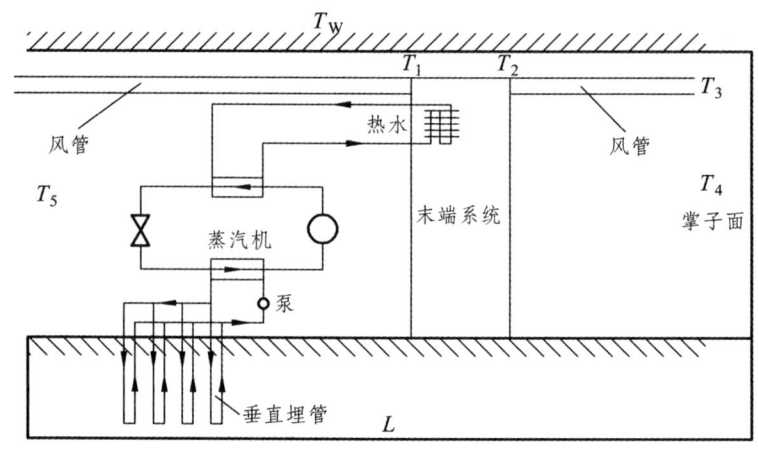

图 8-4　地源热泵通风供热模型

与现有的其他加热方式相比较，该地源热泵通风供热模型具有以下特点：

设计采用的地源热泵通风供热模型是根据隧道压入式通风技术及地源热泵升温物理原理设计的，在实际使用过程中，通过轴流式通风机供入冷风，冷风经通风地源热泵末端系统进行加热后得到有效的升温，达到通风升温提高洞内环境温度的效果。结合设计图进行说明如下：

（1）地源热泵通风供热模型由轴流式通风机、风管和地源热泵加热模块组成，风管位于轴流式通风机前侧，地源热泵加热模块安装在风管上，且与风管连接成一体。

（2）地源热泵加热管模块内部结构包括了地源热泵末端系统，进、出风口。末端系统由内外钢管、内外钢管之间的保温隔热层组成。内部的过风面积与隧道通风风管相同。

（3）为了保证通风加热后的热空气不与洞外冷空气发生热对流，需要设置临时风门两道，同时，为了加大对施工污风的抽排，可利用射流风机进行长压短抽式混合通风。

与现有的其他加热方式相比较，该通风加热系统具有以下特点：

（1）地源热泵通风供热模型主要在施工期洞口段二衬结构未施作，或较长工期但洞口结构未施作保温层情况下使用，可为混凝土喷射施工和混凝土浇筑养护提供良好的温度环境，进而满足高海拔高寒地区隧道的施工需求。

（2）能确保洞内掌子面及洞周裸露围岩、初支结构的温度，避免因低温造成衬砌结构冻胀、引起衬砌结构变形开裂等安全隐患。

（3）该地源热泵通风供热模型结构简单、易加工制作，成本较低；末端系统调整方便，可以按设计要求，安装在风管的前端、中部或末端，且可以多组串并联安装，最终与风管组成通风管道使用，满足不同掘进位置的通风升温需求。

（4）采用地源热泵通风供热模型对洞内进行通风电热升温，热能供应稳定，后期，可根据需要切换成空气源热泵等进行供热。

8.2.1 隧道施工通风加热对流换热模型

研究低温隧道通风升温问题实质上是研究通风升温过程中热量的传递问题，根据通风加热过程中不同阶段不同位置风的温度情况，绘制出的通风加热及在隧道内与低温衬砌-围岩壁面对流换热模型如图8-5所示。

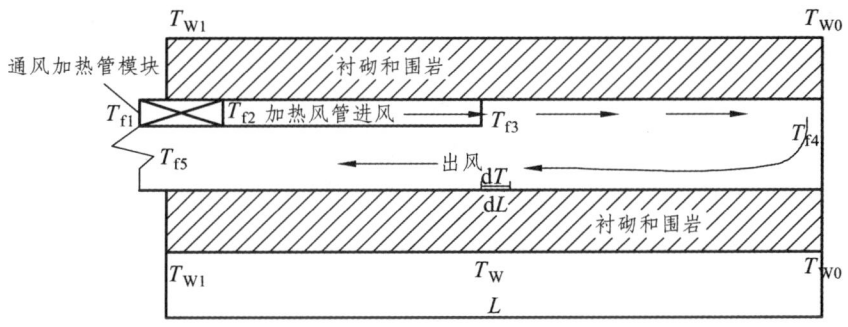

图 8-5　通风加热及隧道内对流换热模型

L 为需升温加热的开挖作业段长度（m）；T_{f4} 和 T_{f5} 分别表示到达掌子面以及与隧道内低温围岩进行对流换热后转向回流到距离掌子面位置 L 处的洞内净空温度（℃）；T_{w0}、T_{w1} 分别为掌子面围岩温度以及距离掌子面 L 处围岩温度（℃）；T_w 为需升温的施工作业段内围岩的平均温度（℃）；dL 为开挖作业段单位长度（m）；dT 为风流与隧道壁面热交换时单位升温量（℃）。

在风机安装位置同时安装末端系统加热模块，设加热前后进、出风机

的风温分别为 T_{f1} 和 T_{f2}，升温后的风吹出风管末端时的温度为 T_{f3}。风管内风流在风管中会有沿程损失，从风管口出来之后的热风会与隧洞内固体表面之间传热，进而起到加热围岩、提高岩石壁面温度的作用。

8.2.2 换热模型参数理论公式研究推导

风流经风机入口加热后从风机出口吹出的过程相对密闭，在风机内部，空气无含湿量变化，此过程可视为等湿升温的过程，则风机出口温度（风管入口风温）可按以下公式计算：

$$T_{f2} = T_{f1} + \frac{kN_e}{Vc_{pm}}$$

式中：T_{f1} 为风机进口冷风温度（°C）；T_{f2} 为风机出口热风温度（°C）；N_e 为风机的有效功率（kW）；V 为风机风量（m³/s）；c_{pm} 为空气比热容[kJ/(m³·°C)]；k 为风机内通风加热末端系统的升温系数。

假设风管绝热，即加热后的风流在风管内不与外界发生热交换，则 $T_{f2}=T_{f3}$。根据图 8-5 所示，经过升温系统升温后，具有较高温度的风流在与低温围岩发生热交换时将被冷却。由于高海拔寒区特长隧道内风流与理论方程存在实际差异，在建立空气流动的力学模型前需进行下面一些假定：

（1）气体不可压缩假定。在隧道流场计算中假定气体为不可压缩体，因气体压力及温度一般只在正常范围内小幅度波动，所以气体体积往往对分析结果不构成影响。

（2）流动稳定假定。隧道内流场受气候环境、自然通风及机械通风影响，其流动状态十分复杂。为简化计算，假定在短时间内隧道内气流运动参数不随时间改变，即假定隧道内气流场为稳定流。

（3）气体连续性假定。理论上，气体分子本身在空间中是不连续的，呈现空间离散状态。但在实际过程中，我们往往关心的是流场内宏观状态下气体的整体表现，因此我们假定气体是在空间内连续分布的均匀质点，气体密度为常数，其各项物理性能包括速度、压强、温度等在空间内连续分布。

风流与二衬表面的换热受温差、风速等影响，为简化计算，假定隧道内风流运动满足广义达西定律，气体扩散符合广义菲克定律，隧道内风流与二衬表面的换热符合牛顿冷却定律：

$$\Phi = qA = AH\Delta t$$

式中：Φ 为对流换热热流量值（W）；q 为热流密度[J/（m²·s）]；A 为隧道壁面换热面积（m²）；h 为对流换热系数[kW/（m³·℃）]；t 为界面温差（℃）。

基于风流与围岩之间的气-固换热理论，采用牛顿冷却公式对加热后的风流与低温围岩结构进行热交换进而被冷却的过程进行计算，计算如下：

$$Q = K_T A(T_{f3} - T_w)$$

式中：Q 为需热量（W）；A 为传热面积（m²）；K_T 为气-固换热不稳定对流换热系数[W/（m²·℃）]。

根据工作面需加热主要构成部分，可分为洞周壁面和掌子面两部分，现对其升温需风量分别进行计算：

1. 隧道出口端洞周壁面升温需风量 V_1

隧道通风升温的换热面积 A 为隧道断面周长 U 在长度 L 内的展开面积，则隧道轴向洞周岩壁吸热量 Q_1 可以写成：

$$Q_1 = K_T \cdot U \cdot L(T_{f5} - T_w)$$

设在沿隧道轴向长度 L 范围内 T_{f5} 为变量，在长度 $\mathrm{d}L$ 内隧道洞壁散热量使风流温度升高 $\mathrm{d}T$，则：

$$Q_1 = K_T U(T_{f5} - T_w)\mathrm{d}L = V_1 c_{pm}\mathrm{d}T$$

对上式进行变量分离，两边积分、整理，可得隧道开挖作业段轴向洞周围岩加热需风量计算式如下：

$$V_1 = \frac{K_T UL}{c_{pm}[\ln(T_3 - T_w) - \ln(T_5 - T_w)]}$$

式中：V_1 为出口端洞壁面升温需风量（m³/s）；T_{f3} 为般小于风管出口风温 1~3 ℃。

2. 掌子面加热需风量 V_2

假设掌子面的开挖面积 A_2 即传热面积，则

$$V_2 = \frac{K_T A_2}{c_{pm}}$$

在风流与围岩之间的气-固换热计算中，不稳定对流换热系数 K_T 根据相关研究文献，一般取 $1.5\times10^{-4}\,\mathrm{kW/(m^2\cdot ℃)}$。

8.2.3 地源热泵设计参数研究

围岩地埋管是地源热泵系统设计的关键。根据地源热泵相关研究及规范要求，相关重要参数计算公式如下：

1. 地埋管管路负荷计算

夏季向围岩中排放的热量按下式计算：

$$Q_1' = Q_1 \times \left(1 + \frac{1}{COP_1}\right)$$

其中：Q_1'——夏季向土壤排放的热量（kW）；

Q_1——夏季设计总冷负荷（kW）；

COP_1——设计工况下热泵机组的制冷系数，取 6.28。

冬季室内供暖时从土壤中吸取的热量按下式计算：

$$Q_2' = Q_2 \times \left(1 - \frac{1}{COP_2}\right) \tag{8-1}$$

其中：Q_2'——冬季从土壤中吸取的热量（kW）；

Q_2——冬季设计总热负荷，取 400 kW；

COP_2——设计工况下热泵机组的制热系数，取 4.1。

2. 地埋管系统水流量计算

地埋管系统总流量等于热泵主机的冷却水流量，可由下列公式计算：

$$M = \frac{Q_1'}{C_p(T_1 - T_2)} \tag{8-2}$$

其中：M——热泵主机的冷却水流量（kg/s）；

C_p——水的定压比热容，为 4.187 kJ/（kg·℃）；

Q_1'——热泵主机的散热量（等于向土壤排放的热量，kW）；

T_1-T_2——冷却水进出口温差，取 5 ℃。

3. 地埋管长

《地源热泵系统工程技术规范》(GB 50366—2005)(2009年版)给出的竖直地埋管换热钻孔长度的理论计算公式如下：

1) 垂直地埋管换热器的热阻计算

传热介质与U形管内壁的对流换热热阻可按下式计算：

$$R_f = \frac{1}{\pi d_i K}$$

式中：R_f——传热介质与U形管内壁的对流换热热阻（m·K/W）；

d_i——U形管的内径（m）；

K——传热介质与U形管内壁的对流换热系数[W/(m²·K)]。

U形管的管壁热阻可按下列公式计算：

$$R_{pe} = \frac{1}{2\pi \lambda_p} \ln\left[\frac{d_e}{d_e - (d_o - d_i)}\right]$$

$$d_e = \sqrt{n}d_o$$

式中：R_{pe}——U形管的管壁热阻（m·K/W）；

λ_p——U形管导热系数[W/(m·K)]；

d_o——U形管外径（m）；

d_e——U形管的当量直径（m），对单U形管 $n=2$，对双U形管 $n=4$。

钻孔灌浆回填材料的热阻可按下式计算：

$$R_b = \frac{1}{2\pi \lambda_b} \ln \frac{d_b}{d_e}$$

式中：R_b——钻孔灌浆回填材料的热阻（m·K/W）；

λ_b——灌浆回填材料导热系数[W/(m·K)]；

d_b——钻孔的直径（m）。

地层热阻，即孔壁到无穷远处的热阻可按下列公式计算：

对于单个钻孔：

$$R_s = \frac{1}{2\pi \lambda_s} I\left(\frac{r_b}{2\sqrt{a\tau}}\right)$$

$$I(u) = \frac{1}{2}\int_u^\infty \frac{e^{-s}}{s}ds$$

对于多个钻孔：

$$R_s = \frac{1}{2\pi\lambda_s}\left[I\left(\frac{r_b}{2\sqrt{a\tau}}\right) + \sum_{i=2}^{N} I\left(\frac{x_i}{2\sqrt{a\tau}}\right)\right]$$

式中：R_s——地层热阻（m·K/W）；

I——指数积分公式；

λ_s——岩土体的平均导热系数[W/(m·K)]；

a——岩土体的热扩散率（m²/s）；

r_b——钻孔的半径（m）；

τ——运行时间（s）；

x_i——第 i 个钻孔与所计算钻孔之间的距离（m）。

短期连续脉冲负荷引起的附加热阻可按下式计算：

$$R_{sp} = \frac{1}{2\pi\lambda_s} I\left(\frac{r_b}{2\sqrt{a\tau_p}}\right)$$

式中：R_{sp}——短期连续脉冲负荷引起的附加热阻（m·K/W）；

τ_p——短期脉冲负荷连续运行的时间（h），例如 8 h。

2）垂直地埋管换热器钻孔长度计算

在制冷工况下，垂直地埋管换热器钻孔的长度可按下式计算：

$$L_c = \frac{1000Q_c[R_f + R_{pe} + R_b + R_s F_c + R_{sp}(1-F_c)]}{t_{max} - t_\infty}\left(\frac{EER+1}{EER}\right)$$

$$F_c = T_{c1}/T_{c2}$$

式中：L_c——制冷工况下，垂直地埋管换热器所需钻孔的总长度（m）；

Q_c——热泵机组的额定冷负荷（kW）；

EER——热泵机组的制冷性能系数；

t_{max}——制冷工况下，地埋管换热器中传热介质的设计平均温度，通常取 33~36 ℃；

t_∞——埋管区域岩土体的初始温度（℃）；

F_c——制冷运行份额；

T_{c1}——一个制冷季中热泵机组运行的小时数，当运行时间取一个月时，T_{c1} 为最热月份热泵机组的运行小时数；

T_{c2}——一个制冷季中的小时数，当运行时间取一个月时，T_{c2} 为最热月份小时数。

在供热工况下，垂直地埋管换热器钻孔的长度可按下式计算：

$$L_h = \frac{1000Q_h[R_f + R_{pe} + R_b + R_s F_h + R_{sp}(1-F_h)]}{t_\infty - t_{min}} \left(\frac{COP+1}{COP}\right)$$

$$F_h = T_{h1}/T_{h2}$$

式中：L_h——供热工况下，垂直地埋管换热器所需钻孔的总长度（m）；

Q_h——热泵机组的额定热负荷（kW）；

COP——热泵机组的供热性能系数；

t_{min}——供热工况下，地埋管换热器中传热介质的设计平均温度，通常取-2 ~ 6 ℃；

F_h——供热运行份额；

T_{h1}——一个供热季中热泵机组运行的小时数，当运行时间取一个月时，T_{c1} 为最冷月份热泵机组的运行小时数；

T_{h2}——一个供热季中的小时数，当运行时间取一个月时，T_{c2} 为最冷月份小时数。

但是由于公式较为烦琐且部分参数不易获取，实际工程中一般利用管材"换热能力"来计算管长。换热能力即单位垂直埋管深度或单位管长的换热量，一般垂直埋管在岩土层中每米孔深换热量在 40 ~ 50 W/m 左右。具体计算公式如下：

$$L = 1000Q/\xi \tag{8-3}$$

式中：ξ——垂直埋管在岩土层中每米孔深换热量（W/m）。

8.3 高海拔特长隧道热泵式施工通风辅助系统方案研究

通过数据采集，得到圭嘎拉隧道洞口温度变化如图 8-6 所示。

从数据可以看出，圭嘎拉隧道日均温差变化大，全年最低气温为-17.5 ℃，一天中最低温度处于零下的时间从 10 月份至次年 4 月份均有出现。

按《民用建筑热工设计规范》（GB 50176—2016）设计计算，当内表面温度 θ_i 低于露点温度 t_d 时，产生结露。

即：$\theta_i \geqslant t_d$ $\theta_i = t_i - R_i \cdot (t_i - t_e)/R_0$

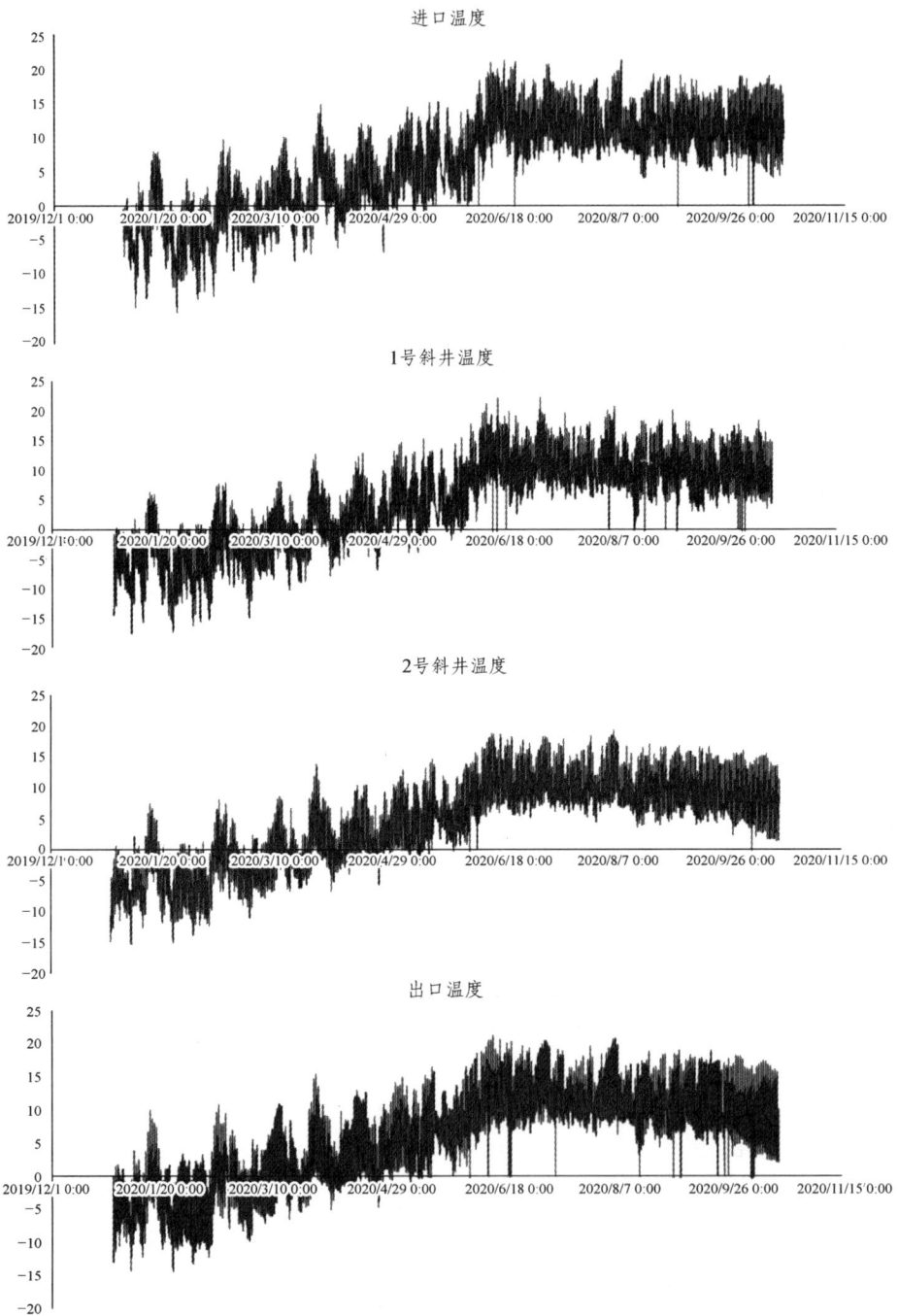

图 8-6 圭嘎拉隧道温度变化

式中：θ_i 为围护结构内表面温度（℃）；t_d 为露点温度（℃）。

根据预测结果，洞内空气的计算温度 t_i 取 20 ℃，相对湿度取 φ=70%。

查表得到空气的饱和水蒸气压，通过进一步查表计算，可知此时洞内空气露点温度为 t_d =14.37 ℃。

即：洞内壁面、地表等表面温度低于 14.37 ℃ 时，便会产生结露现象。

两者相结合分析可知，出现结露情况且温度处于零下时，则会出现路面结冰的情况，即圭嘎拉隧道洞口从 10 月份至次年 5 月份均会出现结冰的情况。

因此，为了防范低温条件引起的隧道施工效率低下问题、施工质量问题及安全问题等，应采取一定的防治工程措施。

由前文对换热模型参数理论公式研究推导，可以计算得出隧道出口端洞壁面升温需风量和掌子面加热需风量。

$$V_1 = \frac{15 \times 10^{-3} \times 33.02 \times 300}{1.3 \times [\ln(27+6) - \ln(5+6)]} = 104.61 \text{ m}^3/\text{s}$$

$$V_2 = \frac{15 \times 10^{-3} \times 100}{1.3} = 1.16 \text{ m}^3/\text{s}$$

在高原地区，低压、缺氧、寒冷是最重要的气候特点，因空气稀薄导致气压降低，使空气的性质也发生相应的改变。随着海拔高度的增加，大气压力降低，单位体积中的气体分子数减少，空气稀薄，空气重率和密度降低，有以下关系：

$$\gamma_z = \gamma_0 \left(1 - \frac{z}{44\,300}\right)^{4.256}$$

式中：γ_z——海拔高度为 z 处的空气重率（N/m³）；

γ_0——海拔高度为 0 处的空气重率（N/m³）；

z——海拔高度（m）。

重率高程校正系数 K_r 为海拔高度 z 处的空气重率与海平面处的空气重率之比，即：

$$K_r = \frac{\gamma_z}{\gamma_0} = \left(1 - \frac{z}{44\,300}\right)^{4.256}$$

取圭嘎拉隧道斜井井口和洞口高程的平均值 4 375 m，代入上式算出该海拔与海平面的重率之比为 0.64，即海拔修正系数为 1.54。

计算得到隧道进洞口左洞施工通风需风量为 108.75 m³/s。

综上所述，选用 1 台 SDF(B)-No19，功率 400×2 kW，该型号风机风量为 71.15～132.75 m³/s，满足隧道施工和加热需风量要求。

8.3.1 围岩地埋管系统设计

地源热泵埋管有水平埋管和垂直埋管两种形式。水平埋管形式需要埋在隧道壁面衬砌内，利用隧道衬砌内围岩温度，通过埋管内的介质循环与围岩进行闭式热交换达到供冷供热目的。冬季通过热泵将围岩中的低位热能提高品位对洞口供暖。垂直埋管则是将循环管库垂直埋入地下。考虑到水平埋管需要很大面积，以及地热分布情况，圭嘎拉隧道拟采用垂直埋管的方式。

由于所有埋管一旦埋入，就不可能进行维修或更换，这就要求保证埋管的化学性质稳定并且耐腐蚀。根据地源热泵施工规范要求选择高密度聚乙烯 PE100 管。其额定承压能力 1.6 MPa，导热系数 0.42 W/(m·K)。

现按照风量为 110 m³/s 计算所需热负荷，实测得到当地空气密度为 0.802 kg/m³，根据公式可以计算得到：

$$Q = c \cdot M \cdot \Delta T = cvt\rho\Delta T$$
$$= 1\,000 \times 110 \times 1 \times 0.802 \times (5+9) = 1\,235 \text{ kJ}$$

则热泵需要的加热量为 1 235 kJ。

从土壤中吸取的热量按《地源热泵系统工程技术规范》(GB 50366—2005)(2009 年版)中给出的公式计算：

根据式（8-1）计算得到从土壤中吸取的能量为：

$$Q_2' = 1\,235 \times \left(1 - \frac{1}{4.1}\right) = 933.78 \text{ kW}$$

地埋管系统总流量等于热泵主机的冷却水流量，根据式（8-2）计算得到 $M = 44.6$ kg/s $= 146.3$ m³/h，即地埋管整体系统水循环量为 146.3 m³/h。

根据式（8-3）本次计算取 $\varepsilon = 45$ W/m，则

$$L = 1\,000 \cdot Q_2' / 45 = 20\,751 \text{ m}$$

需要地埋管长为 20 751 m。具体钻孔数量、深度、钻孔直径应根据所

在位置的地层情况进一步设计，这里不做深入讨论，见表 8-5。

表 8-5 设备统计表

设备名称	技术参数
热泵主机	制热量 477 kW，制热输入功率 112 kW；供热：40/45 ℃ 热水
洞口侧循环泵	流量：146 m³/h；扬程：30 m；输入功率 7.5 kW
地源侧循环泵	流量：146 m³/h；扬程：30 m；输入功率 11 kW
地埋管	高密度聚乙烯 PE100 管，额定承压能力 1.6 MPa，导热系数 0.42 W/(m·K)

8.3.2 地源热泵费用计算

根据前面计算确定的设备技术参考及数量，可知设备及安装费用如表 8-6 所示。

表 8-6 设备及安装费用

序号	设备名称	单价/万元	数量	总价/万元
1	热泵主机	40	3	120
2	洞口侧循环泵	1	1	1
3	地源侧循环泵	1.5	1	1.5
4	地埋管	0.000 3	20 751	6.23
5	其他	20	1	20
6	安装	10	1	10
	合计			158.73

根据实际运行情况，地源热泵系统按每年冬季 150 d，工作时间为每天 10 h，全天系统工作负荷占总负荷的 80%。电费按 0.8 元/(kW·h) 计算，辅助冷却塔按照满负荷运行 30 d/a 计算。冬季热泵循环性能系数 COP（制热量与输入功率的比率）=4.2。年运行费用见表 8-7。

表 8-7　年运行费用计算表

项目	计算方法	结果
地源热泵主机/kW	934/4.2×10×150	333 571.5
洞口侧循环水泵/kW	7.5×10×150	11 250
地源侧循环水泵/kW	11×10×150	16 500
总耗电量/kW		361 321.5
电费/万元		28.9

8.3.3　地源热泵经济性对比

结合圭嘎拉当地气候状况,现按全年开启时间 100 d 为基准,分别对比以传统柴油和电热为能源的锅炉的经济效益,得到结果如表 8-8 所示:

表 8-8　不同加热系统的经济性比较

项目	燃油锅炉	电热锅炉	地源热泵
所用能源	柴油	电	电
能源热值/MJ	42	3.6	3.6
热效率/%	87	94	250
年能源消耗量/(柴油为 kg,电为 kW·h)	292 020	3 153 192	1 185 600
能源单价/元	6.5	0.76	0.76
年能源费用/元	1 898 130	2 396 426	901 056
装置寿命/a	5~8	5~8	约 15

从表 8-8 可以看出,地源热泵的年能源消耗费用大致为燃油锅炉的 47.5%、37.5%,使用寿命比传统加热方式多 1.8~3 倍;能源热效率方面,燃油锅炉和电热锅炉大致一样,而地源热泵则高出 2.8 倍。此外,地源热泵自动化程度高,可减少人工投入,在施工结束以后,还可以对其进行升级改造,变为运营通风辅助加热设备。从长期来看,设置地源热泵系统具有很高的经济效益和可行性。

9 高海拔特长隧道施工供氧技术

9.1 高海拔条件对施工人员的影响研究

高海拔环境与平原环境的截然不同,主要体现在高寒、低气压、低含氧量。而这些差异对人体生理影响极大,轻则导致人员产生不良生理反应,引发多种高原疾病,情况严重时甚至威胁人员生命安全,极大地影响了高海拔地区的隧道安全施工。

空气中的氧气含量可用单位量空气中所含氧气的量来表示。

对于气态污染物通常采用单位符号 mg/m^3 表示其浓度,但还有一种常用的单位,即体积比 10^{-6}(体积分数)。10^{-6}(体积分数)为无量纲量,也用 ppm 表示。由于空气体积受温度、压力的影响很大,采用 10^{-6}(体积分数)的优点是可直接进行数据比较,而无须考虑气体的状态。在标准状态下即 0 ℃ 及标准大气压下,理想气体摩尔体积为 22.4 L/mol;对于以 25 ℃、一个大气压(101.325 kPa)为标准气体状态时,理想气体的摩尔体积为 24.45 L/mol。

对于理想气体的状态方程即 Clapeyron-Clausius 方程(克拉佩龙-克劳修斯方程):

$$PV=nRT$$

其中:P——气体压强(Pa);

V——气体体积(m^3);

n——气体的物质的量(mol);

T——体系温度(K);

R——理想气体常数[J/(mol·K)]。

对任意理想气体而言,R 是一定值,约为(8.314 41±0.000 26)J/(mol·K),计算中可以取 8.314 41 J/(mol·K)。

由克拉佩龙-克劳修斯方程设摩尔体积为 V_m,则有

$$V_m = \frac{V}{n} = \frac{1\,000RT}{P}$$

其中：V_m——摩尔体积（L/mol）；

n——物质的量（mol）；

V——气体体积（L）；

P——气体压强（Pa）；

T——体系温度（K）；

R——理想气体常数[J/（mol·K）]。

重力场中的理想气体密度随高度减小，其分布规律服从玻尔兹曼分布律公式

$$P = P_0 e^{-\frac{M_{mol}gz}{RT}}$$

其中：P——海拔高度 z 处的气体压强（Pa）；

P_0——海拔高度 0 处的气体压强（Pa）；

M_{mol}——摩尔质量（kg/mol）；

g——重力加速度（m/s²）；

z——海拔高度（m）；

R——理想气体常数[J/（mol·K）]；

T——体系温度（K）。

根据玻尔兹曼分布重力场中气体分子密度变化规律得到空气中的各组分气体分压随着海拔高度的增加而减小，且气体摩尔质量大的减小得越多，由于 O_2 的摩尔质量为 32 而 N_2 摩尔质量为 28，随着海拔的增高，气体分压减少，氧气分压减少得更多，因此其体积百分比会减少。平原上 O_2 的体积百分比为 20.9%，随着海拔的增加，体积百分比也会低于 20.9%，但是其变化可以忽略不计。

假设有 1 m³ 空气，以下为其体积浓度转化成质量浓度过程

$$C = \frac{32\,000X}{V_m}$$

其中：C——质量浓度（g/m³）；

X——氧气的体积分数；

V_m——摩尔体积（L/mol）。

综合以上公式可以得到氧气的质量浓度转换公式：

$$C = \frac{32XP_{O_2}}{RT} = \frac{32XP_{O_2}}{8.31441T} = \frac{32X}{RT} \times P_0 e^{-\frac{M_{mol}gz}{RT}} = \frac{389973.55X}{T} \times e^{-\frac{37.718z}{T}}$$

其中：C——质量浓度（g/m³）；

X——氧气的体积分数；

V_m——摩尔体积（L/mol）；

P_{O_2}——氧气分压力（Pa），可由实测的氧气体积分数及空气压力得到；

R——理想气体常数[J/（mol·K）]，取 8.314 41 J/（mol·K）；

T——为体系温度（K）。

通常认为氧气的体积分数为定值 20.9%，对比大气表的标准大气相关参数随着海拔的变化关系，特别是不同海拔下的标准大气的温度情况，可以知道在不同的海拔高度下氧气质量浓度的变化情况。氧气质量浓度随海拔的变化规律如表 9-1 所示。

表 9-1　不同海拔高度下的标准大气相关参数

海拔 H/m	温度 T/K	P/Pa	ρ/(kg/m²)
0	288.2	1.013 3×10⁵	1.225
100	287.6	0.979 4×10⁵	1.187
500	284.9	0.954 61×10⁵	1.167
1 000	281.7	0.898 76×10⁵	1.111
1 500	278.2	0.845 60×10⁵	1.058
2 000	275.2	0.795 01×10⁵	1.007
2 500	271.9	0.746 92×10⁵	0.957 0
3 000	268.7	0.701 21×10⁵	0.909 3
3 500	265.4	0.657 80×10⁵	0.863 4
4 000	262.2	0.616 60×10⁵	0.819 4
4 500	258.9	0.577 53×10⁵	0.777 0
5 000	255.7	0.540 48×10⁵	0.736 4
5 500	252.4	0.505 39×10⁵	0.697 5
6 000	249.2	0.472 18×10⁵	0.660 1

通过海拔高度与氧气浓度的关系，得到了海拔高度与氧气质量浓度的变化规律关系，如表 9-2 所示。

表 9-2　氧气质量浓度随海拔高度的变化规律

海拔/m	氧气质量密度/(g/m³)	相当于海拔 0 时的氧含量	相对体积分数
0	282.8	100.0%	20.90%
500	269.5	95.3%	19.92%
1 000	256.6	90.7%	18.97%
1 500	244.5	86.5%	18.07%
2 000	232.4	82.2%	17.17%
2 500	221.0	78.1%	16.33%
3 000	209.9	74.2%	15.51%
3 500	199.4	70.5%	14.73%
4 000	189.2	66.9%	13.98%
4 500	179.4	63.5%	13.26%
5 000	170.0	60.1%	12.56%
5 500	161.1	57.0%	11.90%
6 000	152.4	53.9%	11.26%

将氧气质量浓度的分布规律整理分析得到氧含量随海拔高度变化图，如图 9-1 所示。

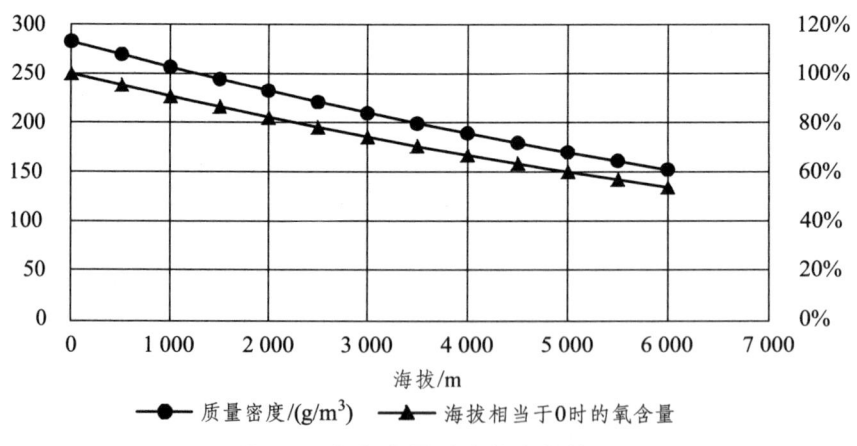

图 9-1　氧气含量随海拔变化情况

从图 9-1 可以看出：氧气虽然随着海拔变化其体积分数基本保持不变；但是其质量分数随着海拔高度的增加变化明显，在 0～6 000 m 的海拔变化范围内从 282.8 g/m³ 变为 152.4 g/m³，变化幅度非常大，且氧气含量在 6 000 m 时仅为海拔高度为 0 m 时的 54%左右。

高海拔地区的恶劣气候环境主要包括寒冷、干燥、低气压、含氧量低、紫外线强等，这些因素直接影响到人体的生理活动和疲劳程度，特别是高原的低气压和低含氧量对人体机能的影响相当大。

1. 低气压

气压一般随高度的增加而有规律地下降。气压对人体的影响极大，气压越低，空气越稀薄，空气中氧分压越低，肺内的氧分压也随之降低，这样血红蛋白就不能饱和，会出现血氧过少的现象。只有当动脉中的氧分压高于 7.98 kPa 才能满足机体的基本需要，低于这个水平，机体将明显缺氧从而导致人们易发生急性高原反应。

2. 寒　冷

海拔越高，温度越低。人的体温一般恒定在 37 ℃ 左右，而人体健康的最理想环境温度为 18 ~ 20 ℃，当超过此范围时，人体通过产热或散热与环境进行协调。医学上，当环境温度在 4 ~ 10 ℃，且大气干燥的情况下，人体易患感冒、咽炎、上呼吸道感染等疾病，而上呼吸道感染又是 AMS（急性高山病）诱因中最重要的原因。

3. 含氧量低

人体产生低氧通气反应，肺通气量增加，人体组织开始缺氧，呼吸、循环系统将发生一系列生理反应：一是出现头痛、血压增高、胸闷、无力、呼吸困难等症状；二是人体抗病能力减弱，易发生流行疾病；三是消化系统功能失调，人体消瘦。

初抵 3 000 m 以上高原地区，由于大气压中氧分降低，肺泡气和动脉血氧分压也相应的降低，毛细血管血液与细胞线粒体间氧分压梯度差缩小，从而引起缺氧。如果逐渐登高，有一个锻炼适应过程，在低氧分压环境中，机体可发生一系列代偿适应性变化，如：通气加强，肺泡膜的弥散能力提高；循环功能加强，输送氧的能力增加；红细胞和血红蛋白含量增加，红细胞中 2,3-二磷酸甘油酸增多，氧离曲线右移。通过这些代偿作用，以便使组织可利用氧达到或接近正常水平。机体具有一定的适应能力，可以较长期居住在高原地区。一般地说，长期居住可适应的最大高度为 5 000 m。但有人适应能力较弱，在 5 000 m 以下一定高度就失去了适应能力，而出现高原适应不全症。

通过对人体机能的分析，确定影响人体身体工作能力的各种因素，如图 9-2 所示，若不考虑海拔高度所引起的心理因素的改变，可以看出，正是有氧能力受到吸入气中氧分压下降的影响，从而限制了人们的工作能力。

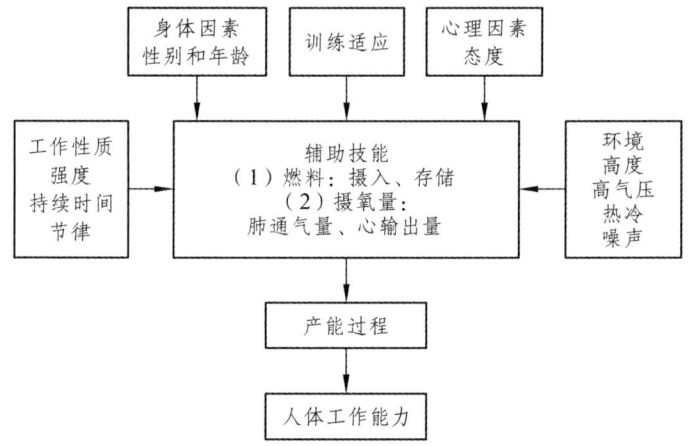

图 9-2　影响身体工作能力的各种因素

4. 诱发病

随着海拔高度的增加可能出现的影响身体工作能力的各种因素见图 9-2 所示。

同时海拔高度的上升对人体机能的影响还表现为以下几个方面：

（1）不同海拔高度的血乳酸浓度变化。

研究表明，突然到达高原，采用比海平面上较轻的工作负荷，就会引起血乳酸浓度上升，但在精疲力竭的工作中，血乳酸所达到的最高值与在海平面上的相同。如果把血乳酸浓度与摄氧量的相对值联系起来分析，则受试者的血乳酸浓度是相等的（图 9-3）。

这足以表明，突然处在吸入氧分压降低的情况下，人体会产生一系列的代偿性反应，比如呼吸频率加快、心输出量增加等，这些加强了氧气的运输，但并不能完全代偿氧分压降低的影响，故最大摄氧量下降，无氧产能的重要性增加。

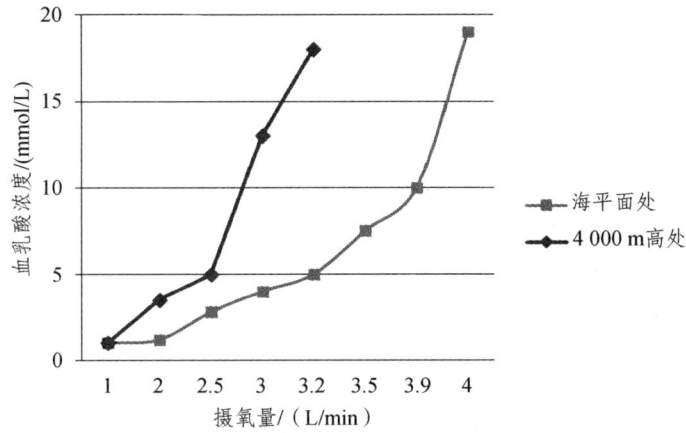

图 9-3　海平面与突处 4 000 m 高处一受试者运动时血乳酸浓度

（2）摄氧量与海拔及年龄的关系。

最大摄氧量或最大有氧能力表示在海平面上吸入空气进行工作时，个人所能达到的最高摄氧量。最大摄氧量的减少与上升高度的关系见图 9-4。

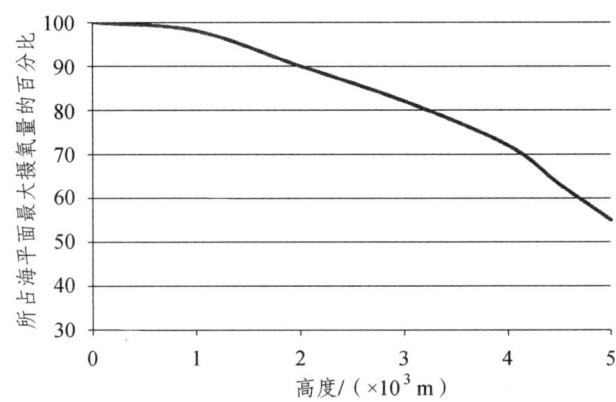

图 9-4　最大摄氧量的减少与上升高度的关系

消耗 1 L 的 O_2 可以释放出大约 20 kJ 的能量。因此，摄氧量越高，释放的能量越多。在各式各样的肌肉活动中，摄氧量与工作负荷大致呈线性关系。进行剧烈运动时，无氧代谢在开始阶段起着重要作用，此后一直贯穿于运动的整个过程。最终由于代谢产物的堆积，而不得不停止活动。不同年龄段不同性别的最大摄氧量见图 9-5。

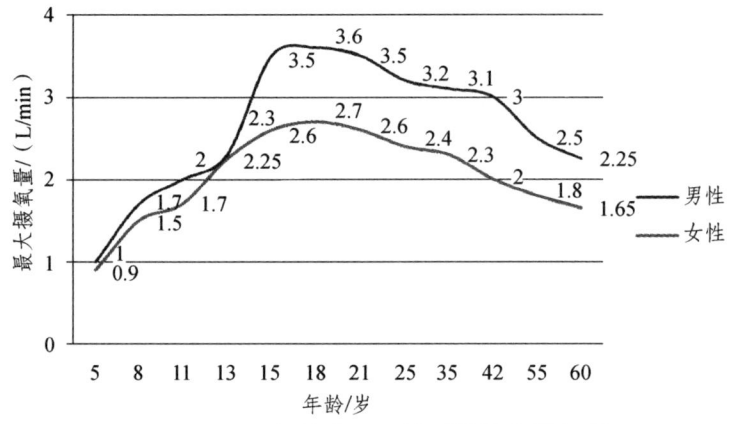

图 9-5　不同年龄段不同性别的最大摄氧量

图 9-5 是统计数据的平均值,应当注意到个性的差异。标准偏差曲线显示,在一定年龄段中 95% 的人实际上是在平均值的±(20%~30%)之间。男孩女孩在青春期之前,最大有氧能力无明显差别。性成熟后女子最大有氧能力只有男子的 70%~75%。18~20 岁的男女青年到达最大有氧能力的顶峰,此后逐渐减小。

9.2　高海拔地区施工人员供氧量标准研究

人体吸入的氧量直接受到空气中氧浓度高低的影响。当空气中的氧浓度降低(或氧分压减小)时,人体的呼吸也会受到影响,氧浓度降低越多,呼吸将越困难。氧浓度降低到一定程度时,人体将处于缺氧状态,工作效率降低,出现各种不适症状,严重缺氧会直接威胁人员生命安全。人体缺氧症状与空气中氧浓度的关系见表 9-3 所示。

表 9-3　急性缺氧症状与氧浓度的关系

氧体积浓度	主要症状
17%	静止时无异常,劳作呼吸频率上升,呼吸阻力大,心率升高
16%	呼吸及心跳增快,头昏耳鸣,判断能力减弱,失去劳动能力
10%~12%	意识判断出现问题,长时间即有生命危险
6%~9%	失去知觉,呼吸停止,心脏仅能维持短时间跳动,如不及时抢救就会导致死亡

通过表中氧浓度与缺氧症状的关系得出，为保证隧道内人员正常施工，必须保证作业人员呼吸充足的氧气，通过分析缺氧症状，可以得出对于施工作业人员当氧浓度降低到16%时将会存在缺氧危险的可能，当氧浓度降低到12%时人员将出现严重缺氧。

9.2.1 基于空气密度改变的临界供氧海拔计算法

由高海拔环境对人体机能的影响可知，维持人体某一劳动强度时，氧化产能是一定的。如此本节做出如下假定：

（1）人体在完成同一劳动时，所需要的氧气质量是一定的。

（2）氧气体积浓度不随海拔高度的变化而变化。

（3）除海拔高度以外的其他因素均相同。

基于以上几个假定，考虑到平原与高原的空气密度不同，氧气含量也不相同，以氧气质量为基准值，可以得到非世居高原人群在高海拔环境中劳作时要求能适应的最大海拔高度，通过分析可建立等式：

海平面氧气密度×极限氧气浓度×单位体积=单位体积×标准氧气浓度×适应最高海拔高度

已知海平面氧气密度为 1.429 kg/m³，海平面空气密度为 1.29 kg/m³，平原地区存在缺氧危险可能的氧浓度是 16%，出现严重缺氧的氧浓度为 12%，理论情况下的标准氧气浓度为 21%，同时将海拔高度与空气密度、密度与压强以及上述等式联立，考虑到在海拔升高的同时空气与氧气是同比变化的，得到：

（1）基于人员舒适性的临界供氧高度：

$$1.429 \times 16\% \times 1 = 1 \times 21\% \times \rho_{氧}$$

$$\rho_{氧} = 1.086 \text{ kg/m}^3$$

$$\frac{\rho_{氧高}}{\rho_{氧平}} = \frac{\rho_{空高}}{\rho_{空平}} \Rightarrow \rho_{空高} = \frac{1.806 \times 1.29}{1.429} = 0.982 \text{ kg/m}^3$$

$$\rho = 1.293 \times \frac{P}{P_0} \Rightarrow P = \frac{0.982 \times 101.325}{1.293} = 76.96 \text{ kPa}$$

$$P = 101.325 \times \left(1 - \frac{h}{44\,329}\right)^{5.255\,876} \Rightarrow h \approx 2\,500 \text{ m}$$

（2）基于人员安全性的临界供氧高度：

$$1.429 \times 12\% \times 1 = 1 \times 21\% \times \rho_{氧}$$

$$\rho_{氧} = 0.817 \text{ kg/m}^3$$

$$\frac{\rho_{氧高}}{\rho_{氧平}} = \frac{\rho_{空高}}{\rho_{空平}} \Rightarrow \rho_{空高} = \frac{0.817 \times 1.29}{1.429} = 0.73 \text{ kg/m}^3$$

$$\rho = 1.293 \times \frac{P}{P_0} \Rightarrow P = \frac{0.73 \times 101.325}{1.293} = 57.2 \text{ kPa}$$

$$P = 101.325 \times \left(1 - \frac{h}{44\ 329}\right)^{5.255\ 876} \Rightarrow h \approx 4\ 500 \text{ m}$$

通过对两种不同临界氧浓度对应海拔高度关系的分析，从理论上得到了人员在海拔超过 2 500 m 时就会有出现缺氧症状的可能，而海拔超过 4 500 m 以后将出现严重缺氧，结合既有成果对高原施工人员的高原反应统计的分析，得到人员可能出现缺氧症状的临界供氧海拔为 2 500 m，出现严重缺氧反应的临界供氧高度为 4 500 m。

9.2.2 基于等效气管气氧分压的临界供氧海拔计算法

《高原劳动卫生、劳动保护问题的探讨》中提出，当海拔高度低于 3 000 m 时，人体的血氧饱和浓度一般处于 90% 以上，该阶段人员不会出现缺氧症状，只是呼吸、心率有轻度增加，称为"无明显变化范围"。当海拔高度在 3 000 m 以上，低于 4 000 m 时，则会有 1/3 ~ 1/4 的人表现出高原不适应，此时会有呼吸、心率加快，组织器官开始缺氧症状，这一范围为"代偿范围"。当海拔高度在 4 500 ~ 6 000 m 范围内时，人体生理机能可能发生障碍，又称其为"障碍范围"。当海拔高于 6 000 m 时，人员缺氧反应开始加重，主要表现为虚脱、昏迷，此时的血氧饱和浓度下降到低于 70%，这一高度通常被称为"危险高度"。

空气中的氧气被视为无辅助供氧措施下人体需氧的唯一来源。空气中能够给人体提供氧气的主要因素就是氧分压，而大气压和氧浓度是确定氧分压的最主要原因，可以表达为：空气中氧分压=大气压×大气中氧浓度。正常空气中氧气的体积浓度为 20.9%，在理论情况下，该浓度值不随海拔高度的变化而变化。因此，吸入气中的氧分压主要取决于大气压，大气压越高，氧分压也越高。由于呼吸道内的水蒸气在正常体温情况下是完全饱和的，在气管内水蒸气的分压为 47 mmHg，因此，气管内的氧分压较大气中低，为（大气压-47 mmHg）×20.9%。由于每次呼吸只能使部分肺泡气被交换，同时肺泡气中的氧又不断地向肺泡毛细血管中弥散，因此，肺泡气氧分压较气管内氧分压低约 1/3。只有肺泡气中的氧才能弥散入血。肺泡气氧分压还与肺泡通气量和机体耗氧量有关。当肺泡通气量减小或机体耗氧量变大时，肺泡气氧分压降低，反之亦然。即：肺泡气氧分压（mmHg）=（大气压-47 mmHg）×20.9%-（耗氧量/肺泡通气量）。不同海拔对应的大气压、吸入气氧、气管内与肺泡气氧分压的变化见表 9-4。

表 9-4　不同海拔对应的大气压、吸入气氧、气管内与肺泡气氧分压的变化

海拔高度/m	大气压/mmHg	吸入气氧分压/mmHg	气管内氧分压/mmHg	肺泡气氧分压/mmHg
0	760	159	149	105
1 000	674	141	131	90
2 000	596	125	115	70
3 000	530	110	100	62
4 000	460	98	87	50
5 000	405	85	74	45
6 000	355	74	64	40
7 000	310	65	55	35
8 000	270	56	47	30

氧分压是氧气对人体影响的主要因素，氧气浓度的下降以及大气压力的减小都会引起氧气分压的降低，进而造成人体缺氧。在高海拔地区由于海拔高度较高，氧气浓度相对较小，大气氧分压会随大气压的下降而下降，也就相当于当海拔高度增加时，氧气浓度相对于平原地区降低，而当氧气浓度减少时，同样也可以等效为海拔高度升高。为更方便地确定缺氧标准，在高原地区，衡量缺氧的程度用海拔高度比用氧气浓度更直观，所以可以把氧气浓度折算进海拔高度里面，统一用海拔高度来表示氧气的含量。

在海拔 11 000 m 以下范围的大气压力计算公式：

$$P = 101.325 \times \left(1 - \frac{h}{44\,329}\right)^{5.255\,876}$$

常用的气管气氧分压计算公式：

$$P_{\text{to2}} = F_{\text{io2}}(P_{\text{b}} - 6.27)$$

联立上面两式，得到某一海拔在某一氧气浓度的空气可以与某一特定海拔的正常氧气浓度（21%）的空气相对应，海拔为 h_1 的氧气浓度为 F_{io1} 的等效高度 h_2 的公式为：

$$h_2 = a \times \left\{ 1 - \sqrt[b]{\frac{F_{\text{io1}}\left[101.325(1 - h_1/a)^b - 6.27\right]}{21.217\,455}} \right\}$$

式中：$a=44\,329$；$b=5.255\,876$。

（1）基于人员舒适性的临界供氧高度：

$$h_2 = a \times \left\{ 1 - \sqrt[b]{\frac{F_{\text{io1}}\left[101.325(1 - h_1/a)^b - 6.27\right]}{21.217\,455}} \right\}$$

$$= 44\,329 \times \left\{ 1 - \sqrt[5.255876]{\frac{0.16 \times \left[101.325(1 - 0/44\,329)^{5.255\,876} - 6.27\right]}{21.217\,455}} \right\}$$

$$\approx 2\,700 \text{ m}$$

（2）基于人员安全性的临界供氧高度：

$$h_2 = a \times \left\{ 1 - \sqrt[b]{\frac{F_{\text{io1}}\left[101.325(1 - h_1/a)^b - 6.27\right]}{21.217\,455}} \right\}$$

$$= 44\,329 \times \left\{ 1 - \sqrt[5.255\,876]{\frac{0.12 \times \left[101.325(1 - 0/44\,329)^{5.255876} - 6.27\right]}{21.217\,455}} \right\}$$

$$\approx 4\,950 \text{ m}$$

基于等效气管气氧分压原理，对两种不同临界氧浓度的计算进行分析。从理论上分析得到人员在海拔超过 2 700 m 时就会有出现缺氧症状的可能，而海拔超过 4 950 m 以后将出现严重缺氧。考虑到人员安全为本，对以上缺氧高度保守取值，认为人员可能出现缺氧反应的临界供氧高度为 2 500 m，出现严重缺氧反应的临界供氧高度为 4 500 m。

综合以上两种临界供氧海拔高度的计算，最终确定了人员施工必须严格供氧的临界海拔高度为 4 500 m，而以施工人员舒适性考虑的临界供氧高度为 2 500 m。

依据氧含量守恒，假定平原地区氧浓度与高原地区氧浓度均为 21%，通过供氧可以使不同海拔高度时的氧含量达到平原地区水平，不同海拔高度降低到平原水平所需要的单位体积供氧量计算理论如下：

$$V_{供氧} = \frac{\rho_{平氧} \times 21\% \times V_{单位} - \rho_{高氧} \times 21\% \times V_{单位}}{\rho_{高氧}}$$

根据以上理论，可以计算使各海拔高度氧含量达到平原地区的供氧量，如表 9-5 所示。

表 9-5 不同海拔高度氧含量达到平原地区的供氧量

海拔/m	1 000	2 000	3 000	4 000	5 000	6 000	7 000
供氧量/(L/m³)	26.8	57.6	94.2	128.3	167.4	211.3	263.5

通过供氧，不同海拔的氧含量得到了提升，同时氧浓度也得到了提升，其提升结果如表 9-6 所示。

表 9-6 基于平原氧含量下各海拔高度的氧浓度提升

海拔/m	1 000	2 000	3 000	4 000	5 000	6 000	7 000
氧浓度升高/%	2.68	5.76	9.42	12.83	16.74	21.13	26.35

通过以上计算分析得到：当海拔高度低于 2 000 m 时，为保证该地区氧含量与平原地区氧含量相同，所需要供应的氧气并不多；而当海拔超过 3 000 m 时，每立方米供氧超过 100 L，随着海拔高度的增加，要使氧浓度达到平原地区水平的供氧量变化情况如图 9-6 所示。

人们在短时间的劳动工作中，通常劳动强度都会比长时间的劳动强度更大，因而，以能量消耗值划分单项劳动强度时，各等级值都偏高，目前采用较少。为进一步研究人员工种与需氧、耗氧量的关系，得到符合圭嘎拉高海拔地区的人员供氧方案，在此采用耗氧量来作为劳动等级判别标准。

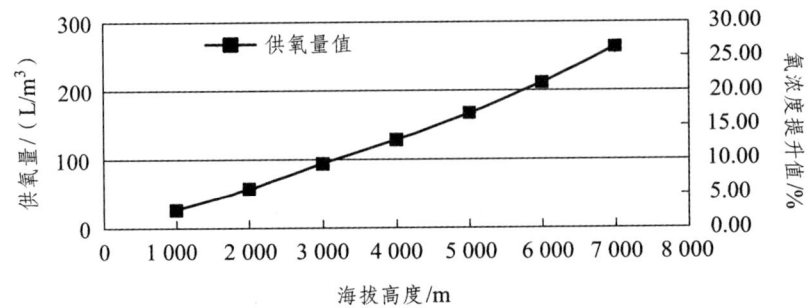

图 9-6 达到平原氧含量水平所需供氧量及供氧浓度

按照《劳动强度分级标准》和劳动强度分级对应耗氧量、呼吸空气量指标,确定隧道施工几个主要工序的劳动强度等级和平原地区的耗氧量如表 9-7 所示。

表 9-7 隧道施工几个主要工序的劳动强度等级和平原地区的耗氧量

工序	劳动强度等级	耗氧量/(L/min)
钻爆	很重劳动	2.0~2.5
喷射混凝土	重劳动	1.5~2.0
模板衬砌	重劳动	1.5~2.0
铺设防水板	中等劳动	1.0~1.5
装渣	中等劳动	1.0~1.5
出渣	轻劳动	0.5~1.0

通过前期的调研分析得到的劳动强度与平原劳动强度指数,以及表 9-7 中劳动强度与耗氧量的关系,得到其曲线关系如图 9-7、图 9-8 所示。

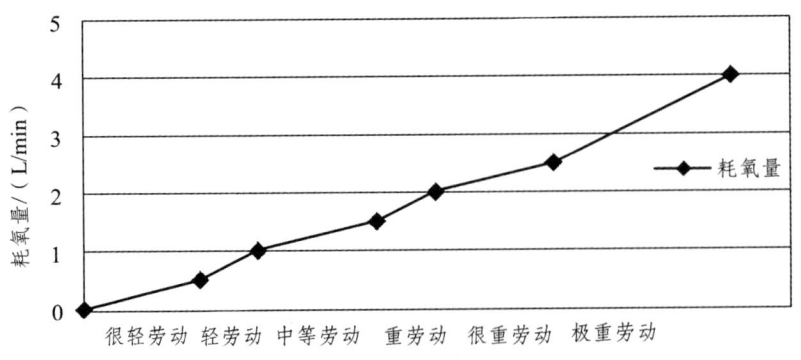

图 9-7 平原劳动强度与耗氧量的关系

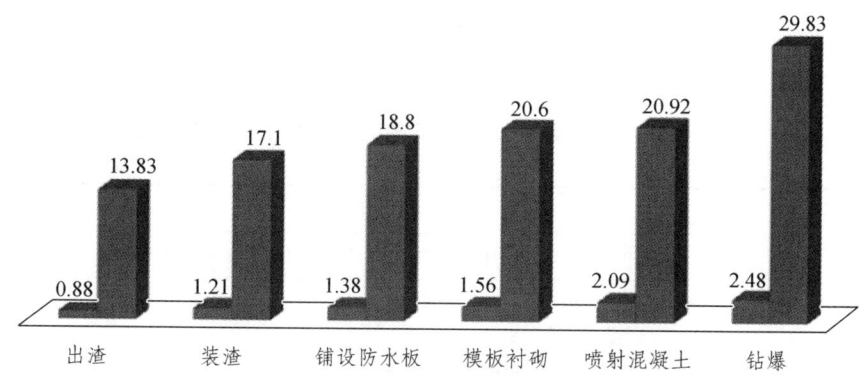

图 9-8 不同工种劳动强度指数与耗氧量

通常认为,在海拔高度升高之后,空气体积膨胀,密度减小,导致空气中氧含量减小,由于人体需要氧气的质量是恒定的,通过质量换算,可以得到人体在当地海拔下的体积耗氧量。在此考虑到圭嘎拉海拔高度约为 4 200 m,空气密度为 802 g/m³,约为海平面空气密度的 62%。因为氧气与空气是同比变化的,所以空气中的氧含量为海平面的 62%。计算得到新的劳动强度等级和耗氧量,如表 9-8 所示:

表 9-8 海拔 4 000 m 劳动等级与耗氧量

工序	劳动强度等级	耗氧量/(L/min)
钻爆	极重劳动	3.2~4
喷射混凝土	极重劳动	2.4~3.2
模板衬砌	极重劳动	2.4~3.2
铺设防水板	很重等劳动	1.6~2.4
装渣	很重等劳动	1.6~2.4
出渣	重劳动	0.8~1.6

通过对隧道施工几个主要工序的劳动强度等级和平原地区的耗氧量关系的分析,可以得到随着海拔高度的增加,劳动强度逐级升高,耗氧量也明显增大。

通常认为高原地区与平原地区的氧气占空气体积百分比是一定的,但是随着海拔高度的增加而空气密度变小,相应的氧气密度变小,相同体积下的氧含量减少，人体在从事体力劳动时，相同劳动强度下消耗能量所需要的氧气质量应该是一定的，因此对氧气质量守恒推算不同海拔高度下人体所需要的氧气体积得到表9-9。

表9-9 不同劳动强度在不同海拔高度的最小耗氧量

单位：L/min

劳动强度	海拔/m					
	0	1 000	2 000	3 000	4 000	5 000
很轻	<0.5	<0.6	<0.6	<0.7	<0.8	<0.9
轻	0.5	0.6	0.6	0.7	0.8	0.9
中等	1	1.1	1.3	1.4	1.6	1.8
重	1.5	1.7	1.9	2.2	2.4	2.7
很重	2	2.3	2.5	2.9	3.2	3.6
极重	2.5	2.8	3.2	3.6	4	4.5

在于永中的《通气量与人体耗氧率》一文中，通常认为人体的耗氧率为每通气100 mL，消耗氧气4.5 mL左右，由此可以推算出人体在不同海拔高度情况下，不同劳动强度等级所需的通气量如表9-10所示。

表9-10 不同劳动强度在不同海拔高度的最小通气量

单位：L/min

劳动强度	海拔/m					
	0	1 000	2 000	3 000	4 000	5 000
很轻	<11.1	<12.5	<14.2	<16.1	<17.9	<20.0
轻	11.1	12.5	14.2	16.1	17.9	20.0
中等	22.2	25.1	28.3	32.2	35.8	39.9
重	33.3	37.6	42.5	48.3	53.7	59.9
很重	44.4	50.1	56.6	64.4	71.6	79.9
极重	55.6	62.6	70.8	80.5	89.5	99.8

通常人体在非劳动状态下的通气量约为10 L，而最大通气量范围为70~120 L，为保护劳动者的健康，取保守值70 L的通气量为适合人员劳作的最大通气量，因此为提高工作效率，对应表中通气量值，提出海拔3 000 m

以上应避免从事极重劳动,海拔 4 000 m 以上不宜从事很重度劳动,4 000 m 以上以从事中度劳动或略小于中等强度劳动为宜。

基于对人员舒适性供氧海拔高度的研究,确定了保障人员舒适性的供氧海拔高度为 2 500 m,结合劳动强度分级以及表 9-9 中不同劳动强度在不同海拔高度下的最小耗氧量,可以得到基于人员舒适性的供氧标准,如表 9-11 所示。

表 9-11 基于人员舒适性的供氧标准

单位:L/min

劳动强度	海拔/m							
	2 500	3 000	3 500	4 000	4 500	5 000	5 500	6 000
很轻	0	0.04	0.09	0.14	0.20	0.26	0.32	0.40
轻	0	0.09	0.18	0.29	0.40	0.52	0.65	0.79
中等	0	0.13	0.28	0.43	0.60	0.78	0.97	1.19
重	0	0.18	0.37	0.57	0.80	1.04	1.30	1.58
很重	0	0.22	0.46	0.72	1.00	1.30	1.62	1.98
极重	0	0.27	0.55	0.86	1.19	1.56	1.95	2.37

基于对人员安全性供氧海拔高度的研究,确定了保障人员舒适性的供氧海拔高度为 4 500 m,结合劳动强度分级以及表 9-9 中不同劳动强度在不同海拔高度下的最小耗氧量,可以得到基于人员安全性的供氧标准,如表 9-12 所示。

表 9-12 基于人员安全性的供氧标准

单位:L/min

劳动强度	海拔/m			
	4 500	5 000	5 500	6 000
很轻	0	0.06	0.13	0.20
轻	0	0.12	0.25	0.39
中等	0	0.18	0.38	0.59
重	0	0.24	0.50	0.78
很重	0	0.30	0.63	0.98
极重	0	0.36	0.75	1.18

9.3 高海拔隧道施工人员供氧量设计方法

9.3.1 圭嘎拉高海拔寒区隧道氧浓度测试

针对圭嘎拉高海拔隧道施工供氧课题前期测试的结论分析,为了更好地了解在高海拔隧道中氧浓度的变化情况,对圭嘎拉隧道进出口段、1号斜井、2号斜井中氧浓度随隧道进尺变化的情况进行了测试。

(1)测试目的:圭嘎拉高海拔施工隧道中氧浓度随隧道进尺变化情况。各区段开挖长度见表9-13。

表9-13 各区段开挖长度

单位:m

幅别	隧道进口段		1号斜井段		隧道出口段		2号斜井段	
	左线	右线	左线	右线	左线	右线	左线	右线
开挖长度	775	794	334	312	493	480	407	435

(2)测试原理:本次测试主要以洞外空气氧浓度为标准体积百分比21%,通过测试洞内不同掘进深度下氧气浓度的变化,得出洞内氧气浓度的变化规律。

(3)测试环境:本次测试分为圭嘎拉隧道进出口段、1号斜井及2号斜井测试。

(4)测试仪器:本次测试主要采用希玛AS8901氧气检测仪(图9-9),测试结果为空气中氧气的体积浓度。

图9-9 希玛AS8901氧气检测仪

（5）测试方案：

为使各区段测试断面都在 10 个左右，隧道出口段每 50 m 取一个测试断面，隧道进口段每 100 m 取一个测试断面。

每个断面取 3 个测点，分别为左测点、中测点、右侧点（面向开挖面），中测点位置大概在隧道内道路中心处，左右两测点与中测点距离均为 2 m，测点高度均为 1.6 m。断面测点布置见图 9-10。

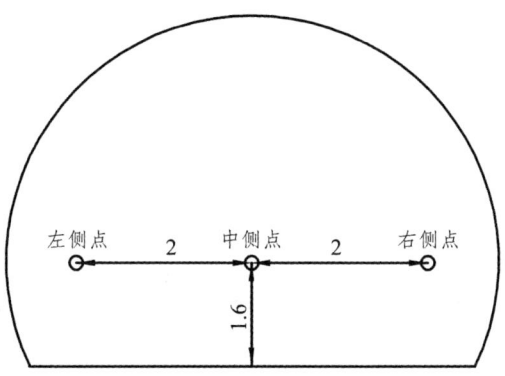

图 9-10　断面测点布置图（单位：m）

（6）现场测试结果及分析：

氧浓度随隧道进尺变化见图 9-11。

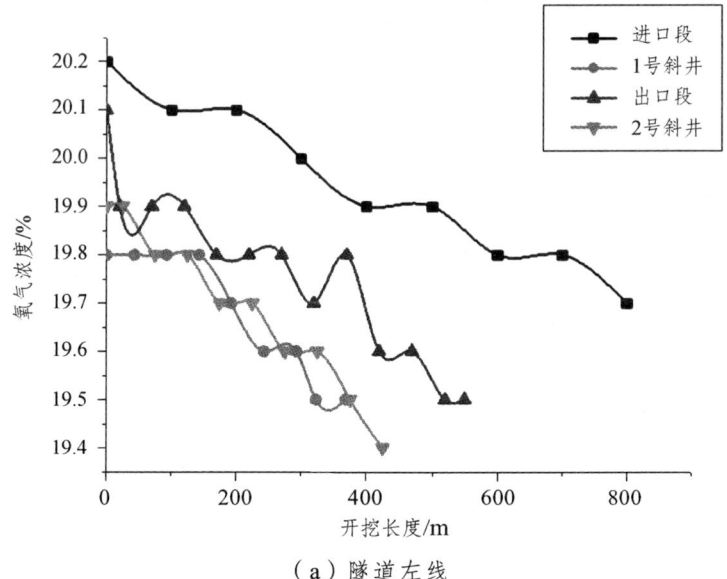

(a) 隧道左线

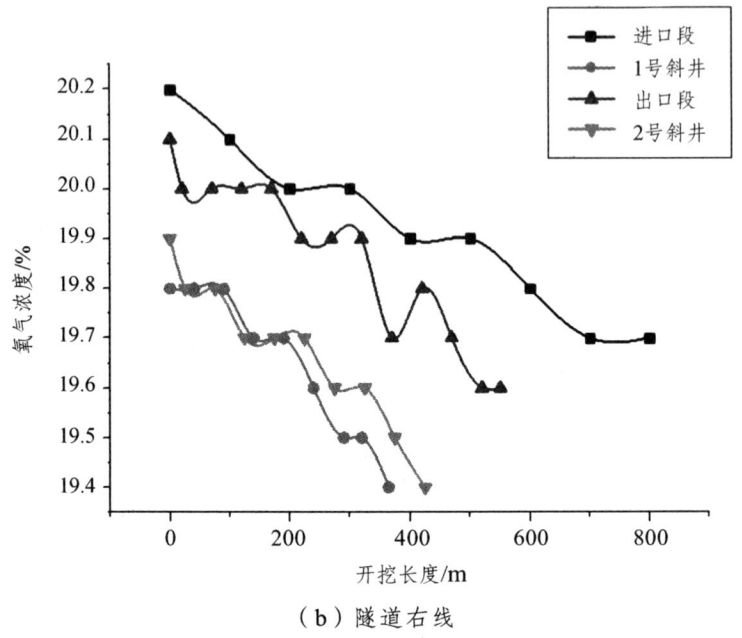

(b) 隧道右线

图 9-11 氧浓度随隧道进尺变化图

《公路隧道施工技术规范》(JTG F60—2009)规定空气中的氧气含量在作业过程中应始终保持在 19.5% 以上。因为随着海拔的升高，大气压降低，空气变得稀薄，假设空气的组分是没有变化的，对比平原和高海拔地区同样体积的空气，氧气所占的体积在高海拔地区是偏少的，因此在高原隧道即便将施工环境的氧含量控制在 19.5%~20%，仍然具有缺氧的风险。

测试结果表明，从洞口到掌子面，氧含量逐渐减小。具体情况如下：

① 进口段：左线最高氧含量 20.2%，最低氧含量 19.7%；右线最高氧含量 20.2%，最低氧含量 19.7%。

② 1号斜井段：左线最高氧含量 19.8%，最低氧含量 19.5%；右线最高氧含量 19.8%，最低氧含量 19.4%。

③ 出口段：左线最高氧含量 20.1%，最低氧含量 19.5%；右线最高氧含量 20.1%，最低氧含量 19.6%。

④ 2号斜井段：左线最高氧含量 19.9%，最低氧含量 19.4%；右线最高氧含量 19.9%，最低氧含量 19.4%。

4个测试段掌子面处氧含量均在 19.5% 左右，存在缺氧的风险。

9.3.2 圭嘎拉隧道施工期洞内氧浓度分布预测

1. 模型的建立及网格划分

模型尺寸采用圭嘎拉隧道设计尺寸，隧道主洞有效净空断面积为 100 m²，主洞隧道横断面见图 7-1。隧道主洞长 1 300 m。具体模型如图 9-12 所示。

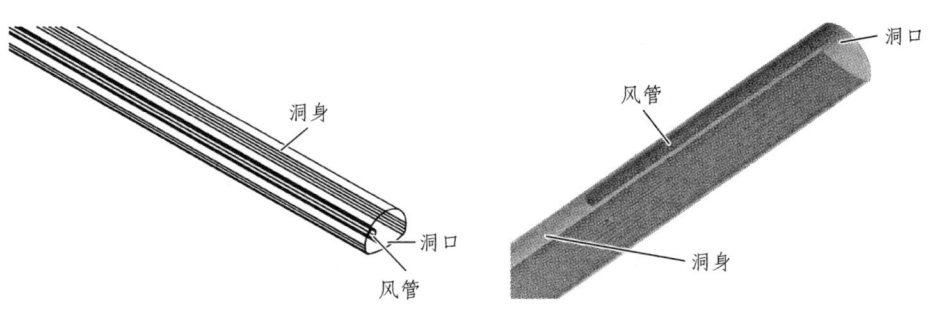

图 9-12　计算模型

2. 边界条件

本次模拟中将机械及人员耗氧量用消耗氧气和排出二氧化碳简化代替。

在圭嘎拉隧道内实际施工机械总功率和约为 447 kW，因为在高原情况下发动机一般为不完全燃烧，也就是会排放出更多的 CO 甚至是 C，所以其耗氧量反而相对减少，所以在本次计算中考虑其完全燃烧，其耗氧量为最大。本次数值模拟机械在 400 kW、500 kW、600 kW 工作时的情况。

通过分析一般内燃机外特性曲线并内插取值，获得了一般重型内燃机车的油耗率约为 195 g/(kW·h)，通过油耗率以及柴油的空燃比约为 14.3 计算出所需消耗的空气，计算结果如下：

$$所需空气 = \frac{油耗率 \times 总功率 \times 空燃比}{当地空气密度} = \frac{195 \times 447 \times 14.3}{730} = 1\,707.5 \text{ m}^3/\text{h}$$

$$所需氧气 = 所需空气 \times 氧气体积浓度 = 1\,527.9 \times 21\% = 358.6 \text{ m}^3/\text{h}$$

$$氧气消耗边界流量 = 0.04 \text{ m}^3/\text{h}$$

重载车内燃机外特性曲线见图 9-13。

采用 $k\text{-}\varepsilon$ 不可压缩紊流模型及 Species Transport 组分运输模型。

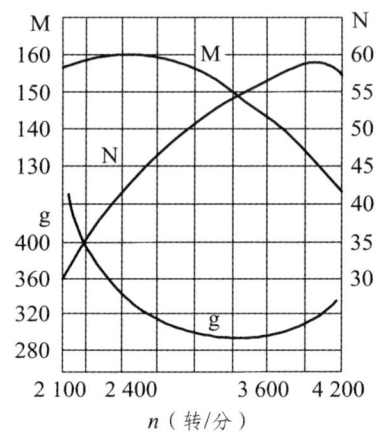

M 为扭矩（N·m），N 为功率（kW），g 为能量（kWh）

图 9-13　重载车内燃机外特性曲线

风机风速出口设置为 38 m³/s；进口空气的温度和洞外气温相同，为 275.5 K。洞中空气内氧气的原始氧气质量浓度设置为 0.23。

隧道洞门设置为压强出口（pressure outlet），相对压强为 0。

隧道壁面设为粗糙壁面，粗糙度常数 C_K 为 0.6，粗糙度的厚度值 K_s 为 0.03，壁面初始温度为 283 K。

3. 计算结果及分析

通过对隧道内机械功率分别为 400 kW、500 kW、600 kW 三种不同工况采用 Fluent 进行数值模拟，得到如图 9-14～图 9-16 所示结果。

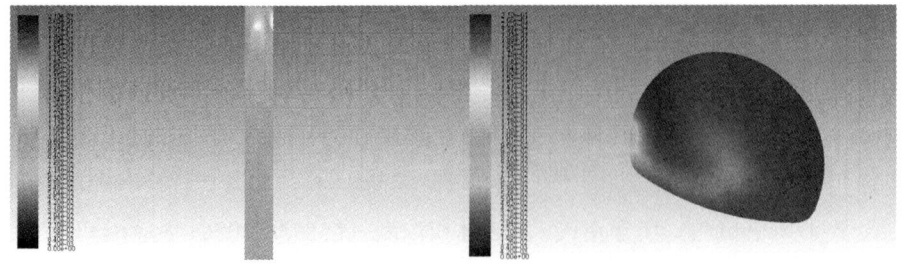

图 9-14　400 kW 时氧气浓度分布图

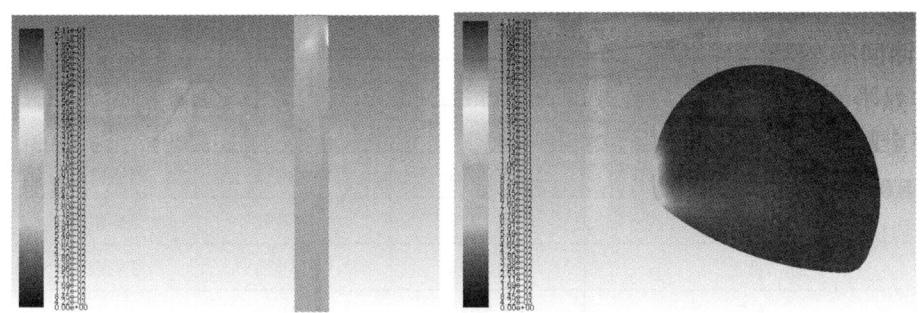

图 9-15　500 kW 时氧气浓度分布图

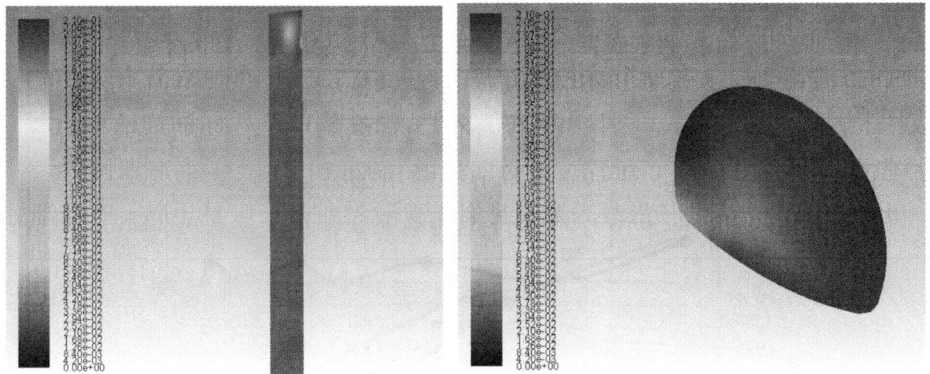

图 9-16　600 kW 时氧气浓度分布图

通过分析三种工况下的氧气浓度云图可以得到，三种工况下隧道内的氧浓度变化趋势大致相同，在靠近掌子面附近氧气浓度急剧下降，越远离洞口其氧浓度越高。氧浓度在洞内呈现出在隧道断面中心处氧浓度较低，靠近隧道壁高的状态。在掌子面处，由于隧道施工通风影响，靠近风管侧的氧气浓度较高。

通过本次数值模拟结果，提取模拟数据分析得到如表 9-14 所示结果：

表 9-14　圭嘎拉隧道不同功率下氧气浓度值

开挖长度/km	机械功率/kW		
	400	500	600
0	20.10%	20.10%	20.10%
0.2	20.10%	20.00%	20.00%
0.4	20.00%	19.90%	19.90%

续表

开挖长度/km	机械功率/kW		
	400	500	600
0.6	19.90%	19.80%	19.80%
0.8	19.70%	19.60%	19.60%
1	19.60%	19.50%	19.40%
1.2	19.50%	19.30%	19.10%
1.4	19.30%	19.10%	18.80%
1.5	19.20%	18.90%	18.70%

根据以上计算得到的数据对氧浓度与掌子面距离和机械功率的关系进行分析，得到其关系曲线如图 9-17 所示。

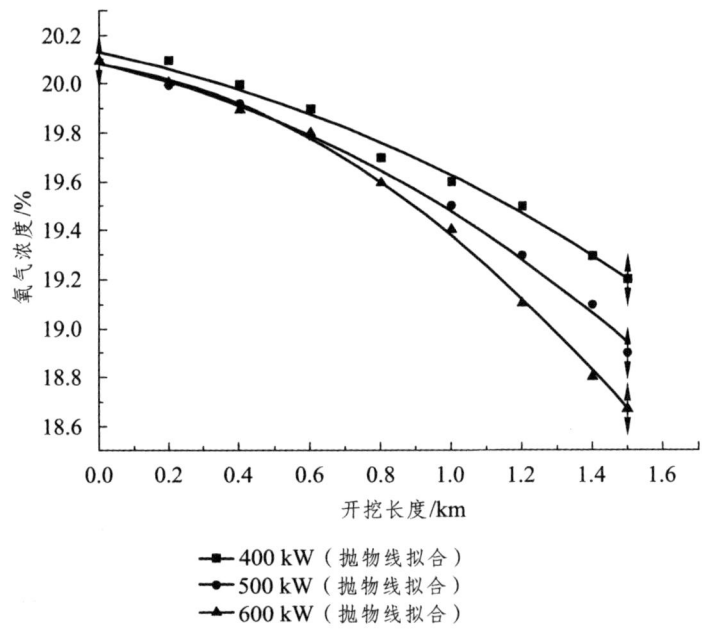

图 9-17　不同功率下氧气浓度与开挖长度的关系

从图 9-17 中可以看出，当功率一定时，氧气浓度随着开挖长度的增大而逐渐增大。通过数据拟合，可知氧气浓度与开挖长度呈现较好的二次函数关系，可以得出通用关系如下：

$$Q = aL^2 + bL + c$$

式中：Q——氧气浓度（%）；

L——距离洞口距离（km）；

a、b、c——与风机功率有关的拟合系数。

拟合系数如表 9-15 所示：

表 9-15　不同功率下的拟合系数

功率/kW	a	b	c	R_2
400	-0.215 06	-0.296 16	20.132 33	0.988 07
500	-0.296 02	-0.315 57	20.084 93	0.993 23
600	-0.473 41	-0.233 82	20.086 27	0.997 31

拟合系数 a、b、c 与功率的关系如图 9-18～图 9-20 所示：

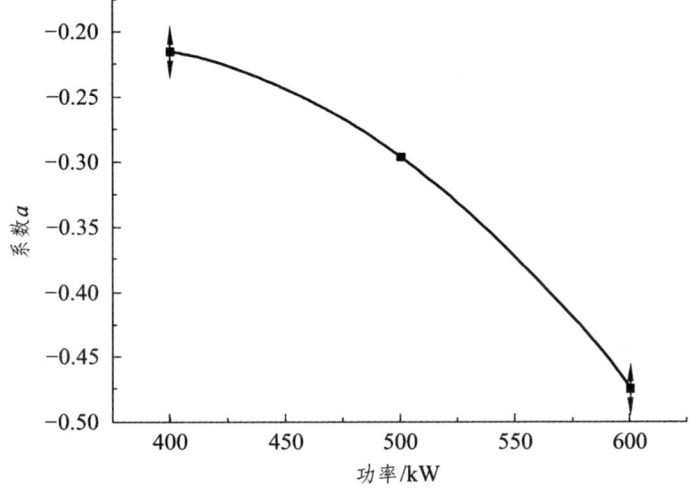

图 9-18　a 与功率的关系

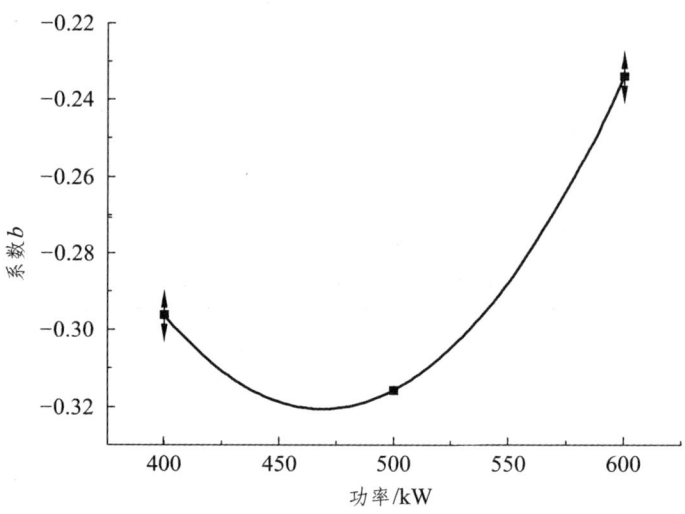

■ 系数 b
—— Parabola Fit of Sheet1 系数 b

图 9-19　b 与功率的关系

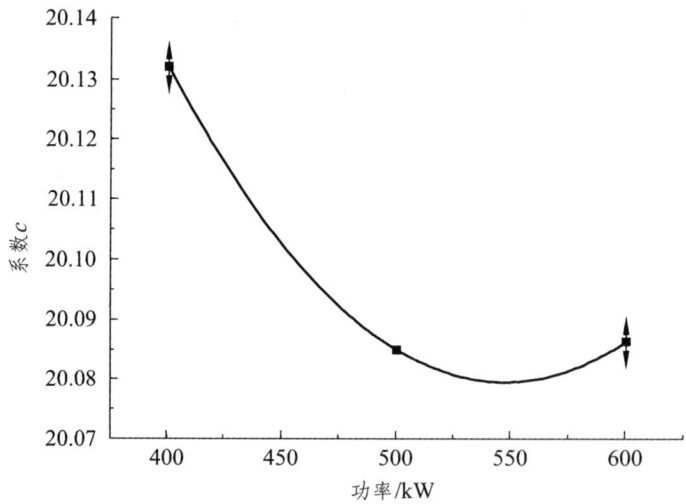

■ 系数 c
—— Parabola Fit of Sheet1 系数 c

图 9-20　c 与功率的关系

从而可以得出三个拟合系数 a、b、c，其关系式如下：

$$a = -0.000\,005W^2 + 0.003\,5W - 0.855\,5$$

$$b = 0.000\,005W^2 - 0.004\,7W + 0.793\,1$$

$$c = 0.000\,002W^2 - 0.002\,7W + 20.809$$

最终得到氧气浓度与功率和开挖长度的关系如下：

$$Q = aL^2 + bL + c$$

$$a = -0.000\,005W^2 + 0.003\,5W - 0.855\,5$$

$$b = 0.000005W^2 - 0.0047W + 0.7931$$

$$c = 0.000\,002W^2 - 0.002\,7W + 20.809$$

式中：Q——氧气浓度（%）；

W——内燃机械功率（kW）；

L——距离作业掌子面的距离（km）；

C——隧址地区的氧气浓度（%）。

根据公式计算的氧气浓度与前文所测实际数据对比如表 9-16 和图 9-21 所示：

表 9-16 447 kW 时计算与实测氧气浓度

开挖长度/km	0.0	0.1	0.2	0.3	0.4	0.5	0.6	0.7	0.8
计算值/%	20.2	20.2	20.1	20.1	20.0	20.0	19.9	19.8	19.8
实测值/%	20.2	20.1	20.1	20	19.9	19.9	19.8	19.8	19.7

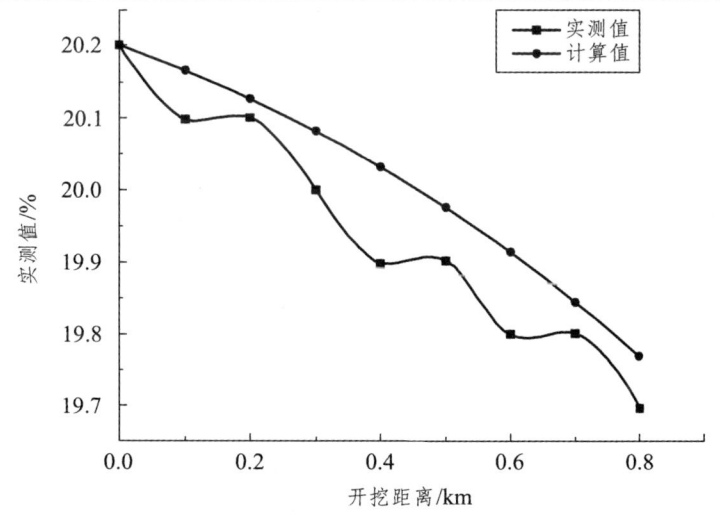

图 9-21 计算值与实测值对比分析

从图 9-21 可以看出，实际机械功率为 447 kW，公式计算值与实际所测的氧气浓度大致相同，误差范围在 0.1% 以内。且随着开挖长度的增加，氧浓度预测值与实测值均出现下降趋势增大的现象，最后下降到极低的氧气浓度值。通过对比现场实测结果与推算结果值可知，推算结果值与现场实测值相符度较高，具有一定的适用性。

通过前述研究，得到了隧道内氧气浓度随着隧道开挖长度的变化，并分析了隧道内氧气浓度与隧道开挖长度、机械总功率和隧址地区标准氧气浓度的关系。为进一步研究圭嘎拉隧道内分阶段施工期人员供氧技术，课题组对圭嘎拉隧道实际施工作业区域布置情况进行了调研，其施工区域布置示意图如图 9-22 所示。

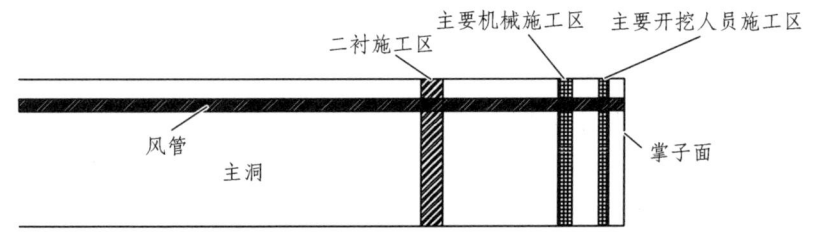

图 9-22　主要作业区域布置图

结合圭嘎拉隧道施工现场区域布置，由施工现场测试的基准氧浓度以及施工隧道内的预测氧浓度，可以推测隧道内不同区域的氧浓度降低值，并通过查询劳动强度分级表以及对应耗氧量表可以得到各工序的供氧量，因此总结出了圭嘎拉隧道分阶段供氧设计方法，如图 9-23 所示。

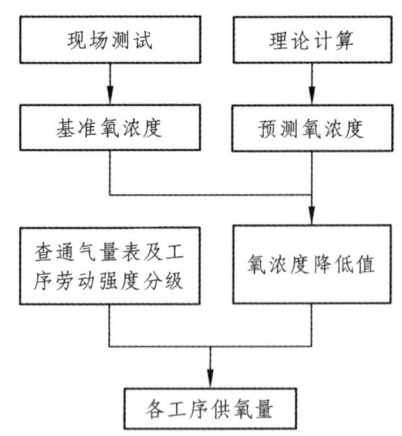

图 9-23　圭嘎拉隧道供氧量设计方法

经过现场调查圭嘎拉隧道内施工机械总功率一般为 447 kW，隧址地区实测基准氧气体积浓度约为 20.1%，通过氧浓度预测公式计算出洞内预测氧浓度值，并与基准氧浓度对比分析得到表 9-17 所示结果。

表 9-17　不同开挖长度下基准氧浓度与预测氧浓度对比

开挖长度/km	基准氧浓度/%	预测氧浓度/%
0	20.1	20.20
0.1	20.1	20.17
0.2	20.1	20.13
0.3	20.1	20.08
0.4	20.1	20.03
0.5	20.1	19.97
0.6	20.1	19.91
0.7	20.1	19.84
0.8	20.1	19.77
0.9	20.1	19.69
1.0	20.1	19.60
1.1	20.1	19.51
1.2	20.1	19.41
1.3	20.1	19.31
1.4	20.1	19.20
1.5	20.1	19.08

通过对基准氧浓度和预测氧浓度的对比分析，可以发现基准氧浓度与预测氧浓度的差值随隧道开挖长度增大逐渐变大，为保证隧道内的人员施工氧气浓度能基本维持与洞外氧气浓度大致相同，结合前文中研究所得的高海拔地区施工人员基准需氧量和通气量，可以得到隧道内的供氧量计算原则如下：

供氧量=某一劳动强度对应的通气量×氧浓度降低值

圭嘎拉隧道隧址地区海拔高度约为 4 200 m，通过通气量和表 9-17 中的隧道开挖长度与氧浓度降低值，可以计算出使圭嘎拉隧道内各阶段氧浓度达到洞外水平所需供的氧气体积量,如表 9-18 所示。

表 9-18 圭嘎拉隧道(4 200 m)劳动强度与分阶段供氧量

开挖长度/km	供氧量/(L/min)					
	很轻劳动	轻劳动	中等劳动	重劳动	很重劳动	极重劳动
0	0	0	0	0	0	0
0.2	0.00	0.00	0.00	0.01	0.01	0.01
0.4	0.01	0.03	0.04	0.06	0.07	0.09
0.6	0.03	0.07	0.10	0.13	0.16	0.20
0.8	0.06	0.11	0.17	0.23	0.28	0.34
1	0.09	0.17	0.26	0.35	0.43	0.52
1.2	0.12	0.24	0.37	0.49	0.61	0.73
1.4	0.16	0.33	0.49	0.65	0.82	0.98
1.6	0.21	0.42	0.63	0.84	1.05	1.26

通过分析施工工序与劳动强度等级的关系,可以得到圭嘎拉隧道内各类工序的劳动强度分类,初支、钻孔、二衬、防水板等均为很重劳动,人工配合机械出渣阶段为重劳动,因此可以得到分阶段供氧量,如表 9-19 所示。

表 9-19 圭嘎拉隧道(4 200 m)劳动强度与分阶段供氧量

开挖长度/km	供氧量/(L/min)				
	初支	钻孔	二衬	出渣	防水板
0	0	0	0	0	0
0.2	0.01	0.01	0.01	0.01	0.01
0.4	0.07	0.07	0.07	0.06	0.07
0.6	0.16	0.16	0.16	0.13	0.16
0.8	0.28	0.28	0.28	0.23	0.28
1	0.43	0.43	0.43	0.35	0.43
1.2	0.61	0.61	0.61	0.49	0.61
1.4	0.82	0.82	0.82	0.65	0.82
1.6	1.05	1.05	1.05	0.84	1.05

9.4 高海拔隧道施工供氧方案研究

目前国内常用的供氧方式主要为针对人员的个体式供氧和弥散式供氧两种方式,通常还配合氧吧车进行辅助供氧。每种方法均有利弊,也各有其适用条件。常用供氧方法的对比分析见表9-20。

表9-20 常用供氧方法的对比分析

隧道名称	长度/m	海拔/m	制氧方案	供氧方案	效果
风火山隧道	1 338	4 890	洞口采用吸附式制氧系统	掌子面弥散式供氧+氧吧车供氧	保障施工人员的身体健康,提高了工效,技术得以推广
关角隧道	32 605	3 400~4 000	洞口采用吸附式制氧系统	压氧系统及隧道氧吧车供氧	满足了施工人员的用氧量,提高了工效
羊八井一号隧道	3 345	4 200~4 300	采用变压吸附法从空气中提取氧气	前期用输氧管,后期采用氧气与风机供风混合供氧+氧气袋	对洞内环境进行检测,结果达到了劳动卫生要求,确保了施工人员的健康
雀儿山隧道	6 830	4 200~4 600	采用变压吸附式制氧系统	掌子面弥散式供氧+氧吧车+个人氧气瓶供氧	保障了施工人员的身体健康,提高了工作效率
昆仑山隧道	1 686	4 650	采用货车对高压氧气瓶运输	个人背负式氧气瓶+洞口氧吧+宿舍弥漫式供氧	保障了施工人员的身体健康,提高了工作效率
鹧鸪山隧道	4 428	3 250	无	加强通风+特殊工种携带便携式补养仪	定期进行身体检查,达到了补氧安全、经济的目的
祁连山隧道	9 490	3 600~4 300	洞口施工区设置吸附式制氧站	掌子面弥散式供氧+氧气瓶+洞口吸氧室	使隧道内含氧量达到平原地区的80%,有效缓解了高原带来的不适

9.4.1 高海拔隧道个体式供氧效果

个体式供氧实验要求施工人员携带大小合适的氧气瓶,通过配合吸氧面罩对施工人员直接供氧,不需要铺设管道,同时受外界通风影响较小。实验测试在员工背负供氧设备作业前后和不背负设备作业前后的不同生理反应,以此来衡量该供氧设备的优劣。(实验设计时,经专业人士评估,结合相关建议,能够保证测试人员身体健康。)

本次个体式供氧实验,选取的测试对象为隧道开挖作业中的 3 名掘进工人,均为男性,无疾病史,已在该隧道工作两年以上,能适应高原,年龄在 25~35 岁。将这 3 名工人按照实验组 2 人和对照组 1 人进行分配实验。由于 4 L 氧气袋所携带氧太少,更换过于频繁,完全不适合工人携带施工,故分别进行携带氧气瓶(2 L、3 L、4 L)进行试验。第一次实验组 2 人携带 2 L 氧气瓶进行试验,第二次实验组 2 人携带 3 L 氧气瓶进行试验,第三次实验组 2 人携带 3 L 氧气瓶进行试验;对照组人员均不携带氧气瓶进行试验。三种个体供氧设备见图 9-24。

图 9-24 三种个体供氧设备

对高原医学研究表明:人体在高原缺氧状态下,即使小流量短时间吸入氧气,缺氧造成的影响仍然可以得到有效的改善;在安静状态下,低流量(2 L/min)吸入氧气 30 min,人体血氧饱和度可以达到高峰。综合隧道中实际情况,确定供氧时间为 1 h,开始施工的同时进行供氧,参考《飞机设计手册》，人体剧烈运动时的总耗氧为 2.8 L/min，据此确定氧气瓶供氧量人均增氧流量 3 L/min，被测试的工人照常进行开挖掘进工作。其中 3 种供氧设备加压均为 13 MPa，2 L、3 L、4 L 的供氧氧气瓶净质量分别为 4 kg、6 kg、8 kg，压缩储存换算氧气容量分别为 0.25 m^3、0.38 m^3、0.5 m^3。

对工人进行供氧增补的效果则通过对比供氧前后工人的生理测量指标和观察指标两部分的变化进行评价。生理指标包括人体动脉血氧饱和度、心率和血压共 3 项；观察指标为 Borg 呼吸困难评分指数，评判标准分为无、轻度、中度、重度。同时测定各单一供氧设备的使用时间、更换设备的间隔时间等。

实验中所需要的生理与观察指标的数据采集，使用的测量仪器如表 9-21 所示。

表 9-21　生理测量指标和测量仪器

测试生理指标	测试仪器
血氧饱和度	康泰 CONTEC 脉搏血氧仪 CMS50L
血　压	欧姆龙电子血压计 HEM-7201 血压仪
心　率	康泰 CONTEC 脉搏血氧仪 CMS50L 以及听诊器

本次测试主要使用仪器如图 9-25 所示。

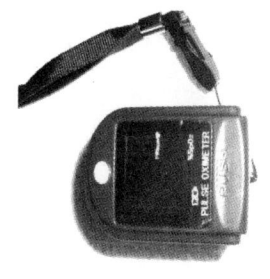
血氧测试仪

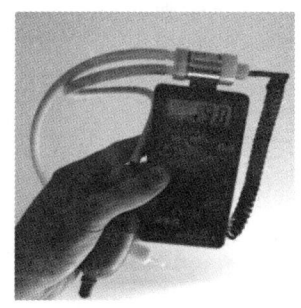
氧浓度测试仪

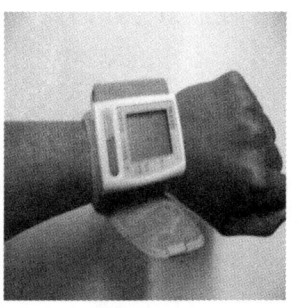
血压测试仪

图 9-25　测试使用仪器

本次测试主要测试情况如图 9-26 所示。

在本次试验中，试验者测试了受测人员在施工进程中的血压、血氧浓度和心率的变化。

图 9-26　供氧人员组装供氧设备（左）和工人使用供氧设备（右）

血压的测量结果包括收缩压、舒张压、压差（收缩压－舒张压）。通过对比几位受测人员所得的实验数据，发现与血压相关的这几个值在高原生理评价中意义并不太显著。相关高原医学研究表明，高原肺水肿在发病过程中，肺动脉压升高是发生肺水肿的原因。肺动脉压医学上用肺平均动脉压表述，故将本试验中血压测量值按照近似公式"肺平均动脉压=1/3×（3×舒张压+脉压差）"进行转换，转换后血压均用平均动脉压表述。血氧饱和度的测试结果直接反映人体动脉血中氧气饱和程度。血氧饱和度的高低直接影响人体的新陈代谢快慢，从而影响人体的生理机能。同时，血氧饱和度又受到氧分压的影响，也就是说血氧浓度的高低可以间接反映氧分压的大小。心率的测试结果可衡量心脏工作状态，特别是可反映参加施工作业前后的变化。

通过分析试验人员所记录的试验数据，受试者分别使用 2 L、3 L、4 L 氧气瓶进行供氧试验时，所测得的心率与时间的关系如图 9-27 ~ 图 9-29 所示。

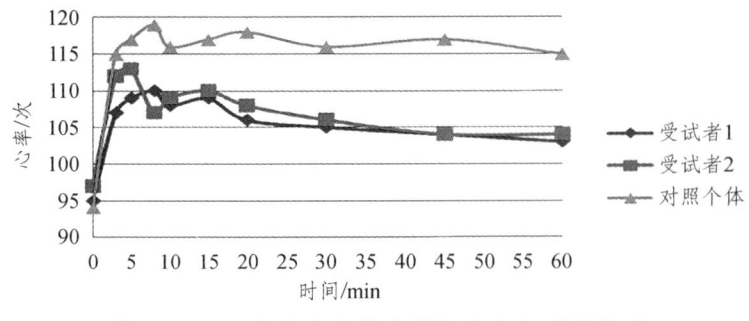

图 9-27　2 L 氧气瓶个体式供氧心率与时间关系

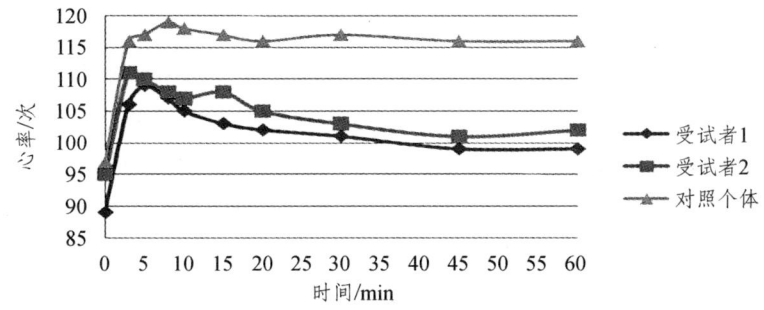

图 9-28　3 L 氧气瓶个体式供氧心率与时间关系

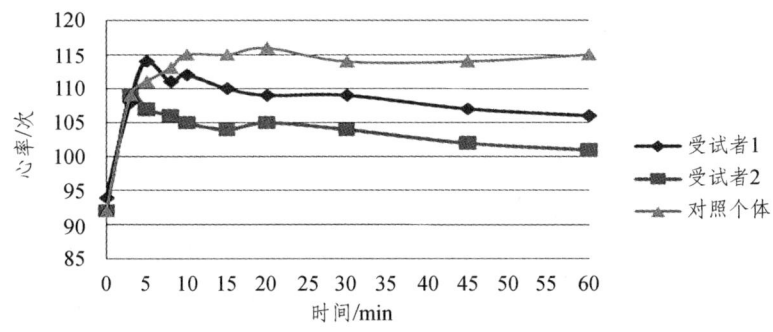

图 9-29　4 L 氧气瓶个体式供氧心率与时间关系

分析所测得的实验数据，各实验者心率变化如表 9-22 所示，其中心率上升为正值，下降为负值。

表 9-22　不同规格氧气瓶下受试者心率变化

测试者	2 L 氧气瓶	3 L 氧气瓶	4 L 氧气瓶
受试者 1	8%	11%	12%
受试者 2	7.2%	7.4%	9.7%
对照个体	22%	19.6%	22.1%

从表中受试者心率变化百分比可以看出，在施工作业时，供氧受试人员的心率变化基本提升 10% 左右，而不提供供氧设备的对照组成员其心率上升达到 20%，上升幅度非常显著。受试者在背负不同型号氧气瓶作业时，其心率也会受到一定影响，如测试者 1 在分别背负 2 L、3 L、4 L 氧气瓶作业时，其心率变化分别为上升 8%、11%、12%，也就是说受测人员的心率变化会受到钢瓶重量的影响，但影响较小。

通过观察对比三组实验数据图表可以清楚地看出：无论实验者采用何种氧气瓶供氧，在工人刚开始施工作业阶段，实验组和对照组人员心率均有不同程度的上升，随着对实验组人员的持续供氧，实验组人员的心率有明显的下降；而对照组人员的心率达到一定值后会趋于稳定，但是明显要高于实验组人员，且在降低作业强度前一般不会有明显的下降。由此可见，个体式供氧能够明显降低施工作业人员的心率，在高海拔条件下有利于降低体力劳动对心脏产生的负担。

通过对比接受供氧的实验组人员与不接受供氧的对照组人员生理指标的对比，发现供氧确实能降低施工作业人员的心率，但是没有得出在不同供氧设备下施工作业人员的生理指标变化情况，因此需要通过对比同一实验者，在背负三种不同氧气瓶进行作业情况下的生理指标变化情况。如图 9-30 所示，可以发现同一实验者在不同时段受多重外界环境影响下，其初始心率值不同，但是通过对比实验数据可以发现，在供氧一段时间后其心率变化趋势是大致相同的，所以供氧设备的型号对供氧受试者生理指标变化的影响不大，所以推断三种供氧设备对施工作业人员在心率方面作用效果相同。

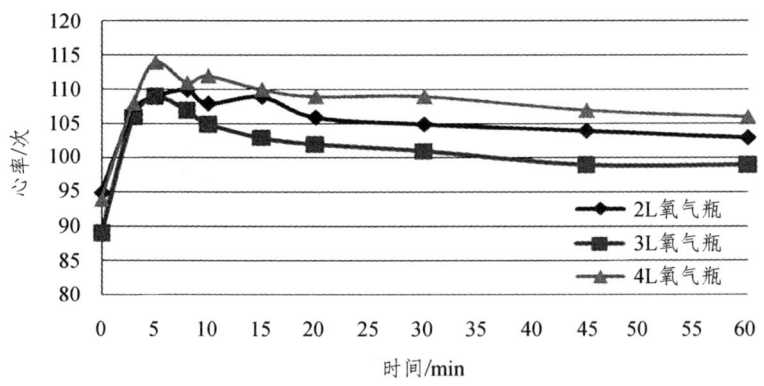

图 9-30　受试者 1 在三种供氧设备下的心率与时间变化关系

1. 血氧浓度-供氧时间关系

当实验者分别使用 2 L、3 L、4 L 氧气瓶进行供氧实验时，所测得的血氧浓度与时间的关系如图 9-31 ~ 图 9-33 所示。

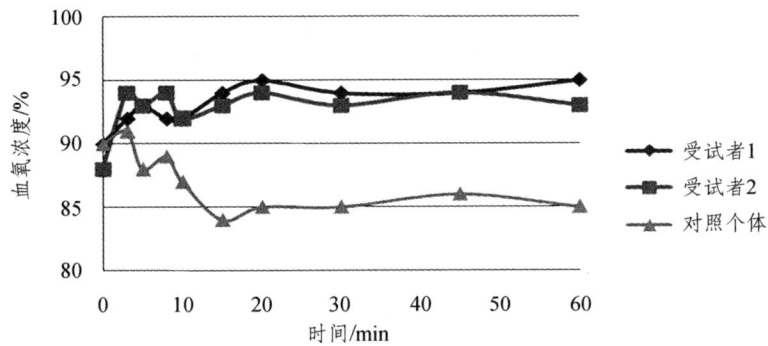

图 9-31　2 L 氧气瓶个体式供氧血氧浓度与时间关系

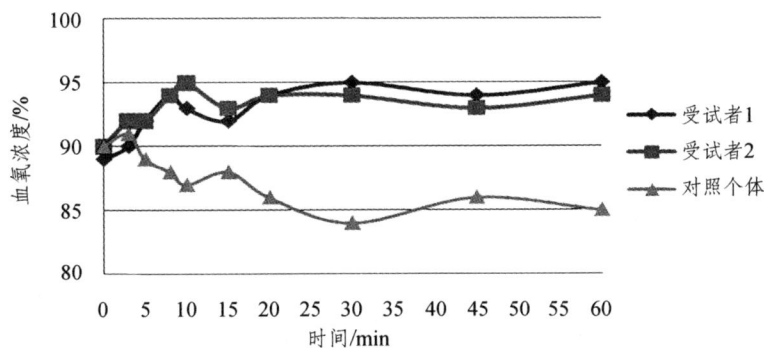

图 9-32　3 L 氧气瓶个体式供氧血氧浓度与时间关系

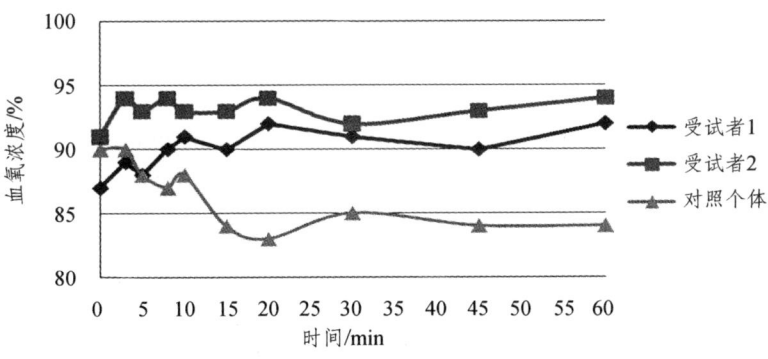

图 9-33　4 L 氧气瓶个体式供氧血氧浓度与时间关系

分析所测得的实验数据，其中心率上升为正值，得到其血氧浓度变化关系如表 9-23 所示。

表 9-23　不同规格氧气瓶供氧下受试者血氧浓度变化

测试者	2 L 氧气瓶	3 L 氧气瓶	4 L 氧气瓶
受试者 1	5.5%	6.7%	5.7%
受试者 2	5.6%	4.4%	5.5%
对照个体	-5.5%	-6%	-6.6%

从表中受试者血氧浓度变化百分比可以看出，在施工作业时，供氧受试人员的血氧变化基本提升 5% 左右，而不提供供氧设备的对照组成员其血氧浓度下降 5%~6%，下降幅度非常显著。受试者在背负不同型号氧气瓶作业时，其血氧浓度基本不受影响，如测试者 1 在分别背负 2 L、3 L、4 L 氧气瓶作业时，其心率变化分别为上升 5.5%、6.7%、5.7%，也就是说受测人员的血氧浓度变化基本不受到钢瓶重量的影响。

血氧浓度是直接反映人体血氧饱和量的一个指标，通过观察对比三组实验数据图表可以得出，不管是实验组还是对照组人员在起初开始作业的几分钟，血氧浓度都会有一定程度的提升，这是因为实验人员突然从平静状态到施工作业状态，身体需氧量增大，心率加快，摄氧量增大。在一段时间后，由于对实验组人员供氧，实验组人员能得到充足的氧，所以该组人员的血氧浓度不会下降，反而会有所增加；对照组人员因为得不到足够的氧供应，所以该组人员的血氧浓度会有所下降，这也是在施工阶段部分工人产生高原反应的原因之一。

由此可见，在高海拔隧道进行高强度体力劳动的同时，个体式供氧对提高人体血氧饱和度有非常显著的意义，而未进行增氧的施工人员在高海拔和体力劳动的多重作用下，人体血氧饱和度出现了明显下降。

同心率对比实验一样，仍以 1 号测试者在使用三种不同型号供氧设备情况下的生理指标进行对比，如图 9-34 所示。同样可以得出：在供氧一段时间后其血氧浓度变化趋势是大致相同的，所以供氧设备的型号对供氧受试者生理指标变化的影响不大，所以推断三种供氧设备对施工作业人员在血氧浓度方面作用效果基本相同。

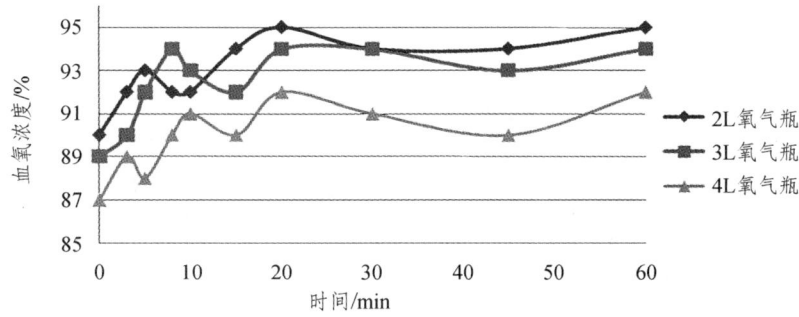

图 9-34 受试者 1 在三种供氧设备使用下的血氧与时间变化曲线

2. 动脉压-供氧时间关系

当实验者分别使用 2 L、3 L、4 L 氧气瓶进行供氧实验时，所测得的平均脉动压与时间的关系如图 9-35 ~ 图 9-37 所示：

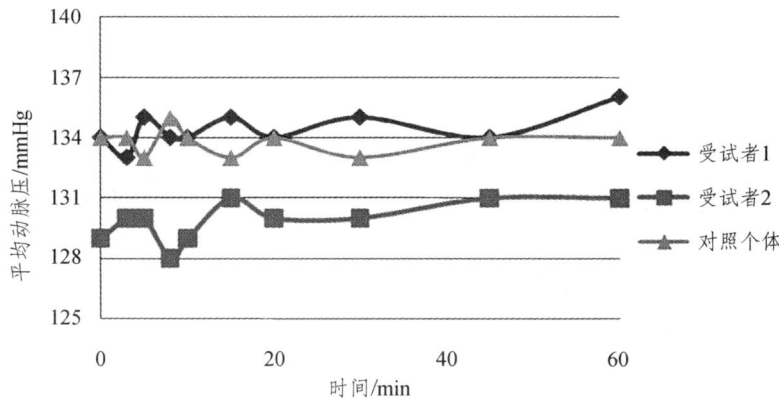

图 9-35　2 L 氧气瓶个体式供氧平均动脉压与时间关系

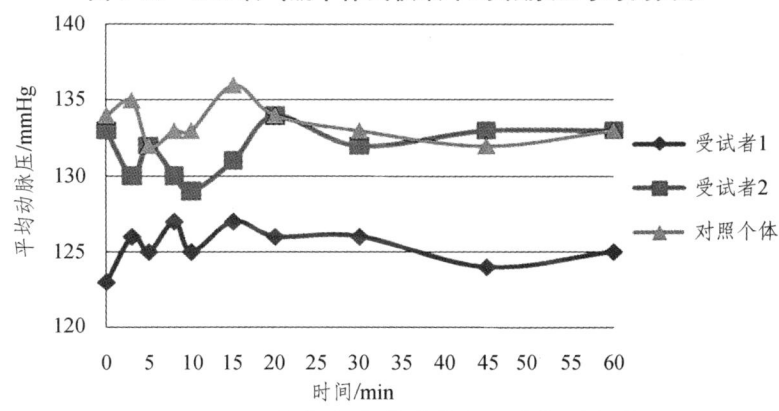

图 9-36　3 L 氧气瓶个体式供氧心率与时间关系

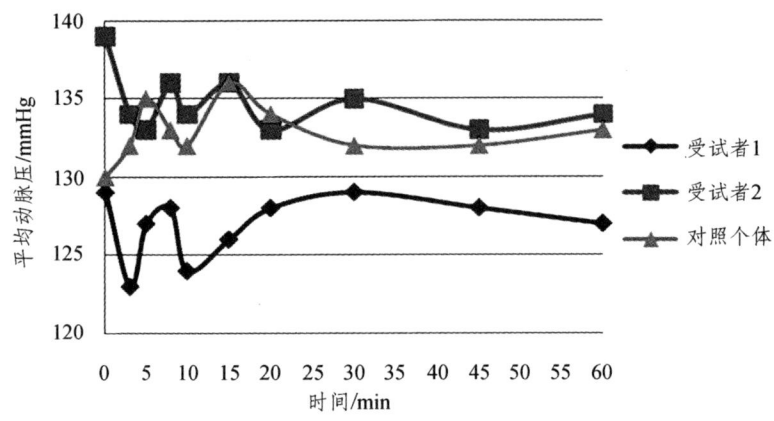

图 9-37　4 L 氧气瓶个体式供氧心率与时间关系

通过对上述三组数据对比分析，可以看出施工人员平均脉动压变化趋势并不随增氧与否发生改变，这说明短时间的增氧不会对高原环境人员的血压变化造成明显影响，这也与研究高原缺氧治疗时提到的短时间增氧不会对人体血压造成影响的结果相一致。如图 9-38 所示为 1 号实验者在使用不同供氧设备情况下的平均动脉压变化，可以看出测试者仅在开始施工初期血压有所变化，最后都基本趋于平稳，不受是否供氧的影响。由此同样可以推断短时间的增氧不会对高原环境人员的血压变化造成明显的影响。

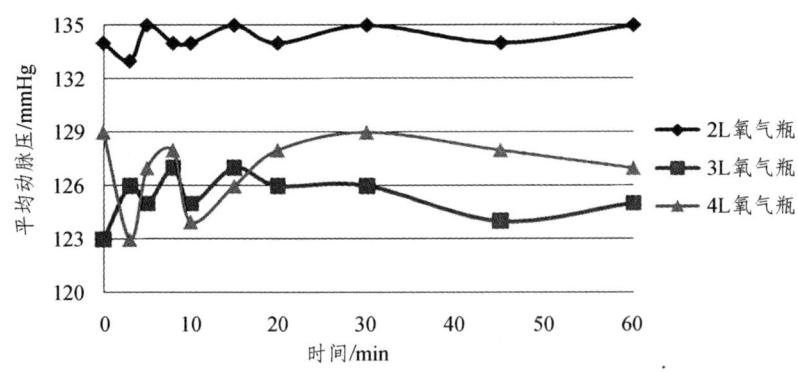

图 9-38　受试者 1 在三种供氧设备下的平均动脉压与时间变化关系

3. 受试者的感受

受试者分别使用 2 L、3 L、4 L 氧气瓶时的感受及设备使用情况见表 9-24 所示。

表 9-24　不同规格氧气瓶下受试者的感受及相关参数

供氧设备	单一设备使用时间	更换设备时间/min	施工人员感受
2 L 氧气瓶	1.4 h	5～10	轻巧，更换设备过于频繁，背负不方便施工，感觉危险
3 L 氧气瓶	1.7 h	5～10	相对沉重，更换设备略频繁，背负不方便施工，感觉危险
4 L 氧气瓶	2.8 h	5～10	较为沉重，背负不方便施工，感觉危险

通过表中数据结合施工单位提供的每天按照约 220～240 工时来计算，依据《国家航空军用飞机高空供氧标准》规定在海拔 4 000 m 附近，较重劳动通气量 52 L/min，外界空气供氧量 1.6～2.0 L/min，需要额外补充供氧 3 L/min，即每天供氧量约 45 m³。计算中按单一规格氧气瓶供氧需 4 L 氧气瓶 90 瓶、3 L 氧气瓶 120 瓶、2 L 氧气瓶 180 瓶。

从表中可以看出，4 L 的氧气瓶使用时间最长，更换设备次数最少，但是施工人员感觉设备沉重，影响作业速度，2 L、3 L 的氧气瓶相对重量要轻，但更换设备次数较多，隧道内环境较差，更换设备不方便增加了更换设备时间，影响施工连续性，耽误施工进度。同时，接受调查的施工人员均反映背负氧气瓶作业不方便施工，影响自身作业速度，且感觉危险。

9.4.2　高海拔隧道弥散式供氧效果

1. 密闭空间实验

弥散式供氧理论实验的意义在于在不考虑隧道施工通风、施工空气环境的影响，在尽量保证空间密闭性的条件下，测量空间内氧浓度随时间的变化趋势。弥散式供氧钢瓶和输氧管如图 9-39 所示。

1）弥散增氧系统设计

实验在隧道施工项目部一间相对密闭房间内进行，模拟弥散式供氧系统在一定流量下，无通风和空气扩散的影响，得到氧气的耗散值及氧分压的提高情况。

实验中弥散式增氧系统由 3 个 40 L 的氧气瓶、减压阀、连接软管组成，3 个氧气瓶分别置于体积为 5.5 m×7.2 m×3 m=118 m³、相对密闭房间的三个角落处（由于房间门口处的密闭性不好，没有在此角落放置氧气瓶）。氧气瓶内的高压氧气经减压阀减压后，按照 15 L/（min·瓶）的速率由连接软管将氧气排入房间内，再通过气体本身不同浓度间的扩散作用弥散充满整个房间，提高房间的氧浓度。弥散式供氧设备实验测点位置布置如图 9-40 所示。

图 9-39　弥散式供氧钢瓶（左）和输氧管（右）

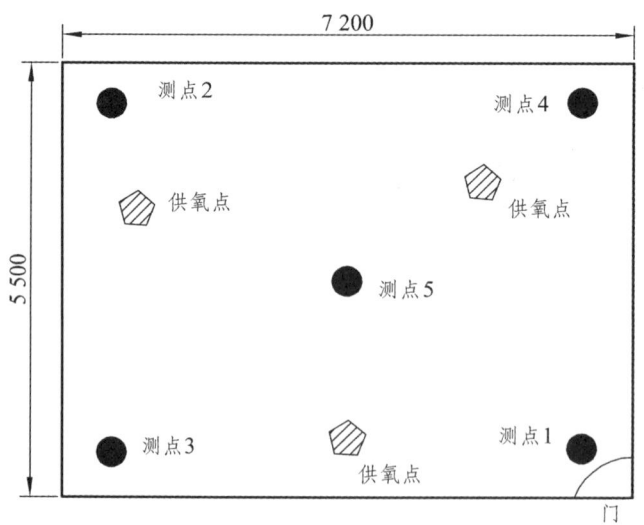

图 9-40　弥散式供氧理论实验供氧点及测试点布置平面图（单位：mm）

同时，实验人员对各个测试点进行了测试，测试情况如图 9-41 所示。

图 9-41　实验人员测试测点氧浓度变化

2）空间氧浓度变化分析

通过对密闭房间进行弥散供氧，可以提高密闭房间的氧分压。实验中通过对房间 5 个不同测点的空气氧含量浓度进行测量，测量时间为 15:40 至 16:45，前 20 min 每 3 min 测量一次，后 45 min 每 5 min 测量一次，得到各观测点氧浓度随时间的变化图，如图 9-42 所示。

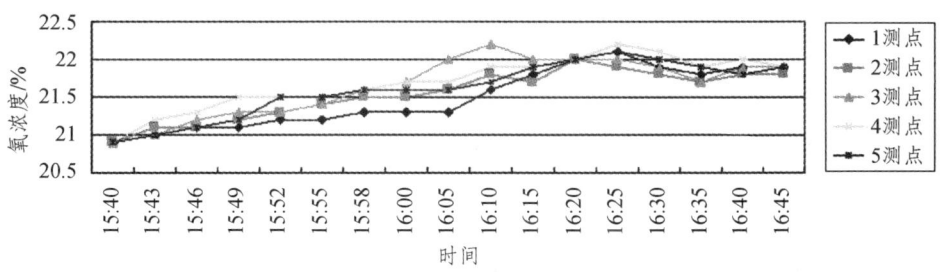

图 9-42　弥散理论实验测点 1～5 氧浓度时间变化图

通过上图可以得出：

（1）实验前房间内 5 个测点的氧浓度基本保持为 20.9%这一数值，这也表明了虽然随着海拔的升高氧含量的质量浓度有所降低，但氧气的体积百分比并没有改变，仍然维持着与海平面处相同的数值。

（2）弥散供氧系统开始工作后至 16:20 时间段内，各个测点的氧浓度开始增加，增加速率比较小，大约为每分钟增加 0.025 个百分点，显然此增长斜率受供氧系统的氧气释放率的影响较大。

（3）从 16:20 氧浓度达到稳定值开始到 16:45 测量结束这段时间内，氧浓度基本维持在 21.9% 附近。可以认为实验中房间的氧浓度在特定氧释放率、特定房间密闭性、特定人员呼吸消耗下达到了稳定值，最终氧气的释放率应该等于房间与外界空隙所产生的氧气扩散率。

（4）理论上看，考虑 3 瓶 40 L 氧气瓶共以 45 L/min 的速率释放氧气，当时密闭实验室内共有人员 10 名，根据《飞机设计手册》，人体在剧烈运动时的总耗氧为 2.8 L/(min·人)，但考虑到人员的安全因素，实验中未让实验人员进行剧烈运动，可以认为人员的耗氧量为 1.5 L/(min·人)。那么在不考虑房间漏气的状况下，理论氧气浓度增长率为 $\dfrac{(45-1.5\times10)\times100}{118}=0.0254$，由此氧浓度增长率理论计算值 0.025 4 与实验值 0.025 基本相等。

（5）同一时间上看，1~5 各测点的氧浓度基本相差不大，不存在空间上的显著不均匀性。这也充分说明了空气分子运动是十分迅速的，不同浓度气体间的扩散作用明显。测点 1 位于房间的门口处，距离 3 个弥散供氧瓶最远，从图中可以观察到其氧气浓度在同一时间比其他测点要小一些，但是在 16:20 分左右与其他测点一起达到了氧浓度稳定值。

（6）由各测点之间的距离，以及同一时间各测点氧浓度的比较来看，弥散式供氧系统在距离供氧点 0.5 m 后已经扩散至整个密闭房间。

缺氧的主要原因是进入呼吸道的氧分压即气管气氧分压低，而在圭嘎拉隧道施工现场的当地大气压为 63.5 kPa，再由公式

$$P_{O_2} = F_{O_2}(P-6.27) \quad (9\text{-}1)$$

式中：P_{O_2} 为氧分压（kPa）；F_{O_2} 为吸入干空气中的氧浓度（%）；P 为当地大气压（kPa）。

按照上式对实验中所测氧浓度进行相应的换算，得到不同测点氧分压随时间的变化图，如图 9-43 所示。

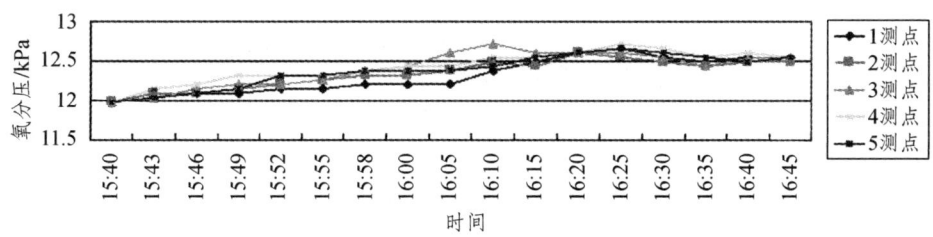

图 9-43　测点 1~5 处氧分压随时间变化图

通过上图可以得出：

（1）弥散式供氧开始前，实验房间内的氧分压均为 12 kPa。

（2）弥散式供氧后，实验房间内的氧分压开始增长，经 40 min 的增长氧分压达到最高值 12.6 kPa，显然这是持续供氧后氧浓度增加的结果。

（3）从 40 min 至实验结束，氧分压在 12.6 kPa 数值处上下徘徊，可以认为此数值即为此种特定情况下氧分压的稳定值。

（4）同一时间上 2、3、4、5 测点的氧分压基本保持一致，测点 1 处均小于其他测点处的氧分压，说明房间门口的密闭性较差，导致该区域与外界的空气扩散比较显著，从而氧分压有所减小。此外 2、3、4 测点距离供氧点为 0.5 m，说明 0.5 m 处空间氧分压已经达到了空间平衡，也验证了空气分子运动速度之快。

（5）一般海拔每升高 100 m，大气压下降 786.6 Pa，氧分压下降约 160 Pa。则实验中弥散式供氧系统供氧达到氧分压稳定值时，相应氧分压比未供氧前约增加了 550 Pa，相当于将原海拔 3 800 m 的实验地氧含量提高到了 3 450 m 海拔高度的氧气浓度。即按照此氧气释放率，可将房间的海拔高度降低 350 m。

（6）将计算得到的各测点氧分压再进一步转换，换算成相当于海平面的氧气含量 f_{O_2}，这样可以更加直观地看出实验现场缺氧情况，以及弥散供氧系统对氧含量的提高作用。转换公式为

$$f_{O_2} = P_{O_2} / (P_0 - 6.27)$$

式中 P_{O_2} 为测点的氧分压（kPa）；P_0 为标准大气压，一般取 101.3 kPa。

通过上式计算得到各测点相当于海平面的氧气含量随时间变化图，如图 9-44 所示。

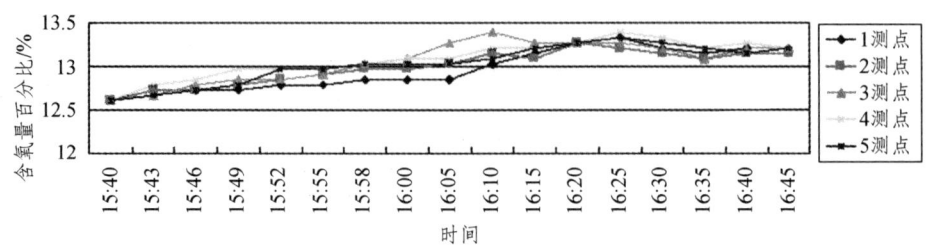

图 9-44 测点 1~5 处相当氧含量随时间变化

通过上图可以得出：

（1）在未进行弥散式供氧时，房间内各测点处的相对氧含量均为 12.6%，比在海平面位置处的 20.9%氧含量下降了约 40%，显然实验现场缺氧现象比较严重。

（2）通过持续的弥散式供氧，房间内各测点的相对氧含量开始上升，经历 40 min 后达到了稳定值 13.2%，提高了 0.6 个百分点，而每提高一个氧浓度百分点等于海拔下降 300~350 m 左右。

2. 敞开空间实验

实验选择在隧道施工现场进行，用 3 个 40 L 的氧气瓶进行弥散式供氧，按照实验方案中介绍的测点布置，对掌子面附近的氧浓度进行相应的测量。弥散式供氧测点布置如图 9-45 所示。

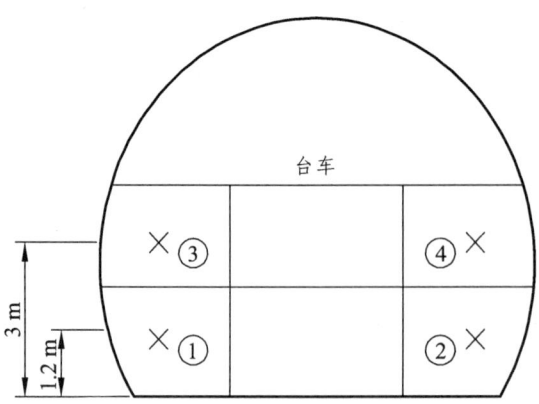

图 9-45 弥散式供氧测点布置图

1）施工中各测点氧浓度分析

在开挖过程中对掌子面进行弥散增氧，可以提高掌子面附近局部区域中的氧气含量，进而提高该区域氧浓度，通过实测可以了解到该区域空气中氧浓度的变化情况。图9-46为弥散式持续供氧1 h过程中掌子面前10 m横断面处各测点的氧浓度变化图。

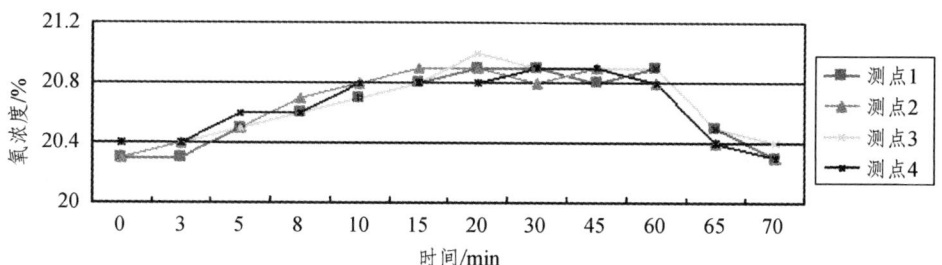

图9-46　掌子面10 m横断面处1~4测点氧浓度随时间变化图

从上图可以得到：

（1）洞内氧浓度在未进行弥散式供氧之前为20.3%左右，而同时测得的洞外氧浓度为20.9%左右。可以看出由于洞内施工环境的影响（主要是放炮及喷射混凝土产生大量烟尘、运渣车等机械车辆的耗氧排烟），使得掌子面附近的氧浓度比洞外大气氧浓度低了0.6个百分点。加之空气中的有害刺激性气体，使得施工人员在此区域工作时存在缺氧表现。

（2）弥散式供氧系统开始之后，1~4测点的氧浓度开始不断增加，经过20 min的增长，各测点的氧浓度基本达到了稳定值20.9%。

（3）弥散式持续供氧60 min后关闭供氧阀门停止供氧，从图中可以看出，各测点的氧浓度均迅速降低，10 min之后已经降低到供氧前的氧浓度。这说明一旦弥散式供氧系统停止供氧，区域内的氧气会快速扩散至低浓度区域。

（4）实验采用3瓶40 L氧气瓶以80 L/（min·瓶）的氧气释放率进行弥散式供氧，每分钟有240 L的氧气进入掌子面10 m区域，则理论上的氧气增长率应为 $\dfrac{0.24 \text{ m}^3/\text{min}}{560 \text{ m}^3}=4.3\times 10^{-4} \text{ min}^{-1}$；实际测量中可以认为前20 min为氧气增长段，增长率为 $0.006/20 \text{ min}=3\times 10^{-4} \text{ min}^{-1}$。通过理论值与实验

测量值的对比分析可得，由于敞开情况下氧气扩散的作用，每分钟仅有 160 L 的氧气在掌子面 10 m 范围内，另有 80 L 的氧气通过扩散作用流失掉。

按照式（9-1）对实验中所测氧浓度进行相应的换算，得到不同测点氧分压随时间的变化图，如图 9-47 所示。

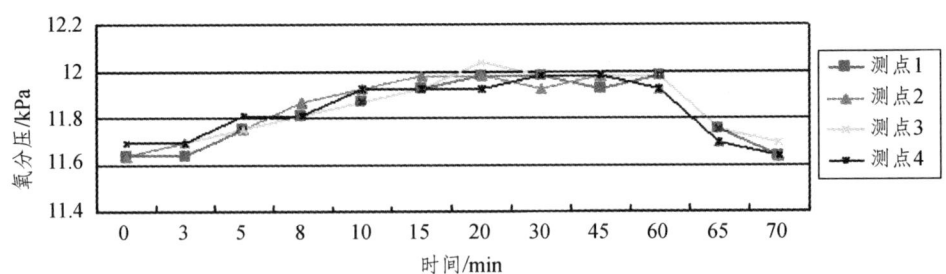

图 9-47　掌子面前 10 m 横断面处 1～4 测点氧分压变化图

通过上图可以得到：

（1）未进行弥散式供氧前，掌子面 10 m 横截面上各测点的氧分压约为 11.6 kPa。

（2）弥散式供氧开始后，各测点的氧分压经过 20 min 的上升，基本达到稳定值 12 kPa。

（3）一旦弥散式供氧系统停止供氧，在 5 min 内，各测点的氧分压迅速恢复到未增氧前的水平。

（4）在整个弥散式供氧阶段，横截面上的各测点在同一时刻的氧分压基本一致，说明氧分压在空间上不存在差异。由于测点距离供氧系统喷射点大约 1.5 m，可以认为此距离内氧气已经扩散完全。

2）供氧人员生理指标分析

实验中在对掌子面 10 m 横断面各测点氧浓度测量的同时，选取 3 名工作人员对其进行心率、血压及血氧饱和度等生理指标的测量，分析弥散式供氧对施工人员生理指标的改善情况。血压仍然按照前面介绍的肺平均动脉压进行处理分析。

（1）在弥散式供氧实验中，通过对三名进行施工作业的测试人员的心率进行测量，得到图 9-48 所示的数据图表。

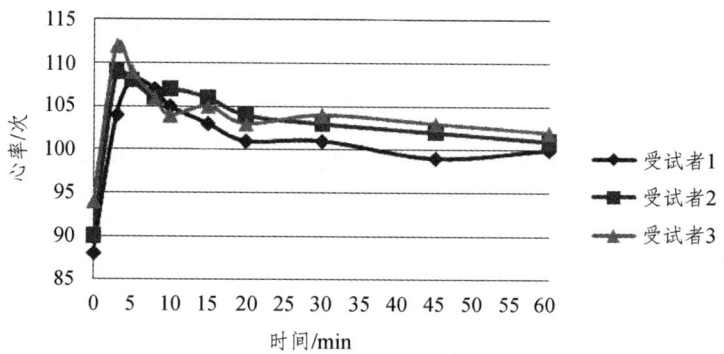

图 9-48 弥散式供氧心率与时间变化关系

通过分析上图可以得到：

① 测试人员的心率在实验初期因为开始施工作业而突然升高，随着对掌子面持续供氧，测试人员的心率均呈现下降趋势，并趋于平稳。

② 在实验初期，环境内氧浓度逐渐上升并趋于稳定，测试者的心率在氧浓度稳定后也随时间下降并逐步趋于平稳。

（2）在弥散式供氧实验中，通过对 3 名进行施工作业的测试人员的血氧浓度进行测量，得到图 9-49 所示的数据图表。

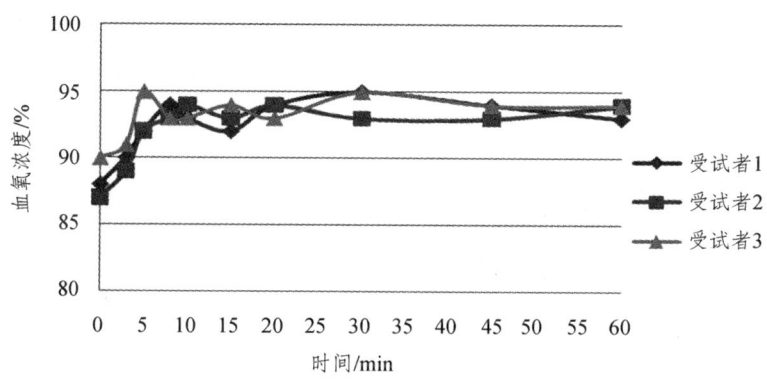

图 9-49 弥散式供氧血氧浓度与时间变化关系

通过分析上图可以得到：

① 测试人员的血氧浓度随着施工作业的进行逐渐升高，前期略有起伏，是因为测试人员刚开始施工，生理机能还不平稳，其后随着对掌子面持续供氧，测试人员的血氧逐渐升高，并趋于平稳。

② 在实验初期，环境内氧浓度逐渐上升并趋于稳定，测试者的血氧浓

度大致随着环境内部氧气浓度的上升而上升，并随着环境氧浓度的平稳而趋于平稳。

9.4.3 高海拔隧道个体式与弥散式供氧增氧效果分析

通过以上对实验数据的分析以及对相关问题的资料收集，现将个体式供氧及弥散式供氧方案的对比叙述如下。

（1）施工人员对各方案的接受度。在实验过程中，施工人员认为个体式供氧在本已复杂恶劣的隧道施工环境中还需要背负氧气瓶作业，大大影响了其施工便利性，心理接受度较差。而弥散式供氧不需要增加施工人员额外负担，人员心理接受度较好。

（2）人员生理指标的影响。对同一受试者，在个体式供氧及弥散式供氧不同方式下测量其生理指标，对比分析如表 9-25 所示。

表 9-25　不同供氧方式下受试人员心率变化表

测试者	个体式供氧	弥散式供氧
受试者 1	13.4%	7.7%
受试者 2	11.5%	8.2%

通过分析，个体式供氧与弥散式供氧心率变化如图 9-50 所示。

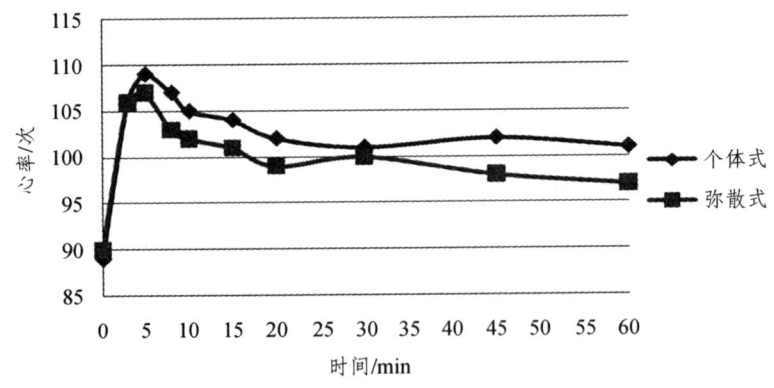

图 9-50　个体式与弥散式供氧方式下受试者心率变化图

从以上图表对比分析可得：个体式与弥散式供氧方案对缓解施工人员施工时的心率效果差距不大，弥散式略优于个体式，二者效果对比见表 9-26 所示。

表 9-26　不同供氧方式下受试人员血氧浓度变化表

测试者	个体式供氧	弥散式供氧
受试者 1	6.7%	5.6%
受试者 2	5.4%	4.9%

通过分析，个体式供氧与弥散式供氧血氧变化如图 9-51 所示。

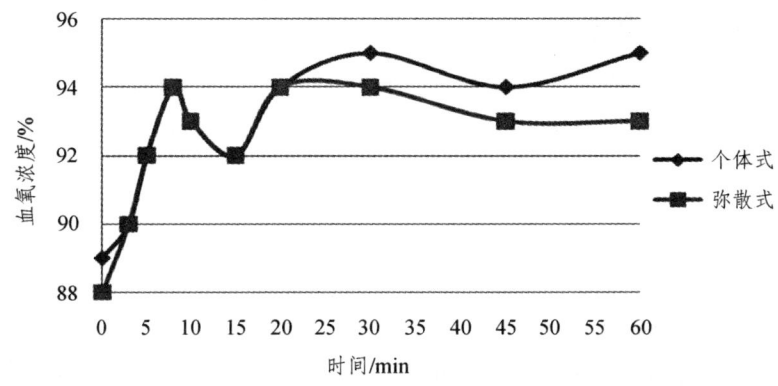

图 9-51　个体式与弥散式供氧方式下受试者血氧浓度变化图

从上图可以得出：个体式供氧在提高施工人员的血氧浓度方面要优于弥散式供氧，表现为个体式供氧施工人员前期的血氧浓度的增加速度要大于弥散式供氧；且个体式供氧时，施工人员最终所维持的血氧浓度水平要高于弥散式供氧时水平。

综合分析，这两种增氧方式对于生理指标的影响总体相近，个体式供氧方案略优于弥散式方案。

（3）氧分压改善情况。个体式供氧方案仅对施工人员进行个人供氧，未改变施工环境中的氧分压。而弥散增氧在达到人体增氧效果的同时，还能够提高局部环境空间的氧分压，相当于降低了局部环境空间的海拔高度。

（4）氧反常现象。在生理或病理低氧血症条件下，突然吸入大量纯氧可能会出现短暂的、发作性的缺氧加重或其他机能恶化现象，如意识丧失或全身肌肉抽搐等，这种现象被称为"氧的反常效应"。个体式供氧方案如果施工人员操作不当，如氧气释放率过大，可能导致此现象的发生。而弥散式供氧方案氧浓度不会太高，所以不存在此问题。

（5）安全方面。个体式供氧方案中所需的钢制氧气瓶的充氧一般有两种方式：① 在充满氧气后运往项目所在地，但途中道路损坏比较严重，加大了运输的风险。② 现场制氧机产氧，再通过氧压机对氧气瓶进行充氧，此方式需要特殊的加压设备和持有特种操作证的操作人员，若操作不当容易引起严重的安全事故。弥散式供氧由现场制氧机制氧，再由专门输气管道输送到隧道内，管道内压力较小，一般不存在安全风险问题。

9.4.4　圭嘎拉隧道施工供氧方案设计

针对前文提出的几种供氧方法，课题组分析了各自的优缺点及适用性，并借鉴相关高海拔隧道施工供氧方案的研究，提出了以下两种备选方案进行分析比较。

1. 个人供氧+弥散供氧

（1）打孔装药阶段。该阶段施工人员需要操作三臂凿岩台车在掌子面施工作业，待打孔完成之后需要装药，作业空间相对狭小，且工人工作量较大，在该阶段推荐采用对掌子面弥散式不间断供氧。这样既能保证工人施工作业不受影响，又能起到保证提高工作区域的氧浓度，从而提高施工人员的工作效率的作用。

（2）出渣阶段。出渣阶段主要针对各种大型机械的操作手进行供氧。隧道内作业司机及大型机械操作手，可以采用氧气瓶供氧的方式吸氧，把4 L 的氧气瓶置于车上，这样司机不会负重，也不会影响操作。该阶段其余施工作业人员可以利用氧吧车轮流休息。

（3）打锚杆、架钢拱架及铺设钢筋网阶段。在该阶段因为作业人员较为集中，且作业人员需要上下攀爬，故主要推荐弥散式方案。这样既能保证作业区域的氧浓度得到提升，又不会因为附带其他供氧设备而影响施工效率。

（4）喷射混凝土阶段。考虑到在喷射混凝土阶段粉尘较多，工作环境较差，此时洞内施工人员并不多，施工人员需要带防尘口罩，且风机送风量大，弥散式供氧远远达不到预想效果，故采用两班人员轮流施工，一组人员施工的同时另一组人员到氧吧车补氧休息，保证施工作业不间断，同时也能保证工人在补氧后有较高的施工效率。

（5）设置防排水系统、绑二衬钢筋、二次模筑阶段。在这些阶段施工时，施工作业面距离隧道掌子面较远，弥散式供氧的影响范围不能覆盖该区域，且该阶段的工作环境相对靠近掌子面处稍好，不需要持续不间断供氧，所以供氧方案采用移动式氧吧进行辅助供氧。

（6）对洞外工作生活区。根据《国家航空军用飞机高空供氧标准》中规定，脑力劳动及轻体力劳动通气量 15 L/min，外界空气供氧量 0.4～0.5 L/min，需要额外补充供氧 0.8 L/min；同时通过对现场施工人员的调查询问情况判断，不需要对洞外工作和生活区进行供氧，或进行简单的弥散式供氧即可。

该方案的具体实施如表 9-27 所示。

表 9-27 施工供氧方式一实施方案

施工工序	供氧方式
打孔钻眼阶段	掌子面弥散式
出渣阶段	4 L 氧气瓶置于车上
打锚杆、架钢拱架及铺设钢筋网阶段	掌子面弥散式
喷射混凝土阶段	个人背负+氧吧车补氧
设置防排水系统、绑二衬钢筋、二次模筑阶段	个人背负+氧吧车补氧
洞外工作生活区	临时应急措施

综上所述，该隧道供氧方案为弥散式供氧+氧吧车供氧方案，在不同的工序采用不同的供氧方式组合便可以达到供氧目的。

2. 面部弥散式供氧+氧吧车供氧

对比方案主要是采用面部弥散供氧+氧吧车供氧的方法，供氧设备主要采用可移动式的小型制氧机，氧吧车供氧在前面叙述中已经提到，在此对面部弥散式供氧做详细阐述。

面部弥散供氧：可移动制氧机两台，体积小重量轻，流速快。在隧道内依据隧道拱形设立可移动便于组装拆卸的拱形氧气管支架。支架上根据工位有不同的氧气接驳口，作业人员在不同接驳口插上链接在身上的弥散软管，如图 9-52 所示。该软管伸缩自如，如弹簧形状。由于支架和连接软管的特性，也可以边工作边富氧。采用中型制氧机分组管理系统，局部（面部）富氧。在每个洞内放置 2 台可移动的制氧机车，制氧机车一端接到新风口，一端分出去的氧气管道可供施工作业人员进行面部弥散给氧，使氧气的利用率提高，同时不影响操作效率，这样既保证了氧气的使用效率，同时还节约了成本。

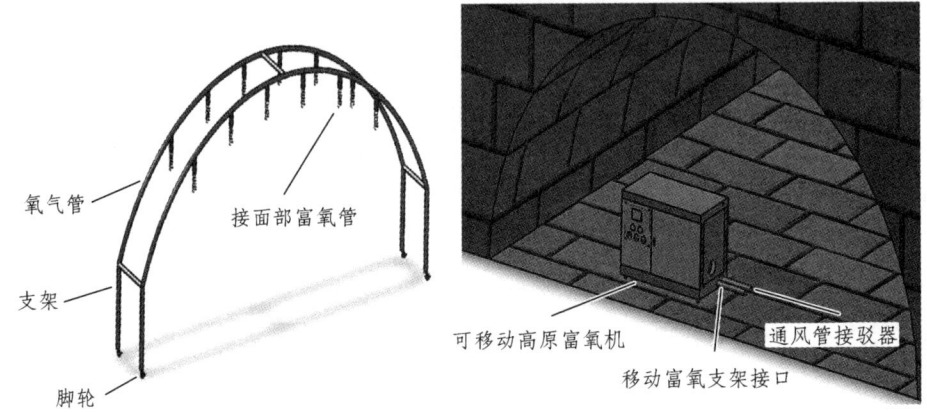

图 9-52　设备使用示意图

综上所述，该方案的具体实施如表 9-28 所示。

表 9-28　施工供氧方式二实施方案

施工工序	供氧方式
打孔装药阶段	面部弥散式供氧
出渣阶段	4 L 氧气瓶置于车上
打锚杆、架钢拱架及铺设钢筋网阶段	面部弥散式供氧
喷射混凝土阶段	面部弥散+氧吧车补氧
设置防排水系统、绑二衬钢筋、二次模筑阶段	面部弥散+氧吧车补氧
洞外工作生活区	临时应急措施

氧吧是大型供氧设备，可固定设置在某处，也可设置成移动氧吧车。在高海拔隧道施工中，移动氧吧车比较适用一些，其规格尺寸可根据需要定制。氧气来源也由制氧系统提供，在具体实施时可以与隧道弥散式供氧系统共用一套制氧系统，氧吧车停在靠近洞内弥散式输氧管道一侧、距开挖面 100~200 m 的地方。

氧吧车由房体、输氧管道、调节阀、流量计和输氧管嘴等组成。房体可由铝合金制成，轻巧、搬运方便，内部可同时容纳 6~10 人吸氧；输氧管道与制氧机输送管道连接，将氧气按照要求输送到氧吧车内；调节阀用来调节吸氧量；流量计是根据吸氧者的具体情况调节到合适量；吸氧管嘴是吸氧装置。

隧道内施工人员若感觉缺氧、身体不适，可到氧吧车内吸氧，一方面作短暂休息，恢复体力；一方面给体内补充氧气，可大大提高工作效率。

其优势具体如下：

（1）施工人员在高海拔隧道内经过繁重的体力劳动之后，非常疲劳、呼吸困难，需要立即吸氧。移动氧吧车具有氧气供应装置以及长时间持续供氧能力，很好地满足了施工人员随时吸氧的需要。

（2）随着工程的进行，隧道掌子面是向隧道纵深不断延伸的，所以施工人员的休息场所必须可以移动，移动氧吧车能够随着隧道掌子面的延伸不断跟进，确保了轮休施工人员就近休息。

（3）不妨碍隧道施工。移动氧吧车具有良好的移动性，在隧道复杂的施工环境中可以较好地避让洞内大型车辆，不会因此影响施工进度。

结合现场情况，考虑方案二在施工过程中存在管道缠绕、妨碍施工等问题，确定采用方式一，即个人供氧+弥散式供氧方式，如表9-27所示。

9.5 圭嘎拉隧道施工供氧系统设置及优化

9.5.1 施工区段划分及供氧相关计算参数

施工范围和送风距离如表9-29所示。整个隧道施工通风可划分为四个区段：区段一为进口段，要求独头掘进的距离不小于3 500 m，进口段按照3 500 m取值。区段二为一号斜井段，一号斜井段施工分为三阶段：首先开挖斜井，在斜井施工完毕后，设置两个工作面，同时向主洞入口和出口方向掘进，在入口方向掘进到与进口段预定贯通位置YK17+908后，保持出口方向工作面继续掘进至YK20+300。区段三为二号斜井段，二号斜井段施工也分为三个阶段：首先开挖斜井，在斜井施工完毕后，设置两个工作面，同时向主洞入口和出口方向掘进，出口方向开挖至里程YK23+790后，保持入口方向持续掘进，直到YK20+300里程。区段四为出口段，按照3 500 m取值，与二号斜井段ZK23+660里程贯通。各区段施工人数及施工时长见表9-30、表9-31。圭嘎拉隧道内燃机械设备及操作人员配置见表9-32。

表 9-29 施工范围划分及送风距离统计表

序号	区段划分	隧道施工范围/m	
		斜井	正洞
1	进口段		3 500
2	一号斜井段	2 365	492
		2 382	1 900
3	二号斜井段	1 673	2 540
		1 778	820
4	出口段		3 500

表 9-30 圭嘎拉隧道进口段各及 1 号斜井工序施工人数及施工时长统计表

工序	主洞（右洞）		1 号斜井（右洞）	
	施工人数/人	施工时长/h	施工人数/人	施工时长/h
打孔装药	16	5	8	3.5
出渣运输	5	5	5	4
锚杆、钢拱架、钢筋网	18	4	10	3
喷射混凝土	12	5	8	4
防排水系统	10	6	6	5
仰拱填充	8	8	5	5
绑二衬钢筋	12	10	6	8
二衬台车定位	8	6	5	4
二衬筑模	10	12	6	8

表 9-31 圭嘎拉隧道出口段及 2 号斜井各工序施工人数及施工时长统计表

工序	主洞（右洞）		2 号斜井（右洞）	
	施工人数/人	施工时长/h	施工人数/人	施工时长/h
打孔装药	16	5	8	3.5
出渣运输	5	5	5	4
锚杆、钢拱架、钢筋网	18	4	10	3
喷射混凝土	12	5	8	4
防排水系统	10	6	6	5

续表

工序	主洞（右洞）		2号斜井（右洞）	
	施工人数/人	施工时长/h	施工人数/人	施工时长/h
仰拱填充	8	8	5	5
绑二衬钢筋	12	10	6	8
二衬台车定位	8	6	5	4
二衬筑模	10	12	6	8

表9-32 圭嘎拉隧道内燃机械设备及操作人员配置表

部位		机械名称	配置台数	工作台数	单机功率/kW	操作人数
进口段		装载机	1	1	125	1
		自卸汽车	3	3	600	3
		挖掘机	1	1	122	1
一号斜井段	第一阶段	装载机	1	1	125	1
		自卸汽车	2	2	400	2
		挖掘机	1	1	122	1
	第二阶段	装载机	2	2	250	2
		自卸汽车	6	6	1 200	6
		挖掘机	2	2	244	2
	第三阶段	装载机	1	1	125	1
		自卸汽车	3	3	600	3
		挖掘机	1	1	122	1
二号斜井段	第一阶段	装载机	1	1	125	1
		自卸汽车	2	2	400	2
		挖掘机	1	1	122	1
	第二阶段	装载机	2	2	250	2
		自卸汽车	6	6	1 200	6
		挖掘机	2	2	244	2
	第三阶段	装载机	1	1	125	1
		自卸汽车	3	3	600	3
		挖掘机	1	1	122	1
进口段		装载机	1	1	125	1
		自卸汽车	3	3	600	3
		挖掘机	1	1	122	1

9.5.2 各区段施工阶段需氧量计算

弥散式供氧量计算需要参考人员的需供氧量以及供氧后氧气浓度指标，按照需要从平均海拔 4 375 m（氧浓度为 173.69 g/m³）提升到海拔 3 000 m 的氧浓度（209.06 g/m³）计算，此处以掌子面附近 10 m 范围为计算空间。

计算公式为：

$$N = (Y_1 \times D \times 10 - Y_2 \times D \times 10 + P \times 60 \times Q \times M) \div M \div T$$

式中：N——每小时需额外供氧量（m³）；

Y——对应海拔高度下的氧浓度（g/m³）；

D——隧道断面积（m²），主洞单洞取 100 m²，斜井单洞取 80 m²；

P——施工人数（人）；

Q——人员每分钟需供氧量（L/min），取值为 5 L/min（类比已经贯通的海拔 3 800~4 000 m 巴朗山隧道施工供氧剂量 3 L/min，圭嘎拉隧道海拔较高，故采用 5 L/min）；

M——氧气密度（kg/m³），取 0.95 kg/m³[由质量守恒定理"海平面氧气密度（1.429 kg/m³）×极限氧气体积浓度（16%）×单位体积=单位体积×标准氧气体积浓度（21%）×适应最高海拔高度时密度"即可求出，求出值约为 0.982 kg/m³，此处取值稍保守]；

T——氧气扩散系数，取参考值。

1. 进口段主洞（单洞）供氧量计算

1）打孔装药阶段

该施工工序因为非常靠近掌子面，故采用弥散式供氧。在计算中将掌子面纵向 10 m 视为封闭工况，但因为实际情况并不能达到完全封闭，所以在计算中分别考虑 15%和 30%的氧扩散系数进行计算。

主洞单洞需供氧量为：

（209.06×1 000-173.69×1 000+16×60×5×0.95）÷950÷0.85
=49.45 m³（15%扩散系数）

（209.06×1 000-173.69×1 000+16×60×5×0.95）÷950÷0.70
=60.05 m³（30%扩散系数）

2）打锚杆、架钢拱架及铺设钢筋网阶段

该工序靠近掌子面附近，故也采用弥散式供氧，计算过程同打孔装药阶段。

主洞单洞需供氧量为：

（209.06×1 000-173.69×1 000+18×60×5×0.95）÷950÷0.85
=50.15 m³（15%扩散系数）

（209.06×1 000-173.69×1 000+18×60×5×0.95）÷950÷0.70
=60.90 m³（30%扩散系数）

2. 1号斜井（单洞）供氧量计算

1）打孔装药阶段

该施工工序因为非常靠近掌子面，故采用弥散式供氧。在计算中将掌子面纵向10 m视为封闭工况，但因为实际情况并不能达到完全封闭，所以在计算中分别考虑15%和30%的氧扩散系数进行计算。

1号斜井单洞需供氧量为：

（209.06×800-173.69×800+8×60×5×0.95）÷950÷0.85
=37.87 m³（15%扩散系数）

（209.06×800-173.69×800+8×60×5×0.95）÷950÷0.70
=45.98 m³（30%扩散系数）

2）打锚杆、架钢拱架及铺设钢筋网阶段

该工序靠近掌子面附近，故也采用弥散式供氧，计算过程同打孔装药阶段。

1号斜井单洞需供氧量为：

（209.06×800-173.69×800+10×60×5×0.95）÷950÷0.85
=38.57 m³（15%扩散系数）

（209.06×800-173.69×800+10×60×5×0.95）÷950÷0.70
=46.83 m³（30%扩散系数）

3. 其余各阶段供氧量计算

因为其余各阶段均采用氧吧车供氧或是个人背负+氧吧车补氧方式，故归为一类计算，且考虑该类供氧方式都是对员工直接供氧，故直接计算需供氧量不考虑环境氧浓度和扩散，计算得到的结果见表9-33所示。

3种供氧设备加压均为15 MPa，2 L、3 L、4 L的供氧氧气瓶净质量分别为4 kg、6 kg、8 kg，压缩储存换算氧气容量分别为0.25 m³、0.38 m³、0.5 m³。

表 9-33　各工序每小时供氧量及设备消耗量

工序	进口段主洞（单洞）		1号斜井（单洞）	
	供氧量/L	3 L 氧气瓶数/个	供氧量/L	3 L 氧气瓶数/个
出渣运输	1 500	3.95	1 500	3.95
喷射混凝土	3 600	9.47	2 400	6.32
防排水系统	3 000	7.89	1 800	4.74
仰拱填充	2 400	6.32	1 500	3.95
绑二衬钢筋	3 600	9.47	1 800	4.74
二衬台车定位	2 400	6.32	1 500	3.95
二衬模筑	3 000	7.89	1 800	4.74

鉴于左线右线隧道长度相差不大，故其他区段的每小时供氧量均和上面计算的结果一致。

9.5.3　最大需供氧量的计算

最大耗氧量的计算就是要确定在多种工序共同施工的情况下，制氧机所产氧量能否满足现场供氧的需求。根据施工单位提供的施工安排表，可以归纳出工序重叠最多的几个时段进行计算。

鉴于该隧道里程较长，需要多工作面同时施工，现在拟对进口段（右洞）和斜井（1号右线）最大供氧量进行计算。

（1）进口段主洞同时进行打孔装药、设置防排水系统、仰拱填充、绑二衬钢筋四个工序，最大需供氧量为 58.45 m^3/h（氧浓度扩散 15%）和 69.05 m^3/h（氧浓度扩散 30%）。

（2）1号斜井同时进行打孔装药、设置防排水系统、仰拱填充、绑二衬钢筋四个工序，最大需供氧量为 42.97 m^3/h（氧浓度扩散 15%）和 51.08 m^3/h（氧浓度扩散 30%）。

9.5.4　施工期间具体供氧量分析

各工序的供氧方法：打孔钻眼阶段和架钢拱架阶段采用弥散式供氧，其余各工序采用氧气瓶供氧或者是采用氧吧车供氧。

1. 进口段主洞

（1）进口段主洞（单洞）最大需供氧量为 58.45 m³/h（氧浓度扩散 15%）和 69.05 m³/h（氧浓度扩散 30%）。出口段主洞最大需供氧量与进口段主洞一致。

（2）考虑进口段主洞（单洞）同时进行设置防排水系统、仰拱填充、绑二衬钢筋三个个体式供氧的工序，总人数为 30 人，即单次所需 3 L 氧气瓶最大数量为 30 个。按照 15 MPa 的压强充氧，备用氧气瓶 10 个，共需要 70 个 3 L 氧气钢瓶才可以满足一个洞口的轮换（两班轮换）。

2. 1 号斜井

（1）1 号斜井（单洞）最大需供氧量为 42.97 m³/h（氧浓度扩散 15%）和 51.08 m³/h（氧浓度扩散 30%）。2 号斜井最大需供氧量与进口段斜井一致。

（2）考虑 1 号斜井（单洞）同时进行设置防排水系统、仰拱填充、绑二衬钢筋三个个体式供氧的工序，总人数为 17 人，即单次所需 3 L 氧气瓶最大数量为 17 个。按照 15 MPa 的压强充氧，备用氧气瓶 6 个，共需要 40 个 3 L 氧气钢瓶才可以满足一个洞口的轮换（两班轮换）。

3. 设备制氧能力及个体式供氧总耗氧量

（1）弥散式供氧耗氧量较大，确定了制氧机能力至少需要 50.15 m³/h（进口段主洞单洞）和 38.57 m³/h（1 号斜井单洞）。

（2）在弥散时间段外，通过提高增压机功率可满足氧气瓶的灌充，预计每天能完成一个完整的工序，每天个体式供氧的总耗氧量约为 149 100 L（进口段主洞单洞）、66 900 L（1 号斜井单洞），普通制氧机需要 24 h 不间断工作。

9.5.5 圭嘎拉隧道施工供氧系统选型

1. 圭嘎拉隧道施工供氧系统组成

圭嘎拉隧道制氧供氧系统主要包括制氧设备、氧气输送系统、隧道供氧系统、生活区供氧系统、氧气瓶灌装系统等。制氧工艺流程如图 9-53 所示。

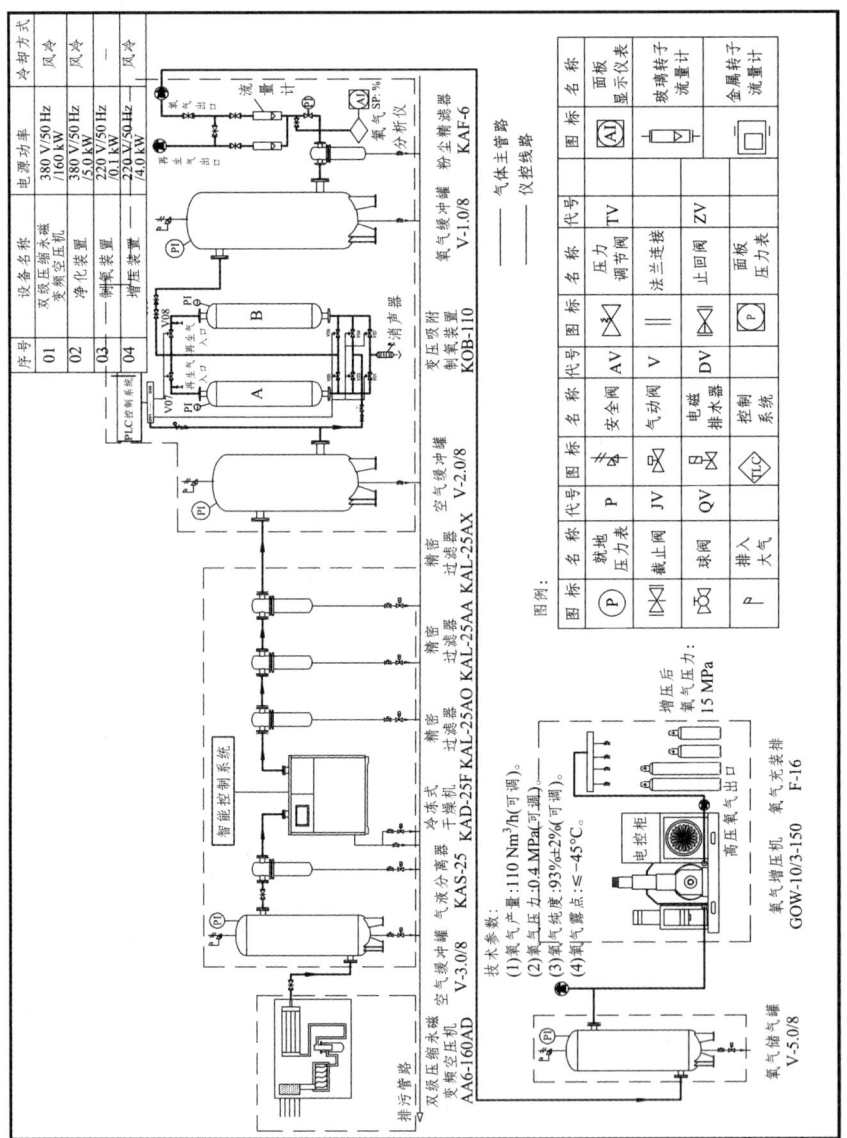

（a）主洞处 PSA 制氧设备工艺流程图

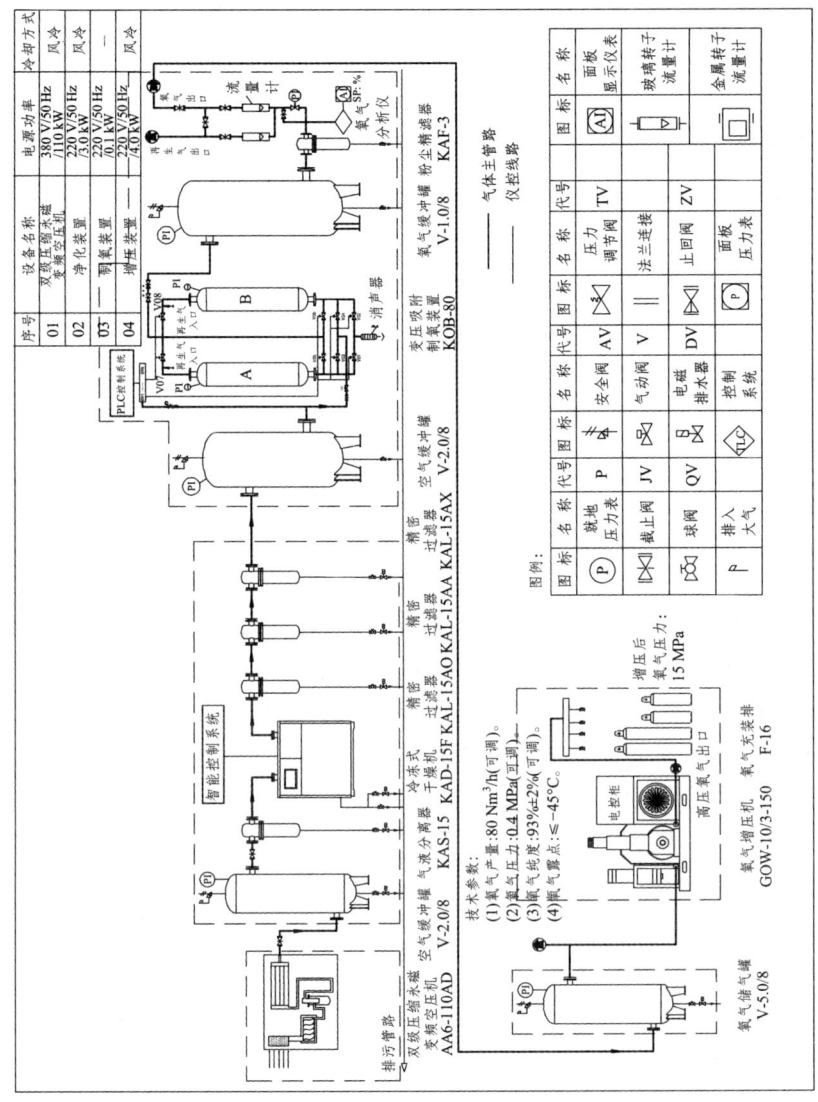

（b）斜井处 PSA 制氧设备工艺流程图

图 9-53 PSA 制氧工艺流程图

（1）制氧系统4套：其中2套110 m³/h制氧主机、空压机、氧气净化系统等，氧气纯度≥90%（满足医用氧要求），分别位于隧道进出口段，满足双主洞同时制氧；另外2套80 m³/h制氧主机、空压机、氧气净化系统等，氧气纯度≥90%（满足医用氧要求），分别位于隧道1、2号斜井段，满足双洞同时制氧。

（2）氧气输送：制氧机至隧道工作面附近采用不锈钢管，工作区采用软管。

（3）隧道供氧：采用弥散式的供氧方式对掌子面区域供氧，若条件允许可以对掌子面采用帘布封闭，形成局部富氧区，使局部含氧量提高；其他工作区域在适当位置设置移动吸氧室，吸氧室内提供吸氧面罩供施工人员吸氧；部分施工工序采用个体式背负氧气瓶供氧。

（4）生活区供氧：采用氧气瓶供氧。

（5）氧气瓶灌装系统：为满足工作、生活区供氧需求，配备专用氧气灌装系统，灌装医用级别氧气。制氧设备可安全地进行灌装，灌装压力符合氧气瓶使用要求（灌装人员须经过严格培训才能上岗）。

2. 圭嘎拉隧道施工供氧系统供氧方式

1）掌子面弥散式供氧系统

隧道洞口设置制氧系统，制出的氧气增压到规定压强后，缓冲储存在3 m³的氧气储罐中，再通过管道向掌子面输送氧气。管道采用DN40的不锈钢管道，沿隧道地面布设，并在风管接近掌子面处将供氧管插入风管，使掌子面一定范围内充满含氧量较高的空气，实现局部富氧，保证掌子面空气中氧气浓度达到正常人体呼吸需要的浓度。（增压机+3 m³氧气储罐为满足7 000 m远距离输送而增加的配置，需设计变更增加此项配置的费用。）

2）办公区和宿舍区的供氧系统

在办公室和宿舍区建立专用吸氧室。充瓶后的氧气通过供氧管路输入吸氧室内各终端，氧气限量供入室内。

3）移动吸氧室

在主洞、斜井二次衬砌台车及洞口附件各设置一处移动板房作吸氧室，以氧气瓶供氧，满足12人同时使用。

3. 圭嘎拉隧道供氧系统主要参数

（1）制氧系统4套：包括110 m³/h制氧主机（位于隧道进出口端各一

套）、80 m³/h 制氧主机（位于斜井端各一套）、空压机、氧气净化系统等，氧气纯度≥90%（满足医用氧要求）。进口双洞同时掘进公用一套制氧设备，出口同理；1号斜井双线共用一套制氧设备，2号斜井同理。

斜井处制氧设备机房搭建面积约 54 m² 的活动板房，层高 3.6 m；主洞处制氧设备机房搭建面积约 70 m² 的活动板房，层高 3.6 m。设备用房的搭设要求及配电柜布置示意图如图 9-54 所示。

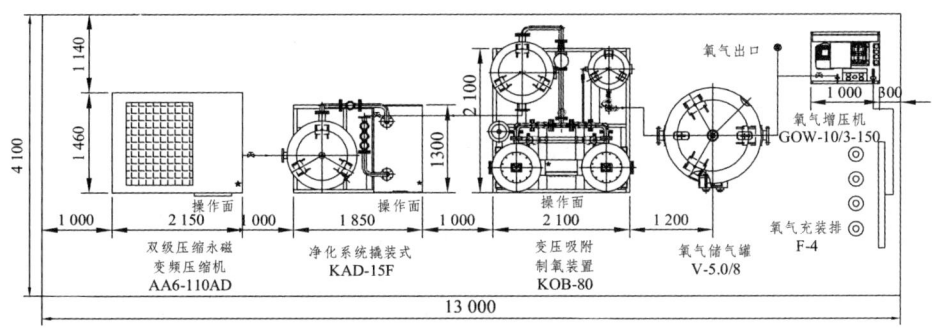

图 9-54　制氧设备机房平面布置图（单位：mm）

（2）氧气瓶灌装系统 4 套：包括灌装设备、氧气瓶（40 L×10、4 L×20、3 L×440）及吸氧面罩若干。制氧设备可安全地进行灌装，经灌装的氧气满足医用氧要求。

40 L 氧气瓶用于储存氧气，便于应急；4 L 氧气瓶用于打钻和出渣司机；3 L 氧气瓶用于工人背负供氧。

（3）输气管道系统 4 套：制氧机房至隧道工作面采用不锈钢管输气，工作区采用软管。主洞单洞管道总长 7 000 m（可根据具体进尺灵活铺设），斜井单洞管道总长 4 000 m（可根据具体进尺灵活铺设），管道布置如图 9-55、图 9-56 所示。

（4）氧帘设备 8 套：弥散式供氧时，主洞、斜井掌子面附近区域通过氧帘设备局部封闭，形成局部富氧区。氧帘设备安装在土建单位开挖台车上。

（5）移动吸氧室（图 9-57、图 9-58）16 套：分别在主洞、斜井二次衬砌台车及洞口附近设置一处移动吸氧室；另外鉴于主洞掘进较长距离时，洞口至二衬台车之间的中间位置也需设置一处移动吸氧室。每处能满足 12 人同时使用，通过接引输气管道或者氧气瓶供氧。吸氧室采用可移动板房形式，采用面积约 38 m² 的活动板房搭建，底部附带简易轮式行走装置。

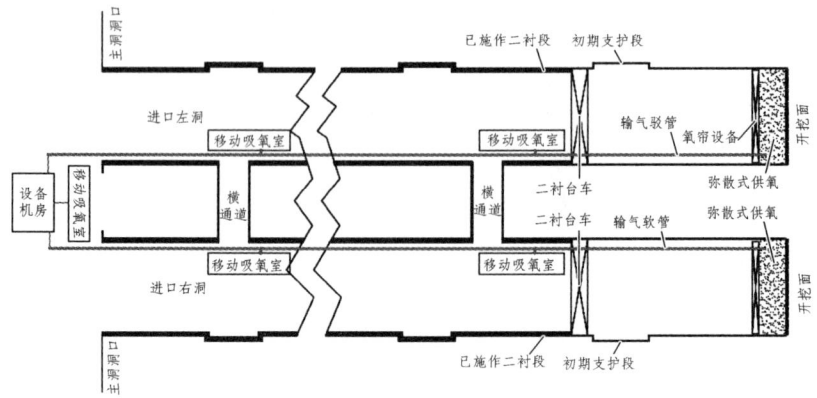

图 9-55　主洞输氧管道布置图

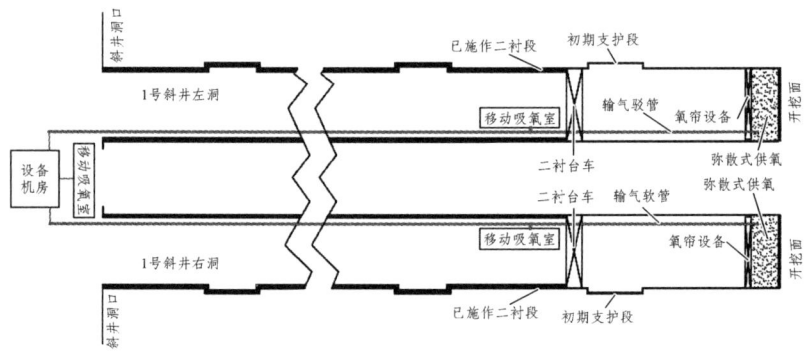

图 9-56　斜井输氧管道布置图

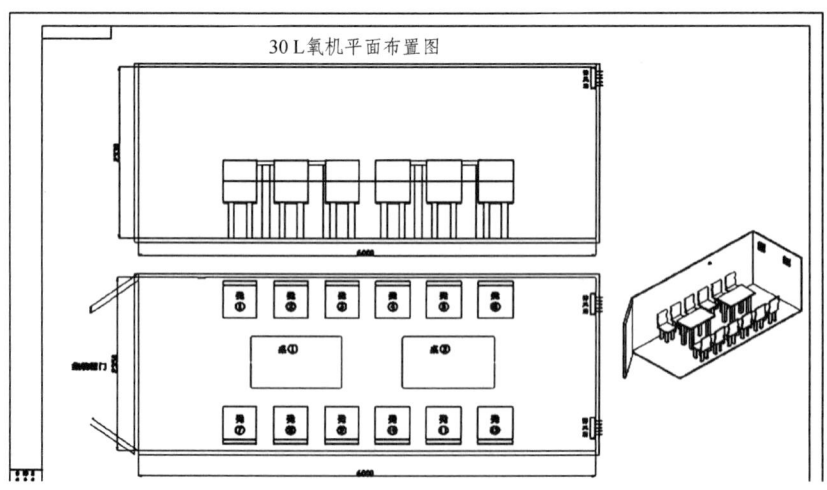

图 9-57　移动吸氧室正视图和俯视图

图 9-58 移动吸氧室实物图

（6）生活区、管理人员及司机等局部、个体可通过氧气瓶供氧。

（7）氧气输送：氧气输送管（DN40 不锈钢管）。

控制流速小于等于 15 m/s，相关的设备、管道、阀门、管件需要进行脱脂处理，静电接地，其他指标要求详见《氧气站设计规范》（GB 50030）。

9.5.6 圭嘎拉隧道制氧供氧设备明细

圭嘎拉隧道制氧供氧设备明细见表 9-34、表 9-35。

表 9-34　1 号斜井制氧供氧设备明细

序号	系统	设备名称	规格型号	数量	单价/万元	小计/万元
1	空压系统	螺杆式空压机	AA6-110AD	1 台	19.8	19.8
2	净化系统	空气缓冲罐	V-2/8	1 台	4.2	4.2
		气液分离器	KAS-15	1 台		
		冷冻式干燥机	KAD-15F	1 台		
		精密精滤器	KAL-15AO	1 台		
		精密精滤器	KAL-15AA	1 台		
		精密精滤器	KAL-15AX	1 台		
3	制氧系统	空气缓冲罐	V-2.0	1 台	21.8	21.8
		制氧机	KOB-80	1 套		
		氧气缓冲罐	V-1.0	1 台		
		粉尘精密器	KAF-3	1 台		

续表

序号	系统	设备名称	规格型号	数量	单价/万元	小计/万元
4	增压系统	氧气储气罐	V-5.0	1台	11.8	11.8
		氧压机	GOW-10/3-150	1台		
		氧气充装排	F-16	1套		
5	氧吧系统	移动吸氧室	KOBJ-20QH	3套	20.9	62.7
6	其他	钢瓶	40 L	2只	0.05	0.1
		钢瓶	4 L	10只	0.022	0.2
		钢瓶	3 L	80只	0.02	1.6

表 9-35 进口段主洞制氧供氧设备明细

序号	系统	设备名称	规格型号	数量	单价/万元	小计/万元
1	空压系统	螺杆式空压机	AA6-160AD	1台	22	22
2	净化系统	空气缓冲罐	V-3/8	1台	5.8	5.8
		气液分离器	KAS-25	1台		
		冷冻式干燥机	KAD-25F	1台		
		精密精滤器	KAL-25AO	1台		
		精密精滤器	KAL-25AA	1台		
		精密精滤器	KAL-25AX	1台		
3	制氧系统	空气缓冲罐	V-2.0	1台	25.8	25.8
		制氧机	KOB-110	1套		
		氧气缓冲罐	V-1.0	1台		
		粉尘精密器	KAF-3	1台		
4	增压系统	氧气储气罐	V-5.0	1台	11.8	11.8
		氧压机	GOW-10/3-150	1台		
		氧气充装排	F-16	1套		
5	氧吧系统	移动吸氧室	KOBJ-20QH	5套	20.9	104.5
6	其他	钢瓶	40 L	2只	0.05	0.1
		钢瓶	4 L	10只	0.022	0.22
		钢瓶	3 L	140只	0.02	2.8

参考文献

[1] 严涛. 高海拔单洞双向特长公路隧道通风关键技术研究[D]. 成都：西南交通大学，2016.

[2] 郭春，王明年，李玉文，等. 公路隧道通风 CO、烟雾基准排放量折减率研究[J]. 公路交通科技，2008（10）：105-109.

[3] 严涛，王明年，郭春，等. 高海拔隧道中考虑 CO 和烟雾的海拔高度系数[J]. 中南大学学报（自然科学版），2014，45（11）：4012-4017.

[4] 严涛，包逸帆，秦鹏程，等. 高海拔隧道施工通风及供氧关键参数研究综述[J]. 现代隧道技术，2019，56（S2）：572-577.

[5] 孙继东，何川，翁汉民，等. 鹧鸪山隧道海拔修正系数的现场测试研究[J]. 隧道建设，2008（2）：148-150.

[6] 李永林，曾艳华，何川. 高海拔隧道主风机的选型研究[J]. 地下空间与工程学报，2005（1）：137-139.

[7] 郑金龙，李玉文，邓刚，等. 雀儿山隧道海拔高度系数测试研究[J]. 现代隧道技术，2007（2）：10-15.

[8] 涂耘. 公路隧道通风烟雾基准排放量折减取值的分析[J]. 公路交通技术，2004（2）：75-77.

[9] 陈建勋，曹校勇，缪怀甫. 公路特长隧道平导送风型半横向式通风计算方法及应用[J]. 公路，2002（3）：118-124.

[10] 庞小冲，唐学军，李玉平. 高海拔特长公路隧道需风量计算的探讨[J]. 交通科技，2011（4）：50-52；55.

[11] 刘祥. 雀儿山高海拔特长公路隧道施工通风关键技术研究[D]. 成都：西南交通大学，2016.

[12] 幸垚. 高海拔特长公路隧道施工通风关键技术研究[D]. 重庆：重庆交通大学，2018.

[13] 戴国平，尚春鸽，田佩哲. 对高海拔公路隧道风机选型的探讨[J]. 公路，2001（10）：19-21.

[14] 曾惜. 大型水电站地下洞室群施工期通风研究[D]. 成都：西南交通大

学，2014.

[15] 樊启祥，李毅，王红彬，等. 白鹤滩水电站超大型地下洞室群施工期通风技术探讨[J]. 水利水电技术，2018，49（9）：110-119.

[16] 陈强. 地道风换热效果及节能潜力预测[D]. 西安：西安建筑科技大学，2015.

[17] 王平. 水电站无压尾水洞引风降温效应模型试验研究[D]. 西安：西安建筑科技大学，2009.

[18] 阳琴. 西龙池水电站地下主厂房通风模型试验与数值模拟研究[D]. 重庆：重庆大学，2006.

[19] 王旭. 基于网络分析的水电站地下洞室群通风系统设计方法研究[D]. 重庆：重庆大学，2004.

[20] 覃拓. 葛洲坝二江电厂发电机层中央空调系统改造研究[J]. 科技创新与应用，2017（3）：75-76.

[21] 陈羿姿. 某高大空间室内气流组织模拟研究与优化[D]. 北京：华北电力大学，2019.

[22] 李磊. 高寒高海拔公路长大隧道施工混合通风技术[J]. 冶金管理，2020（1）：121-122.

[23] 严健，何川，曾艳华，等. 高海拔特长隧道低温大风环境及对围岩-结构温度场的影响[J]. 中国公路学报，2019，32（11）：192-201.

[24] 张德华，王梦恕，谭忠盛，等. 风火山隧道围岩冻胀对支护结构体系的影响[J]. 岩土工程学报，2003（5）：571-573.

[25] 孙文昊. 寒区特长公路隧道抗防冻对策研究[D]. 成都：西南交通大学，2005.

[26] 李忠. 寒区公路隧道二次衬砌环向裂缝机理研究[D]. 长春：吉林大学，2011.

[27] 邹一川，夏才初，张国柱. 高寒地区隧道围岩及洞内气体温度分布规律研究[J]. 西部交通科技，2012（1）：1-4；65.

[28] 郝飞. 寒区冻土公路隧道温度场特性研究[D]. 哈尔滨：东北林业大学，2012.

[29] 严健. 高海拔寒区特长公路隧道冻胀特性及防冻研究[D]. 成都：西南交通大学，2019.

[30] 严健, 何川, 朱虹宇, 等. 寒区隧道施工期通风升温及效果分析[J]. 铁道科学与工程学报, 2020, 17 (2): 379-387.

[31] 夏才初, 杨勇, 张国柱, 等. 隧道内地源热泵热交换管与隧道结构相互影响[J]. 同济大学学报(自然科学版), 2014, 42 (1): 51-57; 150.

[32] 张国柱, 夏才初, 孙猛, 等. 隧道地源热泵供热系统加热段隔热层厚度及热负荷计算[J]. 岩石力学与工程学报, 2012, 31 (4): 746-753.

[33] LIU Jiaxiang, ZHANG Xuefu, LI Guohui, et al. Study on the effects of air temperature distribution by flow state inside cold region tunnel[J]. Applied Mechanics and Materials, 2012(170/171/172/173): 1455-1462.

[34] 马忠英, 范增莲, 李永福. 大坂山公路隧道保温层的作用与冻害防治[J]. 公路, 1997 (11): 43-45; 33.

[35] 马建新. 高寒地区特长公路隧道温度场及保温隔热层方案研究[D]. 成都: 西南交通大学, 2004.

[36] 陈建勋, 昝勇杰. 寒冷地区公路隧道防冻隔温层效果现场测试与分析[J]. 中国公路学报, 2001 (4): 76-80.

[37] 张学富, 王成, 喻文兵, 等. 风火山隧道空气与围岩对流换热和围岩热传导耦合问题的三维非线性分析[J]. 岩土工程学报, 2005 (12): 1414-1420.

[38] 邓刚. 高海拔寒区隧道防冻害设计问题[D]. 成都: 西南交通大学, 2012.

[39] 刘泉. 寒区隧道离壁式衬砌结构保温防冻设计及数值模拟研究[D]. 西安: 长安大学, 2014.

[40] 江卫涛, 刘元珍, 李珠, 等. 玻化微珠保温砂浆应用于寒区隧道保温隔热层的可靠性分析[J]. 混凝土, 2014 (10): 122-126.

[41] 晁峰, 王明年, 于丽, 等. 特长公路隧道自然风计算方法和节能研究[J]. 现代隧道技术, 2016, 53 (1): 111-118; 126.

[42] 郭春, 王明年. 特长隧道自然通风节能设计研究[J]. 公路隧道, 2015 (2): 5-7.

[43] 曹正卯, 杨其新, 郭春. 高海拔特长隧道自然风计算方法研究[J]. 公路, 2014, 59 (2): 196-201.

[44] 周谟仁. 一元流动的环路分析法[J]. 重庆建筑工程学院学报, 1982(3): 107-120.

[45] 吕康成，伍毅敏. 特长公路隧道通风设计若干问题与对策[J]. 现代隧道技术，2006（6）：35-39；50.

[46] 曾艳华，何川，关宝树. 有竖井隧道自然风压的研究[J]. 地下空间，2003（1）：69-71；109.

[47] 于燕玲，由世俊，张欢，等. 狭长排污隧洞冬季自然通风的研究[J]. 地下空间与工程学报，2006（3）：480-484.

[48] 王光辉，李治国，周镕义. 圆梁山隧道贯通后自然通风的研究[J]. 隧道建设，2004（5）：28-30.

[49] 王光辉，周镕义，李治国. 长大隧道贯通后自然风的利用[J]. 公路隧道，2005（1）：48-52.

[50] 梁晓春，郭明春. 自然风压在矿山通风中的应用[J]. 黄金，2005（8）：20-22.

[51] 叶朝良，朱永全，梁凯芳，等. 高原反应危险性分区及施工供氧应对措施研究[J]. 铁道工程学报，2019，36（5）：47-51；76.

[52] 高玉功，周家林. 青藏铁路客车供氧标准的探讨[J]. 铁道车辆，2008（6）：32-34；48.

[53] 张西洲，崔建华，王伟，等. 高原富氧对人体运动及静息状态下血氧饱和度与心率的影响[J]. 中国临床康复，2004（12）：2382-2383.

[54] 刘应书，杨雄，李永玲，等. 高海拔地区室内富氧浓度安全试验研究[J]. 应用基础与工程科学学报，2011，19（3）：474-480.

[55] 吴秋军，于丽，谢文强，等. 高海拔隧道施工关键工序劳动强度分级标准研究[J]. 现代隧道技术，2016，53（6）：44-48.